日本における女性と経済学

1910年代の黎明期から現代へ

栗田　啓子
松野尾　裕
生垣　琴絵

編著

北海道大学出版会

目　次

はじめに……………………………………………………栗田啓子……1

第1部　女性への経済学教育──新渡戸稲造と森本厚吉

第1章　日本における「女性と経済学」の起点………松野尾　裕……9
　　　──1910〜20年代，山川菊栄の論説にそくして

　第1節　はじめに　9
　第2節　山川菊栄の登場　11
　第3節　女性に対する経済学教育　13
　　　1　高等教育改革　13
　　　2　反動の中で　17
　第4節　女性の要求　19
　第5節　むすび　23

第2章　女子高等教育における
　　　　リベラル・アーツと経済学……………………栗田啓子……31
　　　──東京女子大学実務科とは何だったのか

　第1節　はじめに　31
　第2節　女子高等教育への期待　32
　　　1　女子高等教育の成立と展開　32
　　　2　女子高等教育というミッション　33
　第3節　リベラル・アーツと人格教育　35
　　　1　「高等なる知識」と「自学自習」　35
　　　2　女性に対する人格教育の必要性　37
　　　3　リベラル・アーツと「良妻賢母」　38

4　リベラル・アーツと職業教育　39
　第4節　リベラル・アーツと経済学　40
　　　1　東京女子大学実務科の構想　40
　　　2　女子経済学教育の社会的意義　42
　　　3　「高等なる教育」における経済学　43
　　　4　実務科における経済学教育　46
　第5節　経済学教育の成果　48
　　　1　経済学教育の学生への影響　48
　　　2　卒業生の進路　49
　第6節　お わ り に　51

第3章　森本厚吉の女子経済教育 ……………………… 生 垣 琴 絵 …… 61
　第1節　は じ め に　61
　第2節　経済学者としての森本──消費経済の研究　63
　第3節　文化生活の普及を試みる　68
　　　1　通信教育「文化生活研究」　68
　　　2　文化アパートメント──中流階級への注視　70
　第4節　教育者としての森本──女子経済教育の実践　75
　第5節　お わ り に──森本厚吉の評価　78

第2部　生活への視点

第4章　松平友子の家事経済学 ……………………… 松野尾　　裕 …… 89
　　　──日本における女性による経済学研究／教育の誕生
　第1節　は じ め に──女性による経済学研究／教育の始まり　89
　第2節　家政学と経済学　90
　　　1　家政学の中の経済学　90
　　　2　経済学における家事経済への関心　92
　第3節　家庭生活の経済学的把握　94
　　　1　国民経済学と家事経済学　94
　　　2　家(家庭)・家族経済・家事経済学　95
　第4節　家族経済の理論　97

1　収入(所得)論——無償労働, 実質所得　97
　　　2　職　業　論——女性の自活, 賃金差別　99
　　　3　支出(消費)論——消費の進歩　101
　第5節　家族経済の実際　102
　　　1　家　事　会　計——家政の根本　102
　　　2　家　計　簿　記——複式による構想　103
　　　3　貯蓄と保険——生活の安定化　105
　第6節　ま　と　め——松平友子から学ぶこと　106

第5章　オルタナティブな「生活者の経済」学……上村協子……117
　　　——家庭生活の経済的研究の系譜

　第1節　家庭生活の経済的研究の系譜
　　　　——松平友子・伊藤秋子・御船美智子　117
　第2節　家族経済と国民経済の接合——松平友子の家族経済学　119
　第3節　実証分析とフィールド調査——伊藤秋子の家庭経済学　122
　　　1　教育研究の時代背景　122
　　　2　家庭経済学と家計　123
　　　3　家計調査を用いた家庭経済の実証的研究　125
　第4節　御船美智子の生活者の経済学　128
　　　1　家計と個計　128
　　　2　持続可能な経済　129
　　　3　ジェンダーと「生活者の経済」学　130
　第5節　ま　と　め——生活の創造に向けて　133

回想　松平友子先生と私………………………亀髙京子……139
　まえがき　139
　松平友子先生と私　140
　追記　家事経済学から家政学原論へ　164

第3部　労働への視点

第6章　竹中恵美子の女性労働研究　………………松野尾　裕……175
　　　　──1960年代まで

　第1節　はじめに──女性の経験を理論化する　175
　第2節　格差ではなく差別の問題　179
　第3節　『女のしごと・女の職場』　185
　第4節　「春闘方式」への批判　189
　第5節　むすびに代えて　194

第7章　1970年代以降；第二派フェミニズムの登場とそのインパクト　………………竹中恵美子……201
　　　　──女性労働研究の到達点

　第1節　はじめに──生産と社会的再生産の経済学を拓く　201
　第2節　ジェンダーによる経済学批判　202
　　1　1970年代マルクス主義フェミニズムの問題提起
　　　　──階級支配と性支配の関連性　202
　　2　1990年代「フェミニスト経済学国際学会(IAFFE)」成立とその意義　204
　　3　経済のグローバル化に伴う「労働力の女性化」の実態　207
　第3節　雇用における男女平等の新段階　209
　　1　ジェンダー・ニュートラルな社会の再構築に向けて──国連，ILO条約・勧告，OECDなどを中心とした取り組み　209
　　2　OECD「構造変化の形成と女性の役割──ハイレベル専門家会合報告書」　210
　　3　国連を中心としたUPW問題への取り組み──UPWの測定・評価・政策化への具体化　211
　　4　ILOの「ディーセント・ワーク」と「ジェンダーの主流化」　212
　第4節　「20世紀型福祉国家」から「21世紀型福祉国家」への変化　214
　　1　20世紀型福祉国家の前提とその危機がもたらしたもの　214
　　2　21世紀型福祉国家の政策課題──「社会的再生産」様式の変容：ケア供給のジェンダー・アプローチ　215
　第5節　いま日本の労働フェミニズムが提起すべき改革とは　218
　　1　はじめに　218

2　見えざる福祉国家の超克——「男性稼ぎ手モデル＝専業主婦モデル」
　　　　から「個人単位モデル」へ　219
　　3　「同一価値労働同一賃金原則」の実現に向けて　220
　　4　労働時間のフェミニスト改革——二分法から三分法へ　222
　　5　むすびに代えて　224

第8章　関西における労働運動フェミニズムと竹中理論 ……………… 伍賀偕子 …… 233

　第1節　はじめに——関西における労働運動フェミニズムの軌跡　233
　　1　竹中理論に鼓舞された総評女性運動　234
　　2　関西女の労働問題研究会（女労研）とその活動　235
　第2節　同一価値労働同一賃金をめざして　237
　　1　男女賃金差別撤廃と「春闘方式」批判　237
　　2　コンパラブル・ワース運動と京ガス裁判原告の出会い・たたかい　239
　第3節　「保護か平等か」二者択一論と統一の理論　241
　　1　「労基研」報告と保護か平等かの二者択一論　242
　　2　「保護と平等」の統一の理論を提起　242
　　3　大阪総評女性運動——2万人調査で「労基研報告」に反論　243
　第4節　「機会の平等」と「結果の平等」　245
　　1　「機会の平等」論の落とし穴と「結果の平等」をめざす
　　　　労組機能の課題　245
　　2　結果の平等をめざす労組機能と女性たちの運動　248
　　3　手探りで追求した未組織・非正規労働者との連帯　249
　　4　均等法と労働法制の全面的規制緩和　250
　第5節　ディーセント・ワークをめざす女性たちの学びと
　　　　　解放のテキスト　251
　　1　レイバリズムを超えてディーセント・ワークへ　251
　　2　竹中恵美子とともに「学びの場」を共有　252
　　3　2つの"竹中セミナー"と次世代への期待　254

対談　「女性と経済学」をめぐって
　　　　 ………………………………… 竹中恵美子・村松安子 …… 261

おわりに ……………………………………………………………… 生垣琴絵 …… 297

あとがき	303
事項索引	311
人名索引	331
執筆者紹介	337

はじめに

栗田 啓子

「第二次大戦前の日本に女性の経済学者はいなかったのですか？」。本書は，日本経済思想史の授業を受けていた愛媛大学の一人の女子学生が発した，この質問を起点としている。

こう改まって尋ねられると，日本に経済学者と呼ぶことのできる女性が出現したのはいつなのか，そもそも，女性はどのようにして経済学と出会い，そしてなぜ経済学を学ぼうとしたのか，と，日本における女性と経済学をめぐる問いが次々と浮かんできた。書棚を見回してみると，イギリスを中心とした女性経済学者を論じた著作はあっても[1]，日本のケースを取り上げた研究は見あたらなかった。このことから私たちは，日本において，女性に対する経済(学)教育はどのようにして成立したのか，女性の経済学者はどのようにして誕生したのかという2つの問いに答えるために，「日本における女性と経済学」研究を開始することにした。したがって，本書は，ほぼ100年にわたる，日本の女性と経済学のかかわりを辿る歴史的研究と，まずは位置づけることができる。

とはいえ，現代的課題と切り離された歴史研究はありえない。そこで，私たちの歴史研究の到着点である現代の状況を確認しておくことにしたい。日本政府は2013(平成25)年6月に「日本再興戦略改訂2014」を発表し，その中で「女性の更なる活躍の促進と働き方の改革」を重要なテーマとして掲げた。成長戦略の一環として，いわゆる「女性の輝く社会の実現」を目指すことを宣言したのである。しかし，2014年の『世界男女格差報告書』によれば，日本の男女格差指数は142ヶ国中，全般的状況に関して104位，経済領域において102位と，非常に低いランクにとどまっており，日本の女性が置

かれている状況は決して楽観視できるものではない[2]。政府はまた，2020年度までに女性管理職比率を30％に上げることを数値目標としたが，厚生労働省の調査では，2013年度の管理職比率は6.6％で，2011年度と比べて0.2ポイント下がっている[3]。一方，『平成25年国民生活基礎調査』によると，日本の一人親世帯（多くは母子世帯）の貧困率はOECD諸国の中で最下位を記録している[4]。こうして見ると，企業の管理職といった上層の社会的立場においても，単身世帯といった社会的弱者の立場においても，女性が相対的に不利な状況に置かれていることは否めない。

　経済学が，こうした不利な経済的状況から脱する手段を与えるものであるならば，女性は経済学を学ぶ機会を求めるにちがいない。実際，経済学部・経済学科に進学する女子の比率は年々高まっていると言われている[5]。しかし，教員・研究者の状況を見ると，現代においても，女性は経済学の世界から排除されがちだと言わざるを得ない。例えば，女性が総長を務める法政大学においてさえも，理系を除く人文・社会科学系学部では，経済学部の女性教員比率が18.1％と，最も低くなっている[6]。さらに，経済学界の中でも，巻末に置いた対談「「女性と経済学」をめぐって」において，竹中恵美子が半世紀ほど前の状況として指摘した，経済学の「周辺領域である経済史であるとか，政策論とかいうところはまあ女性が入ってもいいけれど」という雰囲気は，まだ完全に消滅してはいないように見える[7]。学会の代表者への就任を女性の受け入れ度の指標として見るならば，日本を代表する経済学関連の学会である日本経済学会では，その前身の理論・計量経済学会以来（1968（昭和43）年創立），女性が会長職に就いたことはない[8]。1897（明治30）年からの古い歴史を誇る社会政策学会においても，社会政策分野に女性研究者が多いにもかかわらず，昭和女子大学の伊藤セツが女性として初めて代表幹事に就任したのは，1998（平成10）年になってからのことだった[9]。

　このような現状認識に基づいて，私たちは，女性と経済学のかかわりの歴史的な研究が現代的意義を持つと確信している。第1の論点「女性に対する経済（学）教育」は，主に高等教育機関での教育実践を考察対象としているが[10]，経済（学）教育を通じて，その時代の人びと（男性，女性を問わず）は，

どのような女性を育てたいと期待したのかという「女性への視点」の変化・新しさを提供するはずである。第2の論点「女性の経済学者」は，女性が経済学にかかわることによってどのように既成の経済学を変えてゆく視点が提出されたのかを検討し，男性とは異なった経済学への姿勢が切り拓く新たな経済学の可能性を示唆することになるだろう。女性は経済学とどのようにして出会ったのか，そして，その成果はどのようなものだったのか。女性経済学者は経済学を通じて，どのような社会を構想したのか。本書では，これらの問いに答えることを通じて，「女性に対する経済(学)教育」と「女性の経済学者」の歴史的展開と現代的意義を考えてゆくことにしたい。本書は3部に分かれているが，その構成は次の通りである。

　第1部「女性への経済学教育——新渡戸稲造と森本厚吉」は，女性に対する経済(学)教育の草創期を取り扱っている。第1章「日本における「女性と経済学」の起点」では，女性の新しい生き方が追求された1910～20年代に発表された山川菊栄の論説を詳細に分析し，日本において，この時代に，女性が経済学と出会う必然性が醸成されていたことを提示した。社会を変える視点を女性に提供する可能性を持った経済学を，女子高等教育の場にどのように組み込んでいったのか，そして，そこにどのような意図が込められていたのかが，次の2つの章で議論されることになる。第2章「女子高等教育におけるリベラル・アーツと経済学」と第3章「森本厚吉の女子経済教育」は，第1の論点「女性に対する経済(学)教育」に焦点を当てている。大正期を中心に，官・民における女子教育の史的展開を踏まえた上で，個別に構想された民間の女子経済(学)教育を論じ，そこに求められた新しい女性の姿と(女性が主体となることを期待された)家庭のあり方を明らかにした。それは新しい社会の姿に通じるものでもあった。大正という時代が選ばれた第1の理由は，第1章でも触れているが，大正期にデモクラシー運動が展開されたことを受けて，この時期に女性が社会問題に対する関心を直接的に表明するようになったという時代状況による。第2の理由としては，女性に対する高等教育の必要性が改めて主張されるようになったのが，この時期だからである。

　第2部「生活への視点」は，第2の論点「女性の経済学者」を取り上げ，

家庭経済学の系譜を明らかにしている。第4章「松平友子の家事経済学」は，日本初の女性経済学者が松平友子であることを示し，松平によってつくられた「家事経済学」が家庭・家族における主要な関心事である家事労働や消費生活に関する社会科学的研究を開始させ，それらが現代に通じる問題意識を持ったものであることを示した。第5章「オルタナティブな「生活者の経済」学」では，松平の家事経済学を継承した伊藤秋子と御船美智子の家庭経済学を検討し，家庭経済学と従来の経済学の接点を模索した。その意味で，この第2部は，従来，家政学部における「特殊」な経済学とみなされ，経済学部における「普通」の経済学と分断されてきた家庭経済学を，初めて経済学史に正当に位置づける試みでもある。さらに，松平友子が経済学とかかわることになった経緯や松平の生涯について，経済学史研究ではこれまでほとんど知られていない現状に鑑み，松平と親交のあった亀髙京子氏の「回想」を補論の形で第2部に収録した。

　第3部「労働への視点」は，戦後いち早く女性経済学者として学界に登場した竹中恵美子の業績の検討を中心に編成している。巻末対談でも語られているように，労働経済学・労働市場論は，女性にも許された経済学の領域だった。まず，第6章「竹中恵美子の女性労働研究」で，1960年代までの竹中における女性労働研究の理論構築の軌跡を辿った後，第7章「1970年以降；第二波フェミニズムの登場とそのインパクト」では，竹中自身が，自らの業績を含む1970年代以降の女性労働研究の展開を追い，日本における労働のジェンダー平等実現のための主要な3つの課題を論じている[11]。第8章「関西における労働運動フェミニズムと竹中理論」では，労働組合運動に実際にかかわった伍賀偕子が，竹中の理論が女性労働運動の現場に及ぼした影響を分析し，理論と実践の相互作用を浮き彫りにした。このように，女性に「許された」労働経済学研究と女性が闘わざるを得なかった労働運動フェミニズムとが出会ったことは不思議でも何でもない。研究と運動と，一見かけ離れた場にいるようであっても，女性がともにマージナルな位置に置かれていたがゆえに，理論と実践の融合という希有な結果を残すことができたのである。そして，それこそが，女性が経済学とかかわった大きな成果だと言

うことができる。

　最後に，巻末に対談「「女性と経済学」をめぐって」を置いた。竹中恵美子と村松安子という労働経済学と開発経済学で先駆的な業績を挙げた2人の女性経済学者の対談は，本書では巻末に位置づけたが，私たちの研究の出発点であった。この対談から読み取ることができるのは，①女性が経済学研究に向かうとき，既成の経済理論に違和感を感じ，その違和感を大事にしながら新たな研究領域を切り拓いていったことであり，②経済学研究を通じて社会，あるいは女性の生き方を変えてゆこうとしたことである。この2つの論点は，本書を通じて追求されることになる。その意味では，この巻末対談は本書の総論とも言えるものである。

　これまで紹介してきたように，本書の構成は，女性が経済学と出会う起点となった時代を論じた第1章と女性の高等教育に経済学が導入された経緯とその意義を解明した第2・3章，女性による経済学研究・教育の開始とその継承を解明した第4・5章および補論，そして戦後初期から半世紀を経て女性の経済学研究が大きな成果を生み出すに至った軌跡を解明した第6・7・8章と，3つの部分に大別することができる。同時に，全体を通して，大正期に新しい女性の生き方を志向した経済(学)教育が，戦後の女性による経済学研究へつながり，さらに女性労働運動という，女性による社会変革にまでつながっていることを示しており，「女性と経済学」の理論と実践あるいは教育と生活の複数の領域にまたがる展開を歴史的に読み取ることができる構成になっている。

　女性への経済(学)教育の重要性が理解され始めた1910年代から今日に至る100年間における，女性による，あるいは女性のための経済学研究・教育をめぐる議論は，これまでジェンダー的視点が弱かった経済学の思想史的考察にとって興味深いものとなるだろう。さらに進んで，経済(学)教育を通じた新しい女性像の検討が新しい社会のビジョンと新しい女性の生き方を浮き彫りにすること，そして女性による経済理論の構築が新しい経済学の姿を見せてくれることも不可能ではないと考えている。

1) ポーキングホーン・トムソン(2008)，清水・櫻井(2012)。
2) 世界経済フォーラム(2014)。
3) 厚生労働省(2013-b)。ここでの管理職は課長職相当以上としている。
4) 厚生労働省(2013-a)。
5) 東京大学などの主要大学において，女子学生比率を情報公開している大学はほとんど見られないので，正確な数字は不明である。
6) 法政大学ホームページ「2014年度専任教員数(客員・任期付含む)及び女性教員比率」。
7) 本書，273頁。
8) 日本経済学会ホームページ，学会概要「会長・役員一覧」(http://www.jeaweb.org/jpn/About.html，2015年7月18日閲覧)。
9) 伊藤によれば，この時期の代表幹事は，前代表幹事からの依頼によって決定されていたようである(伊藤(2008)，77〜78頁)。巻末対談でも，村松が社会政策学会に女性会員が多いことを指摘している(本書，267頁)。
10) 日本の場合，欧米から輸入された経済学は，教育機関(主に高等教育機関)における経済(学)教育と，民間の経済雑誌等による啓蒙という2つのルートを通じて普及した。本書の研究は前者を扱っている。後者については，例えば，日本初の女性ジャーナリストとなった羽仁もと子の仕事が挙げられる。
11) 3つの課題とは，①「男性稼ぎ手モデル＝専業主婦モデル」から「個人単位モデル」へ，②「同一価値労働同一賃金原則」の実現に向けて，③労働時間のフェミニスト改革である。

参 考 文 献

伊藤セツ(2008)『女性研究者のエンパワーメント』ドメス出版
清水敦・櫻井毅編著(2012)『ヴィクトリア時代におけるフェミニズムの勃興と経済学』御茶の水書房
ポーキングホーン，B.，トムソン，D. L.／櫻井毅監訳(2008)『女性経済学者群像』御茶の水書房
世界経済フォーラム(2014)『世界男女格差報告書』
　(http://reports.weforum.org/global-gender-gap-report-2014/economies/#economy=JPN)
厚生労働省(2013-a)『平成25年国民生活基礎調査』
　(http://www.mhlw.go.jp/toukei/saikin/hw/k-tyosa/k-tyosa13/index.html)
厚生労働省(2013-b)『平成25年度雇用均等基本調査』
　(http://www.mhlw.go.jp/toukei/list/71-25r.html)

第1部　女性への経済学教育
──新渡戸稲造と森本厚吉

第1章　日本における「女性と経済学」の起点
―― 1910〜20年代，山川菊栄の論説にそくして

松野尾　裕

第1節　はじめに

　女性が経済学と出会う前に，その前史として，女性たちの社会へ向ける視線が，そして社会へかかわる態度が変化していた，ということについて触れておくべきである。例えば，次のような人たちのことについてである。

　江戸時代末期に生まれた木村鐙子(とう)(1848-1886)[1)]は，1885(明治18)年に，夫・木村熊二[2)]と協力して，念願の明治女学校を設立した。鐙子は取締役に就いて，新しい女性教育を試みた。「英語」には津田梅子(1864-1929)や若松賤(しず)子(1864-1896)を，「音楽」には幸田延子(1870-1946)を，といったように20歳前後の若い女性を教員に登用した。日本初の女性医師である荻野吟子(1851-1913)もこの教壇に立ったことがある。しかし鐙子は，翌1886年に急逝した[3)]。

　明治女学校で学んだ者の一人に，青森県八戸から上京した羽仁もと子(旧姓松岡，1873-1957)がいる。もと子は，1891(明治24)年に明治女学校高等科に入学し，学業のかたわら，巌本善治が編集人を務めていた『女学雑誌』[4)]の編集を手伝った。もと子は1897年に報知社(『報知新聞』を発行)に入社し，日本における女性初の記者となった。1901年に羽仁吉一(よしかず)(1880-1955)と結婚した。1906年に，吉一の協力を得て，『家庭女学講義』を創刊した。同誌には家事の実践を通した生活改善を説く記事に加え，浮田和民(1859-1946)や安部磯雄(1865-1949)らの執筆による時事論説が掲載された。1908年に『家庭女学講義』を完結し，『婦人之友』(1903年から刊行されてい

た『家庭之友』を改題)を独自の編集により刊行開始した。その後は同誌に拠って，成人女性教育の推進，とりわけ1904年に創案・出版した『家計簿』の普及を通して家庭経営の合理化を説いた[5]。羽仁もと子は，さらに，1921(大正10)年に東京目白(現・東京都豊島区)に自由学園を設立し，文部省(当時)が定めた教育課程にとらわれない，「生活即教育」を基本理念とした女子教育を実践した(初等科と高等科を設置。1935年に男子部を開設)。

羽仁もと子の1年前に，樋口一葉(本名は樋口なつ，1872-1896)が生まれている。一葉は，文学によって独力で生き抜く決意をし，家計が苦しくなる中で家長としての責任を果たした。代表作となった小説『にごりえ』(1895(明治28)年9月)や『たけくらべ』(1895年1月～1896年1月)をはじめとして，一葉の作品は，和田芳恵の言い方を引けば，「明治中期に自力で生きた無産の女，一葉樋口なつの生き方でもあった」[6]のである。そこには，女性が独力で生きていくためには身を売るほかにない社会の本質が，美しい文章のうちに描き出されているということに注意すべきである。このことについて，菅聡子が，至当にも，次のように述べている。「身を売る女性たちは一見家父長制度の外部を生きているかのように見えるが，実は彼女たちを差別化し，また制度内部の女性たちにもそのような差別化に基づく優位性の意識を与えることによって，家父長制度が，ひいては明治近代そのものが支えられているという厳然とした事実を，一葉の視線は見事にとらえている。それは何よりも，自ら女性作家として人々の視線にさらされた体験を通じて，一葉が明治において女性が〈個〉として認知されることの困難をまざまざと感じ取っていたからにほかならない」[7]。

1890(明治23)年に東京女子師範学校(女子高等師範学校を経て，現・お茶の水女子大学)を卒業した安井てつ(1870-1945)は，同校附属小学校の訓導として働き始めたが，そのかたわら，一葉の自宅へ通い日本文学を学んでいたことが，一葉の日記(「水の上にっ記」)に記述されている。2人の交友は1896年11月に一葉が死去し，翌年3月に安井がイギリスへ留学したことでもって終わった。そして，安井より20歳年下になる山川菊栄(1890-1980)もまた，樋口一葉の作品に深く共鳴した者の一人であった。このことについては，次

節で述べることとする。

樋口一葉や羽仁もと子とほぼ同時期に生まれた作家に与謝野晶子(1878-1942)もいる。晶子は，夫・与謝野鉄幹[8]とともに旺盛な文筆活動を続けるかたわら，1921(大正10)年に西村伊作(1884-1963)が中心となって設立された文化学院に熱心にかかわった。文化学院は，自由学園と同様に，文部省の定めた教育課程にとらわれない，青年を対象とした男女共学による教育を実践した。晶子はまた，大正末頃から始まった消費組合(今日の生活協同組合)運動にもかかわり，自身が加入する消費組合につくられた家庭会の初代会長に就いたりもした。晶子が加入した消費組合は1926年に東京の西部郊外に設立された西郊共働社(のち城西消費組合に改称)である。この組合には，与謝野晶子のほかに，神近市子(1888-1981)，勝目テル(1894-1984)，奥むめお(1895-1997)，丸岡秀子(1903-1990)らが加入しており，彼女たちは，労働組合や農民組合と協力関係をつくり，生活を改善するための具体的な活動を拓いていった[9]。

幕末・明治初期を生きた木村鐙子も，それに続く樋口一葉も，また羽仁もと子や与謝野晶子も，自らが生きる社会の不当さを身をもって受け止め，社会の改革を考え，それについて発言もし，行動もした。彼女たちの言葉は，社会科学以前の，しかしもっと根の深い，女性が自分の生活を通して確信した社会的矛盾をつかみ取った言葉なのである。

第2節　山川菊栄の登場

1910～20年代は，日本の女子高等教育に経済学教育が導入された時期である。本章において，「日本における女性と経済学」を論じるにあたっての起点として，山川菊栄の論説を取り上げるのは，同時代の論壇に登場した女性たちの中で，彼女の社会分析がひときわ明晰であり，「社会科学的視点」を持っていると評されるからである[10]。また，以下で述べる通り，経済学を学び始めた女子学生が山川菊栄から直接に影響を受けたということもある。山川菊栄は，夫・山川均[11]とともに社会主義者として，戦前・戦後の女性

解放運動に大きく貢献した人である。その論説は時に党派性・戦略性をおびることもあったが，女性の「独立と自由」を求める主張は一貫していた。

　さて，樋口一葉が24歳で死去した後，残された彼女の日記が取りまとめられて，1912(明治45)年に刊行された『一葉全集』に収められた。そのとき，「日記」の校正を手伝ったのが，同年に女子英学塾(現・津田塾大学)を卒業したばかりの山川(旧姓青山)菊栄であった[12]。一葉の日記を研究した和田芳恵は，一葉がその晩年に横山源之助(1871-1915)と交流したことを日記に書きとめたことについて，横山がジャーナリストとして下層社会の女性や労働者に関心を寄せたことと重ね合わせて，「一葉が社会の不条理を感じてのことだから，素朴な意味での社会主義的なものかもしれない」[13]と評している。この意味で，一葉の思いを引き継いだ山川菊栄が，次に述べる通り，廃娼論をもって論壇に登場したのは必然であった。

　伊藤野枝(1895-1923)が編集していた『青踏』[14]の1916(大正5)年1月号と2月号(最終号)に，青山菊栄の論文「日本婦人の社会事業について伊藤野枝氏に与う」が掲載された。伊藤野枝は，同誌上において，当時人道主義の立場から廃娼運動を進めていた，矢嶋楫子(かじこ)(1833-1925)が会頭を務める日本基督教婦人矯風会[15]の姿勢を，次のように述べて批判した。すなわち，生きるために身を売る女性たちを指して「「賤業婦」と彼女ら〔婦人矯風会の人たち〕は呼んでいる。私はそれだけですでに彼女らの傲慢さを，または浅薄さを充分に証拠だてる事が出来る」。「一人の女が生活難のために「賤業婦」におちてゆく。それを彼女たちにいわせるといつでも考え方が足りないとか，無知だからとかいっている」[16]。婦人矯風会の廃娼運動を否定した伊藤野枝に向けて菊栄は次のように述べている。

　　「公娼廃止運動ということはあなたの仰(おっ)しゃるほど無意味な無価値な問題ではないように思います。それどころかした方がよく，またしなければならぬことだと思われます」。「私は矢島さんの仕事の中で女子学院と公娼問題だけは小さいながらも価値を認めております」[17]

　一葉がその短い生涯をかけて世に示した事実を，菊栄は深く受け止めていた。その事実とは日本の社会で女性が独力で生きていくことの困難さである。

そのことを訴え，その解決に取り組むことは，菊栄にとって，社会主義運動・無産政党運動を男性とともに進めていく中にあっても，決してゆるがせにできないことであった。

第3節　女性に対する経済学教育

1　高等教育改革

それでは，日本において女性に対する経済学教育はどのようにして始まったのだろうか。経済学は高等教育機関で教授される学問であるから，まず女性に対する高等教育の実践過程を見てみることにする。

日本における女性に対する高等教育は，1890(明治23)年に設立された官立の女子高等師範学校(現・お茶の水女子大学)から始まった。同校は，女子師範学校を前身とした東京高等師範学校女子部が改組されて設立されたもので，女子中等教育(旧制の高等女学校[18])の教員養成を目的とした。1908年に奈良女子高等師範学校(現・奈良女子大学)が設立されたことに伴い，東京女子高等師範学校と改称された。これら東京と奈良の2つの女子高等師範学校(以下，女高師という)が，女性に対する官立の最高学府であり，両校とも1914(大正3)年に文科・理科・家事科(1943(昭和18)年に家政科に改称)の3科制となり，発展した。第二次世界大戦が終局を迎えた1945年4月に広島女子高等師範学校(理科・家政科・体育科を設置。現・広島大学)が設立されたから，戦後新制大学へ移行する時点では3つの女高師があった。

一方，私立による女性に対する高等教育は，1900(明治33)年に津田梅子が設立した女子英学塾(現・津田塾大学)，吉岡彌生(1871-1959)が設立した東京女医学校(現・東京女子医科大学)，そして横井玉子(1855-1903)が藤田文蔵[19]らの協力を得て設立した女子美術学校(現・女子美術大学)が最初のものである。津田は1871年，6歳のときにアメリカへ留学し，11年間アメリカに滞在して，同地の生活文化の中で教育を受け，一旦帰国した後さらに大学入学のため1889年から1892年まで再渡米という経歴を持っていたから，

アメリカに比して日本における女性の社会的地位の低さと，その一因である女子教育の不十分さを痛切に感じていた。津田は，女子英学塾設立にあたり，その基本理念として「男性と協力して対等に力を発揮できる，自立した女性の育成」を掲げ[20]，「自立」という点では英語の専門的能力の育成——英語教員養成——を目指した[21]。山川菊栄が女子英学塾に在学したのは1908年から1912年である。女子英学塾等に続いて，1901年に成瀬仁蔵[22]により日本女子大学校(現・日本女子大学)が設立された。同校は「女子を人として，婦人として，国民として教育する」という理念を掲げ，家政，国文，英文の3学部を置いた。1904年には，前年に公布された専門学校令により，女子英学塾と日本女子大学校が専門学校として認可され，中等教育修了者を対象とした文字通りの高等教育機関となった[23]。1918(大正7)年には，キリスト教(プロテスタント)に基づく女子高等教育機関として東京女子大学が開学した。同校も専門学校として認可された。

　1913(大正2)年に東北帝国大学理科大学に女性3人(東京女高師卒2人，日本女子大学校卒1人)が正科生(所定の修了時に学士の学位を取得できる)として入学した。東北帝国大学では1923年に女高師本科卒業を入学資格として認めて以降，法文学部と理学部に女性が入学した。1918年には北海道帝国大学農科大学に1人(東京女高師卒)，1920年に同農学部に1人(東京女高師卒)が，いずれも全科選科生(正科生と同様に履修し，検定試験に合格すれば学士の学位を取得できる)として入学した。そして，1925年に設立された九州帝国大学では女高師本科および専門学校卒業を入学資格として認め，同年に法文学部に2人(奈良女高師卒，東京女子大学高等学部卒)が正科生として入学した。入学が男性に限定されていた帝国大学や私立大学[24]において，少数であったとはいえ，女性が正科生，選科生として入学するようになったのである[25]。

　このように，1900(明治33)年頃から1920年代にかけて，女性に対する高等教育が拓かれ，そこへ進学した者が成果を挙げ始めるようになった。とりわけ，理科系の分野では，博士の学位を取得する女性たちが現れ，彼女たちは女高師などで研究・教育の場をつかんでいった[26]。

女子高等教育に新しい動きが見られ始めた頃，そうした女子教育の改革論議について，山川菊栄がいち早く反応を示した。それが論文「女性の観たる女の問題」である[27]。この論文は，彼女の有名な論文「与謝野，平塚二氏の論争」[28]と同じ1918(大正7)年に，同論文に先立って発表されたものである。山川がこの論文を書くきっかけとなったのは，当時東京女高師校長(兼同附属高等女学校長)を務めていた湯原元一(1863-1931)が議長となって行われた「高女校長会議」での議論の内容が公表されたことであった。

　山川菊栄が指摘したのは，「女子の高等教育に賛同したる彼ら教育家〔高女校長たち〕」が，女性に対する職業教育の普及や大学開放，理科奨励，学年延長などを可決して「大勢に適応するの必要」を認めながら，同時に，「女子の本分は賢母良妻」だと平然と発言し，「保守思想の根城」を明け渡すまいとする矛盾した態度を示したことについてであった[29]。山川は，「英語」が必修科目となっていないこと，そして「裁縫」・「家事」・「習字」・「作法」といった「女子の知力錬磨の時間をそれだけ蚕食するにすぎぬ」科目の削減が説かれていないことを批判した。そして，女性が職業に就くことの意味を，次の通り述べている。

　「社会状態の変動とその経済的必要とは，在来家庭以外に踏み出すことを罪悪視せられていた日本婦人を駆って各方面の事務に就かしめ，その職業上の解放は否の議論を経るひまなくして一躍事実となって現われた観がある。職業生活は女子をして社会の現実と接触せしめ，一方においてその自尊心を高めるとともに，他方においてはいかに社会の因習が，不自然なる性的区別が，自己の生活を禍しつつあるか，さらにまたいかに社会の経済組織が個人の自由を，独立を，侵害し粉砕しつつあるかを痛感せしめずにはおかない」[30]

女性たちは，職業生活によって，自らが抱え込んでいる社会的矛盾に対する関心を目覚めさせているのであり，それは取りも直さず女性解放への道を拓く客観的条件であることが，明快に述べられている。ここに，山川菊栄に先行した『青踏』の人びとの主張と山川のそれとのちがいがあることは，山川自身が捉えていた。すなわち，「主として彼ら〔『青踏』の人々〕の主張が主

観的感情的方面の解放にのみ留まって,婦人の独立と自由とに必須の条件たる経済問題に立入ることを忘れたがために……卓上の気焔に留まった」と山川は述べている[31]。

続いて発表された論文「与謝野,平塚二氏の論争」において,山川は,与謝野晶子と平塚らいてうという2人の先輩による論争を取り上げ,そこに現れた対立点を巧みに特徴づけ,上記の「婦人の独立と自由とに必須の条件たる経済問題」に議論を進めた。論争の内容はよく知られているので,ここでは簡略にまとめておく。山川は,与謝野晶子の議論を,女性の経済的自立の必要を強調したものだとして,「経済的独立」の主張(「女権」論)とし,他方,平塚らいてうの議論を,女性の子どもを産む権利を強調したものだとして,「母性保護」の主張(「母権」論)と特徴づけた上で,自説を次の通り述べている。

「私は与謝野,平塚二氏の主張に対していずれも一面の真理を認めているもので,婦人の経済的独立,母性の保護,共に結構であり,両者は然く両立すべからざる性質のものではなくて,双方共に行われた方が現在の社会において婦人の地位を多少安固にするものだと考える。ただしかし私はたとえその二つがお二人の希望通りに十分に実現されたところで,それが婦人問題の根本的解決ではなく,婦人を絶対に現在の暴虐から救う道ではないと考える点において,お二人と意見を異にするものである。そしてその根本的解決を,婦人問題を惹起し盛大ならしめた経済関係そのものの改変に求めるほかないと考える」[32]

ここで山川が「経済関係」と言っているのは,上に引用した,女性が職業に就くことの意味を説いた論文で使われている「経済組織」と同義であると見てよい。これらの言葉を資本主義経済と言い換えれば,山川の主張はいっそう明快となる。そして山川は,論文「与謝野,平塚二氏の論争」の最後を,「私はこの二人によって代表せらるる思想に興味をもつ人々が,いまいっそう研究的な批評的な立場からこれに対せられ,より高き,より徹底せる結論に達せられんことを希望するものである」[33]と述べて,結んでいる。

山川菊栄の2つの論文「女性の観たる女の問題」と「与謝野,平塚二氏の

論争」が発表された1918(大正7)年に，上述の通り，東京女子大学が設立され，そして，同大学に経済学が授業科目として設けられ，日本において初の女性に対する経済学教育が始められたのである。それは，同大学の学長に就いた新渡戸稲造(1862-1933，東京帝国大学経済学部教授と兼任)の構想に基づくものであった[34]。そして翌1919年には，東京女高師文科を卒業した松平友子(1894-1970)が同校からの「依託学生」として東京帝国大学経済学部において経済学を学び始めた[35]。それは，松平友子を学業修了後に東京女高師の経済学担当教員にするという校長湯原元一の構想によるものであった。

東京女子大学高等学部を卒業した織戸登代子(1896?-没年不詳)は[36]，1925(大正14)年に設立された九州帝国大学法文学部に第一期生として入学し，経済学を専攻した。そして織戸は，1928(昭和3)年に論文「ローザ・ルクセンブルグの資本蓄積に関する研究」を提出し，卒業した[37]。織戸登代子は日本初の女性の経済学士である。

以上のことから，日本において女性が経済学と向き合い始めたのは1918(大正7)年から20年頃の時期であったと言うことができる。

2　反動の中で

1920(大正9)年，東京女高師と東京女子大学で，ある事件が起きた。それは，東京女高師文科在学の山口小静(1900-1923)と東京女子大学在学の永倉てる(1900-1923)，貝原たい(1893?-1929)ほか1，2名の学生が「社会主義の研究会」を開いたというものである。今日から見れば全く事件とも言えない事柄であるが，そこからは，当時経済学を学ぼうと志した女性が世の中からいかなる眼差しを向けられたかを知ることができる。

山川菊栄の回想によると，彼女らは山川の自宅で数回の会合を持った際に，「工場で働いている女子労働者と話しあって知識を交換したい」という彼女らの希望により，菊栄の紹介で大日本労働総同盟友愛会会長の鈴木文治[38]の自宅で集まりを持つことになった。それは，次のようなものであった。

> 「当時〔友愛会の〕婦人部長だった野村つちのさんはじめ七，八人の女子
> 労働者と学生のグループに私〔菊栄〕も加わって，鈴木氏自宅の二階でい

たってくつろいだお茶の会を開き，半日遊んだうえ再会を約して別れました」[39]

このことを『東京日日新聞』が記事にしたため，警察が問題視したのである。山口小静と貝原たいは，「水曜会」と名づけられた，山川菊栄・均を中心にした社会問題を学習するための集まりにも参加していた[40]。結局，東京女子大学の永倉てると貝原たいは「自発的に退学」し，東京女高師の山口小静は「学校側で才を惜しんで，病気休学」となった[41]。

貝原たいは，のちに山口小静を回想してこう述べている。「大正八〔1919〕年の秋，東京女子大学で有島武郎氏の講演があった時，聴衆のなかの一人の若い婦人が，有島氏に挑戦的な質問をして，女子大学の生徒を驚かしたことがある。それが当時女子高等師範の文科にいた山口さんであった。……早くから新しい思想にめざめた山口さんには，旧思想に固まっている女高師の空気があきたらず，……学校は休み勝ちであった。其時はまだ二十歳になったばかりであったが，非常な勉強家で，文学及び哲学に熱中して，自分の進むべき道に煩悶していた。其後ふとした機会で友達から社会主義の話を聞いた山口さんは，自分の進むべき道はこれだと，喜びと熱情とを以て社会主義的方面の研究に没頭した」[42]。山口小静は休学して，出身地の台湾へ帰り，エスペラント研究会の活動に参加するなどしたが23歳で死去した。永倉てるは経済学者の林　要(かなめ)[43]と結婚したが，23歳で死去した[44]。そして，貝原たいは山川均門下の西雅雄[45]と結婚し，36歳で死去した。林要は，事件当時を回想して，東京女子大学学監の安井てつ[46]が事件に冷静に対処し，留置場に入れられた教え子の身を案じて差し入れをしようとしたというエピソードを書いている。安井は永倉てると林要の結婚式に出席してもいる[47]。

東京女高師で山口小静の問題があがったとき，山口の先輩にあたる東京女高師文科出身の松平友子は，東京帝国大学経済学部で唯一人の女子学生として経済学を学んでいるさなかであった。松平友子は1917(大正6)年に東京女高師文科を卒業している。松平がこの事件をどう受け止めたのかはわからない。松平が東京女高師に戻り，日本初の女性経済学者として教壇に立ったのは，1922年，事件の2年後である。松平が経済学の講義に慎重に取り組ん

だであろうことは容易に想像できる。

この後，昭和初年になると，社会主義思想が世の中に広がり始め，無産政党運動が高揚する中で，こうした思想や運動に関心を抱く女子学生が多く現れた。この動向に対する官憲の圧迫は，文部省(当時)から大学に対して学生の「思想調査」を要求することとなり，大学は学生指導に厳しい対応を迫られた。東京女子大学では，1928(昭和3)年9月から1933年1月までに，「思想関係処分学生」30人に対し，「退学」，「依願退学」，「休学謹慎」，「訓戒」の処分がなされたのである[48]。

第4節　女性の要求

1907(明治40)年に福田(旧姓景山)英子(1865-1927)が，石川三四郎(1876-1956)や安部磯雄の協力を得て創刊，執筆した新聞『世界婦人』(当初は半月刊，2年目から月刊)は，女性の生活困難の根本原因を性と階級という「二重の抑圧」として捉え，したがって，女性解放をこの二重の抑圧からの解放として訴えるものであった[49]。丸岡秀子は，福田の論説について，「この〔二重の抑圧の〕認識と論理への到達こそ，彼女が，管野すが[50]らに劣らぬ変革への情熱者であるにかかわらず，感傷的偏向から救われ」た，と評している[51]。この新聞の刊行期間は，1907年から言論弾圧の中での2年間という短いものであったが，女性が主宰した女性解放を説く新聞として，そこでの論説においては，女性の解放を社会体制の変革に結びつけて説く先駆的な主張が展開された[52]。そして，福田の最後の論説となった「婦人問題の解決」(『青踏』1913年2月号)で，福田は，「絶対的の解放」という言葉を使って，「絶対的の解放とは……婦人の自由では無くて「人」の自由を実現することであります」．「婦人の解放と共に男子の解放も行はれねばなりませぬ。今日の男子も婦人と同じく憐れむべき境遇に昏迷して居るではありませぬか」と説いた[53]。福田の主張には，この後に立ち上がる女性運動や無産者運動でのさまざまな議論における論点の原形が提示されていた。

1912(大正元)年に結成された友愛会に，1917年，婦人部が創設された。

1919年に市川房枝(1893-1981)が常任書記に就き，婦人部の実質的な責任者となったが，市川は短期間務めただけで辞職した。1919年11月には，平塚らいてう，市川房枝，奥むめおらにより新婦人協会が結成された。新婦人協会は，日本における初めての女性の市民団体であり，男女の機会均等，男女の相互協力，そして女性・母・子どもの権利擁護を綱領に掲げ，1922年12月まで約3年間にわたり活動した[54]。1921年4月には，山川菊栄，伊藤野枝を中心に九津見房子(1890-1980)，堺真柄(1903-1983，堺利彦の娘)，橋浦はる子(1899-1975，橋浦泰雄の妹)らにより赤瀾会が結成され，社会主義思想に立つ女性運動が歩み始めた。山川菊栄は，「新婦人協会と赤瀾会」と題する一文を雑誌『太陽』1921年7月号に発表した[55]。その中で山川は，新婦人協会の活動を，「労働婦人の力を，労して益なき議会運動，労働条件改善の運動に浪費することの，大なる罪悪」，「革命来の警鐘に惰眠を驚かされたブルジョア婦人の，われとわが良心を欺く手だてにすぎぬ慈善道楽」だと決めつけ，階級闘争を前面に押し出した。それに対し，奥むめおは，同誌8月号に「私どもの主張と立場」を書き[56]，女性の階級を超えた団結の必要性を訴えた。このようにして，女性たちは，自らの要求に関する個々の発言からさらに社会運動へと前進したのである。

　労働者運動や農民運動が進展する中で，無産階級の政治的要求の実現を目指して無産政党結成の機運が高まっていた。1924(大正13)年には，市川房枝，賀川豊彦(1888-1960)，片山哲(1887-1978)らにより政治研究会が設立され，「無産階級の立場から政治，外交，財政，経済，教育，産業，労働，社会の諸問題を調査研究し，大衆の政治的組織を促進し，日本社会の改造を期する」として，無産政党結党の母体となるべく活動した。山川菊栄は，その神戸支部に所属した。しかし，山川の回想によれば，そこへの女性の参加はわずかでしかなかった。

　「この年〔1924年〕の秋，政治研究会の全盛期において男子会員約六千人に対し，婦人会員は六十名ほどにすぎなかった。そのうち過半数は東京在住の人々で，他には大阪に十人内外，神戸に六，七人，いずれも主婦及び職業婦人で，一人の工場労働者も，農民の婦人も，参加してはいな

かった」[57]

　そうした中で，1925(大正14)年10月，山川菊栄は「「婦人の特殊要求」について」と題する論文を『報知新聞』に発表した[58]。この論説は，無産階級の政治的要求(「無産政党綱領」)に「女性の要求」を正当に位置づけるよう求めたものである。「特殊」という言葉には，階級的要求に解消できないという考えが込められている。山川はこう述べている。

　　「いうまでもなく，婦人は一つの経済的階級として存在するものではないが，政治的，社会的に〔男女〕平等の権利を剝奪されている点では，各階級の婦人が共通の特殊利害をもっているのである」[59]

　山川がこの論説で掲げた「女性の要求」は，まず日本労働総同盟や日本農民組合など無産諸団体が共通に提起した3つの要求に加えて，彼女が所属していた政治研究会神戸支部の婦人部に彼女が提案し，採択された8つの要求から成っている。「女性の要求」は次の通りである。

　まず3つの要求とは，次のものである。

　　「一，満十八歳以上の男女の無制限選挙権
　　　二，少年および婦人の残業，夜業および危険作業の禁止
　　　三，分娩前後十六週間の休養およびその期間の賃金全額支払」[60]

　すなわち，18歳以上男女の普通選挙権，少年・女性の労働保護，および女性の出産・育児休暇とその期間の生活保障，である。これに，山川菊栄により追加されたのは，次の8つの要求である。

　　「一，戸主制度の撤廃
　　　二，婚否を問わず女子を無能力者とするいっさいの法律を撤廃すること，婚姻および離婚における男女の権利義務を同等ならしむること
　　　三，すべての教育機関および職業に対する女子ならびに植民地民族の権利を内地男子と同等ならしむること
　　　四，民族および性別を問わざる標準生活賃銀の実施(圏点の句，原案になし)
　　　五，業務を問わず，男女および植民地民族に共通の賃銀および俸給の原則を確立すること

六，乳児を有する労働婦人(職業婦人をも含む)のためには休憩室を提
　　　供し，三時間ごとに三十分以上の授乳時間を与うること
　　七，結婚，妊娠，分娩のために婦人を解雇することを禁ずること
　　八，公娼制度の全廃」[61]
　要求の内容は，家父長制家制度の廃止，女性の禁治産者[62]扱いの廃止，婚姻における性別による不平等の廃止，教育および就労上における男女平等および植民地民族と日本人平等の実現，民族および性別を問わない標準生活賃金の実施，民族および性別を問わない同一労働同一賃金原則の確立，職場における育児保障，雇用における性差別の禁止，そして廃娼と多岐にわたっている。
　山川菊栄は，これらの要求について，「人道」主義の立場からするのでも，「女権」主義の立場からするのでも，「母権」主義の立場からするのでもないと断り，「実に全無産階級の協同戦線の充実拡大のために」支持されなければならない，と説いている[63]。「女性の要求」が，これらのそれぞれの立場から主張されている要求を包含したものとなっていることは確かである。そして，この「女性の要求」の中に民族差別撤廃の要求を入れ，性差別と民族差別とが同根のものであり，同時に解決されるべきものであることを明示したことに注目すべきである。最後に掲げられた公娼全廃の要求は，山川菊栄の社会改革論の原点であり，山川は，「この問題はその本質において無産階級婦人の人身権擁護の問題である」[64]と述べ，女性の要求の根本が女性の人権擁護にあることを示した。

第5節　む　す　び

　日本では，大正期(1910〜20年代)に入って産業が農業と軽工業中心から重工業化へと進んだ。それに従って，明治期(1870〜1900年代)からの，農工商自営の家族労働と一時的雇用労働(例えば土木工事などの雑業や出稼ぎ)の収入による生活から，雇用労働の賃金収入だけに頼って生涯を過ごす生活へと転換する人びとが，都市人口の膨張とともに増えていった。日本は，経

済学の言葉を用いれば,「賃労働」によって生きる人びとによる社会をつくり始めたのである。言い換えれば,経済学の言葉を用いて日本の社会を論じることができるようになってきたのである。1919(大正8)年に東京帝国大学がそれまでの法,医,工,理,農の分科大学を廃して学部と改めた際に,経済学部を新設したことは,そのことを象徴的に示している。

　日本の社会は,「賃労働と資本」の経済——市場経済——を形づくりながら,しかしその深層には,性に基づく,さらには民族に基づく差別的な・暴力的な関係が組み込まれているということを,明敏な人びとは確実に認識していた。その認識を可能にしたのは,遡れば,木村鐙子や樋口一葉が抱いた,自らが生きる社会の不当さを告発しようとした意志から受け継がれたものである。日本の女性として初めて経済学を学ぼうとした山口小静,永倉てる,貝原たいは,鐙子や一葉と同様に,志を残したまま,早世した。

　山川菊栄が提出した「女性の要求」は,日本の社会が女性に押しつけた,女性の誰もが抱え込まざるを得ない社会的矛盾を明快に示している。「女性の要求」として示された諸点は,このときにはまだ並列されたままで,相互の関連が十分に捉えられているとは言えない。日本の社会に組み込まれた性差別を経済の構造として解明し,それらを解決するという課題を,女性は経済学に提起したのである。しかしながら,経済学は,この課題の提起を受け止めえず,もっぱら市場経済に着目する学問として発展していった。そして他方で,家庭経済に着目する学問として家政学の中に独自の経済学(家庭経済学)が生まれ,発展していくことになった。

　家庭経済学の中で研究が深められた領域として家計分析がある[65]。市場経済分析と家庭経済分析の接点はこの家計分析にあると考えられる。戦後の日本が,「先進国」と呼ばれるまでの豊かな社会を実現したにもかかわらず,女性の生活困難の問題を今日に至るまで解決できていない一因として,経済学において家計分析への関心が十分に育たなかったこと[66],つまり市場経済と家庭経済との統一的把握の視点が希薄であったということを指摘しなければならないのである[67]。

1) 木村(旧姓田口)鐙子は，江戸幕府の学問所である昌平黌の儒学者佐藤一斎(1772-1859)の曾孫である。1865(慶応元)年に木村熊二と結婚した。1882(明治15)年に下谷教会で洗礼を受けた。経済学者・ジャーナリストとして活躍した田口卯吉(1855-1905)は鐙子の異父弟である。
2) 木村熊二(1845-1927)は牧師，教育者。8歳のときに江戸へ遊学し，昌平黌で佐藤一斎に学んだ。一斎の曾孫にあたる田口卯吉と知り合い，卯吉の姉鐙子と結婚した。1870(明治3)年に渡米し，牧師となり，1882年に帰国。その後は，キリスト教主義の教育者として明治女学校，次いで小諸義塾を設立，経営した。
3) 木村鐙子が死去したため，巌本善治(1863-1942, 若松賤子の夫)が教頭となり，巌本は1892(明治25)年から木村熊二の後を受けて校長に就いた。明治女学校は，その後，失火による校舎全焼を機に経営が傾き，1909年に閉校した。青山(1982)を参照。
4) 『女学雑誌』は1885(明治8)年に創刊され，1886年から巌本善治が編集人に就いた。同誌は男女同権の主張を基調とした，男性をも読者とした啓蒙雑誌として出発した。のちに文芸誌的な要素を強め，1904年の526号をもって終刊となった。
5) 『婦人之友』の読者たちによって各地に「友の会」がつくられ，1930(昭和5)年に「全国友の会」が結成された。そこで始められた家庭経営改善の運動は全国に広がり，現在まで続いている。小関(2015)を参照。
6) 和田(1961)115頁。
7) 菅(1999)132頁。
8) 与謝野鉄幹(1873-1935)は，1900(明治33)年から1908年まで文芸誌『明星』(第1次)を刊行した。1901年に晶子と結婚。のちに慶應義塾大学教授，文化学院学監を務めた。
9) 城西消費組合にはほかにも，中条(宮本)百合子(1899-1951)，壺井栄(1899-1967)，林芙美子(1903-1951)，平林たい子(1905-1972)らが加入し，活動していた。橋浦(1972)6頁，河田(1994)39〜46頁を参照。
10) 鈴木(1990)14頁を参照。竹中恵美子は山川菊栄の3つの論文「与謝野，平塚二氏の論争」(1918-b)，「「婦人の特殊要求」について」(1925-a)および「婦人部テーゼ」(1925-b)を取り上げて，女性の社会的地位をめぐる山川菊栄の主張の的確さを論じている。竹中(2011)第3章。
11) 山川均(1880-1958)は在野の経済学者で，社会主義政党活動の理論家として活躍した。
12) 和田(1995)12頁を参照。
13) 和田(1995)316頁。横山源之助(1871-1915)は，一葉が1896(明治29)年に死去した後まもなくして，『日本之下層社会』(1899年)を著した。横山(1985)を参照。
14) 『青踏』は，1911(明治44)年に平塚らいてう(1886-1971)らにより設立された青踏社から月刊で創刊された，日本を代表する女性解放運動誌である。設立時の社員の一人に，1906年に明治女学校高等科を卒業した野上弥生子(1885-1985)がいた。与謝野晶子は賛助員として同誌に協力した。1912年には神近市子，伊藤野枝が社員となっ

た。1914 年 11 月号から伊藤野枝の編集となり，1916 年 2 月号まで刊行された。
15) 1886(明治19)年に，矢嶋楫子を会頭にして東京婦人矯風会が設立され，1893 年に日本基督教婦人矯風会に改称された。矢嶋楫子は 1890 年に設立された女子学院(現・女子学院中学校・高等学校)の初代院長に就いた。なお，矢嶋楫子は「矢島」と記されることも多い。山川菊栄も「矢島」と書いている。本稿では，日本キリスト教婦人矯風会および女子学院の現在の公式表記に従って，「矢嶋」と記すこととする。
16) 伊藤(1915)186，190 頁。引用文中にある「賤業婦」とは売春女性のことである。日本では 1872(明治 5)年の芸娼妓解放令により売買春が禁止されたが，その実効性が乏しかったことから，1900 年の娼妓取締規則により，逆に，公許による売春営業(公娼)が認められることとなった。これに対し，日本基督教婦人矯風会や救世軍などが廃娼運動に精力的に取り組んだ。戦前の日本では公娼擁護論は根強くあった。1946(昭和 21)年に GHQ(連合国軍最高司令官総司令部)から公娼廃止指令が出されたが，実質的には，1956 年に売春防止法(1957 年 4 月施行)が成立するまで公許による売春営業は続いた。
17) 山川(青山)(1916)19，28 頁。ただし山川菊栄は，女子英学塾の生徒だったとき，塾長の津田梅子が会長を務める基督教女子青年会(YWCA)と救世軍による鐘淵紡績工場の女子工員への伝道活動に参加した際に，苦難な生活を強いられている女性たちを前にして，彼女たちを「単なる慈善，救済，憐憫の目的物」としてしか見ない人たちに強い反感を持ったことを述べている。山川(1919)87〜91 頁，山川(2014)179〜181 頁。
18) 高等女学校(「高女」と略称された)は，男子が入学した旧制の中学校に相当する。修業年限は 5 年。
19) 藤田文蔵(1861-1934)は工部美術学校で彫刻を学び，東京美術学校(現・東京藝術大学)教授，女子美術学校初代校長を務めた。なお，工部美術学校は 1876(明治 9)年に工部省工学寮(1877 年工部大学校に改称，現・東京大学工学部)に設けられた美術学校。1883 年に廃校。
20) 津田塾大学ウェブサイト(www.tsuda.ac.jp/)「津田塾大学の歴史」を参照。
21) また，東京女医学校の設立理念は「婦人の社会的地位を向上せしめ」ることであり，そのための医師養成であった。女子美術学校もまた「芸術による女性の自立」・「女性の社会的地位の向上」を設立理念とし，そのための美術教員養成であった。東京女子医科大学ウェブサイト(www.twmu.ac.jp/)「創立者の想い」，女子美術大学ウェブサイト(www.joshibi.ac.jp/)「建学の精神」を参照。
22) 成瀬仁蔵(1858-1919)はキリスト教牧師で，1879(明治 12)年の梅花女学校(現・梅花女子大学)の設立に協力する(のちに校長を務めた)など，若い頃から女子教育に熱心に取り組んだ。成瀬の構想の実現に資金面で協力したのが実業家の広岡浅子(1849-1919)である。広岡は晩年には社会事業にも力を入れ，廃娼運動に協力した。
23) 専門学校は，専門学校令により「高等ノ学術技芸ヲ教授スル学校」(第 1 条)と定められ，入学資格者を「中学校若ハ修業年限四箇年以上ノ高等女学校ヲ卒業シタル者」

(第5条)とした。修業年限は「三箇年以上」である。東京女医学校は1912(明治45)年に，女子美術学校は1929(昭和4)年にそれぞれ専門学校となった。専門学校は戦後，新制の大学となった。
24) 大学令(1918(大正7)年公布)により，1920年に私立の専門学校の一部が大学へ昇格した。そのうち，日本大学，同志社大学，東洋大学，早稲田大学が女性の入学を認めた。しかし女子専門学校の大学への昇格はなかった。
25) 谷脇(2005)，山本(2010)，山本(2011)，佐喜本(――)を参照。
26) 黒田チカ(1884-1968，化学者)は1916(大正5)年に東北帝国大学理科大学で日本初の女性の理学士となった。保井コノ(1880-1971，生物学者)は1927(昭和2)年に東京帝国大学理学部で日本初の女性の理学博士となった。これら女性研究者の東京女高師での活躍については，本書所収の亀髙京子の「回想　松平友子先生と私」の中で語られている。
27) 山川(1918-a)。この論文は，「自滅を急ぐ女子教育家」と改題され『女の立場から』(1919年)に収録された。
28) 山川(1918-b)。この論文は，「母性保護と経済的独立」と改題され『現代生活と婦人』(1919年)に収録された。現在は一般的に「母性保護と経済的独立――与謝野・平塚二氏の論争」と表記されている。
29) 良妻賢母思想とその「再編」について，小山(1991)，小山(1999)を参照。
30) 山川(1918-a)57～58頁。
31) 山川(1918-a)57頁。
32) 山川(1918-b)77頁。
33) 山川(1918-b)83頁。
34) 新渡戸稲造(1862-1933)は農政学・植民政策学者であったが，女子教育に深い関心を持っていた。『女学雑誌』へ寄稿したり，明治女学校で講演をしてもいる。東京女子大学の創設初期における経済学教育については，本書第2章で詳述される。
35) 松平友子については，本書第4章で詳述される。
36) 織戸登代子が東京女子大学高等学部卒業であることについては，栗田啓子氏のご教示による。
37) 佐喜本(――)を参照。
38) 鈴木文治(1885-1946)は，1912(大正元)年に，15名の同志と図って労働者団体，友愛会を結成した。当初は，その綱領に「われらは互いに親睦し，一致協力して相愛扶助の目的を貫徹せんことを期す」とある通り，労働者の親睦・互助的な組織であった。その後，1919年に大日本労働総同盟友愛会に，1921年に日本労働総同盟に改称され，労働運動の中心的役割を担った。
39) 山川(2014)297～298頁。
40) 水曜会ではロシア革命の理論と現実，無産政党の問題などが話題になった。山川(2014)308頁，石河(2014)99頁。
41) 山川(2014)298頁。

42) 山川 (2014) 229 頁。引用文中の「……」は原文通り。
43) 林要 (1894-1991) は，東京帝国大学経済学部を卒業後，1920 (大正 9) 年に大原社会問題研究所の助手となり，『日本労働年鑑』の編集などに従事した。1923 年に同志社大学教授となったが，1936 年 (昭和 11) に大学を追われ，言論活動も禁止された。戦後，愛知大学，関東学院大学教授を務めた。
44) 鈴木 (2014) 303 頁。
45) 西雅雄 (1896-1944) は，秀英舎の文選工をしていた頃に社会主義者となり，1921 (大正 10) 年に『社会主義研究』(堺利彦・山川均が 1919 年に創刊した雑誌) の編集主任となった。1922 年に日本共産党に入党し，機関誌『マルクス主義』の編集者を務めた。1942 (昭和 17) 年に満鉄調査部事件で検挙され，1944 年獄死した。
46) 安井てつは，1918 (大正 7) 年に東京女子大学の設立に際し，東京女高師教授を辞して，学監となった。初代学長の新渡戸稲造は 1920 年に，同年設立された国際連盟の事務次長に就き，本部の置かれたジュネーブに赴いたため，大学の運営の実質は安井に任された。安井は 1923 年から 1940 (昭和 15) 年まで第 2 代学長を務めた。
47) 林 (1970) 117～120 頁。
48) 水野・井口・加藤・三宅 (1990) を参照。同文献については栗田啓子氏のご教示による。
49) 村田・大木 (1998)，村田 (1998) を参照。アウグスト・ベーベル (August Bebel, 1840-1913) の『女性と社会主義 (Die Frau und der Sozialismus)』(1879 年) が 1904 (明治 37) 年に堺利彦・幸徳秋水の抄訳 (『婦人問題の解決』) により日本に紹介され，福田英子は同書の影響を強く受けた。
50) 管野すが (1881-1911) は女性運動家，社会主義者。1903 (明治 36) 年にキリスト教の洗礼を受け，日本基督教婦人矯風会の廃娼運動に参加した。幸徳事件 (大逆事件) で検挙され，死刑を執行された。
51) 丸岡 (1975) 53 頁。
52) 大木 (1998) 647～648 頁を参照。
53) 村田・大木 (1998) 187 頁。
54) 新婦人協会の解散後，市川房枝は 1924 (大正 13) 年に婦人参政権獲得期成同盟会を結成した。男子普通選挙が成立した 1925 年以降，同会は婦人参政権獲得運動を主導した。なお市川は，1924 年から 1927 (昭和 2) 年まで国際労働機関 (ILO) の職員として，女性の深夜労働の実態調査にも取り組んでいる。
55) 山川 (1921)。
56) 奥 (1921)。
57) 山川 (2014) 372 頁。
58) 山川 (1925-a)。
59) 山川 (1925-a) 125 頁。
60) 山川 (1925-a) 127 頁。
61) 山川 (1925-a) 128 頁。

62) 禁治産者とは，1999(平成11)年改正以前の民法に規定されていた，自分が所有する財産の管理・処分を禁じられている人のこと．
63) 山川(1925-a)129頁．すでに述べた通り，「人道」主義は矢嶋楫子に，「女権」主義は与謝野晶子に，「母権」主義は平塚らいてうに代表される．
64) 山川(1925-a)146頁．
65) 家庭経済学における家計研究については，本書第5章で詳述される．
66) 農家女性労働研究の立場から家計分析の重要性を説いた人に丸岡秀子がいる．丸岡(1937)．松野尾(2016)を参照．
67) 竹中・久場(2001, 2002, 2004)を参照．全5巻を費やして「経済・社会とジェンダー」を論じた同叢書の監修者のことばに，「これまでの経済学の枠組みそのものを問い直し，"生産と人間の再生産の経済学"を提起する」と述べられている．久場(2002)3頁．ここで「生産」とは市場経済の領域(有償労働による生産活動)のことを，「人間の再生産」とは家庭経済の領域(無償労働による生産活動)のことを言っている．山川菊栄の論文「「婦人の特殊要求」について」が発表されてからこの竹中・久場の学問提起に到達するまでに，75年を要した．

参 考 文 献

青山なを(1982)『明治女学校の研究　青山なを著作集　第2巻』慶應通信
石河康国(2014)『マルクスを日本で育てた人──評伝・山川均　Ⅰ』社会評論社
伊藤野枝(1915)「傲慢狭量にして不徹底な日本婦人の公共事業について」(『青踏』1915年12月号)伊藤(1970)，所収
伊藤野枝(1970)『伊藤野枝全集　下巻』学藝書林
大木基子(1998)「解題」村田・大木編(1998)，所収
奥むめお(1921)「私どもの主張と立場」『太陽』1921年8月号，所収
小関孝子(2015)『生活合理化と家庭の近代──全国友の会による「カイゼン」と『婦人之友』』勁草書房
河田禎之(1994)『城西消費組合──生協運動の源流をつくった人びと』労働旬報社
菅聡子(1999)「解説」樋口(1999)，所収
久場嬉子編(2002)『経済学とジェンダー』竹中・久場監修(2001, 2002, 2004)第1巻
小山静子(1991)『良妻賢母という規範』勁草書房
小山静子(1999)『家庭の生成と女性の国民化』勁草書房
佐喜本愛(──)「九州大学の歴史と女性」http://sofre.kyushu-u.ac.jp/project/popup.php(九州大学女性研究者キャリア開発センターウェブサイト)
鈴木裕子編(1990)『山川菊栄評論集』岩波文庫，岩波書店
鈴木裕子編(1998)『日本女性運動資料集成　別巻』不二出版
鈴木裕子編(2011)『新装増補　山川菊栄集評論篇　第3巻』岩波書店
鈴木裕子(2014)「注釈」山川(2014)，所収
竹中恵美子(2011)『竹中恵美子著作集　第Ⅶ巻　現代フェミニズムと労働論』明石書店

竹中恵美子・久場嬉子監修(2001, 2002, 2004)『叢書　現代の経済・社会とジェンダー』全5巻, 明石書店
谷脇由紀子(2005)「東北帝国大学草創期における女性への門戸開放——学問研究の平等性とその保障体制としての共学制」『成城文藝』第192号, 所収
橋浦泰雄(1972)「戦前の知識人と生協運動——城西消費組合回想記」『生活と生協』1972年8月号, 全国大学生活協同組合連合会生活問題研究所, 所収
林要(1970)『おのれ・あの人・この人』法政大学出版局
樋口一葉(1961)『にごりえ・たけくらべ』岩波文庫, 岩波書店
樋口一葉(1999)『にごりえ・たけくらべ』岩波文庫(改版), 岩波書店
松野尾裕(2016)「丸岡秀子の生活・家計研究——その思索の根幹について」『経済学史研究』第57巻2号, 所収
丸岡秀子(1937)『日本農村婦人問題——主婦・母性篇』高陽書院(復刻版は山崎朋子監修『叢書　女性論36』大空社, 1997年)
丸岡秀子(1975)『婦人思想形成史ノート　上巻』ドメス出版
水野弥穂子・井口規・加藤節子・三宅文子(1990)『創設期における東京女子大学学生の思想的動向(Women's Studies 研究報告 X)』東京女子大学女性学研究所
村田静子(1998)「評伝」村田・大木編(1998), 所収
村田静子・大木基子編(1998)『福田英子集』不二出版
山川(青山)菊栄(1916)「日本婦人の社会事業について伊藤野枝氏に与う」(『青踏』1916年1月号)鈴木編(1990), 所収
山川菊栄(1918-a)「女性の観たる女の問題」(『中外』1918年2月号),「自滅を急ぐ女子教育家」の表題で鈴木編(1990), 所収
山川菊栄(1918-b)「与謝野, 平塚二氏の論争」(『婦人公論』1918年9月号),「母性保護と経済的独立——与謝野, 平塚二氏の論争」の表題で鈴木編(1990), 所収
山川菊栄(1919)「労働階級の姉妹へ」(『日本評論』1919年2月号)鈴木編(1990), 所収
山川菊栄(1921)「新婦人協会と赤瀾会」(『太陽』1921年7月号)鈴木編(2011), 所収
山川菊栄(1925-a)「「婦人の特殊要求」について」(『報知新聞』1925年10月5日～16日)鈴木編(1990), 所収
山川菊栄(1925-b)「婦人部テーゼ」(日本労働組合評議会全国婦人部協議会)鈴木編(1990), 所収
山川菊栄(2014)『おんな二代の記』岩波文庫, 岩波書店(初版は日本評論新社, 1956年)
山本美穂子(2010)「北海道帝国大学へ進学した東京女子大学生たち」『北海道大学　大学文書館年報』第5号, 所収
山本美穂子(2011)「北海道帝国大学へ進学した東京女子高等師範学校卒業生たち」『北海道大学　大学文書館年報』第6号, 所収
横山源之助(1985)『日本の下層社会』岩波文庫, 岩波書店(初版は教文館, 1899年)
和田芳恵(1961)「解説」樋口(1961), 所収

和田芳恵(1995)『一葉の日記』講談社文芸文庫，講談社
　人物の生没年・経歴については下記の辞典・年表等を参照した。
岩波書店編集部編(1991)『近代日本総合年表　第3版』岩波書店
臼井勝美・鳥海靖・高村直助・由井正臣編(2001)『日本近現代人名辞典』吉川弘文館
近代日本社会運動史人物大事典編集委員会編(1997)『近代日本社会運動史人物大事典』
　全5巻，日外アソシエーツ
塩田庄兵衛編(1979)『日本社会運動人名辞典』青木書店
日本キリスト教歴史大事典編集委員会編(1988)『日本キリスト教歴史大事典』教文館
法政大学大原社会問題研究所編(1995)『新版　社会・労働運動大年表』労働旬報社

第2章 女子高等教育におけるリベラル・アーツと経済学
―― 東京女子大学実務科とは何だったのか

栗田 啓子

第1節 はじめに

　東京女子大学は，1918(大正7)年に，大学という名称を冠した専門学校(旧制)として創設された。創立時の東京女子大学には，修業年限1年の予科の上に，本科(修業年限3年)として，国語漢文科，英文科，人文科と並んで，実務科第一部，実務科第二部が設置され，商業および経済学教育が展開された。初代学長新渡戸稲造(1862-1933)は[1]，通俗的と批判されながらも，『女学雑誌』や『婦人画報』[2]，『婦人世界』[3]などにおいて，積極的に新しい女性の生き方を論じたが，その新渡戸にとって，女子経済教育はどのような意味を持っていたのだろうか。また，リベラル・アーツを通じた人格教育を目標とした東京女子大学において，実学とみなされがちな経済学はどのように位置づけられていたのだろうか。そしてそのとき，どのような内容の経済学が期待されたのだろうか。

　本章の課題は，創設期の東京女子大学に焦点を絞り，初代学長の新渡戸稲造と初代学監の安井てつ(1870-1945)の議論を中心に[4]，これらの問いに答えることである。まず，女子高等教育の理念と関連させながら，リベラル・アーツにおける経済学教育の意味を考察する。次に，東京女子大学実務科の教育を概観し，その教育を受けた学生たちの進路を見ることによって，大正という時代に女性に対する経済学教育に期待された役割を明らかにすることにしたい。

第 2 節　女子高等教育への期待

1　女子高等教育の成立と展開

　日本の女子高等教育は，1890(明治23)年の東京女子高等師範学校(現・お茶の水女子大学)の設立を先駆として，1901年の「高等女学校令施行規則」の発令前後にひとつのブームを迎えたと言うことができる。1900年に津田梅子(1864-1929)が女子英学塾(現・津田塾大学)を起こし，吉岡彌生(1871-1959)が東京女医学校(現・東京女子医科大学)を設立している。翌年に，最初の旧制女子専門学校として日本女子大学校(現・日本女子大学)が開学され，1903年には，嘉悦孝子(1867-1949)が女子商業学校(現・嘉悦大学)を創立した。同年3月に「専門学校令」が公布されると，それまで各種学校として位置づけられていた私立女子高等教育機関は法律に基づく女子専門学校として取り扱われるようになった。この「専門学校令」の公布自体，進学者の増加によって高等教育の制度化が求められた結果だった[5]。とはいえ，これらの専門学校が統一的な姿をしていたわけではなく，上に挙げた学校名を見てもわかるように，教師・医師などの専門職の養成に主眼を置いたものと，教養を備えた女性の育成を目指すものに大別することができる[6]。

　中等教育を見ると，教養主義に基づく女子教育の主要な担い手はキリスト教系女学校だった。すでに，明治初期から，宣教師やクリスチャンの日本人による女学校が数多く設立され，日本の女子中等教育を牽引してきたと言っても過言ではない。主な学校の創立だけ見ても，1870(明治3)年の現・フェリス女学院と現・女子学院を皮切りに，1875年の現・神戸女学院，1884年の現・東洋英和女学院，1886年の現・広島女学院，1887年の現・普連土学園と枚挙にいとまがない。このように多くのキリスト教系女学校の存在が，卒業生の進路としてのキリスト教に基づく女子高等教育機関の構想を促すとともに，そこでの教育がこれらの女学校の教養主義の伝統を継承することを強く求めたのであった。

2　女子高等教育というミッション

　東京女子大学の創立は，キリスト教宣教史の観点からすると，1911(明治44)年の万国キリスト教宣教大会で決議された東洋に最高学府を設置するというプランを検討する過程において，男性を対象とした大学構想が頓挫した結果と言うことができる[7]。男子高等教育については，すでに専門学校令に基づく明治学院(現・明治学院大学)と青山学院(現・青山学院大学)が存在しており，新設の学校はこれらの既存の学校の利害を侵すと考えられたのである。これに対して，女子については，確乎としたキリスト教系高等教育機関が存在していなかったために，調整が容易だったのである[8]。その結果，いくつかのキリスト教系女学校の専攻科あるいは高等科を統合する形で，1つの女子高等教育機関を設置することになった。こうして，1918(大正7)年に東京女子大学が誕生したのである。この経緯について，設置委員の一人でもあった津田梅子は，次のように語っている。

　　「米国のキリスト教伝道局が日本のミッション・スクールに設けた高等学部を合併して，ゆくゆく大学にしようと考えたのは，明治40年頃である。その後話は捗って大正5, 6年頃には略その案もまとまり，学長には新渡戸稲造，学監には安井哲子が推薦せられるという噂さ，女子高等教育の発達の遅々たる当時，こういう学校の新設せられることは喜ばしい。殊にミッション関係の学校の首脳として，新渡戸，安井を推薦するということは至極穏当な思いつきで，事情を知るものには容易に頷き得られる話であった」[9]

　この津田の発言に見られるように，日本人クリスチャンが歓迎した構想ではあったが，日本に女子高等教育機関を設置しようとしたミッション側の意図はどのようなものだったのだろうか。ミッションの活動が宣教の一環であることは言うまでもないが，とくに，日本の伝道に従事した女性宣教師の多くは「キリストの精神に基づき，……男子と対等の人格を持った主体的な人間としての〔女性〕教育」[10]の必要性を痛感していた。このような主体的な女性の存在が封建的な日本社会を変えることができると彼らは考えたのであ

る。だからこそ，創立に尽力し，常務理事に就任したA. K. ライシャワー(1879-1971)は，「我々は日本の若い女性のために，東京女子大学を創立して日本の文化に貢献したいと思う」[11]と，キリスト教主義の女子高等教育の展開が日本文化への貢献になるとまで言い切ったのである。

　日本の女子教育の現状に対するミッション側の不満は，日本の少なからぬ教育者たち，とくにクリスチャンの教育者たちにも共有されていた。ライシャワーが東京女子大学を託した新渡戸も，「……一般社会の思潮が，この〔女子教育という〕問題についてはなはだ幼稚である。……中流以上の社会に於いても，女子の人格を十分認めておらない。この点については，我々は恥かしながら外国人に負うところが少くない」[12]と，日本の旧来の女子教育における人格教育の欠如を問題視し，この点でのキリスト教主義の女学校の優位性を認めていた。高等教育に関して言えば，問題はいっそう深刻であった。日本では高等教育が女性に開放されていないことを，津田梅子は，次のように指弾している。

　「欧米，就中（なかんずく），英国，合衆国の近30年を見れば，婦人の教育及び社会上の位置は，実に驚くべき変化をしています。米国では婦人の専門教育さえも，30年前は極めて幼稚なものであったが，今日では高等教育のあらゆる組織ができて，広大な専門学校及び大学が男子と同じく門戸を開放せられて，すべての自由教育に対する利益を与えられています。……〔日本においても〕文化の産物たる智識なく善悪，正邪，偏見，義務等を区別すべき権理力〔ママ〕がなくて，最良なる性格を男子と均しく，女子にも陶冶することができましょうか」（傍点引用者）[13]

　そして，新渡戸が「知識よりも見識，学問よりも人格を尊び人材よりは人物の養成を主としたのであります」[14]と言うように，人格教育を主眼とする東京女子大学が，津田がアメリカで実現されているとした「自由教育」（リベラル・アーツ）と分かちがたく結びつくべきものとして構想されてゆくことになるのである。

第3節　リベラル・アーツと人格教育

　新渡戸は「リベラル・エデュケーション」[15]という言葉を使用しているものの，リベラル・アーツという用語が東京女子大学創立当初から使われていたわけではない。安井てつは，高等教育を2つに分類し，「Collegeにはprofessionalな性質を有つものと，liberalな性質を有つものとがあります」というように，職業教育に自由教育を対置させていた。そして，「甲〔職業教育〕は直に教育の結果を予想し，乙〔自由教育〕は最善なる結果を将来に収めんがために，その基礎となるべきものを重大視するものであります。甲は教育の近路を通り，乙は迂回するのであります」[16]と，回り道に見える自由教育が人間育成の基盤であることを強調した。ここでは，とりあえず，リベラル・アーツをこの意味での自由教育を指すものと理解し，以下の項で，新渡戸と安井の言説を辿りながら，その内容を豊富化する作業をしてゆきたい。

1　「高等なる知識」と「自学自習」

　創立当初の東京女子大学のリベラル・アーツを理解するためには，新渡戸と安井の教育観を検討する必要がある。というのは，創立以来の専任であった土居光知（英語・英文学）が言うように，「……女子大学の教育方針が完全に新渡戸先生及び安井先生に一任」[17]されていたと考えられるからである。人間育成の基盤としてのリベラル・アーツの核心に置かれたのは，人格教育である。後で見るように，新渡戸の教育論は人格教育の重視を特徴としていたが，創立時の「財団法人私立東京女子大学寄付行為」第3条には，「本財団法人はキリスト教主義に基づき日本における女子に高等教育を施すを以て目的とする」とあり，人格教育という言葉は見られない。それを明確に大学の教育目標に置いたのは，安井てつだった。彼女は，生徒募集に際して，「キリスト教主義に基づきて人格教育に重きを置き，文化に対する高尚な理想と，家庭，国家及び人類の発展に貢献せんとする精神とを養い，かつまた独創的能力を発揮せしめんがために自学自習の慣習を尊ぶ」[18]と明記したの

である。安井はさらに，1922(大正11)年に創刊した『学友会雑誌』の毎号の巻頭に，次のような「教育方針」を掲載し，この教育目標の浸透を図っていった[19]。

「1. 基督教主義に基づきて人格教育に重きを置く。
　2. 文化に対する高尚なる理想と，家庭，国家，及び人類の発展に貢献せんとする精神とを養成す。
　3. 独創的能力を発揮せしめんがため自学自習の慣習を養成す。
　4. 我邦における女子最高教育機関の一として学科の蘊奥を攻究す。」[20]

一方，「元来私は女子高等教育主張者であります」[21]と自認する新渡戸は，「今度新設になる〔東京〕女子大学は，基督教主義を根底とし高等なる教育を日本の女子に授ける考である」と宣言し，その目的を「……高等なる知識を利用して，世の為，国の為に盡す如き人を養成したいのである」[22]と説明している。こうして見ると，リベラル・アーツの教育内容は，安井においては「学科の蘊奥」であり，新渡戸においては「高等なる知識」だったと理解できる。新渡戸が「……何事についても何か知ることが必要である。これは教育の最大目的であって，かくてこそ円満なる教育の事業ができるのである。ここに至って人格もまた初(はじめ)て備わって来るのであろうと思う」[23]と語っているように，幅広い専門知識が人格の基盤とされたのである。もっとも，その知識を役立てるにあたって，新渡戸が「世の為，国の為」と言っているのに対して，安井が「家庭，国家，人類」と列挙し，家庭を含めている点が興味深い。同時に，リベラル・アーツの方法として，「自学自習」が強調されている点も見過ごすことができない。リベラル・アーツ教育においては，「何を学ぶか」だけでなく，「どのように学ぶか」が問われているのである。だからこそ，「自学自習と云ふことは，当時一つのモットーのやうに成っていて，学校でも1週間の中日曜以外に，研究のためのお休みさえあった」[24]と学生が回想するように，学生に対しても研究日を与える教育システムが採用されたと言える。

2 女性に対する人格教育の必要性

　新渡戸が「時の要求と共に推移り活社会に活動するの人格を養を教育の最大目的とせねばならぬ」[25]と，教育の根幹に人格養成を置いたことはよく知られている。安井も「個人および国民の有する最大資産は人格であると信じます」[26]と，新渡戸と同様に，人格教育を尊重していた。新渡戸の「人格」という考え方は幅広い解釈が可能だが[27]，やや乱暴に定義するならば，一人の人間としての個性を持ち，同時に他者を尊重することができる人間と言うことができるだろう。しかも，上の引用文にあるように，その「人格」は，さまざまな状況において，獲得した知識を活用して自己判断し，実行力を持つ人間でなければならない。このように，新渡戸の人格教育には，時代の変化を読み取り，現実の社会にその知識を応用できる能力の育成までが含まれていたことを確認しておきたい。このように，人格教育は判断力を養成するものであり，そのためには，社会に対する理解が必要不可欠だったのである。

　まず，判断力・実行力の観点から，女性に対する人格教育の必要性を見ることにしよう。イギリスに長期間滞在した安井にしてみると，日本女性の欠点はこの2つの能力の欠如にあった。安井は「西洋の婦人は概して自信力を有し，処世の方法を熟知すれども，吾国の婦人は概してこれを欠く，これを以て温順愛すべきも，道理を固守し正義のために奮戦するの勇気に乏し，これを以て人より犯されやすく軽侮を招き易し」と，外国女性と日本女性のちがいを指摘し，「事を取るに最必要なるは一の主張とこれを実行する手腕にあり」[28]と，女性の社会的地位の改善のためには，女性が判断力と実行力を獲得できるような教育が急務であることを主張したのである。

　一方，人格形成には社会に対する理解が不可欠だという考えは，新渡戸の次のような人格理解と関連している。彼は，ジュネーブから学生に贈った言葉の中で，「……孤立してSocialityを除いてPersonalityを養うことはできない。社会を除いて人格はありえない」[29]と断言している。新渡戸のこの社会性重視の姿勢は一貫しており，第1回入学式の式辞においても，大学にお

いては「人格の修養と社会の学問も等閑には出来ませぬ」[30]と訴えている。このように，社会の中でしか人格はありえないと考える新渡戸だからこそ，後で見るように，人格形成を目指す女子リベラル・アーツ教育に社会認識の学としての経済学教育が不可欠だと考えたのである。

3　リベラル・アーツと「良妻賢母」

　いままで検討してきたように，女子教育においても，男性と同じように，人格形成を目標とする点が女子リベラル・アーツ教育の特徴だった。とはいえ，その女性に対するリベラル・アーツ教育は，「良妻賢母」の養成を排除するものではなかった。安井は，「英国では教育上テンデ良妻賢母などという言葉を聞いたことがありません，良妻賢母ばかりではありません，女子女子とて日本のように，妙に男女を区別するまでもありません，女子を人なりとしてあります」と，従来の良妻賢母教育を批判し，女性もまた人格教育の対象であることを強調している。だが，その一方で，「女子を人として教育をして，始めて母となる場合には賢母となり，妻となる場合には，良妻となるのです」[31]と，人格を持った「良妻賢母」については，肯定的な姿勢を示している。もっとも，このような新しい「良妻賢母」像は，当時の先進的な女性教育者に共通のものだった。例えば，津田梅子も，「訓練も，教育も，経験もない婦人は男子の生活の最下等なる方面を担いうるだけで，理想の妻，又は母としては，実に欠けていると云わねばなりません」[32]という認識を示し，旧弊な良妻賢母教育の欠点を是正するものとして，自由教育を位置づけていた。

　実際，東京女子大学に創立時に設置された人文科は，この新しい，人格を備えた「良妻賢母」の育成を目標としていたのである。新渡戸は，「第三の人文科と云うは，西洋で云うヒューマニズムで，人間としての修養目的の学科，いわば高等なる奥様方を養成する考である」[33]（傍点引用者）と説明し[34]，安井もまた，入試に先立って，「第三は本校特殊の者[ママ]で，人文科と称し，教育もあり常識も発達している所謂淑女を養成するのが目的で，職業教育を受けて将来独立しようといふ向の方でなく，一家の主婦となるのに充分の素養

を作らんとする向の方に適当する科であると信ずるのであります」[35]（傍点引用者）と宣伝している[36]。しかも，「安井先生は人文科に非常に力をいれてをられました。人文科が女子大の hope であるかのように」[37]という証言からわかるように，新しい教育を目指す大学において，「良妻賢母」の育成が軽視されていたわけではなかった。そして，この事実は，東京女子大学における経済学教育の意味を考察する際に，重要な論点を提供することになる。

4 リベラル・アーツと職業教育

　安井や津田が自由教育（リベラル・アーツ）を職業教育と対置させていたとしても，彼女たちはこの2種類の教育が対立するものとは考えていなかった。それは，新渡戸も同様である。時代の変化によって，女性に対する高度な職業教育が求められるようになっていると新渡戸は主張する。この女性に対する職業教育の必要性の主張は，新渡戸のアメリカにおける女性の社会進出とそれを支える教育の観察に基づいていた。滞米中にクエーカー教徒に向けて日本における女学校設立の必要性を訴えた文章の中で，彼は，次のように，旧来の良妻賢母育成にとどまらない女子教育の構想を展開している。

　　「吾宗〔クエーカー〕の女学校なるものには啻に女子を教育して之を，有益なる娘，賢き妻，注意深き母となすの課業を備うるのみならず，尚お亦た之を，看護婦，病院の見舞人，慈善及び改良主義の協会の取扱い人等となし得べきよう教授なかるべからざると考え候」[38]

　この社会で働く女性を育てるという構想の背景には，新渡戸が『婦人に勧めて』に所収された「開かるべき女子の進路」において論じたように，「今日までの教育の結果では，……夫に死なれて明日の生活に困るといふ様な，弱くて哀れな婦人ばかりが出来上っている様に見受けます」，「かりそめにも職業といふ程のものは相当の修業を積まなければなりませぬ」[39]という認識が存在していた。このように，新渡戸が女性に対する職業教育，さらには経済学教育の必要性を主張した理由のひとつには，女性が職業に就かざるを得ない可能性に対する考慮が存在していたのである。

　稼ぎ手である夫の死去によって女性の経済的自立が要求される場合がある

という，この認識は津田梅子にも見られる[40]。この限りでは，女子リベラル・アーツ教育における職業教育は，女性の経済的自立と言っても，限定的な場合を想定していたと言わなければならない。そして，高等教育を受けた女性の職業として，推奨されたのは教師であった。東京女子大学では，それぞれの学科に専攻部を設け，中等教員無試験検定の認可を受けるという方法をとった[41]。そのような形で，リベラル・アーツ教育と教員養成という職業教育の棲み分けを図ったとも言えるだろう。それでも，次の安井の述懐に見られるように，これらの目標を異にする2種類の教育の両立は，そう簡単なものではなかったようである。

　「資格の有無は卒業者の就職に大なる関係をもつのみならず，仮令（たとい）就職を望まぬものでも，資格を有する事は便利な点もありますので，無試験検定の特権を得ることを考慮せねばならぬのであります。しかも学生をして真に学究を楽しみ，実力を養って，単に資格を得ることにのみ没頭させぬように導くには，相当の苦心を要するのであります」[42]

　だが，リベラル・アーツ教育における職業教育が目指したのは，教員養成だけではなかった。広い意味での職業教育の志向は，創立時にすでに現れていた。新渡戸は「まず商業に従事せんとするものと，慈善事業に従事せんとする人を養成したいと思う」[43]と明言し，実務科を設置したのである。それゆえに，リベラル・アーツ教育における職業教育，さらには経済学教育の位置づけを明確にするためには，実務科の理念と教育内容を検討しなければならない。

第4節　リベラル・アーツと経済学

1　東京女子大学実務科の構想

　まず，東京女子大学実務科第一部，実務科第二部の歴史を概観しておきたい[44]。もっとも，この実務科は大学創立からの3年間しか存在しなかった。とはいえ，実務科のうち第二部は1921（大正10）年の学則改正時に大学部社

会科(修業年限2年)となり，1944(昭和19)年には「女子専門学校教育刷新要綱」により経済科(修業年限3年)に改組された。第二次大戦後には，1948年の学校教育法により正式な大学として文学部が開設されたときに社会科学系学科は一時消滅したが，1950年にはこの文学部に社会科学科が増設され，1961年の文理学部への改組時に社会学科となり，そこで経済学教育が維持されてきた。そして，この社会学科における経済学教育を基盤として，2009(平成21)年の現代教養学部発足とともに国際社会学科経済学専攻が誕生することになった。このように，創立時の実務科はさまざまな変遷を辿りながらも，東京女子大学における経済学教育の伝統を形成していったのである。

　それでは，実務科のカリキュラムを確認することにしよう[45]。3年の命しかなかった実務科第一部は，『東京女子大学五十年史』によると，週23時間の科目に，実践倫理・聖書研究・英語・体操の共通科目に加えて，商業学及び商品学・商業地理・商業算術・経済学・簿記・商業邦文・商業実践等を掲げており，明確に職業人の養成を目的としていたことがわかる。新渡戸は，『婦人に勧めて』所収の「戦争は婦人に何を教へるか」という小論の中で，第一次世界大戦による社会の変化のひとつとして，女性の就労増加を挙げており[46]，実務科第一部はそのような新たな社会状況に対応するものとして設置されたと考えてよいだろう。実務科第二部は，週22時間の科目として，心理学・社会学・経済学・文明史・法学通論・衛生学・工業史・工業および慈善事業視察等を設置しており，のちの大学部社会科のカリキュラムと併せて考えると，社会事業に従事する人材の育成を目的としていたと考えられる[47]。事実，新渡戸は，東京女子大学の創立を準備した1917(大正6)年の理事会で，ライシャワーの大学構想に含まれていた「社会奉仕」のコースの実現を要求し，実務科第二部の設置を勝ち取ったと言われている[48]。このように，第一部・第二部と区分された実務科ではあったが，その目的をまとめると，「実際仕事にあたる人を作りたい」[49]ということだった[50]。したがって，実務科の構想は，第3節4で検討した，夫の死去によって働かざるを得なくなった女性のための職業教育という枠を超えていたと言うことができる。そして，実務科第二部の第1回卒業生の南波シゲが「私達は，社会事業に直接

携わらんことを欲して，其指導を受けるべく此科を選んだ」[51]）と志望動機を説明しているように[52]），学生たちも，卒業後何らかの形で働くことを明確に意識して入学してきたのである。こうして見ると，実務科では，旧来の「良妻賢母」を超えた新しい女性の生き方を可能にする教育が目標とされたと言えるだろう。そのような新しい女子教育において，経済学教育はどのような意味を持ったのだろうか。この疑問に答えるために，まず，女子教育への経済学の導入の状況を確認することにしよう。

2 女子経済学教育の社会的意義

　女子に対して経済学を教授したのは，東京女子大学が初めてではない。明治の早い時期から，とくにキリスト教主義の女学校で経済学科目が設置されていたようである。大濱(1985)によれば，1876(明治9)年には，キリスト教主義の学校である原女学校の上級生の教則に経済書が含まれていたし，同じキリスト教主義の桜井女学校でも，学科目に経済学が置かれていた。もっとも，桜井女学校については，教則として「ハウスホールドエコノミー」が挙げられていること，1888年の改組時に公表された「設置ノ目的」に「満14歳以上の女子を教育し，専らその徳性を涵養し，知識を開発し，家事経済児童教育の良法を習得せしむるを以て目的とす」とあることから，ここでの経済学は家政経済学だった可能性が高いと考えられる[53]）。設置目的の後半に「家事経済児童教育の良法」と列挙されているように，「良妻賢母」教育を目指していたとはいえ，少なくとも，そのために合理的な家政の知識，さらには，経済学の知識が必要とされており，実技を中心とした「良妻賢母」教育と一線を画していたことは確かである。さらに，1889年に桜井女学校の創立者の桜井ちかが創設した貧学校においては，1期6ヶ月の第5期に，経済学の講義として「ウェランド氏経済書」が口述されており，家政経済にとどまらない経済学教育が展開されたのである[54]）。

　官立の学校に目を向けると，1879(明治12)年に新潟師範学校に設置された女子師範学科のカリキュラムに経済学が含まれていた点にも注目したい。この女子師範学科は「教員養成ということよりはむしろ中等教育の一環とし

ての女子教育」[55]を目指したと言われているが，そこで使われたのもウェランドの『経済学綱要』の翻訳だった[56]。杉原 (1969) は，明治初期に地方の官立学校や私塾でウェランドなどの教科書を用いて経済学教育が展開されたことを紹介し，「……農村の青年たちが立身出世や技術的実用性のためでなく，勤労人民が新しい時代の主体として生きてゆくための思想的糧として」[57]自由主義経済思想を学んだ点を重視しているが，同様のことが女性に対する経済学教育にも言えるのではないだろうか。つまり，経済学教育は，女性が旧来の隷属的な状況から脱し，「新しい時代の主体」として生きるために必要とされたのではないだろうか。そのように考えると，キリスト教主義の女学校で経済学教育が行われたことも，そして，これから紹介するように，東京女子大学人文科でも経済学が教えられていたことも理解できるように思われる。

3 「高等なる教育」における経済学

創立期の東京女子大学では，実務科と並んで，人文科，そして1921年（大正10）の学則改正後には高等学部においても，経済学が教授されていた[58]。ここでは，実務科と人文科の学科としての性格のちがいに留意しながら，女性に対する経済学教育の意味を考えてゆくことにしたい。

東京女子大学のリベラル・アーツ教育の中核に置かれたのは，人文科である。その人文科においても経済学が教えられていたことに，意外な印象を持つかも知れない。というのは，先に紹介した新渡戸の発言にあるように，人文科は「高等なる奥様方を養成する」[59]ことを主眼として設置された学科だったからである。新渡戸はさらに，次のように，人文科の教育内容を説明している。

> 「人文科とは西洋でいうリベラル・エヂュケーションあるいはヒューマニズムで，謂わば高等なる普通学であって，社会に位置高き婦人が，これと定まった専門学を要しない，職業的教育を要しない，ただ一家の主婦あるいは社会の一員として，一般的の智識を得るために設けるのである」[60]

新渡戸に続いて安井もまた，人文科を「一家の主婦となるのに充分の素養を作らんとする向の方に適当する科」[61] と位置づけていた。安井はまた，創立時の4学科のうち，英文科と国文科を「女子として好む学科」と位置づけ，第3の人文科を「本校特殊の者〔ママ〕」，「第4〔の実務科〕は全く新しい試み」[62] と自負している。逆に言えば，人文科と実務科は旧来の女子高等教育には含まれていない独自な内容を提供する新しい学科と考えられていたのである。その独自な内容に経済学が含まれていたことは，新しい女子高等教育に経済学が不可欠だと考えられたことを示している。杉原が指摘した農村の勤労青年と同様に，職業に就こうと，主婦として家庭にあろうと，女性もまた「新しい時代の主体」として生きるためには，経済学の知識が必要とされたのである。

一方，実務科では，経済学教育が職業と直結するものと位置づけられた。安井の言う「全く新しい試み」の目的について，新渡戸は『婦人公論』に寄稿した「新女子大学の創立に当って」の中で，次のように語っている。

「実務科と称するものは，その名称によっても察せられるであろうが，常識を養成する点についても，人文科よりなお更ら必要であるけれども，智識についていえば先ず職業的とも称すべきものである。恐らく今後婦人の活動範囲が拡がるであろう。官衙（かんが）あるいは会社等に於いては已（すで）に女の事務員が段々増すばかりである。これらの人及び自ら業務を経営する才能を，この科によって養成したいと思う。されば，この科に於いては主として商業の智識を授けるのは勿論であるが，なお営業に従う者のみならず，慈善事業に従事する底（てい）の者のためにこの科を授けたいと思う。日本の工業はその半ば以上婦人の手によって成っている。然るに，女工の監督は殆ど男子に限る。たまたま女子を用いたところが，やはり男子の方が利益だというている。これは性によって利益を異にするというよりは，たまたま使わるる女にその方面の智識がないからだと思う。故に女工，あるいは女子の団体を監督指導する者，及び今後必ずなさねばならぬ慈善事業に力を致す人を，この学科の下に養成したいのである」[63]

このように，実際に官庁や企業あるいは工場で多くの女性がすでに働いて

いるという事実認識と将来女性の社会的活動の場がさらに広がるという予測に基づいて，新渡戸は女子高等教育における経済学教育および商業教育の必要性を訴えたのである。とくに，「自ら業務を経営する」女性および「女工，あるいは女子の団体を監督指導する者」というように，男性と同じように，起業する女性および企業や団体において管理職としてリーダーシップを発揮する女性の育成を目指した点が注目される。そして，女性のもうひとつの社会的活動の場として想定されたのが社会事業だった[64]。職業のためだけでなく，広く社会的活動のための経済学教育が志向されたのである。ここでは女性の経済的役割を家計の管理に限定しない姿勢が明瞭に示されており，その意味で消費経済学への言及が見られないのも不思議ではない。しかも，人文科と同様に実務科においても「常識を養成する」ことにも力点が置かれており，リベラル・アーツ教育と職業教育，さらには経済学教育との結節点として，実務科が構想されたと言うことができるだろう。

　もっとも，東京女子大学において家政経済学が存在しなかったとはいえ，新渡戸の女子経済教育に対する姿勢がそう単純なものではなかったことに注意しなければならない[65]。1928（昭和3）年に創設された女子経済専門学校の校長として招かれた新渡戸は，「元来私は，我国の女子に経済，特に消費経済の知識を注入する教育を行ってみたい希望を久しく抱いていた」として，次のように，女子経済教育に異なった意義を与えている[66]。

　「西洋の経済学は明治の初め頃から我国にはいって来た。……その根源をただせば英語の「エコノミー」という語で，なお遡（さかのぼ）ればギリシャ語の「オイコス」及び「ノモス」というに当たる。即ち「オイコス」とは家という事であり，「ノモス」は管理の意である。日本で今日言われている経済という言葉は経国済民という漢語をくっつけたものである。しかして経済とは元をただすと家を斉える事を意味したのである。

　日本人には無駄が多い。物質的にも時間的にもこんな浪費が多い国は他には見られない。……日本のような資源なき国においてはこの辺について充分考慮しなければならない。殊に私はこうした消費経済問題に婦人の自覚と注意を喚起したいのである。」[67]

このように，新渡戸は，経済の語源を辿ることによって家計管理の重要性を説きながら，日本経済全体を視野に入れた家計の合理的な管理者が資源の希少性を補完する役割を果たすことを指摘したのである。新渡戸の考えでは，そのようにして，家計の管理者としての女性もまた，男性と並んで，十分な資源を持たない日本経済の担い手になりうるのであった。人文科の目的が「高等なる奥様方」の養成にあったことを考えると，そこでの経済学は，「新しい時代の主体」として，グローバルな視点から家計を見ることができる女性の育成を可能にするものでもあったと言える[68]。それでは，職業人の育成を明確に目的とした実務科における経済学教育の内容の検討に移ることにしよう。

4 実務科における経済学教育

実務科で教授された経済学の内容は，残念ながらほとんど資料が残っていないので，講師の顔ぶれから推測するしかない[69]。社会科学系の教授陣に専任は置かれず，その多くは東京帝国大学(現・東京大学)からの非常勤講師で占められていた。経済学関連の講師としては，第一高等学校(現・東京大学)と東京帝国大学時代の新渡戸の教え子である森戸辰男(社会学，経済学：1919(大正8)年4～12月)[70]，河合栄治郎(経済学：1920年4月～1922年3月)，本位田祥男(経済学：1921年4月～1923年4月)，矢内原忠雄(経済学：1923年5月～1926年3月)が呼ばれ，さらに，東京帝国大学以外からは慶應義塾大学の高橋誠一郎(経済思想史，経済史：1924～1925年，1927(昭和2)～1928年)が参加するなど，錚々たるメンバーが顔を揃えている。旧約聖書担当の専任教員であった渡邊善太(1921年4月就任)が指摘するように，「新渡戸学長と安井学監のキリスト教に，帝大系の新々の学者達がどっと流れこんで，渾然としてひとつにとけあったのが，初期の東京女子大学の雰囲気であった」[71]のである。「帝大系の新々の学者達」を招聘できたのは新渡戸学長の人脈によるものと思われるが，人格教育の一環として，「活社会に活動する」男性と同等の教養を身につけるという東京女子大学の姿勢は，経済学教育においても一貫していたと言ってよいだろう。

ここでは，実務科で行われた経済学教育の実態に迫るために，非常勤講師の一人であった河合栄治郎と東京女子大学とのかかわりを見ることにしよう。河合は新渡戸稲造が校長を務めていた時期に一高で学び，「新渡戸宗」の一員と言われるほど彼の教育姿勢に心酔していたので，新渡戸の要請によって東京女子大学で教鞭をとることになったと考えて間違いないだろう[72]。河合の日記によれば，東京帝国大学就任前は，実に頻繁に東京女子大学に出講している。1920（大正9）年6月の日記を見ると，週1回の学年ごとの講義と演習を担当していただけでなく，運動会にも参加し，学生を対象とした課外講演も行っているというように，週に3，4回大学に足を運んでいる[73]。また日記には，東京女子大学の学生が河合の自宅をしばしば訪ねたことや，市川や妙義山にまで何人かの学生と遠足に行ったことも記載されている[74]。さらに，職員会議にも出席していたこと，自身の英国留学前には，本位田祥男と高橋誠一郎の自宅を訪ね，後を託していたことを見ると，専任と非常勤との区別はほとんどなかったようである[75]。講義の内容自体の記述は少ないが，『ネーション』や『ステーツマン』などの外国雑誌の記事を読みながら労働問題を論じ，シジウィックのベンサム評論やマリー・ウィルソンクラフトを取り上げていたことがわかる[76]。

1922（大正11）年3月の最終講義にはギルド・ソーシャリズムを論じているが，東京帝国大学で前年5月から担当した経済学史の内容を東京女子大学でも講義していたと考えても差し支えないように思われる。というのは，次の南波シゲの回想と東京帝国大学での「経済学史講義案」の内容がほぼ一致しているからである[77]。南波は，『河合栄治郎全集』第19巻の月報に，「河合先生に学ぶ」と題して，学生時代の3冊のノートを参照しながら，河合の経済学史講義の思い出を語っている。それによると，河合の講義は，実務科第二部の14名の学生を対象としたものだったが，「相手の学生が少数の女子であることなど問題ではなく学問する者への要求は厳しかった」[78]と回想されている。内容について言えば，河合が「スミス以降の経済学の基調は個人主義と団体主義」に分かれること，しかしこの対立が「如何なる時代，如何なる場所に於ても人間生活のあるところ」では必ず生じる普遍的な対立であ

ることを説明し，それゆえに，「この二つの思想の比較研究は単に歴史上の死せる問題に非ず，現に我等の胸奥に動きつつある生きたる問題なり」と強調したことが書きとめられている。講義の最終日には，河合が熱を込めて経済学史を学ぶ意義を語り，「社会を導く新しき力が深き思索の中より起こることを知らば，思想史の教訓も浅からずと言うべし」[79]と結論したことに南波は深く感動している。

　河合の講義は，東京女子大学における経済学教育の一例でしかないが，普遍的な真理を重視する彼の姿勢は，「凡そ真なるもの」の追究を教育理念とする東京女子大学によく適合していた。しかも，その普遍的な真理をもって新しい社会を築き上げるという理想は，教育によって「活社会に活動する」人格を育成するという新渡戸の教育観に呼応していたのである。こうして見ると，新渡戸が設定した東京女子大学の2つの目的，すなわち，男性と同等の智識の修得という第1の目的が実現されていたことが教授陣の陣容から推測できるだけでなく，その智識を社会のために役立てるという第2の目的も教授陣と共有されていたと言うことができるだろう。だからこそ，第5節2で見るように，実務科の多くの卒業生の進路が企業や社会事業に向かったのである。

第5節　経済学教育の成果

1　経済学教育の学生への影響

　経済学教育の成果を検討するために，まず，実務科の教育を学生たちがどのように受け止めたのかを見てゆきたい。実務科第一部第1回卒業生で，のちに東京女子大学東寮の寮監（1927（昭和2）年6月就任）を長く務めた大槻（松隈）トシは，『創立十五年回想録』において，「……商科としての学科はあまりプラクティカルであって，曾て私共が入学当時も今も求めている魂そのものに触れる何物でもなかった」と失望を表しながらも，「当時婦人問題が盛んであったために，婦人の弱点がかなり経済的独立をなし得ないところに

あると云う事」[80] を意識していたと証言し，女性の経済的自立が実務科第一部の学生の念頭にあったことを明らかにしている。一方，実務科第二部については，先に紹介した南波シゲが，同じ『創立十五年回想録』に次のような文章を寄せている。

> 「〔実務科第二部は〕社会科と呼ぶ方が解し易いように，此科の特色は社会事業に直接携わらんとする人々を指導するところに存する。実際社会にあって，社会的に働く人を出すのが此科の目的である。然しながら其目的は只単に働く事ではない。亦よく働くべく技術を与えるのでもない。其処(そこ)にはもっと根本的な基礎があって，其上に置かれた目的である。……爽快な，生き生きした空気に囲まれて，只熱心に忠実に学んだ。私達は目的の為に学んだのであった。即ち社会のために，自己以外の者のために自己を役立つものにしたかったのである。……時恰(あたか)も〔第一次〕大戦後にして社会一般に改革改造の声が高く，学窓に在る私達も其影響を避けることはできなかった」[81]

このように，実務科の学生たちは，「婦人問題」や「社会改造」が喧伝された大正という時代の雰囲気の中で，社会のために「自己を役立つものにしたい」という思いを育んでいったのである。

2　卒業生の進路

それでは，社会のために働くことを目的とした実務科の卒業生たちは，どのような進路を選択したのだろうか。『学友会雑誌』と『同窓会誌』を主な資料として，彼女たちの卒業後の生活を追ってみることにしたい。

1922(大正11)年の実務科第1回卒業生は『同窓会名簿』によると20名だが，『学友会雑誌』に名前が挙がっているのは，実務科第一部本科2名，選科2名，実務科第二部本科6名，選科5名の計15名である。そのうち，企業に就職したのは三菱商事，教文館，毎夕新聞社の3名で，2名がドイツに留学している。その留学した一人である安生鞠はドイツで経済学を専攻したとされている[82]。残りの10名については，矯風会(1名)，キリスト教女子青年会(2名：神田と大阪)，亀戸の社会福祉施設(1名)，ミッション・ス

クールや小学校の教師(3名), 個人秘書と個人教授(各1名)であり, 1名が進路不明である。第2回卒業生は1921年の学則改正に伴い実務科第一部のみで, 4名だった。そのうち, 2名が企業, 1名が大阪のキリスト教女子青年会, 1名が教師となっている。就職先の企業は1名が加島銀行と明記されているが, もう1名は「毎日, 会社にお出かけ」と消息が記されているだけである[83]。

これらの卒業生の中から,『同窓会誌』の消息欄に記載がある4名のキャリアを紹介しよう。三菱商事神戸支店に就職した実務科第一部卒業の濱口静子は,「何よりも商売が好きで, 今では人の目からは馬鹿に見える位, 熱心に勉強して居ます。面白くて堪りません」[84]と便りを寄せている。この濱口が,「商業に従事せんとするもの」の育成を目指した実務科第一部の目的を最もよく具現化していると言える。「慈善事業に従事せんとする人」の育成を掲げた第二部の卒業生になると, 社会事業関連の進路を選んでいる者が目立つ。第1回卒業の佐藤(渡邊)静は卒業直後には外国人の個人秘書を務めていたが, その後東京市の社会局労働部に就職し, 結婚後も仕事を続けている。1927(昭和2)年には, 国際労働機関(ILO)総会の「工業以外に於ける児童の最低年齢」という議題に関する参考資料として,「都市街上に於ける児童労働」を社会局労働部から刊行している。この佐藤の出版に対して,『同窓会誌』には「家庭を持つと義務に追われがちなものですが, その余暇の御勉励がいつか実を結んでこうした価値ある書となった事を心から嬉しく思います」[85]と感想が寄せられている。同じ第1回卒業の高畠音羽は, キリスト教女子青年会で,「女子労働者への働きかけ」を目的とした商工部の責任者として,「女工, 事務員, 店員達相手のお仕事」[86]に従事した[87]。さらに, 高等学部から実務科第二部を継承した社会科に進み, そこを1924(大正13)年に卒業した逢阪忍は,「九段坂上の東京少年審判所に少年保護司の嘱託をうけ, 不良少年少女, 犯罪児童の保護事業に」[88]あたった。逢阪は, その後, 倉敷に移住し, 大原孫三郎と倉敷紡績が女性労働者の急増に応えるために援助し, 1925年に設立された「若竹の園」保育園で働いている[89]。

このような卒業生のキャリアを見ると, 東京女子大学実務科の商業・経済

学教育は，単に，家計の合理的管理者としての女性を育成することを目的としていたわけではないことがよく理解できる。新渡戸や安井が設置の趣旨で明らかにしていたように，東京女子大学実務科は経済的に自立しうる女性の育成とともに，当時の社会問題の存在を前提として，社会改良の担い手としての女性の育成を目指していたのである。そして，その目的を学生たちもしっかりと受け止め，自らのキャリアの中で実践していったと言えるだろう。

第6節 おわりに

　1923(大正12)年に経済学担当の非常勤講師として東京女子大学に着任した矢内原忠雄は，『学友会雑誌』第4号に「社会科のために」という小論を寄せている。そこで彼は，「婦人たる学生諸氏が如何なる態度と思想とを以て社会的学問の研究に従事せらるゝかという点について興味を持っていました」と明かし，自身の観察に基づいて，女性と経済学との関連を4点にまとめている。ここでは，第2章の結論として，矢内原の整理に沿って，リベラル・アーツ教育における女子経済学教育の意味を明らかにしてゆきたい。

　矢内原によれば，女子経済学教育の第1の目標は，「社会事業の技術者としての婦人」の養成だった。この点について，第4節3でまず，新渡戸が明確に女性の社会活動(職業と社会事業)を前提として，東京女子大学に実務科を設置したことを明らかにした。とはいえ，新渡戸における女性の就業の具体的イメージはそれほど明瞭ではなかった。遠友夜学校[90]や軽井沢夏期大学に見られる彼の積極的な社会活動の実践を考慮すると，新渡戸においては，経済学教育を通じて，企業で働く女性より，むしろ社会事業に携わる女性を育成することのほうが，より現実的だと考えられていたと推論される。そして，第5節2で示したように，実務科の卒業生たちの多くは，その新渡戸の期待に応えたのである。矢内原が第2の関連として挙げた「家庭の人としての婦人」にとっても，経済学の知識は必要だった。第3節3で明らかにしたように，東京女子大学のリベラル・アーツは「良妻賢母」教育を排除するものではなかった。だが，そこで目指されたのは，新しい良妻賢母だった。第

4節3で紹介した，新渡戸のグローバルな視点からする消費経済の知識の必要性の主張は，この良妻賢母の新しいイメージと無縁ではなかったと考えられる。だからこそ，「高等なる奥様方を養成する」人文科の科目としても経済学が設置されたのである。

　第3点として，矢内原は，「複雑ではありますが混沌では」ない社会を認識する手段と経済学を位置づけ，その法則性を学ぶことが「人としての婦人に有意義」であると説いている。さらに，第4として，「社会生活の観察批判，社会法則の発見探求には各自の人生観が重き基調を為すものと思います」[91]と，経済学研究が人生観と深くかかわっている点を強調している。ここに，社会において女性が一人の人間として主体的に生きることを可能にすることを目標としたリベラル・アーツ教育が経済学を必要とした理由を見いだすことができる。矢内原の言葉を借りれば，「社会事業の技術者としての婦人」も，「家庭の人としての婦人」も，「人としての婦人」にほかならなかった。だからこそ，新しい時代における新しい女性，すなわち，職業・社会事業や家庭生活を通じて，「活社会に活動する」女性を期待した新渡戸・安井は，リベラル・アーツ教育の中に経済学を包含したのである。

1) 3年任期で学長に就任した新渡戸は，1919(大正8)年に国際連盟事務局次長に就任し，翌年にはジュネーブに着任したので，実際に学長を務めたのは1年強でしかなかった。後任として，新渡戸の留守を守った安井てつ学監が1923年に学長に就任した。
2) 『婦人画報』に掲載された記事の多くは，新渡戸『婦人に勧めて』(1917)にまとめられている。
3) 『婦人世界』掲載の記事の多くは，加筆修正を加えて，新渡戸『一人の女』(1919)にまとめられた。
4) 安井てつは，安井哲子，安井哲と表記されることがある。
5) 村田(1980)43～44頁，佐々木(2002)243～245頁。
6) 女子商業学校は，経済的に自立した女性と並んで，「豊かな教養と高い経済的知識を備え」た家庭経営者を育成することを目的としていた。嘉悦(1915)を参照のこと。
7) 1910(明治43)年にスコットランド・エディンバラで開催された世界宣教大会決議に基づき，翌年にキリスト教主義女子高等教育に関する委員会が設置された。25名からなるこの委員会には，日本側女性委員として，大江スミ，安井てつ，津田梅子，

三谷民が参加した。
 8) 東京女子大学(1933)1〜2頁，東京女子大学五十年史編纂委員会(1968)15〜16頁。
 9) 青山(1979)131頁。
10) 東京女子大学五十年史編纂委員会(1968)16頁。
11) 青山(1979)344頁。
12) 新渡戸(1918-a)100頁。
13) 津田(1901)26〜27頁。
14) 新渡戸(1923)8頁。
15) 新渡戸(1918-a)104頁。
16) 安井(1923)5頁。
17) 青山(1979)343頁。
18) 東京女子大学(1933)23〜24頁。
19) 学友会は，大学創立と同時に，職員と学生を会員として組織された。初代会長は，新渡戸学長である。1年目は会員相互の懇親会を催すだけだったが，翌年からは，運動会，遠足，修学旅行，演劇の上演など，多彩な活動を展開している。東京女子大学(1933)29，209〜219頁。
20) 『学友会雑誌』第1号(1922)2〜3頁。
21) 新渡戸(1917)193頁。
22) 新渡戸(1918-b)11-12頁。
23) 新渡戸(1907)47頁。
24) 東京女子大学(1933)50頁。
25) 新渡戸(1911)73頁。
26) 安井(1923)3頁。
27) 絶対神との関連において「人格」を把握する点が，新渡戸の人格論の真骨頂だと言えるが，ここでは彼の人格論そのものを論じることは控える。新渡戸(1934)254〜257頁を参照のこと。
28) 大濱(1978)135〜136頁。
29) 新渡戸(1925)4頁。
30) 東京女子大学(1933)38頁。
31) 青山(1979)86頁。
32) 津田(1901)27頁。
33) 新渡戸(1918-b)12頁。
34) 小檜山によれば，ここで目標とされた「高等なる奥様方」の原型は，新渡戸がアメリカで観察した，慈善事業に従事し，人々が集う「ホーム」をつくりあげる家庭婦人にあった。小檜山(2012)を参照のこと。
35) 安井(1918)14頁。
36) 新しい「良妻賢母」の育成のために，理系の学問が必要であると安井が考えていたことに注意を喚起しておきたい。安井は，「私は能く心の訓練された婦人が家事を整

理することの巧であるのを実地経験致しました」というイギリスでの経験から，「例えば数学や理科に長じた女生徒は，裁縫や習字のみを能くする生徒よりも一見妻として不適当のように思われますが，その実は正反対で，頭脳の明晰なる女子ほど種々工夫をして複雑な家事を整え，経済もまた巧であります」と結論づけている。青山(1979)154～155頁。
37) 英文科担当土居光知の発言。青山(1979)175頁。
38) 新渡戸(1887)34頁。
39) 新渡戸(1917)193～194頁。
40) 津田は，「この自由教育の上へ，できるならば，学術又は技芸のある一科の訓練を受けて，必要なときには，どんなに小さくとも自分の身を支えることができなくてはいけません。……始めはその助を借りる要のなかった人も，一朝不幸に逢いて自分の力より外に依るところがない時には，この様な特殊訓練の必要の大なるとは，屢々認めるところであります」と語っている。津田(1901)29頁。
41) 創立から昭和初期に至る各専攻の設置と中等教員無試験検定認可の経緯は，以下の通りである。1927(昭和2)年の改組以降は，専攻部以外でも認可を受けている。
1921(大正10)年　大学部の外に英語専攻部開設
1926年　英語専攻部　無試験検定認可
1927(昭和2)年　国語専攻部・数学専攻部開設
同年　大学部を3年に延長(国文科・英文科・哲学科・社会学科)
1930年　大学部英文科　無試験検定認可
1931年　国語専攻部　無試験検定認可
1932年　大学部国文科　無試験検定認可
1937年　数学専攻部　無試験検定認可
42) 青山(1979)180～181頁。
43) 新渡戸(1918-b)12頁。
44) 安井てつは，「全く新しい試みで，恐らくは少数の女子が希望されると想像して居ります」と実務科の革新性を強調している。安井(1918)14頁。東京女子大学『同窓会名簿』によれば，1922(大正11)年の第1回卒業生数は，実務科第一部4名，第二部14名である(入学者総数は76名)。1923年の第2回卒業生については，実務科第一部は4名だが，第二部は卒業生を出していない。1924年には，大学部社会科として，5名の卒業生の名前が挙がっている。
45) 東京女子大学五十年史編纂委員会(1968)42～43頁。
46) 新渡戸(1917)196～200頁。
47) 慈善事業視察が実際にどの程度実施されたのかは不明だが，1920(大正9)年には，社会事業の実践活動として児童夏期学校が開催されている。これは，英語・英文学の教師だったミス・パイダー(Myrtle Z. Pider: 1880-1967, 1919年9月就任)を校長，社会科学生と各科有志の18名を教師として東京都の浅草金龍小学校で実施された社会事業である。その出発点は，ミス・パイダーが実務科第二部を教えたときに，社会事

業に関心を抱いたことにあった。東京女子大学(1933)266～269頁。『学友会雑誌』には，実務科・社会科に限らず，冬休みに神戸の「貧民窟」に奉仕活動に赴いた学生の手記や「実地見学」の記述が見られる。第1号(1922)33～38頁。これらのことから，大学の授業の一環としての慈善事業の視察だけでなく，自主的な活動も行われていたと考えられる。
48) 小檜山(2012)17～18頁。
49) 新渡戸(1918-b)12頁。
50) 第1回本科卒業式に任地のジュネーブから送った学長祝辞の中でも，新渡戸は卒業生の進路として，留学や結婚して家庭生活を送ることに並んで，「官職に就こうが，個人に使われようが，会社員に成ろうが，教育に従事しようが，社会改良事業に一身を擲とうが」と，官庁や企業あるいは社会事業で働くことを想定している。東京女子大学(1933)142頁。
51) 東京女子大学(1933)188頁。
52) 南波は，YWCA活動に精力的に携わり，1924(大正13)年には東京女子大学の寮監に就任し，理事をも務めた卒業生である。
53) 大濱(1985)38，74～75頁。1870(明治3)年に始まる原女学校は1878年に新栄女学校と合同し，さらに1890年に桜井女学校と合同して女子学院となるのだが，東京女子大学は，他のキリスト教主義の女学校と並んで，その女子学院の高等部を吸収する形で設立された。
54) 大濱(1985)92頁。この貧学校は，牛込の貧民街に設置され，就学年齢に限定を設けず，月謝も設定していない。大濱(1985)91頁。
55) 本山(1965)275頁。
56) 本山(1965)274～275頁。
57) 杉原(1969)144頁。
58) 東京女子大学(1933)201頁および東京女子大学五十年史編纂委員会(1968)42頁。高等学部では，第2学年と第3学年で「法制及び経済」が教授されていた。東京女子大学(1933)111頁。高等学部を1925(大正14)年に卒業した織戸登代子は，九州大学に進み，日本で初めて，経済学士号を取得した女性となった。
59) 新渡戸(1918-b)12頁。
60) 新渡戸(1918-a)104頁。
61) 安井(1918)14頁。
62) 安井(1918)14頁。
63) 新渡戸(1918-a)105頁。
64) 新渡戸が慈善事業と言うとき，軽井沢夏期大学のような成人教育と並んで貧困層の児童を対象とした札幌の遠友夜学校のイメージがあったと考えられる。彼は滞米中にすでに「第一は，成人教育の学校，ここでは，歴史，経済，建築，自然科学などを教える。第二は大学や専門学校に進むことを希望しながら正規の中学に通学できない青少年のための学校の建設，第三は，第二より程度は低く，貧困な家庭の少年たちに常

識を与えるための英語，数学なども教える夜間学校の建設，第四には，前述の学校に女学部を加えること。いかに僕はこれらの希望を成し遂げたいと思っていることだろう」(明治18年11月13日付け宮部金吾宛書簡)と述べている。松隈(1969)155頁。軽井沢夏期大学では安井も講師を務めている。詳しくは，軽井沢夏期大学(1989)，中嶋(2004)，遠友夜学校については，札幌市教育委員会(1981)，小谷(1936)，半沢(1936)を参照のこと。漸進主義的な新渡戸の社会改革事業と女子経済学教育との関連は今後の検討課題である。

65) 新渡戸は，アメリカおよびドイツに滞在中，『女学雑誌』に家政学に関する評論を寄稿している。新渡戸(1888)，新渡戸(1890-a)，新渡戸(1890-b)。

66) 女子経済専門学校と東京女子大学とは強い関係を持っていた。新渡戸稲造が設立時の学長に就任しているだけでなく，当時の東京女子大学学長安井哲子(てつ)も評議員に名を連ねている。東京文化学園五十年史編集委員会(1977)41頁。

67) 東京文化学園五十年史編集委員会(1977)48頁。

68) 実際，女子経済専門学校は，明確に「女子に主として家事経済に関する高等なる学術の理論及び応用を教授し，真善美の完備したる人格を涵養する」ことを目的とし，専任の教員を置いて経済学原論と家事経済学を並んで教授した。東京文化学園五十年史編集委員会(1977)39，41，43頁。

69) 新渡戸の「読書と人生」によれば，彼自身は，東京帝国大学において，田尻稲次郎から世紀転換期フランスの経済学者ルロワ＝ボーリューのテキストを用いて財政学を，J.S.ミルをテキストとして経済学を学んでいる。アメリカ留学中は，アメリカ制度学派のイリーに師事したとされているが，内容までは確認できなかった。ルロワ＝ボーリューは植民地論でも有名であり，新渡戸の植民地論への影響を検討する意味があると思われる。一方，ミルを読んでいることは，新渡戸における人格教育と経済学教育との関連にミルが影響を与えた可能性が考えられる。新渡戸(2007)179～181頁。

70) 『創立十五年回想録』によれば，森戸は課外活動として婦人問題研究会や社会問題研究会を指導している。これらの研究会では，シュライナーの『婦人と労働』やミルの『婦人の隷従』などを取り上げている。いわゆる森戸事件によって森戸が辞任した後は森戸の後を継いで社会学担当者として着任した大内兵衛がこれらの研究会を指導している。東京女子大学(1933)89～90，94～99頁。

71) 青山(1979)355頁。

72) 松井(2009)51～58頁。実際，河合は『新渡戸博士追憶集』において，新渡戸に対する評価に一定の留保をつけながらも，「先生は私といふ一個の青年学生に対して，凡そ考へうる最高の意味に於いての教育者の任務を果たされたのである」と，自身の教育観が新渡戸の影響を受けていることを認めている。前田・高木(1936)359頁。

73) 河合(1969)13～14頁。

74) 河合(1969)14，23頁。

75) 河合(1969)26，29頁。

76) 河合(1969)13，19，21頁。

77) 河合(1967)313〜318頁。
78) 南波(1969)5〜6頁。
79) 南波(1969)5頁。
80) 東京女子大学(1933)185〜186頁。
81) 東京女子大学(1933)187〜189頁。
82) 『同窓会誌』第1号(1925)4頁。この安生鞠は，後で見る河合栄治郎の日記においても，「頭も良いし，話も上手だ」と高く評価されている学生である。河合(1969)21頁。
83) 『学友会雑誌』第1号－第5号(1922-1926)，『同窓会誌』第2号(1926)23頁。広岡浅子がかかわった加島銀行は女子行員の教育で有名である。
84) 『同窓会誌』第1号(1925)4頁。
85) 『同窓会誌』第3号(1927)72頁。
86) 『同窓会誌』第2号(1926)18頁。
87) 日本YWCA100年史編纂委員会(2005)24頁。
88) 『同窓会誌』第1号(1925)6頁。
89) 『学友会雑誌』第5号(1926)。
90) 遠友夜学校は，1893(明治26)年に新渡戸メリー夫人に対して，実家で働いていた女性の遺志として2000ドルが贈られ，この資金をもって，1894年に豊平橋付近に設立された。貧民児童の教育とセツルメント活動を展開し，新渡戸が遠友夜学校を離れた後は，森本厚吉，大島金太郎，有島武郎，蠣崎知次朗，野中時雄などが事業を継続した。小谷(1936)，半沢(1936)，札幌市教育委員会(1981)を参照のこと。
91) 矢内原(1924)5〜6頁。

参考文献

青山なを(1979)『安井てつと東京女子大学　青山なを著作集　第3巻』慶應通信

大濱徹也(1978)「明治女性の心意気」笠原一男編『目覚めゆく女性の哀歓』(世界の女性史19　日本Ⅱ)評論社，所収

大濱徹也(1985)『女子学院の歴史』女子学院

嘉悦孝(1915)『怒るな働け』洛陽堂

軽井沢夏期大学(1989)『軽井沢夏期大学40周年記念誌』軽井沢町教育委員会・軽井沢夏期大学

河合栄治郎(1967)「附録　経済学史講義案」社会思想史研究会編『河合栄治郎全集』第4巻，社会思想社，所収

河合栄治郎(1969)「日記Ⅰ」社会思想研究会編『河合栄治郎全集』第22巻，社会思想社，所収

小谷武治(1936)「新渡戸先生の札幌時代」前田・高木編(1936)，所収

小檜山ルイ(2012)「新渡戸稲造と「高等なる奥様方」」『東京女子大学比較文化研究所紀要』第73巻，所収

佐々木啓子(2002)『戦前期女子高等教育の量的拡大過程——政府・生徒・学校のダイナミクス』東京大学出版会
札幌市教育委員会(1981)『遠友夜学校』(さっぽろ文庫18)札幌市
杉原四郎(1969)「自由主義と歴史学派」長幸男・住谷一彦編『近代日本経済思想史I』有斐閣,所収
津田梅子(1901)「日本婦人の将来」女子教育研究会編『女子教育』第1号,所収
東京女子大学(1922-1926)『学友会雑誌』第1号－第5号(注では『学友会雑誌』とする)
東京女子大学編(1933)『創立十五年回想録』東京女子大学
東京女子大学五十年史編纂委員会(1968)『東京女子大学五十年史』東京女子大学
東京女子大学同窓会(1925-1929)『同窓会誌』第1号－第5号(注では『同窓会誌』とする)
東京文化学園五十年史編集委員会(1977)『東京文化学園五十年史』東京文化学園五十年史刊行会
中嶋純(2004)『後藤新平「学俗接近」論と通俗大学会の研究——夏期大学運動の思想と実践』文書館
南波シゲ(1969)「河合先生に学ぶ」社会思想史研究会編『河合栄治郎全集』第19巻月報,社会思想社,所収
新渡戸(太田)稲造(1887)「米国のクエーカル宗徒,日本に女学校を新設せんとするの議」『女学雑誌』第82号(明治20年10月29日),所収
新渡戸稲造(1888)「勝手向きにおける考案」(1, 2)『女学雑誌』第110号(明治21年5月19日),111号(明治21年5月26日),所収
新渡戸稲造(1890-a)「独逸国通信　家政学は一の学術なり」『女学雑誌』第203号(明治23年3月8日),所収
新渡戸稲造(1890-b)「ゼンテス,ミラー夫人の改良服」『女学雑誌』第207号(明治23年4月5日),所収
新渡戸稲造(1907)「教育の目的」新渡戸(2007),所収
新渡戸稲造(1911)「教育の最大目的」新渡戸(2007),所収
新渡戸稲造(1917)『婦人に勧めて』『新渡戸稲造全集』第11巻,教文館,所収
新渡戸稲造(1918-a)「新女子大学の創立に当って」新渡戸(2007),所収
新渡戸稲造(1918-b)「基督教主義の女子大学」『新女界』第10巻1号,所収
新渡戸稲造(1919)『一人の女』『新渡戸稲造全集』第11巻,教文館,所収
新渡戸稲造(1923)「ジュネーブ湖畔より」東京女子大学『学友会雑誌』第2号,所収
新渡戸稲造(1925)「あいさつ」東京女子大学『学友会雑誌』第4号,所収
新渡戸稲造(1934)「人格の意義」新渡戸(2007),所収
新渡戸稲造(2007)『新渡戸稲造論集』岩波文庫
日本YWCA100年史編纂委員会(2005)『日本YWCA100年史——女性の自立をもとめて1905-2005』日本キリスト教女子青年会

半沢洵(1936)「新渡戸博士と札幌遠友夜学校」前田・高木編(1936)，所収
前田多聞・高木八尺編(1936)『新渡戸博士追憶集』故新渡戸博士記念事業実行委員会
松井慎一郎(2009)『河合栄一郎——戦闘的自由主義の真実』中公新書
松隈俊子(1969)『新渡戸稲造』みすず書房
村田鈴子(1980)『わが国女子高等教育成立過程の研究』風間書房
本山幸彦編 (1965)『明治期学校成立史』未来社
安井哲子(1918)「新設せられんとする東京女子大学」『新女界』第10巻1号，所収
安井てつ(1923)「就任の辞」東京女子大学『学友会雑誌』第4号，所収
矢内原忠雄(1924)「社会科のために」東京女子大学『学友会雑誌』第3号，所収

第3章　森本厚吉の女子経済教育

生垣琴絵

第1節　はじめに

　日本における消費経済研究の先駆者である森本厚吉(1877-1950)は，1877(明治10)年3月，京都府舞鶴田辺の旧士族であった増山純一郎の三男として生まれ，10歳で同地域の旧士族森本活造の養子となった[1]。活造は，明治維新後，小学校教員として生計を立てていたが，漢学，代数，幾何を修業した後，大阪専門学校にて数学と簿記学を修めたという。その後活造は，生糸会社の経理員を経て，鉄道院に勤めるというようにサラリーマンを経験したが，事業に3度失敗し，家計は常に貧しかった。しかし，厚吉が上京し勉強することを切望していたことに応えるため，母であるつやが初めて質屋の暖簾をくぐり旅費を調達してくれた。このような献身的な母の支えを得て1891年に上京した厚吉は東洋英和学校(現・麻布中学校)に入学した。

　森本は，1894(明治27)年6月に東洋英和学校普通科を卒業し，同年9月に北海道札幌へ渡った。この背景には，新渡戸稲造から学問を習いたいという森本の想いがあった。その目的を叶えるために，彼は，新渡戸が校長を務め教鞭をとっていた札幌の私立北鳴学校[2]に入学した。翌1895年7月には，札幌農学校(現・北海道大学)予科第4学年へ編入。1897年7月に同校本科に進み，農政，農史，農業経済，統計学等を学んだ。彼は恩師となった新渡戸稲造の『農業本論』に触発され，農業の現状分析を通して日本の農民の日常生活および労働の実態を卒業論文「農民ニ関スル研究」としてまとめ，1901年7月に本科を卒業した。同校在学中は，新渡戸から英語，農業経済

学のみならず,「いかに生きるべきか」という問いへのアドバイスを得たという。さらに,彼は,内村鑑三の思想への傾倒からキリスト教に入信したり,有島武郎との出会いと交流があり,生涯の親友を得たのであった。

森本は,本科卒業後2年間,仙台の東北学院(現・東北学院大学)で教鞭をとった後[3],1903(明治36)年に渡米し,アメリカのジョンズ・ホプキンス大学大学院へ入学した。当時のアメリカでは,消費に注目した経済学的研究が盛んになり始めていた。その流れの中で,彼は,「日本の家庭生活は米国の家庭生活に比較して不合理な点が多い」とし,「先ず米国では消費経済学の理論的研究をなし,米国の家庭生活を身をもって体験し,実際に役立つ消費経済学を研究せん」と考え,消費研究に取り組んだのであった[4]。

森本の留学生活は財政的に苦しかったが,3年目にはボストンのレッドパス講演協会(Redpath Lyceum Bureau)の講師に採用され[5],アメリカ東部の諸学校で講演するという仕事に就くことで若干の安定を得た。森本は,日米生活の比較,日本の宗教生活,日本の自然美,日本史などについて,スライド写真を用いて詳しく講演した。当時は日露戦争の勝利を受けて,アメリカでの日本に対する関心が高まっていたこともあってか,彼の講演はかなり好評であったという[6]。

1906(明治39)年9月,恩師でもある札幌農学校校長の佐藤昌介から札幌農学校講師へという声がかかり森本は帰国した。1907年に札幌農学校は東北帝国大学農科大学へと改称したが,その折,森本は東北帝国大学農科大学予科教授に任ぜられ,学長付主事も兼任した。1908年6月に森本は東北帝国大学農科大学助教授(教務部主任)となった。1911年には,開学したての小樽高等商業学校(現・小樽商科大学)講師も兼任し,経済学を教えたという[7]。

1915(大正4)年,森本は文部省(当時)から2年間の留学を命じられ,再びジョンズ・ホプキンス大学大学院の特別研究員として2度目のアメリカ留学を果たした[8]。その後,1916年6月,彼は,日本とアメリカの生活標準を比較した論文 *The Standard of Living in Japan* で Ph. D を受けた[9]。さらに,彼は,成績優秀な卒業生からなるアメリカ最古の学生友愛会であるファイ・

ベータ・カッパ(Phi Beta Kappa)[10]の会員に推薦されるという名誉も得た。1918年に帰国した森本は，4月に同年設立された北海道帝国大学農科大学の助教授に，そして，8月には教授に就任し，経済学および財政学の講座を担当した[11]。

　森本が東京で本格的に女子経済教育に取り組むため北海道帝国大学教授を依願退職したのは1932(昭和7)年3月であったが，1918(大正7)年の着任以降，1920年に文化生活研究会を有島武郎，吉野作造とともに組織して通信教育を始めたり，1925年に日本で初の鉄筋コンクリート5階建てアパートメント・ハウスである「文化アパートメント」を東京お茶の水に建設し，アメリカ式の「文化生活」の普及を図ろうとした(本章第3節で詳述)。さらに，文化生活研究会の主張の大きな柱のひとつであった「女子の家庭経済を専攻する高等教育の普及」という目的を果たすために，1928年に女子経済専門学校(現・新渡戸文化短期大学)を設立し，1950年1月31日逝去するまで女子教育を実践した(本章第4節で詳述)。

　以下では，経済学者としての森本と教育者，とりわけ，女性を対象とした教育者としての森本，そして，その2つの森本像をつなぐ「文化生活」について取り上げる。そこから，森本の女子教育における経済学の知識が持つ意味を考察してみたい。

第2節　経済学者としての森本──消費経済の研究

　森本厚吉の経済学者としての業績において，重要な著作は *The Standard of Living in Japan*(1918)であろう。本書は，彼の消費経済研究の原点であり，かつ彼の消費研究全体を貫くエッセンスが含まれていると考えるからである。したがって，本節では，*The Standard of Living in Japan* およびそれをもとに1918(大正7)年に行われた社会政策学会での報告を題材とし，経済学者としての森本を浮き彫りにしてみたい[12]。

　森本が研究目的として掲げたのは，日本とアメリカの生活標準を比較することによって，日本独自の「効率的な生活標準」を定義することであった。

彼によれば，この研究は，理論と実践の2つの側面において重要であるという。まず理論面について，彼は，生活標準の研究によって得られる「人間生活(human living)についての正確な知識」が，経済的研究の基礎であるとして，「科学としての政治経済学(political economy)の進歩に非常に役立つ」という意味でこれを重視した[13]。また実践面について，彼は生活標準に関する十分な知識が，浪費を排除するために有効であると考えた[14]。後述する通り，彼にとって浪費は，人びとの生活に不必要なものであり，それをいかに減少させるかが重要な課題であった。さらに，彼は，国家の経済的繁栄にとって，生産と消費の両方が並行して発展することが重要であると考えたが，同時にそれは，個人の経済的厚生を改善することによって達成されるものでもあると捉えた。最終的に，彼は，自身の生活水準に関する研究が，家庭の消費に関する「理論」を提供することは困難であるものの，根本的な問題，つまり，人びとの生活に関する問題に光を当て，経済的知識に多少なりとも貢献をすること，ひいては，効率的な生活水準についての知識が，国家全体の発展を促すことを目的としたのだった[15]。すなわち，彼の研究の究極の目的は，人びとの消費生活のための「実践に役立つ経済的知識を提供すること」であり，それによって，生産と同様に消費の効率化を進めることで，国家全体の経済的発展を実現することであった。

　以上の目的を掲げた上で，森本は，消費研究の前提として人間の欲望を，①肉体的生存に不可欠(necessity)な欲望(必然的欲望)，②社会的地位を維持する(decency)ための欲望(身分的欲望)，③経済的効率を高める快適さ(comfort)を追求するための欲望(快楽的欲望[16])，④奢侈(luxury)に対する欲望(奢侈的欲望)という4種類に区別した[17]。①は，食料・衣服・住居に対する必要を含み，これらを充足するのが絶対的生活標準(the absolute standard of living)であるとし，これを生存のために必要最低限の水準とした。それが満たされた上で，上記②～④の水準がかかわる相対的生活標準(the relative standard of living)が築かれる[18]。そして，最終的に，彼が定義づけようとしたのが，④の奢侈的欲望を除外した(つまり，①～③で構成される)効率的生活標準(the efficient standard of living[19])である。この効率的生活

標準は，人間がその肉体的および知的能力を高度に発揮するために最も効率的な生活の様式として提示された。それは，食料，衣服，住居，光熱(照明・暖房)，教育，社交(society)，慈善，宗教，健康，娯楽，貯蓄(保険)などを要素としており，またその生活に影響を与えるものとして，森本は次の4点を重視した[20]。

① 文明の進歩の影響
② 気候，食物，土壌，自然など環境の影響
③ 職業の影響
④ 所得，健康状態，知識，道徳，宗教など個人的特性による影響

以上の諸影響を前提として，効率的生活標準を提示するにあたり森本が強調したことは，快適さと奢侈の違いである。この区別に際し，彼は，ロッシャー(W. Roscher)が，欲求(want)を3つに分類する際，奢侈に快適さを含めている点を批判した[21]。なぜなら，森本にとって奢侈とは，国富の生産力を弱めたり，社会平和を乱したりするものであり，経済的福祉(economic well-being)を害するという意味で不必要であり，余分なものであった。反対に，彼は，快適さに対する欲望について，それが満たされることでさらなる効率性がもたらされると捉えた[22]。つまり，実用的ではないものに対する支出について，それが，効率性を害するものだと奢侈であり，効率性を増加させる何らかの効果があるとすれば快適さとして容認されるのである。

このように奢侈と快適さを区別し，後者を排除しない日本独自の効率的生活標準を定めるために，森本は，食費，被服費，住居費について，日米の統計データを比較するという方法を用いた。最終的に，以下の7点[23]を結論として提示した[24]。

① 日本における最低生活費960円(480ドル)は，アメリカの最低生活費1000ドルの約半分である。
② 日本における円の実質的な購買力はアメリカにおけるドルの購買力の約2倍である。したがって，960円はアメリカにおける1000ドルと同程度である。
③ 日本において常用している魚，米，豆，味噌，豆腐等の食材は，安価

だが栄養価の高い食材であるため，食費の切り下げは，アメリカより容易である[25]。

④日本では家賃の割合が少なく，全体として比較的低い生活費が可能となる。

⑤日本の生活標準がアメリカより非常に低いという通説は科学的に証明されていない。

⑥低い生活費が，低い生活標準を必ずしも意味するわけではない。生活標準と生活費との区別を明確にしない議論は誤りである。

⑦高い生活標準と低い生活費が経済発展上望ましい。しかし，日本における生活費の増加率は生活標準の上昇率より著しく大きく，今後もその傾向が続くだろう。これは，ここ数十年間に急速に生じた閉鎖的国民経済の段階(the closed national economic stage)から開放的世界経済の段階(the open world economic stage)へ移行した結果のひとつである。

以上のような森本の研究成果は，欧米においては，当時英文で発表された唯一の日本の生活費研究として取り上げられ，その後長期にわたり，広く欧米の研究者の日本に関する資料として役立てられたという[26]。

その後，森本は，*The Standard of Living in Japan* に多少内容を加えて，1918（大正7）年の第12回社会政策学会で「日米「最小生活費」論」と題して報告を行った。その内容は以下の通りである。

森本が根本的問題としたのは，「最小生活費の問題は非常に重要であるにも関わらず，当時の日本において問題視されず放置されていること」であった。生活費や消費経済，家計に関する問題は「常識でやっていけば」解決しうるわけではない。森本によれば，100人の中で98人までは生存しているにすぎず，2人だけが生活しているにすぎない[27]。彼の言う生活とは，ただ命をつなぐだけでなく，経済上の問題を解決しつつ活動することを含むものであり，そのために人びとは最小生活費について理解すべきだと森本は考えたのである。

さらに，森本は，生活費をうまく用いることで生活改善を進めることなし

第 3 章　森本厚吉の女子経済教育　67

に日本の経済力の向上はありえないとし，これが最小生活費を研究する第1の理由であるとした[28]。彼は，第2の理由として，失業問題を解決するための最低賃金を決定するためには最小生活費について理解する必要があるとした[29]。その背景には，彼が「経済の目的は人間である」と捉えていたことがあり，次のように述べた。

> 「……人間は経済の目的であります，人間は決して生産の道具ではない，人間のために経済がある社会政策があるのである，人間そのものの生活状態の真相を究めないで到底経済も何もあったものではない，其の真相は何によらなければならぬかというと今日では生活費問題が中心となっているのであります」[30]

しかし，森本はこの生活費に関する研究が，「一家の私経済に立ち入らなければならない」こと，そして，当時の日本ではこの方面の研究資料となる家計の調査がごく少ないこと，さらに，さまざまな生活状態（場所，職業，時代）やその変化を統一的に調査し，「最小の生活費はいくらである」と数字を用いて言い表すことの難しさについて述べている[31]。これらの困難を払拭するものとして，人間の共通性，社会の同化，人間の「真似をする性質」[32]，「調査対象の性質（単純な生活を送っている下流階級の人々），科学的研究の進展（各種調査と資料の入手可能性における進展）」の5点を挙げた[33]。

では，「貧乏人が多くて能率の少ない生活を送っている」日本の生活はどうしたら改善できるのか。森本によれば2つの解決方法がある。第1の方法は，収入を増加させることであるが，これは達成することが容易ではない。第2の方法，つまり，「収入を活かし，能率あるように使う」ことが実行されるべきであるとした[34]。具体的に，彼は，「社会は追々科学上の進歩をして居る」が，その知識は家庭生活にはほとんど利用されていないと考え，科学的で経済的な知識を取り入れることが必要であると述べた。それによって，栄養を考慮した献立，調理法の改善，不衛生で非効率的な台所の改良などが実現できると彼は考えた。そして，最終的に，生活を改善する根本的な策として次の3点を挙げた[35]。

①経済学の知識，とりわけ，経済学者もあまり手を着けない消費の部分

について研究を進め，一般に普及させること。
②アメリカの農科大学で盛んになりつつあるホーム・エコノミクスすなわち家の経済，家庭の経済に関するいわゆる家庭経済学の研究を進めること。
③アメリカに倣い労働局を設け生活を調査し，政府自ら生活改善という問題に取り組むこと。

　以上が森本の社会政策学会での報告の概要である。この報告に対しては，家庭生活の統計の扱いに関する問題を指摘する批判があった[36]。その一部は，森本が *The Standard of Living in Japan* では，最低生活費を 960 円と見積もっていたが，社会政策学会の報告では，約 2000 円と計算している点にあった。そして，後者は，2000 円という数字をもとに，日本国民の 98% はそれに満たない生活を送っているとし，その改善を主張することに主眼が置かれたのである。さらに，前者においては，「日本の生活標準がアメリカより低いことに科学的根拠はない」としていたが，後者においては，むしろ，アメリカと比較し日本の不合理さを指摘する主張さえ見られる。このような主張の転換はなぜ起きたのか。それは，森本がこの後アメリカを手本とした文化生活の普及活動を展開することと関連があると推測できる[37]。
　いずれにせよ，このような森本独自の消費研究は，いわゆる市民社会の育成[38]とも言える「文化生活」普及活動および，彼が目指した「実際に役立つ知識」として女子経済教育において活かされることになる。

第3節　文化生活の普及を試みる

1　通信教育「文化生活研究」

　まず，森本の「文化生活」普及活動に焦点を当ててみよう。森本は 1918（大正 7）年にアメリカから帰国後，札幌に居を構えたが，同時に，東京にて文化生活研究会を組織し，アメリカ式の「大学教育普及事業(University Extention Works)」を，1 冊 300 頁の月刊教科書を用いた通信教育「文化生

活研究」によって開始した。文化生活研究会は，森本を主幹とし，吉野作造と有島武郎が顧問となり組織された[39]。

　高原(1995)によれば，日本における大学教育普及事業の取り組みは森本の文化生活研究会に先立つ1917(大正6)年に星島二郎の大学評論社による取り組みがあったというが，講義録の刊行はこれが最初であろうということである[40]。

　通信教育「文化生活研究」の会員募集広告[41]によれば，対象とされたのは，「旧い囚われた生活を改造して，新時代に適応する文化生活を楽しまんとする人々」，「最新の学説と実験とに基く生活の科学的研究を徹底的に行なわんとする人々」，「健全にして楽しき家庭をつくり，現代の主人主婦としての大任を全うせんと努力する人々」，そして，「研究心に富み乍ら，規則的に高等の学校教育を恵まれ得ざる篤志な人々」であった。注目すべきは，この通信教育が男女双方を対象としたものだったという点である。

　講師に名を連ねたのは，森本，吉野，有島のほか，彼らの人脈から姉崎正治(東京帝大教授：文学博士)，有島生馬[42](画家)，半沢洵[43](北海道帝大教授：農学博士)，井上秀子(日本女子大教授)，賀川豊彦(社会運動家)，河津暹(東京帝大教授：法学博士)，神戸正雄(京都帝大教授：法学博士)，高野岩三郎(法学博士)，永井潜(東京帝大教授：医学博士)，与謝野晶子(文化学院教授)などがおり，学界やその他の分野における一流の講師が揃っていたと言える[44]。これらの講師による教科書について，森本はそれが「一種の大学程度」のものであり，他の月刊雑誌とは異なり「一般科学的方法」に準じた内容であるから，軽く読み過ごすべきものではないと述べた。

　この時代の男女の教育水準の差からすると，彼らが提供した「大学程度」の内容は，当時の女子教育の内容よりも，学術的で科学的な要素が含まれていたと言える。この通信教育が，女性を排除することなく男女平等の教育機会として提供されたことは，「女性のみ」を対象としたわけではないとはいえ，結果として高い水準の女子教育を提供していたということになるだろう。

2 文化アパートメント——中流階級への注視

　森本が普及を試みた「文化生活」とはどのようなものか[45]。彼にとって，一般的な意味での文化生活とは，「精神的及び物質的に著しく進歩した新時代の文化に順応する国民生活」を意味した。森本はそこからさらに一歩踏み込んで，「文化生活」とは，「生活の経済的標準」または「生活の効率的標準」を保つことができるものであり，それを「効率的生活」と呼び，「現代の進歩した科学の立場から見て合理的及び経済的と認むべき生活」であるとした。これは，彼が消費研究によって提示した事柄と一致する。しかし，彼はそこから，「古い思想や習慣に囚われ」ず，「能率多くして且つ楽しきものであるべき」[46]ものと文化生活を定義づけた。つまり，旧来の生活を脱却し，効率を追求する観点を持ちつつも，「楽しい」という要素が必要とされるのが文化生活である。

　森本の社会事業における「文化生活」の実践として最も象徴的なのは，「文化アパートメント」事業であろう[47]。前述の通り，森本は1925(大正14)年に東京のお茶の水に「文化アパートメント」を開館させた。以下では，「文化アパートメント」事業の目的と意義を確認していく。

　森本は，1926(大正15)年に『アパートメント・ハウス　新しい住宅の研究』を出版している。これには前年に開館した文化アパートメントの詳細が記されている。森本はまず，アメリカのヴェイラー(L. Veiller)による住宅の分類を示し，アパートメント・ハウスの意義と定義を明確にすることから始める[48]。

　　(a)私人住宅(Private-dwellings)
　　(b)二家族住宅(Two-family-dwellings)
　　(c)合同住宅(Multiple-dwellings)
　　　(1)A級合同住宅(Multiple-dwellings of class A)
　　　(2)B級合同住宅(Multiple-dwellings of class B)

　このうち，「A級合同住宅」を取り上げ，「永久性を有する共同生活を営む為」の住宅であり，その主なものはテネメント・ハウス(Tenement houses），フラット（Flat），アパートメント・ハウス（Apartment houses），アパートメント・ホテル（Apartment hotels）等であるとした[49]。このうち，「永久的に住居する目的の合同住宅」として，「テネメント・ハウス（簡易合同住宅館）とアパートメント・ハウス（普通住宅館）」を分類した。つまり，アパートメント・ハウスとは，永久的住居を目的としたものであり，「簡易」であるテネメント・ハウスよりもつくりのよい住宅であることが含意されている。さらに，彼は，アパートメント・ハウスを上流階級のための豪華なものと，効率の高い生活を送ろうとする中流階級のための実用的なものという2つに分類したが，前者は不労所得によって贅沢をしている上流階級のためのものであり，そのような階級は「滅びゆくべき階級」であるという持論から，「日本には不必要」であるとし，中流階級のためのアパートメント・ハウスの必要性を主張した。

　ここで確認しておきたいのは，森本の「中流階級」の定義である。それは，資産に頼らず，自分の労働による稼ぎで家族の生活を支え，「現代科学の示す合理的生活を営むに足る所得を受ける人達」であった。彼らの社会的役割は，「上の贅沢な階級を引き下げ，下の貧民階級を引き上げ」ることであり，森本にとっては彼らこそが「社会を指導して行く資格を有する階級」[50]であった。したがって，彼らの住宅問題を解決するために，アパートメント・ハウスの普及を推進したいと考えたのである[51]。

　この時期の住宅問題に大きく影響した出来事は関東大震災であろう。森本によれば，震災後，下層階級（貧民階級）に対しては十分な救済措置がとられていた中で，取り残されたのは中流階級であるという。その理由は，中流階級は少なくとも中等教育を受け，社会の指導階級として相当の体面を守らねばならぬ知識階級によって構成されているからである。つまり，貧民階級は，震災後建設されたバラックや，各種救護品の配布を受けることができたが，知識階級は，失職者であっても伝統的な「体面」を重んじてそのような恩恵に与ることはしなかったため，知識階級（中流階級）の経済状態は改善できずにいると森本は考えた。この問題に対して，彼は，目の前の窮状を救うことはたしかに必要だが，同時に50年後100年後のことを考えた社会政策の必

要性を説き，中でも中流階級の住宅問題の解決のために，理想的なアパートメント・ハウスの研究，そして建設こそが必要であると述べた[52]。

　森本は，「最小の勤労で最大の効果を得ようとする」という経済的動機からすると，住宅としてアパートメント・ハウスがそれに最適であると考えた。彼は，東京における宅地面積に対する居住人数の調査結果を挙げ，宅地面積20坪の住宅に3.8人が居住している現状から，アパートメント・ハウスであれば，宅地も建坪も経済的に利用できると考えた[53]。

　森本によれば，当時の住宅に関する問題として，貸家札が多く見られるという理由から，住宅難の状況を否定する見方もあったという。当時，不景気の際には，親類や友人の家に同居するというように2家族が1つの住居に住むということが少なくない状態であった。つまり，不景気になれば1戸あたりの居住人数が増えると同時に，空家も増えたことになる。このことから森本は，「住宅難の問題を論ずるに，貸家札を以てのみ判断するのは間違ったこと」であるとし，住宅そのものの数だけでなく，1戸あたりの居住人数を考慮し，その居住空間の様子も踏まえた上で住宅に関する問題を捉える視点を持つべきであると主張した[54]。

　そして，住宅難によって引き起こされる「不完全な住宅」に国民が住むということは，「国家経済において大きな影響を及ぼす」と彼は述べた。その理由は，不完全な住宅に住んでいる階級の乳児の死亡率が多いことや子どもの成長や健康に悪影響があるという事実が統計に現れているからであるという。さらに，それは生活の「能率」(効率)を引き下げる結果を招くと彼は考えていた[55]。そして，少なくとも30年から50年先の将来において，国力を充実させ国民生活の効率化を図るためには，中流階級のために「模範的，指導的及経済的意義の深い合同住宅を供給するのは刻下の急務である」と主張した。それを実現させるべく彼は，「アパートメント・ハウス・ムーブメントにて社会の注意を喚起する」ことを目的に，自ら「文化アパートメント」としてこれを具体化したのだった[56]。

　実際，森本が「文化アパートメント」の設立を始めるにあたって，1922(大正11)年内務省から社会局が独立した際，当局より「長い間大学で生活

問題の研究をやって居って社会改善のために尽くそうとされることは結構であるが，単に講演したり書いたりしているばかりでなく，何か実際の仕事をして社会に示さなければ余り効果はあるまい」と話を持ちかけられたことが契機となったという[57]。そこで，彼は「殊に日本住宅の改善に関して，少なくとも一つだけでもアパートメント・ハウスの実例を示すことが学問上からも，実際上からも必要」だと考え資金の工面を始めた。彼にとってアパートメント・ハウスは都会に必要なもので，田舎には必要ないと考えていたが，他方で，「東京の人を皆アパートメント・ハウスに住まわせたならば，東京の面積は五分の一位で済んで仕舞い色々の点に於いて，都会生活を充実させることが出来るようになると云って居る人」たちの考えには同意できなかった。すなわち，彼は，そのような実行不可能な理想を掲げるのではなく，「唯標本としてでも，少なくとも一つ建てて見て，アパートメント・ハウスはどんなに経済主義にかなった物だかを知らせる」ことが必要だと訴えたのである。それは，彼自身も言う通り「当面の急を救う」というよりもむしろ「国家百年の長計に必要なる画策」であった。そのため多額の資金を必要としたが，今後の積極的住宅政策の実行上意義深いものと認められ，最終的に低金利で資金を調達することができたのだった[58]。

　しかし，事は順調には進まなかった。森本は外国のアパートメント・ハウスの建築をよく知っていると同時に，日本の住居に十分理解のあるヴォーリズ建築事務所のヴォーリズに設計を依頼し準備を進めた。その矢先，「第一期に借入れる三十万円の手続が明日か明後日結了しようと云う時に大正十二年九月一日の震災が起こった」のだった。これによって，目前の急を救うことに忙殺された政府当局が，中流アパートメント・ハウスに金を貸すということに躊躇を始めた。実際のところ当局には，「よく事情を話せば同意を得ること」ができたが，「一安心すると，直ぐ内閣又は当局が変わると云うような訳で，非常な難産」であったという[59]。

　このような紆余曲折を経て，「文化アパートメント」は建設された。1階には居住者以外にも開かれた共同食堂，客間（パーラー），宴会場（バンケット・ホール），地階には「文化生活」のための新しい発明品や「いわゆる文

化器具」の陳列宣伝および安価での販売を目指した売店，ドラッグ・ストアーや床屋を準備した。さらに，洗濯機および乾燥機も完備した。2階から4階は居住スペースであり，防音，耐火の備え，各部屋にはナイトラッチ式の鍵が設置された。これによって，留守番の女中を置く必要もなく，経済的にもなるというのが森本の強調する点である。

　むろん前節でも示した通り，森本にとって，当時の大多数の日本国民は，「生存して居るにすぎない」状態で暮らしており，彼が言うところの「人間らしい文化生活を営み自ら生を楽し」む者はわずかしかいなかった。しかし森本は，文化生活研究会の活動を通じて，生存から生活への発展，そこからさらに，文化生活へというような，いわゆる生活水準の向上を導くための啓蒙・教育を試み，「文化アパートメント」という事例を通じて，その到達点を描いてみせた。森本は，「旧時代の経済は生産が主」であり，労働者たちは生産を優先させ，生活を犠牲にせざるを得なかったが，新時代においては，「消費が主で生産が副であると云う事が次第に明かになり人類生活の向上が益々重要視される様になった」と述べた。つまり，彼にとって，文化生活とは消費を重視することによって実現可能となる生活様式でもあったと言える。

　森本が文化生活を研究する必要性を訴える際，第一に対象としていたのはいわゆる知識階級の人びとであった。これは上述の「中流階級」のことである。日本より生活標準が高いアメリカでさえ，「家庭経済学部」を構える大学がいくつもあり，本格的に生活に関する研究に取り組んでいる。アメリカよりも生活を向上させる必要性の高い日本では，そのような機関がごく一部の女子教育の場に限られており，そこでの研究も不十分であると彼は捉えていた。その改善のためには，「上の贅沢な階級を引き下げ，下の貧民階級を引き上げ」る階級，そして，「社会を指導して行く資格を有する階級」である彼らの意識を変革する必要があると森本は考えた。

　以上のような森本の取り組みにおいて実践された文化生活の研究とは，「生活を科学的に研究する」ことを意味した。それは，彼が専門とする消費経済学のみならず，さまざまな科学的知識を生活に導入することであった。彼は，産業が発達した主な原因は，「科学的発明が各産業に応用された」こ

とにあると考えていたが，それと同時に家庭経営にも，「生活に関する必要なる事項を科学的に研究」し，それらにかかわる「科学の原理を生活に応用しなければならない」と考えた。その実現のために彼は，女子教育としてその実践と教育に取り組んだ。それは女子経済専門学校の設立という形で展開されたのである。

第4節　教育者としての森本――女子経済教育の実践

　女子経済専門学校の前身は，1927(昭和2)年に創立された女子文化高等学院である。学生募集広告[60]には，「女子経済学部の目的」として次の記述がある。
>「経済学部の目的は主として女子に経済的独立生活を楽しみ得る資格を与うることにありまして，特に次項記載の者に必要な学術の理論と実際を修得せしむるに重きを置き，併せて経済学特に消費経済学又は家庭経済学の独創的研究を行うのであります。
>　(1)理想的家庭を造りそれを科学的に経営しようとする者(新時代の良妻賢母)
>　(2)普通家事とか家政学とか呼んで居る家庭経済学其の他の教育家になろうとする者(教師)
>　(3)食堂，病院，ホテル，アパートメントホテル，寄宿舎，アパートメント，大家族其の他の経営者又は欧米で近来盛んになった食物主任者，服装専門家，室内装飾専門家等になろうとする者(新しい職業婦人)」[61]

　この記述から，森本が女子教育によって実現しようとした女性像は，効率を追求する主婦と，職業婦人(教師も含む)という2種類であったことがわかる。
　当時の経済学関連の科目および講師は以下の通り準備されていた[62]。
　　経済学原論　森荘三郎(帝大教授・法学博士)，森本厚吉(帝大教授・法学博士)，茂木中男(経済学士・農学士)

消費経済学　同上
　　商業学通論　森荘三郎
　さらに,「時事思想問題及び特別講義」担当として,佐藤昌介(北海道帝大総長・農学博士)も名を連ねている。その他の特徴としては,「住宅経済論」や「住宅設計建築論」という科目があり,講師として前者は佐藤功一(早稲田大学教授・工学博士),後者は山口秀輔(ヴォーリズ建築会社社長)が配置されていた。これらは,前節で見た文化アパートメントでの実践と関連するものであり,そのほかにも文化アパートメントの管理人である森本静子や食堂部料理長等が講師となっていた[63]。
　森本が,自ら学校を創立するに至ったのは,それまでの女子教育に対して不満があったからでもある。彼にとって,女学校での「家事教育」は,時代に適応しない不完全なものであり,日本の女性たちの経済常識が発達していないことは明らかであった。彼は,前節で紹介した社会政策学会の報告でも,女子教育の偏りについて次のように語った。
　「日本でも家事とか家政学とかの名称の下に相当に研究されて居る所もありますが,一般に在来の裁縫とか料理とか建築であるとかいう普通ありふれのものに限られて居って,未だ統一的の家庭経済学という学科が成立されていないと思われます」[64]
　このような考えの下,彼は当時の女子教育の次の3点について批判した。
　　①家事科の教育内容に経済よりも技術の要素が多いこと。
　　②家事科の授業時間数が少なすぎること。
　　③家事教育が充分に実際化されていないこと。
　これらを改め,経済的知識を重視した教育,つまり「消費経済学」または「家庭経済学」を軸とした女子教育を進めるべきであると彼は考えた。
　そうした独自の経済学(消費経済学)を女子教育において教授することは,森本にとって,「国民の消費経済を合理化し,生産経済の効率を大ならしめる唯一の根本義」と捉えられていた。さらに,彼は,「我が国の女子の経済能力が欧米の婦人に比して目立って劣っている」理由は,「家庭や学校教育の罪」であるとし,女性そのものの経済能力が本能的に劣っているのではな

いとした。それは日本の女性に欧米の女性が受けている経済教育を行うことによって解消しうるとした。またそれによって，女性自らが時間と労力の節約を図り，余裕をつくり，その余裕を利用して生産に参加できるようになることで，日本社会全体の生産効率が上がると彼は考えた。彼は，アメリカの経済発展の理由のひとつは，「婦人の経済能力が発達したために家庭生活の消費が合理化され，時間と労力に著しい余裕を来たし，婦人がどしどし積極的方面にまで活動するようになった」ことを挙げ，それを賞賛した。つまり，女性の経済力の上昇が，①直接生産に影響し繁栄を誘引すること，②消費を合理化して間接的に生産を振興することという2点において，経済的繁栄(つまり生産)に寄与するということである。しかし，彼は，「今日直ちに多数の女子が欧米のように職業婦人となって生産に関与することは考えられない」とし，「最も急を要することは，女子に対する経済教育の改善とその普及」であると捉え，その実践に取り組んだ。

　女子文化高等学院は，1928(昭和3)年に専門学校に昇格し，女子経済専門学校と改称した[65]。初代校長は，森本の要請を受け入れた新渡戸稲造であり，森本は理事長であった。経済学に重きを置いた教育という特徴を活かすべく，カリキュラムには，従来の女子教育にあった「家事経済」に加え，「経済学」が科目として据えられた。これらを含めた経済学関連科目は以下の通りである[66]。

　　1年生：経済学，経済学原論，経済史
　　2年生：経済学，英語経済学，経済学演習，消費経済学
　　3年生：経済学，財政学，経済学演習，簿記

　のちの森本の説明によれば，経済学の授業においては，「経済学的動機，即ち最小の勤労で最大の効果をあげようとする動機を働かせて金を拵えたり使ったりすることに関する原理を教うるを目的」としていた[67]。さらに，「富の生産に関しては労働，資本，土地，経営組合，会社，貨幣，紙幣，手形，質屋，銀行，賃金，地代，利子，利潤等について，富の消費に関しては，欲望，奢侈，節約，貯蓄，価値，物価，市場，家庭経済の原理，生活合理化問題等について出来るだけ日常生活に関連づけて研究する」とし，「生きた

経済知識」を得るために各種経済施設の実地見学も行うこととした。

　以上のような森本の女子教育において重要な点は，経済教育を主軸とした女子教育が，国家全体の経済的発展という究極目的の手段となることを期待して実施されたことである。つまり，女性が経済学の知識を持つことで，単に家事経済の知識を家庭内部へ還元するのではなく，広く社会へ還元するという意義が生まれる，という点にある。

　しかし，『東京文化学園五十年史』(1977)には，女子経済専門学校は，「女子に経済学の専門教育を行うため」に設立されたものではなく，それは，生活改善の担い手である女子を「経済学的に教育しよう」とするもの，つまり生活改善の担い手を「消費経済学を通じて養成する」ことが目的だったと記述されている[68]。このような主張は，先に示した「国家全体の経済的発展」に寄与するという女子教育の究極の目的と一見，相いれないようだが，森本の主眼は以下の点にあったと思われる。それは彼にとって，女性たちに与える経済学の知識とは，あくまでも道具（ツール）として授けられるものであったということである。そして，それはまず家庭の管理，生活の改善という身近な「改革」の道具として機能し，ひいては「経済教育を主軸とした女子教育が，国家全体の経済的発展」を促す道具となることを彼は期待していたのではないか。経済学の専門家を育てることだけが経済学教育の目的ではない。ここに，日本における女性と経済学の端緒を見ることができるのではないだろうか。

第5節　おわりに——森本厚吉の評価

　森本は，生産ではなく消費の観点から経済について研究する方法をとったが，このような研究は，19世紀末〜20世紀初頭のアメリカでは，比較的盛んに行われていた[69]。しかし，日本の生活標準を題材としたものは *The Standard of Living in Japan* が唯一であり，それは，「英文で発表された唯一のまとまった日本の生活費研究書として，相当の長期にわたり広く欧米の研究者に豊富な資料を提供する役割を果たした」という評価がある[70]。

森本の女子教育は，日本における「消費者教育」の歴史に位置づけることも可能であろう[71]。すなわち，森本が経済学の知識を基礎とし，それを実際に生活を改善するための知識として応用することで，生活水準の向上を目指すことは，消費者としての自覚を促すことでもあった。さらに，それは，「自らの利益の擁護および増進のために自主的かつ合理的に行動し，消費者の権利を実現するように努め，自ら進んで，消費生活に関して必要な知識を修得し，必要な情報を収集するなど，自主的かつ合理的に行動するように努める消費者」の育成を目指すという現代の消費者教育の理念[72]とも重なる部分がある。この観点から，森本の女子経済教育を消費者教育の先駆的取り組みとして見ることも可能であろう[73]。

　さらに，森本を，日本において，「人びとの生活の質」に目を向けた消費経済学の先駆者として位置づけ，彼が，一家計を消費の単位と捉え，「いかに人びとの生活を文化生活にふさわしいものにするかを考えた」点をホーム・エコノミクスすなわち家政学と捉える見方がある[74]。

　アメリカのホーム・エコノミクスは，20世紀初頭に成立したとされる。それは，女性に対する教育を促進し，消費や生活改善の実践を教育することを目的とした。その教育では，女性たちの活躍の場としての「家庭」をいかに効率的にマネジメントするかを考えるためにさまざまな科学的知識の応用が目指された。この観点は，森本の「効率的生活標準」と類似する。森本がアメリカ留学中に，ホーム・エコノミクスに触れる機会があったかどうかについて，さしあたり証拠となるものはない。しかし，彼の2度目の渡米時期である1915（大正4）年頃は，アメリカ・ホーム・エコノミクス学会が成立したばかりの時期であり，*Journal of Home Economics* がすでに刊行されていたことからすると，それを読む機会があった可能性は否めない。さらに，森本は，著書である『消費経済論』[75]の「家庭消費」の章において，ホーム・エコノミクスの立役者エレン・リチャーズの著作 *The Cost of Living*（1899）を引用している[76]。また『苦悶の経済生活』（1929）においては，アメリカ・ホーム・エコノミクス学会についての記述もある[77]。

　しかし，森本はアメリカのホーム・エコノミクスをそのまま輸入したので

はなかった。彼は，当時の日本とアメリカの女性の立場のちがいを理解していた。だからこそ日本においては家庭における消費の担い手としての女性にこそ経済学の知識が必要であり，効率を追求することを求めたのである。それは，女性が経済知識を持つこと，すなわち，消費の知識を持つことが国家経済への貢献につながるという漸進的社会改良ともいうべき実践だったのである。こうした森本の理念と実践は，当時のさまざまな動きと連動していた。

　例えば，小山(1999)は，1922(大正11)年11月に東京と大阪で文部省(当時)によって開催された消費経済展覧会について，「無駄の省略，消費経済観念の養成，能率の増進，生活の合理化といった生活改善を行い，「健全なる経済状態」をよみがえらせるために開かれたことがわかる」と述べている。また，同書では，1924年11月2日の『婦女新聞』において井上秀子が「消費者としての婦人」と題した文章で次のように述べたことを示している。

　　「男は生産，女は消費と，はっきり男女の区別がついて居ります。一家経済，国家経済から考へても，婦人は消費者の立場にあると云へます。…(中略)…つまり一家の経済に貢献するのは，国家の経済に貢献するのと同じであります。日本でも大に婦人の地位を高め，一家の消費者として，ひいては国の消費者として，男子の生産と相並んで貢献して行く事が必要であると痛切に思ふのであります」[78]

　このような井上の主張や当時の政治的な動き(文部省主導での消費経済展覧会)の目的は，森本の主張と一致する。むしろ，森本は，先行する1918(大正7)年の社会政策学会において，家庭経済の重要性を指摘していることに加え[79]，同じ頃，有島，吉野と始めた通信教育は，「最新の学説と実験とに基く生活の科学的研究を徹底的に行なわんとする人々」，「健全にして楽しき家庭をつくり，現代の主人主婦としての大任を全うせんと努力する人々」を対象としていた。また，井上秀子は，森本たちの通信教育の講師としても名を連ねていたのであり，交流があったことが窺える。そうだとすると，森本の教育実践は，文化生活研究会での活動も含め，女子経済専門学校にとどまらない，影響力のある動きであったと考えられる。

　森本が研究対象とした「消費」は，アメリカにおいて経済学とホーム・エ

コノミクスという 2 つのフィールドを持っていた。留学先であったアメリカでホーム・エコノミクスが女性たちの運動の集結としてひとつの学問領域を成立させ(1909(明治 42)年)[80]，発展した様子を目の当たりにしたであろう森本は，それをアメリカ経済の繁栄と関連づけて捉えただけでなく，女子教育として展開していることに感化され，日本におけるその実践を進めた。それは，日本における女性と経済学が出会う一場面となったのである。

1) 本稿における森本の経歴については，藤井(1996)，森本厚吉伝刊行会(1956)，石川(1997)を参照した。
2) 北鳴学校は，1891(明治 24)年 9 月に北海道炭坑会社を経営していた堀 基(ほりもとい)が当時北海道に中学校がないという事態を改善するために創設したもの。16 歳から 24 歳までの青少年を対象にした。初代校長は新渡戸稲造であった。藤井(1996)13～14 頁。
3) 高等部では歴史と経済，中学部では地理を担当した。
4) 森本厚吉伝刊行会(1956)33 頁。
5) この協会に講師として初めて採用された日本人が森本だった。藤井(1996)42 頁。
6) 藤井(1996)42～22 頁。
7) 藤井(1996)46～47 頁。
8) 家族(妻と子ども 2 人)を同伴しての渡米であり，そこには，「アメリカの家庭生活の実際を観察すること」という目的もあったとされる。藤井(1996)48 頁。
9) 同論文の刊行は，1918(大正 7)年である。
10) 1776 年設立。終身会員制である。
11) 同年 7 月，佐藤昌介総長の推薦により法学博士の学位を授与された。藤井(1996)55 頁。
12) 森本の消費経済論を取り上げた論文として，玉井・杉田(2013)があるが，*The Standard of Living in Japan* を一切取り上げていない。
13) Morimoto (1918) p. 10.
14) Morimoto (1918) p. 11.
15) Morimoto (1918) p. 13.
16) 本人による訳語であるが，実質的内容は「快楽を求める」というよりも「快適さを求める」という意味合いが強いと思われる。
17) Morimoto (1918) p. 15.
18) Morimoto (1918) p. 16.
19) 森本は efficient の訳語として「能率的」を用いたが，ここでは「効率的」と訳出するのが適当であると思われる。
20) Morimoto (1918) pp. 18-19.
21) *The Standard of Living in Japan* において，森本が引用したロッシャーの文献は，

W. Roscher, *Volkswirtschaftslehre*, B. I, S. 1 となっているが，*The Standard of Living in Japan* をもとにして，のちに出版された *The Efficinecy Standard of Living in Japan* (1931) でのほぼ同じ記述の箇所の出典は，W. Rocher: *Grundlagen der National-ökonomie*, 26th ed., p. 1 と記載されており，後者が正確である．
22) Morimoto (1918) pp. 17-18.
23) この7点には被服費に関する結論はないが，本文において，被服費について以下の4点の原理を導き出している．
①家計における被服費は気候の厳しさに従って増加する．
②食物費，被服費，住居費は相互に関連性がある．食物費が低い，不適当な住居などの場合，被服費が増加する．
③被服費の増加は，収入の増加より急速に進む．
④家族内での被服費の割合は父が母より多い．
24) Morimoto (1918) p. 144.
25) 食費を切り下げても一定の栄養価が保たれるため，食費の切り下げが容易という意であろう．
26) 中鉢 (1971)，森本厚吉伝刊行会 (1956) 157頁．
27) 森本 (1919) 154頁．
28) 森本 (1919) 156頁．
29) 森本 (1919) 156～157頁．
30) 森本 (1919) 157頁．彼は経済の目的が人間 (的な生活) であって，単に失業せずに生きていくことではない，と考えた．彼のこの考え方は，実際には失業問題を解決しないかもしれないが，彼が危惧しているのは，この生活費に関する研究が「一家の私経済に立ち入らねばならない」ことであった．
31) 森本 (1919) 157～158頁．
32) これは，森本がアメリカで研究生活を経験し，消費研究に従事したことを考えると，ヴェブレンのエミュレーション概念と類似するものであり，その影響による考えである可能性があるが，森本は直接引用していない．
33) 森本 (1919) 158～159頁．
34) 森本 (1919) 166頁．
35) 森本 (1919) 169～171頁．
36) 詳細は，生垣 (2013) を参照のこと．
37) この主張の転換については，都市生活なのか農村生活なのか，核家族かどうかなどさまざまな点を考慮し検討する必要があるが，別の機会を持ちたい．
38) 高原 (1995) 9頁．
39) Schneider (2002) では，文化生活研究会は当時の Americanization を推進する動きの一例として挙げられている．p. 81.
40) 高原 (1995) 11頁．
41) 文化生活研究会の発足にあたり森本，吉野，有島による，『私どもの主張』が発行

42) 有島武郎の実弟。
43) 別名,「納豆博士」として知られていた。
44) 東京文化学園五十年史編集委員会(1977)3～4頁。
45) 森本(1921)を参照。
46) 引用文であるため原文のまま「能率」と表記したが,これは「効率」と同義である。
47) 以下,文化アパートメントについては,主に森本(1926)を参照。ただし引用にあたっては,見出し以外は,適宜現代的表記に改めた。
48) 森本(1926)1～2頁,Veiller (1914) pp. 31-35.
49) 森本(1926)1～2頁。
50) 森本は,「知識階級,指導階級或は中間階級」と言い換えてもいる。
51) 森本(1926)3～4頁。
52) 森本(1926)4～5頁。
53) 森本(1926)8頁。
54) 森本(1926)8～9頁。
55) 森本(1926)11～12頁。
56) 森本(1926)12頁。
57) 森本(1926)12～13頁。
58) 具体的には,初年度に30万円,次年度に10万円,それぞれ4.8%の低利で資金を得られた。その融資を受けるために財団法人を設立する必要があった。「けれども私には財団をつくるが如き資産はない,唯その当時何時かは社会に返そうと考えて居った書物の印税,原稿料,講演料等で買入れた時価一万円の家(故有島武郎氏から買った)が札幌にあるので,それを寄付するより他に途はなかった。それで,そのことを申しますと,東京で財団法人をつくるのに,北海道にある家屋寄付と云うのは如何かと思うが,どうせ低利資金で事業するのが目的であるからそれで宜しい。社会改善事業が出来さえすれば良い,人格信用を主とする,手段方法は第二の問題として大いに成功してもらいたいと自分に信任を置かれたので,私は感激してこの事業を引き受けたのであります」森本(1926)13～14頁。
59) その後の展開は以下の通りである。「余りにレッドテープ(官庁の手続)が面倒なので,又全然社会奉仕の為に自己を犠牲にして事に当っている誠意が一部の人に認められないのを残念に思い,出来ることなら願い下げしたいとまで考えた事が幾度もありましたが,更に決心を強くし,万難を排して進み,漸く大正十三年五月即ち事を初めてから約一カ年半を空しく費やしてヤット三十万円だけ東京府を通して借りる事が出来たのであります。けれども残金の二十万円は未だ手に入らないので,やむを得ませんからその不足金は低利でない資金を一時他から融通を受ける事にして,尚五階目の最上は資金が出来てから増築する事にして工事を進めました」森本(1926)15～16頁。
60) 雑誌『文化生活』1927(昭和2)年新年号に掲載された。

61) 東京文化学園五十年史編集委員会(1977)23頁。
62) 東京文化学園五十年史編集委員会(1977)27頁。これは，1927(昭和2)年12月24日付で提出された「女子経済専門学校設立申請書」に記されたもので，人選は森本に一任されており，彼の人脈から選出されたメンバーであったという。ただし，実際には申請書に書かれただけで講義を担当しなかったという可能性もあり，これは今後検証すべき点である。
63) 東京文化学園五十年史編集委員会(1977)28頁。
64) 森本(1919)171頁。
65) 「文化」の名称をおろし，「経済」としたのであるが，この理由に関して森本は，後年，「文化生活」という語の意味がはき違えられ，「形式の華美なもの」という理解がされていることに嫌気がさしたためと述べた。東京文化学園五十年史編集委員会(1977)45頁。
66) 東京文化学園五十年史編集委員会(1977)43頁。
67) 1938(昭和13)年発行の小冊子「女子経専のおもかげ」より。東京文化学園五十年史編集委員会(1977)119頁。
68) 東京文化学園五十年史編集委員会(1977)57頁。
69) 主な研究：
Francis Amasa Walker, *Political Economy*, Boston, 1883.
Simon Nelson Patten, *Consumption of Wealth*, 1889.
Wilburn Olin Atwater による生計調査。
Simon Nelson Patten, *Theory of Dynamic Economics*. Philadelphia, 1892.
Thorstein Veblen, *The Theory of Leisure Class*, New York, 1899.
Caroll D. Wright, *Massachusetts Labor Report for 1875*, 1901.
Bureau of Labor, *Eighteenth annual report of the Commissioner of Labor 1903: cost of the living and retail prices of food*. Washington: Govt. Print. Off, 1904.
70) 中鉢(1971)37～38頁。
71) 今井・堀田(1979)54頁。
72) 消費者教育ポータルサイトを参照(http://www.caa.go.jp/kportal/about/index.html)。
73) 生垣(2013)を参照のこと。
74) 綾目(2010)36頁。しかし，綾目(2010)においては，ホーム・エコノミクス(家政学)と森本の消費経済学とが「一致」するものと捉えられており，具体的にホーム・エコノミクスとの関連が示されているわけではない。たしかに，森本の消費経済学は，当時のアメリカのホーム・エコノミクスが扱った内容と一致する部分があるが，それは，当時の日本の家政学とは異なるはずである。
75) 出版年不明であるが通信教育「文化生活研究」のテキストであるため，1918(大正7)～20年頃であると推測できる。
76) 森本(出版年不明)149頁。

77) 森本(1929)128頁．
78) 小山(1999)190～191頁．
79) 本章第2節を参照のこと．
80) ここでは，アメリカ・ホーム・エコノミクス学会（American Home Economics Association）の設立年をその領域の成立と捉えている．

参考文献

Kokichi Morimoto (1918) *The Standard of Living in Japan* (The Johns Hopkins University studies in historical and political science; ser.36), Baltimore: Johns Hopkins Press.

Schneider, Michael A. (2002) Home Economics as Internationalism in Japan, 1920-1940: A Reflection on Globalization and Historical Writing, *Waseda Journal of Asian Studies*, Vol.23, pp. 79-101.

Veiller, L. (1914) *A Model Housing Law*, New York: Survey Associates.

綾目広治(2010)「森本厚吉の先駆性と独自性——文化生活論・女性論・中流階級論」『有島武郎研究』13号，所収

生垣琴絵(2013)「森本厚吉の消費経済学」『経済社会学会年報』（経済社会学会）XXXV，所収

石川寛子(1997)「『文化生活』（文化普及会発行）解説」『文化生活　解説・総目次・索引』（第1回配本）不二出版，所収

今井光映・堀田剛吉編(1979)『テキストブック　家政学』有斐閣

小山静子(1999)『家庭の生成と女性の国民化』勁草書房

高原二郎(1995)「森本，有島，吉野と『文化生活』」『文化生活　解説・総目次・索引』（第2回配本），所収

玉井金五・杉田菜穂(2013)「消費経済学と家政学，そして社会政策学——森本厚吉を中心に」『経済学雑誌』（大阪市立大学経済学会）第114巻第1号，所収

中鉢正美(1971)「家計調査と生活研究」『生活古典叢書7　家計調査と生活研究』光生館，所収

東京文化学園五十年史編集委員会(1977)『東京文化学園五十年史』東京文化学園五十年史刊行会

藤井茂(1996)『森本厚吉　新渡戸稲造の愛弟子』盛岡タイムス社

西川祐子(1995)「雑誌『文化生活』と男性本位の家庭イデオロギー」『文化生活　解説・総目次・索引』（第2回配本），所収

森本厚吉(1919)「日米「最小生活費」論」『生活古典叢書7　家計調査と生活研究』光生館，所収

森本厚吉(1921)「文化生活に就いて」『文化生活』第12号，所収

森本厚吉(1926)『アパートメント・ハウス　新しい住宅の研究』文化普及会

森本厚吉(1929)『苦悶の経済生活』廣文堂

森本厚吉(出版年不明)『消費経済論』文化生活研究会
森本厚吉・有島武郎・吉野作造(1921)『私どもの主張』文化生活研究会
森本厚吉伝刊行会編(1956)『森本厚吉』河出書房
http://www.caa.go.jp/kportal/index.php(消費者庁 HP, 消費者教育ポータルサイト)

第 2 部　生活への視点

第4章　松平友子の家事経済学
――日本における女性による経済学研究／教育の誕生

松野尾　裕

第1節　はじめに――女性による経済学研究／教育の始まり

　日本において女性による経済学の研究と教育は何時(いつ)，誰によって始められたか。本章の目的はこの問いに答えることである。

　日本において職業として経済学の研究と教育に従事した最初の女性は，松平友子(1894-1970)である。松平友子は[1]，1894(明治27)年4月10日に東京府北豊島郡滝野川村大字西ヶ原(現・東京都北区西ヶ原)に生まれた。1913(大正2)年に東京府立第二高等女学校(現・都立竹早高等学校)を卒業し，東京女子高等師範学校(以下東京女高師と略記。現・お茶の水女子大学)文科第二部(地歴科)に入学した[2]。1917年に同校を卒業し，山脇高等女学校の教員となった。1918年に東京女高師研究科生となり，1919年9月から1922年3月まで東京女高師からの「依託学生」として東京帝国大学経済学部において経済学を学んだ[3]。1921年10月に東京女高師講師に任ぜられ，1922年から同校家事科において「家事経済」を研究・教育した。これが日本の高等教育機関における女性による経済学の研究と教育の始まりである[4]。

　1925(大正14)年に松平は『家事経済学　家庭生活の経済的研究』上・下巻を公刊した。上巻が654頁，下巻が504頁という大著である。この著作は当該領域の先駆的な研究書となり，同書により家事経済学(のちの家族経済学，家庭経済学)の内容が定まったと言える[5]。松平は，戦後，1946(昭和21)年に東京女高師教授となり[6]，1949年にお茶の水女子大学が開学し，理家政学部家政科主任となった。1952年に東京女高師教授からお茶の水女子

大学教授に配置換えとなり，1960年に同大学を退職した。同年東京家政学院短期大学教授，1963年東京家政学院大学教授，1969年同大学を退職した。1970年12月22日に死去した。著書として『家事経済学――家庭生活の経済的研究』のほか，『家事経済綱要』(1925)，『高等教育　家事経済教科書』上・下巻(1934)等を公刊し，戦後には『家族経済学提要』全3巻(1948/49)，『家庭経済研究』(1953)，『家政学原論』(1954)，『家計簿記論』(1957)，『松平家政学原論』(1968)等を公刊した。

　以上のことについて，家政学者の間では周知の事柄が，経済学者にはおそらくほとんど知られていないという事実をまず指摘したい。以下では，松平友子が構想した家事経済学の内容を経済学の立場から考察する。それは，日本における経済学研究史の空白を埋める作業であるが，家政学の中で発展してきた家事経済学をこれまで経済学(経済学部の経済学)が無視してきたことの意味を追究することにもつながるはずである[7]。

第2節　家政学と経済学

1　家政学の中の経済学

　松平友子が家事経済学――戦後に家族経済学あるいは家庭経済学――と呼んだ学問は，日本の高等教育においては，(女性だけを教育対象とした)家政学の一分野として位置づけられてきた。そのことから，家事経済学ないし家庭経済学は家政学なのか経済学なのかという疑問が生じる。このことについて伊藤セツは，「大学における学としての〈家庭経済学〉の祖は，お茶の水女子大学の松平友子であった」と指摘した上で，「〈家庭経済学〉は……経済学という呼び名がついているにもかかわらず，経済学部ではこの種の科目名で開講されたことはついぞなかった」と述べている[8]。

　家事研究・家事教育に経済学が導入されたことについては次のような事情があった。すなわち大正期のデモクラシー運動と，そこから沸き起こった富山の女性たちに始まる米騒動(1918(大正7)年)，与謝野晶子(1878-1942)と

平塚らいてう(1886-1971)による「母性保護論争」とそれへの山川菊栄(1890-1980)の関与(1918～1919年)，第1回メーデー開催(1920年)など女性の生活を取り巻く社会情勢の大きな動きの中で，明治期以来の女子教育に対する見直しがあった。東京女高師では1914年に，文科，理科とともにあった技芸科が家事科と改称され，校長湯原元一(在任1917～1921年)による家事科充実の構想の下に，「健康」，「子女教育」と並んで「家事経済」が3つの柱のうちの1つとされた。そして，「家事経済」の担当者として同校文科卒業の松平友子が選ばれ，上述の通り松平は東京帝大経済学部に派遣され経済学の習得に専念することとなった。上村協子の言い方によれば，「家事教育に新しい風が吹き込んだ時期である」。松平は「期待を受けて，学術としての家庭経済学を研究」した[9]。大正期における家事教育の革新の中で学としての家事研究が追究され始め，その中で家事経済学が誕生したのである。

　家事経済学・家庭経済学の史的系譜をまとめた伊藤秋子・馬場紀子によると，明治後期の高等女学校や女子師範学校(いずれも中等教育機関)に「家事」という科目が置かれ，その中で家事経済に関する事項が扱われた。その教科書として下田歌子『家政学』(1893)，後閑菊野・佐方鎮子『家事教科書』(1898)，塚本はま子『家事教本』(1900)などが公刊されたが，その内容は「まだ非常に未熟なものであった」[10]。東京女高師の家事教育の草創期――技芸科の時期――を担った佐方鎮子(1857-1929)や後閑菊野(1866-1931)を第一世代と呼ぶとすれば，第一世代が第一線から退く頃に家事経済が一個独自の研究・教育領域として台頭したと言える[11]。

　明治期からの女子教育の実情を踏まえて考えてみると，東京女高師が「家事経済」という独立の科目を設けたこと，その担当教員に女性をもってすることとしたこと，そしてその育成のために自校を卒業してまもない女性に経済学研究の機会を与えたことは，女子教育改革におけるひとつの画期をなすことであった。当時の最高学府である(男性のみに入学を認めていた)東京帝大で，「依託学生」という資格であったとはいえ，正規の入学者と同じ期間(3年)にわたり経済学を学んだ女性が現れ，その経済学から独力で「家事経済学」を構想した女性経済学者が誕生したという事実は，日本における経済

学研究史に明記されるべき事柄である。

2 経済学における家事経済への関心

家事経済学は家政学の中に誕生した。しかし経済学が家事経済に全く無関心であったというわけではない。家族制度や女性の経済的自立に関心を持った京都帝大経済学部の河田嗣郎は『婦人問題』(1910)や『家族制度と婦人問題』(1924)を著した[12]。また，北海道帝大農学部に在職した森本厚吉は『生活問題——生活の経済的研究』(1920)を著して，消費の観点から衣食住生活の経済分析の必要を説いた[13]。

経済学において家事経済へ関心が向けられるようになったのは「家計調査」によってである。1912(大正元)年の第6回社会政策学会では「生計費問題」がメインテーマとして取り上げられ，社会政策上家計(家庭の収入と支出)の実態を把握する必要があることが認識された。東京帝大の社会統計学教授であった高野岩三郎(1871-1949)により1916年に「東京ニ於ケル二十職工家計調査」が行われ，さらに1919年に高野の指導により「月島調査」(内務省保健衛生調査会実施)が行われた。高野が設計した家計調査の特徴は次の2点である。第1は調査対象が賃労働者世帯に設定されたことである。それは賃金収入とその支出により生活を営む世帯の経済的実態を把握するという明確な課題に基づいていた。第2は調査方法として家計簿を利用したことである。調査世帯ごとに簡易な家計簿(「二十職工家計調査」では1ヶ月用，「月島調査」では1ヶ年用)を配布し，毎日の収入と支出の金額を細大もらさず記入させた上で，それらを回収して集計・分析するという手法がとられた。こうして，高野の弟子である権田保之助(1887-1951)の表現を用いれば，「今までその必要を感じつつも実行しえず，実行せんとしてもそれが適当の方法に迷いつつあつた方面は，ここに初めて頼るべき指針を得て，簇々として家計調査が各地方に各主体によつて行われ，一種の家計調査狂時代をさえも出現せしむるに至つたのである」[14]。

各種の家計調査が蓄積してくると，それらの諸数値を用いて家庭生活を国民経済の一環として把握しようという研究関心が台頭することとなった。そ

れが昭和戦時期に入ってからの「国民生活」研究である。永野順造『国民生活の分析』(1938)，安藤政吉『最低賃金の基礎的研究』(1941)，同『国民生活費の研究』(1944)，大河内一男編『国民生活の課題』(1943)，籠山 京『国民生活の構造』(1943)が刊行された。これらの研究では，戦時下の総動員体制で疲弊した「国民生活」へ関心が向けられているが，その「生活」は私的・個人的な生活ではなく，一国経済の生産力の発展に寄与すべき労働力の再生産の場としてのそれである[15]。エンゲル／森戸辰男訳『ベルギー労働者家族の生活費』(1941)，ラウントリー／長沼弘毅訳『最低生活費の研究』(1943)が刊行されたのもこの時期である。大河内や籠山らは戦時中の研究成果を戦後になって家庭経済学として継承し，籠山京・中鉢正美『家庭経済論』(1950)，大河内一男・籠山京『家庭経済学』(1960)などが刊行された。

　江口栄一が言う通り，「家庭生活における収入と支出という金銭のうごき，すなわち家計が，生活の状態を示すようになるには，商品経済社会の一定の発展が必要であるが，その商品経済社会に埋没し，おおいかくされた生活の存在を白日のもとにさらけ出すのは，家計に関する社会調査，すなわち家計調査がひとつの有力な手段であることはまちがいない」[16]。経済学における家計簿式家計調査から「国民生活」を把握するという問題関心と，家事経済学における世帯ごとの家計簿から「家庭生活」を把握するという問題関心とがちょうど対応していることがわかる。とはいえ，江口が，「庶民の生きざまは，その表現を，たとえ生活最低限とか，最低生活費という形で集約的にとらえることができても，結局，金銭的な形では示されない側面を，多分にもつこともあきらかである」[17]と述べている通り，家庭生活には金銭で示されえないものが多様に含まれている。家事と呼ばれる場面では，家族という継続的な人間関係に基づく出産，育児，介護，教育，娯楽などの無償労働と，またそれらを通じた人間的発達が日々の暮らしに不可欠なものとして意識されているのであり，それらの提供と受入を可能とする生活のあり方自体が問題になっているのである。

第3節　家庭生活の経済学的把握

1　国民経済学と家事経済学

　松平友子は『家事経済学』のはしがきに次のように記した。
　　「経済生活を合理的ならしめる為には消費組織たる家族生活の経済的研究を進めると共に，主として消費経済を 掌(つかさど)つて居る我々婦人が此の経済上の知識を持つて居て，之に基き経済生活を行ふやうにして行かなければならぬと存じます。然(しか)るに此の方面の研究は未だ至つて幼稚でございまして，特に本邦に於ては之に関する著述のあることを，未だ殆んど，寡聞なる私は耳に致して居りません」[18]

　松平がこう述べたのが1924（大正13）年12月である。そして，「過去二年の講義案を基礎にして，此の春の末頃から休日休暇を利用して書いた」と述べているから，これにより本書の完成に先立つこと2年前すなわち1922年に東京女高師での彼女の「家事経済」の講義が始まったことが裏づけられる。松平は「家庭生活の経済的研究」が未開の学問領域であることを率直に述べた。そして，「学理の説明はなるべく通説に拠るやうに心掛けましたけれども……殊(こと)に家事経済学なるものの目的，範囲及び講述の順序等は……全然私一己(こ)の 考(かんがえ)のみに依つた」と述べ，この書が「家庭生活の経済的研究」の嚆矢をなすものであることの自負を示した。

　『家事経済学』は全5篇から成る。すなわち，上巻（理論篇）が「第1篇　総論」「第2篇　収入論」「第3篇　支出論」，下巻（実際篇）が「第4篇　会計論」「第5篇　貯蓄論」である。松平の研究は総じて理論志向が強い。実際篇の中で重要な位置を占める家計簿記論にしても，企業簿記の一般原理である複式簿記を応用して家計簿記の形式をつくることに関心が向けられており，実際の使いやすさよりも理論的な厳密性を求めている。試みに本書を名づけるならば，両篇を合わせて「家事経済学原論」と称してよいだろう。

　「学理の説明」は当時日本に導入されていたドイツ語圏の経済学原論書の叙述の通例，すなわち限界効用学派と新歴史学派との折衷に倣っている。C.

メンガー，ベーム-バヴェルクらの限界効用概念を用いた欲望満足(充足)の説明が示され，A. ワグナー，G. シュモラー，K. ビューヒャーらの歴史的・制度的国民経済論が叙述される。A. スミス，T. R. マルサスらイギリス流の古典派経済学者も学説史の説明の中に出てくるが，全体としてはドイツ・オーストリア流の経済学を汲んでいる。

そして，松平は，(狭義の)経済学と言えば国民経済学のことだが，広義の経済学には国民経済学のほかに財政学，企業経済学(経営学)および家事経済学が含まれるとし，後三者を「特殊(単位)経済学」と呼ぶ。これら三者のうち財政学はすでに大いに発達しているのに対し，企業経済学は「多少発達しては居るが未だ一の独立した科学と認め得る程度には達して居ない」，そして「家事経済学に至つては一層幼稚極まるものであつて，従来唯々家政学の一部として少しく試みられて居るに過ぎない」と述べている[19]。

2 家(家庭)・家族経済・家事経済学

家(家庭)，家族経済，家事経済学の説明に松平の思索の工夫が見られる。

①家(家庭)について。松平は「永続的結合の下に在る夫婦と其の間に生れた子女とが共同して生活を営んで居る組織・団体を家若くは家庭と謂ひ，其の家の含む人々を家族と称する」と定義し[20]，家(家庭)が営む生活上の特徴を次のように説明する。「家庭生活上に於ける責任は啻に其の家の主人たる人のみに限らず，其の家に属する家族の中，成年者各員も亦均しく之を共同して負担する。……従つて家族の一人が時に或は労働能力を失ふことがあつてもそれは全体にとつて比較的重大な影響を及ぼすことなく，家は真に一個の緊密な共同団体たる実を有するのである。されば既に労働能力を消尽し果した老年者も，家あるが故に能く安慰に余生を送ることも出来るであらう」[21]。要するに，家(家庭)は「家族に依る共同生活体」すなわち生活保障のための団体だというのである。松平は，家を論じる際に法律上の「家」(戸籍)と実際生活を営む上での家とを区別すべきだとし，「単に法律上の概念としてのみ存在する「家」が社会上何等の意義を有せざることは極めて明瞭である」と言っている[22]。松平は家を共同生活の単位として，したがって今日

の言い方で言えば世帯と同様の概念として用いている。そして，家(家庭)は「家族の物質的並に精神的幸福を維持するに止らず，猶是等を増進する職分を有する」のであって，この職分を果たすために衣・食・住，看護・衛生，育児・教育，娯楽・社交等に関し種々の行為を行うのである。これらの行為を総称して「家事」と呼ぶ[23]。

　②家族経済について。「家庭の職分を遂行せんが為に家庭は一定の財貨殊に貨幣を必要とし，此の貨幣を収得し管理し適当に支出して家族の物質的生活を営まねばならない。即ち……継続的に能ふ限り多くの欲望満足を得んが為に経済主義の遵守によつて多くの経済行為を秩序的・組織的に行ひ，之に依り家族団体として其の経済生活を営まねばならない。此の家族団体の経済を称して家族経済」[24]という。家族経済は，上述の通り，企業経済および国家経済(財政)とともに国民経済を構成する単位経済のひとつである。企業経済と家族経済を比べると，前者が「純粋に営利を目的とする」経済であるのに対し後者は「営利組織ではなく，与えられた収入と財貨の価格との下に於て能ふ限り多くの欲望満足を得んとする」経済であるというちがいがあるが，「国民経済の活動発展は家族経済や企業経済等に其の源を発する」という点で共通する[25]。また国家経済と家族経済を比べると，前者が「国家其の他の政治団体の経済」であるのに対し後者は「私人の経済」であるというちがいがあるが，「政治団体の目的が道義的に高遠でなければならぬのと同じ程度に於て，個人生活即ち家庭の目的も道義的・倫理的でなければならない」という点で共通する[26]，と松平は説く。要するに，家族経済は道義的・倫理的目的に基づいて非営利的に営まれる，国民経済の構成単位となる経済である。

　③家事経済学について。以上の家(家庭)と家族経済の定義を踏まえて，松平は家事経済学を次の通り定義する。

　　「家事経済学とは家族団体の経済に関する学問であると定義することが出来る。換言すれば家事経済学は家庭なる私人的見地から家族の経済生活に伴ふ諸現象を研究する学問である」。「家事経済学の任務は一面に於て理論的である。家族の経済生活に伴ふ諸現象の性質を闡明し，其の間に存する因果関係を説明することを任務とする。……と共に他面に於て

実際的である。即ち理論的研究によつて教ゆる所に基き，之を実際問題に適用して家族の経済上の福祉を増進する方策を研究するを任務とするのである」[27]

そして松平は，家庭における消費の重要性を次のように強調している。「〔家庭の〕消費は経済の起点であり，又終点であり，従つて又中心であるべきである。生産を旺盛ならしむべしと云ふも，交換を容易ならしむべしと称するも，又分配を公平ならしむべしと唱ふるも畢竟するに一国社会に於ける各人をして成可く十分に消費せしめ，又成可く容易に消費せしめ，又成可く公平に消費せしめ，以て人生の物質的幸福，延ては非物質的幸福の万全を期するに外ならない。是に於て消費経済，殊に消費組織たる家族生活の経済的研究を重要視すべき所以を察知し得よう」[28]。

第4節　家族経済の理論

1　収入(所得)論——無償労働，実質所得

松平は所得を定義して，「現今，貨幣経済の行はるる下に於ては，所得とは一定の期間内に一人の所有に入り来る貨幣又は貨幣を以て言表はされたる価格の中，特に確実なる源泉があつて継続的に発生するものの総額である」という。ここで注目されるのは「貨幣を以て言表はされたる価格」ということにかかわって次のように説いていることである。「例えば，農家が其の収穫せる米穀を売却して貨幣を獲得する代りに，之を自家の消費に充てつつある場合の如き，又は自己の家屋を他人に貸与して家賃を取る代りに，自ら其の家屋に住みつつある場合の如きは，其の米穀又は家賃に相当する貨幣額をば，其の者の所得として算入するのが普通である。蓋，所得なる概念は各個人の経済的地位の優劣を判断する為の標準とするものであるのだから，此の如く貨幣の収入と同視すべきものは総べて之を所得の中に計算するのである。而して既に家屋の家賃を所得として見積る以上は，家屋以外の家具の如きもの又は妻女の家庭労働の如きも，之が損料又は賃銀を見積つて所得に計

上すべき筈であるけれども，是等のものは其の他の所得と略々比例を保ち，且，之が価格を正確に計算することが困難であるので，之を所得の中に包含させないのである」[29]。

　松平は，所得は「各個人の経済的地位の優劣を判断する為の標準とするものである」のだから，妻による家事労働を「賃銀を見積つて所得に計上すべき筈である」と述べている。これは，無償(unpaid)で供給された家事労働を「所得」として明示することにより，妻の過小評価された経済的地位を正すべきだと言っているのである。自家生産・自家消費される米穀についてはそれを市場に売却するとした場合の価格をもって所得に算入するのだから，家事についても同様に，家事にかかる労働を有償(paid)労働へ振り向けた場合の価格をもって「所得」と考えてよいのである。松平は家事を貨幣計算して経済的に捉えるという見方に気づいていた。しかし残念ながら，「之が価格を正確に計算することが困難である」として，この課題をさらに追究するには至らなかった。実際，当時は，家内奉公人による家事労働に対して賃金が支払われるとも限らなかった。家事労働をもっぱら女性が担うことについての松平の批判的見解は，後述する通り，女性の就職(職業労働)との関連でも論じられる[30]。

　所得は財産所得と勤労所得とに分けられるが，言うまでもなく労働者の家族経済を支える所得の大部分は勤労所得である。松平は，「他人の使用に供する勤労の中，特に契約に基き，企業家の為に為したる勤労に対して受くる報酬」が賃金であるとし[31]，賃金の制度や賃金の高低について詳しく説き進める。その中で松平は，今日の労働契約が労働者にとっていかに不利であるかを指摘する。「現今の労働契約なるものは，尚決して自由なる対等契約たるの実質を備ふるものでなく，又，労働なる商品は，労働者の身体と分離すべからざるものであるから，此の労働の売買は普通の商品の如く，全く当事者双方の利己心にのみ放任することが出来ない」と論じている[32]。また，賃金が貨幣でもって支払われることについて，松平は次のような当然かつ重要な指摘をしている。「一方に於て此の制度は労働者が其の受くる賃銀に依て，好む所に従ひ生活することが出来て，企業家から束縛を受くることの少い長

所があるけれども，之と同時に又他方に於て物価の変動から生ずる影響は，全く之を負担せざるを得ない短所がある。即ち貨幣に依る賃銀は唯々名義〔=名目〕所得たるに過ぎないで，之に依て獲得せらるる実際の衣食住が即ち実質所得であるから，両者の関係に付て考究の行はるる必要を見るのである」[33]。自家生産・自家消費を主とする生活から切り離された賃労働者世帯の増加は所得に対する世間の関心を高めた。それらに関する統計も取られ始めた。松平は，大切なのは獲得された賃金によって実際にどれだけの衣食住生活がなされうるか，すなわち実質所得であると主張しているのであり，これが消費論へつながっている。

2 職 業 論──女性の自活，賃金差別

　松平にもうひとつ重要な論述がある。職業論における女性の就職（職業労働）についての議論である。「実に職業は家族の神聖と独立とを維持する使命を有して居る」[34]。この一文中の「家族」とは妻と夫のことである。松平はこう述べている。「今日の婦人は男子から扶養を受けると云ふことを眼中に置かないで，彼女の自活の方法に付て苦心して居る。換言すれば婦人は男子と同様に其の経済上の生活に於て独立の地位に立たうとして居るのである」[35]。松平によれば「在来の家族制度の動揺」が生じている。すなわち，これまで女性は幼時には父母に隷従し，長じては夫に隷従し，老いては子どもに隷従するという「所謂三従の法則」に拠り「安全無事な生活」を過ごしたのだが，「然るに今日の婦人は此の三の安全な方法を否定して，第一に父母に対しては自分の自守〔ママ〕独立を主張し，夫に対しては自由の地位を主張し，子供に対してもそれに隷属することに就て不安を感じる」のである。女性がこれまでの家族制度の下で生活しなくなったのは，「家族制度を其の上に築いて居る経済的根底の動揺によるのであつて，決して婦人の多くが此の制度に反抗するが為ではない。此の制度が動揺して生活の完全が失はれて来たので，婦人の多くが之を見放さうとして居る」のである。男性にはもはや「十分に父権を行使する経済力」がない。その結果「家の保護は全く当にならないと云ふ観念が，総べての〔婦〕人の頭を支配して居る」[36]。父権とは家父長

制による家族支配のことである。松平の見るところ，家庭における家父長制は経済力の支えを失い，その実質的な効力を失っており，女性は自らの「神聖と自立」のために職業を手にしようとしているのである。「神聖」は尊厳と言い換えれば理解しやすい。

　松平が挙げている数字によると，当時の日本の全女性人口数が約2800万人，そのうち職業に従事しうる15歳以上60歳以下が1570万人である。農家の「助業」者数が約800万人，商・工・鉱業その他の「独立の職業婦人」が約400万人である。そのうちで主なものは工場で働く者が90万人，鉱山が10万人，教員が6万人，医務衛生が5万人，交通・通信が3万人，事務が数万人である[37]。しかしながら，女性の勤労所得は男性に比して「三分の二に達することは稀で，大抵は半分である。此の点に関しては私的雇主も，国家其の他の公法人的雇主も変りがない。鉄道や郵便事務に従事して居る婦人は，同種の仕事をする男子よりも少額の賃銀を支給されて居る」[38]。同一価値労働同一賃金にほど遠い男女間の賃金差別を松平は指摘している[39]。そして，女性の賃金が男性のそれに比して絶対的に低い要因として松平はいくつかの事柄を挙げているが，その中で第1に強調されているのは，女性の所得が一家の「副所得」すなわち家計補助所得という扱いを受けているということである。すなわち，「要之，職業婦人は共稼ぎで一家の副所得を得んとするのがその目的であると見なされ，且，其の性質を出ない婦人が少なくない為に完全な一人前の所得を得る必要があつて働く婦人も，低廉な所得に甘んぜねばならないのである」[40]。女性労働問題への松平の関心には深いものがあり，その問題点の指摘は適切である。

　そして松平は，女性の就職に関して家庭生活と職業生活との両立という「可成り進歩的な婦人論者も此の疑問の前には……未だ正解を下し得ざる」問題について，深い考察を示している。松平は次のように論じた。

　「人は往々にして此の二(ふたつ)の生活をすら，婦人の「努力」に依て調和せしめようとするのであるが，それは思はざるの甚しきものである。男子の職業生活に依て如何に男子が人間性を喪失してしまひ，家庭生活を破壊して居るかを赤裸々に観察して見るとよい。労働問題が賃銀の昂騰と労

働時間の短縮とを先づ以て要求することは，要するに男子をして家庭に帰らしめんとするものである。……男子を中心とし，其の男子の専制的な家庭，男女極端なる分業生活のみを千古不変のものと観るべきではなからう」[41]

これは，男女ともに生活の中に適切な家事労働時間を確保すること，そのためには賃金の引き上げと職業労働時間の短縮を可能とする社会制度が必要であることを説く今日のディーセント・ワーク(decent work：人間としての尊厳ある働き方)論に通じる主張である。松平は家事労働をもっぱら「雑務」とする見方にも，また職業労働を「骨迄搾取されねばならない」ものとする見方にも与しない。家事労働の健全化と職業労働の健全化の上に女性と男性の協働による家庭生活を創造するという考えを松平は示している[42]。これが松平の「家族に依る共同生活体」[43]という表現の意味である。

3　支出(消費)論──消費の進歩

生産は手段であり，消費が目的である。松平が言うには，「生産するから消費するのではなく，消費するから生産する」のである。「有ゆる経済過程の終局は人類の欲望充足であり，茲に至つて初めて財貨は確定的に消費せらるるのである。茲に到る迄に経る種々の変化は皆生産の道行に過ぎない。経済学者は此の種資本の消費を呼ぶに，生産的消費なる名称を以てし，直接吾人の欲望充足に充つる消費を不生産的消費と称し両者を以て消費の二種と為すけれども，真の消費は後者のみであつて消費なる辞は之に限つて用ゐるべきである」[44]。

松平は，支出がいかなる消費に向けられているか，すなわち所得の使途を研究することが重要だと説く。それは「消費の進歩」を図るために必要なのである。日本の家庭生活の実情について松平は次のように述べて，嘆いている。「今日列国を通じて日本国民程無駄な生活を好み，みえを張りたがる国民はないと称せられて居る。物が無くても有る風をしたがり，どんな場合にでも世間体をつくろはねば気が済まない。〔収入が〕有れば有るに任せて物を買はねば承知が出来ず，無ければ直ぐに親戚知友の下に泣付く。友人の面倒

を見るのが恰も先輩旧知の義務であるかの如く心得，無心を云ふのを何とも思つて居ない者も少くない。独立自尊は文明国民の根本条件であるのに，何と云ふ心細いことであらう」[45]。家庭生活における日々の支出の対象は飲食物，被服，住居，光熱，衛生，教育，交際，娯楽，税金，寄付等の多岐にわたる。これらを家族経済ごとにいかに把握することができるか。これが松平の家事会計論，家計簿記の構想につながることは言うまでもない。「支出を合理的ならしめて吾人の経済生活を改善する必要は，今日に始つたことではなく夙に何人も之を認めて居るにも拘らず，或は基礎的知識に乏しく，或は技術の修得に欠け，或は在来の因襲になづんで未だ実行せられないで居ることが多い。実に云ふは易く，行ふは難い」[46]。

第5節　家族経済の実際

1　家事会計——家政の根本

　会計は「一定の経済単位に属する財産を管理し，貨幣の出納を計算又は整理すること」であり，「家族経済に属する会計」が家事会計である。「凡そ家庭は其の経済生活を営む必要に依り絶えず財貨殊に貨幣を収入し且之を支出するものであつて，家族経済の命脈は此の収入と支出との調節に依て保たるべく，従つて家事会計は家政の根本を為すものである」[47]。

　松平は，家族経済における収支の適合とはただ単純に「支出の倹約」を言うのではないと注意を促している。むしろ「収入の増加を図ること即ち人の富を作る力を増進することを以て遙に経済の目的に叶ふ」のであると。つまり，家族の「富を作る力」を増進するよう支出することが大切なのだと松平は説く。また「余財を蓄積する」と言っても，ただ単純に貨幣の剰余のみを言うのではない。さらに進んで「人生の内容を充実せしむる有ゆる価値，健康的価値・道徳的価値・心理的価値・学問的価値等の剰余をも包含して居る」。これが「消費の進歩に合致する途」である，と松平は論じている[48]。

　家事会計の実際は①予算の編成，②予算に定めた収支の実行，③決算とい

①予算の編成について。「「先ず予算を立てよ」……収支が年々甚しい異動のないことを口実として，動もすれば煩を厭つて予算を立てざる者あるは大に誤つて居る」。収入と支出にどのような科目を設けるかは理論篇の「収入論」と「支出論」における検討に従うことが望ましいとはいえ，要は「実用に適する科目」とするとともに，「家計の全般を統計的に観察する材料たるに便益ある」ように組織することが大切である[49]。つまり家事会計は，各家庭の実用に適した便利さが必要であるが，それとともに全家庭に共通した一定の形式をつくることもまた正確な国民的・全階級的な家計統計を実現するために必要だと松平は考えていた[50]。

②予算に定めた収支の実行について。支出は予算通りとするのが原則である。ただし経済主義に努めるべきこと，また必要があれば臨時的・緊急的支出を行わなければならないこともまた当然である。その結果，負債（借金）によって支出を賄わざるを得ないこともある。しかし「家族経済に於ける負債は……決して之を奨励することが出来ない」と松平は強く述べている[51]。

③決算について。それは「予算の趣意に反せずして家計の運用が行はれたるや否や，其の出納の整理は果して能く機宜に適したるや否やを明瞭にし，以て家計の状態を知り将来の方針を定むる資料となすべきものである」[52]。この決算が次期の予算編成に活かされることになる。

会計は予算の編成をもって始まり決算をもって終わる。家事会計もまた同じである。一定期間における収入と支出のひとつひとつを一定の形式の帳簿に記述し，それらを集計して予算に対する決算を表示する作業が簿記である。家事会計の要求に的確に応えられる簿記の方法を定めることが必要となる。

2　家計簿記——複式による構想

家族経済の実際に関する松平の議論において特徴的なのは家計簿記の形式をつくることが重視されていることである。伊藤秋子は松平の家事経済学を評する中で，「私がとくに賞讃して止まないのは家計簿記であって，この基本が今日複雑となった家計を記録するに極めて有効なのである」[53]と述べて

いる。

　明治期以来家計簿記は存在したが，松平はそれらについて大いに不満を持っていた。「現今我国一般に行はるる家計簿記は単式簿記を根底として僅(わずか)に現金出納帳・費目内訳帳及び年計表・月計表等を加味して居るに過ぎないから，理論上からは勿論実際上からも不満の点が少なくない」。すなわち，会計の目的を果たすためには簿記において1つの経済単位（ここでは家族経済）が所有する財産（資産と負債）の増減と変化とが一定の形式の帳簿に正確に記録されなければならないが，単式の現金出納帳では財産の変化（例えば現金を銀行に預けたとか，それを引き出して土地を購入したといったこと）は記入のしようがない。また現金出納帳では金銭の出し入れに関する記入の誤謬や脱落を帳簿上に発見する方法がない。つまり単式簿記では記録の正確を期すことができないのである。「従つて予算編成の材料とならず又節約を奨むる効果も大なるを得ないのである。要之，単式簿記を基礎として組織せられたる従来の家計簿記を以てしては比較的労多くして効少」ないと言わざるを得ない[54]。このように述べて松平は複式による家計簿記を求めた。「簿記の組織として完全なるものは唯一の複式簿記あるのみであり，一国の財政を初めとして一会社・一商店に至る迄他の経済単位は既に早くから此の組織を採用して，其の会計上の記録をして正確ならしむるを得て居るのであるから，家事会計に於ても速(すみやか)に是等に倣(なら)ふべきである」[55]。

　煩瑣とも見える複式簿記に松平はなぜこだわったのだろうか。それには2つの理由を挙げることができよう。1つは，言うまでもなく複式簿記が「唯一の」正確な記帳法だからである。収支の正確な記録こそが生活の再生産活動としての家族経済に関する適切な方針を立てる資料となりうるのである[56]。2つ目は，妻（家事会計担当者）が家族経済の実態を正しく捉えることを可能とし，家庭生活を営む上で主導権をつかみ，家族の信頼と協力を得ることにつながるからである。前者が第一義的な理由であることは当然であるにしても，後者を松平が重視していたことは次の一文から窺いうる。「一家の会計事務を実際に担当し其の運用に責任を有するものは一般に家婦であり，而(しか)して其の運用の成績は家婦の会計的手腕に依るとは云へ，又家長を初めとして

家族一同の家婦に対する信頼並に協力の有無多少に依ても大に影響せられる。之が為，彼等をして会計上に於て家婦を信頼せしめ進んで彼等各自も亦浪費を慎み節倹の念を起して能く一家経済の方針に協力せしめんと欲せば，過去の決算を明かにし又現在の経費を知らしめねばならない。此の点に関して簿記は最も正確なる生きた材料を提供する。由是観之，簿記の家族経済に齎す効果も亦実に大なりと云ふべきである」[57]。

3 貯蓄と保険——生活の安定化

　家族経済における貯蓄はさしあたり貯蔵と同義である。「吾人の経済生活には種々の事故が発生して之を不安ならしめる」から，家族経済の維持が家族の責任によってなされなければならない限り，貯蓄は「家族経済の，独立と基礎の安固とを図る上に重要なる地位を占むるものである」。それとともに，貯蓄は今日の金融制度の発達の下では家族経済にとって「新たに所得を生ずる財産」となる。労働者家庭においても貯蓄があるならば財産所得を得る機会を持つことになる[58]。

　松平は，預金や有価証券投資について，それらの家族経済の安定化にとっての適否を論じ，さらに消費組合の貯蓄機関としての役割に説き及んでいる。「貯蓄を便ならしむる最も主要なる施設は銀行であるが，此の外尚，文明諸国は幾多の巧妙な施設を有する。……其の中に於て先づ挙ぐべきは消費組合であらう」。松平は消費組合を貯蓄機関として重視している。「組合に依り卸売商から購入せられた生活の必需品は組合員に小売せられ，斯くして其の間に生じた利潤は，其の年度の終に或は組合員に分配せられ，或は彼等の名義で預金に加へられるのである。……而して此の場合，組合からの購買高が多ければ多いほど，其の自動的に貯蓄せらるる高も亦多い。夫れ故に消費組合は或人の逆理的に説明せるが如く「支出に依て貯蓄する方法」を吾人に提供して居るのと同然である」[59]。消費組合は貯蓄する余裕のない労働者家庭に支出を減らさずに貯蓄を可能にする方法を提供する機関なのである。松平は労働者家庭にとっての消費組合の魅力を説いた。

　所得の減少や場合によっては全くの途絶という事態の発生の根絶が不可能

である限り，そうした事態の発生に対する備えが生活を安定させるために必要である。その備えの第1が上述の貯蓄である。貯蓄は将来必要になるであろう支出の予測に基づいて現在の支出の抑制を行うことである。しかし予測できない支出の発生に備えるためには貯蓄では不十分である。そこで，備えの第2が保険である。保険は「偶然なる事故の発生に依る損害を有償的に他人に転嫁して，以て吾人の経済生活を確実ならしむる制度」であって，別言すれば「少数の人の被れる損害を多数の人々が分担するもの」[60]である。松平は保険制度（民間の保険会社による任意保険および国家による社会制度としての強制保険）の仕組みについて詳しく論じている[61]。そして，その末尾で「保険の効用」をこう説いている。「保険は将来に対する予備の精神を養ひ，又他人の恩恵に依頼せず，自主独立の精神を以て自己の必要に備ふる制度なると共に，又相互扶助の精神を以て行はるる制度であるから，其の本質に於て深い道徳的価値を有すと謂はねばならない」[62]。

第6節　ま　と　め——松平友子から学ぶこと

　1922（大正11）年，東京女高師の教壇で松平友子の「家事経済」の講義が始まった。このとき松平は27歳であった。家事教育に経済学を導入するという東京女高師の方針により松平は経済学の研究に踏み込んだ。そして家事経済学という新しい学問領域を創り出した。松平は東京女高師の学生時代には家事科ではなく文科に在籍したから家政学を学んでいない。「家事経済」の担当者としてなぜ松平が抜擢されたのかはわからない。家事科において松平は「家事経済」と「家計簿記」を担当した。松平は自身を経済学者——家事経済学者——と認めていたであろう[63]。

　松平の講義を受けた伊藤秋子は松平の人柄を次のように述べている。「性格は明治の女性，女高師の卒業生の典型といわれる程，謹厳，礼儀正しく，何事もゆるがせにしない方であった。戦災に遭う前はきりっとした紬のお召に帯をきちっとしめ，滔々と流れるような，又歯切れのよい講義，そして研ぎすましたような論理に学生はあこがれの念をもって，その講義にききいっ

たものである」[64]。松平の最初の著書であり主著ともなった『家事経済学——家庭生活の経済的研究』が公刊されたのは1925（大正14）年である。この上下巻，合計1158頁となる大著を松平が一気に書き下ろしたことは驚嘆に値する。

松平が家事経済学を構想した際に彼女の念頭に置かれた家庭像は，基本的に都市部の勤労者世帯のそれであった。夫婦と未婚の子どもから成る都会的生活を営む小家族の家庭が，松平が議論の前提とする「現代個人主義の経済社会」における家庭の姿である。そこでの家族経済の主な収入は勤労所得である。松平は，収入の安定化つまり所得の減少・途絶といった危険の回避あるいは分散を図ることが家族経済の維持にとって重要であり，そのために夫婦共稼ぎ，貯蓄・保険が大切であることを説いた。

松平は女性が自らの尊厳と自立のために「完全な一人前の所得」を得られることを求めた。女性の賃金が男性のそれに比べ絶対的に低いという現実について，松平はその原因として，女性の所得が家計補助所得という扱いを受けていることに加え，「婦人の従来の労働が総て不払労働であつたこと」を挙げている。「婦人の従来の労働」とは家事労働のことである。松平が家事労働を「不払労働」と理解していることは注目してよい[65]。行論中に述べた通り，所得は「各個人の経済的地位の優劣を判断する為の標準とするものである」のだから，家庭における女性の経済的地位を正当に示すためには，家事労働を家計の中に「所得」として明示するべきであると松平は考えていた。しかしながら家事労働の価格を計算するのは困難だとして家事労働を「所得」としては扱わず，「不払労働」の問題についてこれ以上論及はしなかった。

また支出の議論において消費の意義を説く際にも，松平は貨幣価格をもって計算することができない消費に気づいていた。すなわち「廃物利用」である。「吾人人類は消費なる辞を物質の消費ではなく，単に効用と価値との消費を意味するに過ぎないものと解すべきである」。「廃物利用」は消費生活において大切な意味を持っている。「廃物利用の方法を見出すのが，賢明なる経済の道である」と松平は言っている。

松平は人間の「不快と不安」からの脱却と「希望」の実現とを合わせて「欲望」と呼んだ。そして，「人類は生れながらにして高尚複雑な欲望を有するものではない。外部の刺激や経験によつて其の欲望は質に於いて高尚となり，量に於いて多種となる」と述べた[66]。国民経済の中の経済単位としての家族経済は，当然その社会制度——資本主義——の支配を受けざるを得ない。松平は，「今日の社会制度は主として富者権者の利益を中心とし，其の保護を本位として成れるものであると云ふも大過なく，……かくて民本政治の民とは富民を意味する場合が多い」[67]と論じた。そして，次のように明快に指摘した。

　「実に現代の経済組織の下に於て困難なる社会問題は，一(ひとつ)に労働者対資本家の問題であり，一は女子対男子の問題である」[68]

　「家族に依る共同生活体」としての現代の家庭は多くの「不快と不安」を抱え込んでおり，しかもその「不快と不安」が資本主義社会の現実からもたらされているのであれば，「希望」は資本主義社会の改革にあるはずである。そうした改革の具体化として松平は消費組合運動に希望を持っていた。松平によれば，1921(大正10)年時点での日本における消費組合数は90，組合員数は合計4万2600人，年間供給額は合計697万円である。消費組合に加入している世帯は日本の全世帯1122万世帯の0.3％にすぎない[69]。松平は消費組合の組織方法，運営，その利点を細かく説き，消費組合が発達した将来の経済社会をこう描いている。「消費組合が自ら必要なる一切の財貨を製造するに至る時は〔営利〕企業は漸次跡を絶ち，利潤及び配当も消滅するに至るべきである。其の結果，資本の剰余価値の廃止となつて，巨万の富を一手に集めることが出来なくなるべきであり，茲に組合による貯蓄に依て小資本家を増加すべきである」。そして松平はこう述べた。「資本主義即ち営利本位の経済組織の上に打ち建てられたる現代社会に於て営利の為の生産を廃し，「消費の為の生産機関」たることを究極の理想とする消費組合が動(やや)もすれば一部短見者流から危険視せらるるは已(や)むを得ないことであつて，若し之をも革命と称するならば世には之を措いて他に其程穏健なる革命はないであらう」[70]。

生産との協同を進める消費組合運動は「完全に生産と消費との均衡を保つこと」へと至る「穏健なる革命」であって，松平はそれを支持する見解を示した。松平は言う。

「国民の道徳的進化は，経済的進化に比較して決して軽視すべきものではない」[71]。「家庭を科学化せしむべしとは唯々文明の利器を家庭に輸入することのみを意味せるものではなく，……科学的研究態度をも家庭に輸入すべしと解釈し度いのである」[72]

松平友子の家事経済学は，家族経済の分析に焦点を合わせるところから社会経済全体(消費と生産のあり方)の改革論へと至る道徳的な経済学を目指したのである。

1) 松平友子の履歴については，亀高京子が所蔵している松平友子の履歴書による。上村(2006)をも参照。なお，亀高は1942(昭和17)年に東京女高師に入学して松平に家事経済学を学んだ。本書所収の「回想　松平友子先生と私」を参照。
2) 東京女高師は，奈良女子高等師範学校(現・奈良女子大学)とともに，明治から昭和戦前期における唯2つの官立の女子高等教育機関であった。本科(修業年限4年)は文科，理科，家事科の3科から成った。家事科は1943(昭和18)年に家政科と改称された。『お茶の水女子大学百年史(テキスト版)』http://hdl.handle.net/10083/4568 を参照。
3) 東京帝国大学経済学部は，1919(大正8)年4月に東京帝国大学が法科大学を廃して法学部を設置したときに，法科大学にあった経済学関係の講座が分離，新設された。上村協子は松平友子が「経済学部の聴講生とな」ったと記しているが(上村(2006)45～46頁)，松平が経済学部の聴講生として入学したことは確認できない。松平の「履歴書」(注1を参照)には「聴講，研修」と記されている。なお，『東京大学百年史』によると，東京帝大は1920年2月に学部通則に聴講生規程を設け，女性に聴講生としての入学を認めた。これにより文学部で1920年9月に32人，1921年4月に46人の女性が聴講生として入学した。1921年には工学部でも聴講生として女性が入学した。東京大学百年史編集委員会(1985)247～249頁。
4) 松平友子が東京帝大経済学部で誰の指導を受けたかを示す資料は見つからない。亀高京子への聞き取りによると，指導教授は山崎覚次郎(1868-1945)だと推測される。山崎と河津暹(1875-1943)に経済学全般を学んだ。山崎と河津は，ドイツ流の新歴史学派の学説(統計資料等を用いた実証に基づく国民経済研究)に加え，限界効用学派の学説(消費者行動の理論に基づく微視的な経済研究)の摂取にも力を入れた学者であり，その点は，本章第3節1で述べる通り，松平友子の著作に反映している。山崎と河津のほかに，舞出長五郎(1891-1964，経済学史)，土方成美(1890-1975，財政学)，上野

道輔(1888-1962，会計学)にも学んだと思われる。
5) 伊藤(1982)を参照。
6) 松平は1921(大正10)年から1946(昭和21)年の教授就任までの25年間，非常勤の講師の地位にあった。
7) 家事(家庭)経済学を学ぶ者は経済学を学ぶのに，経済学を学ぶ者は家事(家庭)経済学を学ばない。そうした経済学からの一方的な家事経済学の分離が家事を経済学にとって見えないものにしてきた。フェミニスト経済学は経済学が家事を視野に入れないことへの批判から出発した。久場(2002)を参照。
8) 伊藤(1990) i，1頁。
9) 上村(2006)45頁。
10) 伊藤・馬場(1997)359～365頁。
11) 国立国会図書館所蔵書籍を調べてみると，明治から昭和戦前期に刊行された「家事経済」を書名に含む書籍は以下の通りである。最も刊行年の早いものは青木輔清編『家事経済訓』(1881)である。次いで同『通俗家事経済訓解』(同)，藤田久道『家事経済論』(1882)，飯島半十郎編『初学家事経済書』(同)，日下部三之介編『小学家事経済訓蒙』(1883)，翻訳書として比智女／石川米子訳『家事経済』(1885)，飯島半十郎編『家事経済書』(1890)，同『家事経済書』(1893)がある。1900年代に入り後閑菊野・大山斐瑳麿『家事経済学』(1904)，同『新編家事経済学』(1912)，小林書店編『家事経済良妻』(1919)，そして，松平友子『家事経済学──家庭生活の経済的研究』(1925)，同『家事経済綱要』(同)，同『家事経済読本』(1926)が刊行された。昭和期に入り同『家事経済綱要改版』(1930)，同『家事経済要説』(1934)，同『高等教育　家事経済教科書』(同)，家事教授研究会編『家事経済管理論』(1935)，松平友子『家事経済新講』(1937)，氏家寿子『最新家庭管理と家事経済』(1938)，松平友子『家事経済新教科書』(1942)，片野実之助他『家事経済読本』(同)が刊行された。なお，「家庭経済」を書名に含む書籍は意外に少なく，岸田正編『家庭経済録』(1883)，和田垣謙三監修『家庭経済』(1917)，山脇玄『家庭経済講話』(1919)，上野陽一『家庭経済の秘訣』(1930)，日本女子大学校家政学部編『戦時家庭経済読本』(1938)がある。

　上記諸著作のうち3つの著作について略説する。

　①青木輔清編『家事経済訓』(1881)。青木輔清(生没年不詳)は明治期に近代的な辞書の編纂に活躍したほか，啓蒙書を編集・刊行した。「男ハ外ニ在テ諸般ノ職業ヲ執ルモノトシ女ハ内ニ居リテ一切ノ家事ヲ理ムベキモノトス。家事ヲ理ムルトハ日々ノ飲食衣服等　凡ソ納戸台所ニ関リタル一切ノ事務ヲ調摂監督スルヲ云フ是レ女子タル者ノ必ズ取扱フベキ業務ニシテ乃チ一家経済ノ基本ナリ」(1～2頁)。「経済トハ物事総ベテ不始末ノナキ様ニ取扱ヲ為ス　コトニテ倹約或ハ節倹ナドト謂フモ同シコトナリ決シテ一身ノ富ヲ図リ欲ヲ　縦ニスルノ訳ニ非ズ」(10頁)。内容は衣・食・住のことが詳述され，その後に「家事出納計算　附簡易帳簿雛形」が述べられている。

　②比智女／石川米子訳『家事経済』(1885)。原典はCatharine Esther Beecher,

Housekeeper and Healthkeeper, 1873。C. E. ビーチャー(1800-1878)はカルヴァン派の牧師の家庭に生まれ，後年ハートフォードに女学校を設立して教育に従事した。著書 A Treatise of Domestic Economy, 1841 は版を重ね，広く読まれた。訳者の石川米子は不詳。「家計出費に於ては家事経済の諸科に渉り，尤も学芸教育を要する者なり……一家の主婦たる者に必要なる者なり」(9〜10頁)。全54章にわたり衣食住・健康・育児を論じ，その中に「光陰財貨の正用」と題する1章がある。石原(1996)を参照。

　③後閑菊野・大山斐瑳麿『家事経済学』(1904)。後閑菊野は東京女子師範学校を卒業し，東京女高師教授。のちに久邇宮良子(のちの昭和皇后)の教育係を務めた。大山斐瑳麿(生没年不詳)は大蔵省専売局官吏，のちに衆議院議員。大山が本書執筆にかかわった理由は不明である。本書は「総論」，「家の収入」，「家の支出」，「家の会計」，「結論」の全5章，160頁から成る。「家事経済学は経済学の一科なり……また家政学の一科なり……経済学は家事経済学の母にして，家事経済学は今尚其補翼の下に発育しつつあるものなれば経済学の大要は必ず先づ之を心得おくを要す」(9〜11頁)。本書は，管見の限り，書名に「家事経済学」と付けられた最初の書籍であり，経済学に依拠した家事経済学が構想されている。

　なお，加えて，安井てつ(1870-1945)の家事経済論について触れておく。安井(1901)。安井てつは1890(明治23)年に東京女子師範学校を卒業し，1897〜1900年に家政学・教育学研究のためイギリスへ留学した後，東京女高師教授を務めた。のちに東京女子大学学長。「英語にてドメステック・イコノミー(Domestic Economy)と云ふは，家事経済の意味なるが……家事経済とは，世人の一般に考ふるが如く唯倹約に一家の生計を立つると云ふのみにあらずして，尚一層深遠なる意味を有するものなることを知るべし。……家政学に於ては，主として衣食住，一家の経済衛生，児童の養育に関する一般の理を知らしむることを目的とし，之に依りて得たる智識の実地応用を第二とす。何となれば，能く整頓したる智識によりて其心を訓練せられたる人は，或は商人の妻となるも，軍人の妻となるも，或は富みたる家政を治むるも，貧しき家政を治むるも，其境遇に応じて，適宜に之を処理し得べければなり」(41〜43頁)。安井はこの論文の続編を書くつもりであったようだが，書かれなかった。亀高・仙波(1981)7頁を参照。

12) 河田嗣郎(1883-1942)は1908(明治41)年に河上肇とともに京都帝大法科大学講師となり，助教授を経て1918(大正7)年に同教授，1919年に経済学部教授。農政学が専門であったが，「婦人問題」についても積極的に発言した。1928(昭和3)年に設立された大阪商科大学(現・大阪市立大学)の初代学長。河田が説いた女性の経済的自立論については，亀口(2003)，同(2006)，同(2011)，奥村(2010)を参照。

13) 森本厚吉(1877-1950)は1909(明治42)年に東北帝大農科大学予科教授，1918(大正7)年に北海道帝大農科大学教授となり，経済学・財政学を担当した。1920年に東京で文化生活研究会を組織し，1927(昭和2)年には女子文化高等学院を設立，1928年に女子経済専門学校(現・新渡戸文化短期大学)と改称し，新渡戸稲造を校長に迎えた。

本書第3章を参照。
14) 権田(1933)12頁。多田吉三によると「家計調査狂時代」の家計簿式による家計調査は1916(大正5)年の「東京ニ於ケル二十職工家計調査」から1926年の内閣統計局による「家計調査」まで合計32件が実施された。多田(1989)102頁。
15) 昭和戦時期の「国民生活」研究は，経済学研究者に対する国家の要請，すなわち戦時体制のための国民総動員という国策と結びついて進められた。江口(1990)を参照。
16) 江口(1990)303頁。
17) 江口(1990)302頁。
18) 松平(1925)上巻序，1～2頁。
19) 松平(1925)上巻75～77頁。
20) 松平(1925)上巻81頁。
21) 松平(1925)上巻81～82頁。
22) 松平(1925)上巻82～83頁。
23) 松平(1925)上巻83頁。
24) 松平(1925)上巻83～84頁。経済主義とは「最少の犠牲又は労費を以て最大の効果を挙げんとする」ことを言う。経済行為は経済主義に基づく意識的行為である。同書39頁。
25) 松平(1925)上巻84頁。
26) 松平(1925)上巻87頁。ただし，国家経済(財政)と家族経済とは非営利という点で共通するが，それぞれの収入の原理は異なる。財政は個人の財産や所得の一部を強制的に徴収して収入を得るが，家族経済は自己の行為に依るほかに収入を得る途はないと松平は説く。同書85～87頁。
27) 松平(1925)上巻109～110頁。
28) 松平(1925)上巻111～112頁。上述の通り家事経済学は「家族団体の経済」を扱うのであるが，その場合，(狭義の)経済学のみならず統計学，会計学，法律学，社会学等の援助を借りる必要があると松平は述べている。同書116～118頁。
29) 松平(1925)上巻287～288頁。
30) 本章第4節2を参照。
31) 松平(1925)上巻326頁。なお，官公吏(公務員)の所得は「俸給」であり，経済行為に基づく賃金とは概念上異なるが，家庭生活における所得という点では同様に扱ってよい。
32) 松平(1925)上巻329頁。労働力(労力)の商品としての特殊性について松平はこう説明している。「労力に在つては，苟（いやしく）も労力を売らんとするものの全供給が常に市場に於ける現実の供給として現はれ，普通商品に於けるが如く，市価の状況如何に依ては之を供給から控へて置くことの出来ぬ事情がある」。つまり労働力は生産調整がきかない。これが「賃銀の低安なるを免れ難い」理由である。またこうも言う。「或時間に於て労働が行はれなければ其の時間に対する労力は永久に失はれ，之を保存して置いて次の時間に用ゐるといふ様なことは出来ない。人生の短い年月中，働き得べき

時間は天然的に限られて居るから，其の時間に働かないで過せば，其の時間は永久的に失はれて，又回復し得べきものでない」。つまり労働力は在庫がきかない。人のライフ・ステージの中で適切に労働機会が確保されなければならないことを松平は説いている。同書346～347頁。
33) 松平(1925)上巻332頁。
34) 松平(1925)上巻375～376頁。
35) 松平(1925)上巻387～388頁。
36) 松平(1925)上巻388～395頁。
37) 松平(1925)上巻396～397頁。
38) 松平(1925)上巻399頁。
39) 加えて，松平は「工場殊に紡績工場の徹夜業と共に，鉱山に於ける婦人の地下労働と夜業とは，人道問題として多年内外の注意を集めながら，労働者階級の団結力が未だ十分に発揮されない為に，今日迄依然として保持されて居るのは寔に遺憾である」とも指摘している。松平(1925)上巻397頁。
40) 松平(1925)上巻401頁。
41) 松平(1925)上巻403頁。
42) 松平は家事労働と職業労働との両立が難しい現実を論じる中で，その理由として「託児所の如き設備の欠如，又は不完全なること」，「家庭内の雑務の社会化が未だ十分に行はれないこと」を挙げており，これらは今後改善可能であると見ている。松平(1925)上巻403頁。松平は家事の社会化(外部化)について期待を込めて語っている。
43) 本章第3節2を参照。松平は，家族経済上の危険を分散させるという点からも共稼ぎが望ましいと述べている。「唯々世帯主一人の勤労に縋って居ないで，働き得る他の成年家族も亦一家の生活を維持するに付ては其の責任を分担するのが合理的である」。松平(1925)上巻436～437頁。「危険分散主義」は「経済主義」とともに松平が強調した経済行為の基本原理である。
44) 松平(1925)上巻442頁。
45) 松平(1925)上巻625頁。
46) 松平(1925)上巻653頁。松平はこうも言っている。「消費に依て全部其の財貨の効用を消滅若くは破壊するを避け難い場合でも，其の死んだ効用から何物かを得る方法即ち廃物利用の方法を見出すのが，賢明なる経済の道である」。同書441頁。
47) 松平(1925)下巻2～3頁。
48) 松平(1925)下巻8～12頁。「消費の進歩」という考え方については本章第4節3を参照。
49) 松平(1925)下巻14～20頁。
50) 松平は，家計に関する社会統計的研究について，「此の種の統計的研究は統計学中最も重要なるものの一ではあるが，又最も困難なることである」と言う。そして，エンゲルの家計統計(1855/57年)のほか，アメリカ合衆国労働調査委員会の家計統計(1903年)，ドイツ政府の家計統計(1907年)を，食物・被服・住居・光熱・衛生・そ

の他等の費目によって構成されたいくつかの集計表を示して紹介している。日本については，「我国には未だ各階級に亙(わた)る家計調査の調製せられたるものはない」と断った上で協調会が実施した生計調査(1921(大正 10)年)を挙げ，「之のみに依ては我国全体の各階級に於ける家計の内容を比較することは出来ない。されど我国に於ける統計であるから大に参考となるべき点があらうと考えられる」と評している。松平(1925)上巻 447～466 頁。協調会の生計調査とは『社会政策時報』第 40 号および第 42 号，1921 年所収のものである。

51) 松平(1925)下巻 55～92 頁。
52) 松平(1925)下巻 110 頁。
53) 伊藤(1982)9 頁。
54) 松平(1925)下巻 122～123 頁。
55) 松平(1925)下巻 123 頁。
56) 松平(1925)下巻 118 頁。
57) 松平(1925)下巻 118～119 頁。松平は後年に，複式簿記の「正確さ」を重視しながらも，帳簿を多用する複式が「容易さ」の点で単式に劣ることを認め，次のように述べている。「従来の単式もしくは複式における観念にこだわることなく，全然，自由な立場から出なおし，使用帳簿を極力制限しつつ，しかもなお，十分に正確な記録を行ない，もって，家計簿記の目的を達成することができるような分類法を，創意案出することが，問題を解決する鍵であることに思い至」った。松平(1966)147 頁。このときに松平が創案した帳簿が「特殊現金出納帳」である。「特殊現金出納帳」は，従来の現金出納帳の収入と支出の各欄について現金の増減と変化の両者を記述できるように欄を細分化したもので，現金外の取引は別途「覚書」に記述するというものである。なお，松平(1966)は松平の家庭経済学の最後の著書である。
58) 松平(1925)下巻 232～243 頁。
59) 松平(1925)下巻 374～375 頁。
60) 松平(1925)下巻 413～423 頁。
61) 松平が『家事経済学』を執筆した時点では日本においては健康保険法すらまだ施行されていなかった。健康保険法は 1922(大正 11)年に公布されたが翌 1923 年に関東大震災のため施行延期となり，1927(昭和 2)年より施行された。
62) 松平(1925)下巻 503 頁。
63) 松平は，1925(大正 14)年に『家事経済学』を公刊した後，その簡約版や教科書版を公刊したほかは，一貫して『家事経済学』の改訂作業に力を入れた。松平の手沢本には細かい字で書き入れが施されている。松平が家事経済学(のち家族経済学，家庭経済学)以外へ関心を向けたのは，1950(昭和 25)年にお茶の水女子大学が家政学部を設置するにあたり新設された科目「家政学原論」を担当することになってからである。
64) 伊藤(1982)11 頁。
65) 松平(1925)上巻 401 頁。家事労働が「不払労働」であるという指摘は山川菊栄(1890-1980)の論文「母性保護と経済的独立――与謝野・平塚二氏の論争」(1918)に出

ている。山川菊栄(1918)74頁。ちなみに，山川菊栄と松平友子は府立第二高女の同窓生で，山川が松平より4歳年上である。
66) 松平(1925)上巻1〜2頁。
67) 松平(1925)上巻194〜195頁。
68) 松平(1925)上巻151〜152頁。
69) 松平(1925)上巻574〜575頁。
70) 松平(1925)上巻581〜582頁。松平は消費組合による「共同炊事所」(食堂および調理済み食品の宅配事業)や「建築組合」(住宅供給事業)についても論じている。
71) 松平(1925)上巻161頁。
72) 松平(1925)下巻42〜43頁。

参考文献
石原圭子(1996)「キャサリン・ビーチャー——19世紀アメリカの女性・家庭・国家」『文明研究所紀要』(東海大学)第16号，所収
伊藤秋子(1982)「解説」『復刻 家政学叢書9 家事経済學』第2分冊，第一書房，所収
伊藤秋子・馬場紀子(1997)「家庭経済学・生活経済学の系譜」江見康一・伊藤秋子編『テキストブック家庭経済学 第3版』有斐閣，所収
伊藤セツ(1990)『家庭経済学』有斐閣
上村協子(2006)「松平友子著『家政学原論』(高陵社書店，1954年)と『松平家政学原論』(光生館，1968年)を読む」亀髙京子監修『若手研究者が読む『家政学原論』2006』家政教育社，所収
江口栄一(1990)「労働と生活の全体的把握——戦後社会調査への布石」同編『日本社会調査の水脈——そのパイオニアを求めて』法律文化社，所収
奥村則子(2010)「河田嗣郎「独自一己の生計」の意味——女性の経済的自立はどのように考えられたか」『人間文化創成科学論叢』(お茶の水女子大学)第13号，所収
亀口まか(2003)「河田嗣郎の「男女平等」思想とジェンダー」『ジェンダー研究』(お茶の水女子大学ジェンダー研究センター)第6号，所収
亀口まか(2006)「河田嗣郎における「婦人問題」の視点——女子教育論の前提として」『龍谷大学教育学会紀要』第5号，所収
亀口まか(2011)「河田嗣郎における女性論の形成過程——女性の教育と労働の問題を中心に」『奈良教育大学紀要 人文・社会』第60巻第1号，所収
亀髙京子(2007)「家政学原論事始め」『家政学原論研究：家政學原論』(日本家政学会)第41号，所収
亀髙京子・仙波千代(1981)『家政学原論』光生館
久場嬉子(2002)「ジェンダーと「経済学批判」——フェミニスト経済学の展開と革新」竹中恵美子・久場嬉子監修／久場嬉子編『叢書 現代の経済・社会とジェンダー 第1巻 経済学とジェンダー』明石書店，所収

権田保之助(1933)「本邦家計調査」高野岩三郎編『本邦社会統計論』(経済学全集第52巻),改造社,所収
多田吉三(1989)『日本家計研究史』晃洋書房
東京大学百年史編集委員会編(1985)『東京大学百年史　通史二』東京大学
松平友子(1925)『家事経済学——家庭生活の経済的研究』上・下巻,文書堂。『復刻　家政学叢書9　家事経済學』2分冊,第一書房,1982年,所収
松平友子(1948/49)『家族経済学提要』全3巻,高陵社
松平友子(1966)『家庭経済研究　増補三訂版』中教出版
安井てつ(1901)「家事経済」女子教育研究会編『女子教育』第1巻第1号,所収
山川菊栄(1918)「母性保護と経済的独立——与謝野・平塚二氏の論争」鈴木裕子編『山川菊栄評論集』岩波文庫,1990年,所収
http://hdl.handle.net/10083/4568(『お茶の水女子大学百年史(テキスト版)』)

第5章 オルタナティブな「生活者の経済」学
——家庭生活の経済的研究の系譜

上村協子

第1節 家庭生活の経済的研究の系譜
——松平友子・伊藤秋子・御船美智子

「家庭生活の経済的研究」とは，日本の女性経済学者第1号である松平友子(1894-1970)が著した『家事経済学』(1925年)の副題である。松平友子の家事経済学を起点とする家庭生活の経済的研究は[1]，東京女子高等師範学校の家事科(1942(昭和17)年より家政科)を経てお茶の水女子大学の家政学部(1992(平成4)年より生活科学部)を研究・教育の拠点として，伊藤秋子(1919-1998)から，さらに御船美智子(1953-2009)へと引き継がれた[2]。

マクロな国家の経済学や企業優先の市場経済学では忘れられがちだが，経済の根幹は生活資源の調達である。個人が生きるために必要となる有形無形の財をいかに調達するか。人間は家庭を拠点に生命を維持し，生活を営み，生涯を全うする。

生活者とは，日本の自生えの言葉であるという[3]。松平，伊藤，御船の3名の女性経済学者は，生活者視点で，日常の経済生活を科学の研究対象とした。本稿で示す「生活者の経済」学は，激変する社会で発生する生活諸課題の解決のために，生活者自身が自らの生活を科学する理論と実証であり，生活者が学びつつ自らの可能性を引き出していく実践の体系である。日本の高等教育の中で，経済成長ではなく生活価値の実現を目指し引き継がれ発展したオルタナティブな「生活者の経済」学が提示した持続可能な経済循環を再評価したい。

伊藤秋子は，松平友子がお茶の水女子大学を退官した1960(昭和35)年4月より，松平が担当した講義をすべて受け持った。その伊藤が主導して1968年4月にお茶の水女子大学家政学部に新たな学科として家庭経営学科が設置され，同学科の3講座のうちの1つとして家庭経済学講座が置かれた。モノ中心の衣食住でなく，人中心の経営が学科名となった意義は大きい。さらに1972年5月に同大学大学院修士課程に家庭経営学の専攻が設置された。
　お茶の水女子大学家政学部家庭経営学科および同大学院修士課程で伊藤の指導を受けた御船美智子は，同大学院を修了した後，一橋大学大学院経済学研究科博士課程に進学した。お茶の水女子大学家政学部は1992(平成4)年10月に改組され，生活科学部となった。母校の教壇に立った御船は生活科学部長を務め，独自の家計の個人別化と組織化研究を展開して，「生活者の経済」学へ発展させた。御船は実証研究をもとに社会政策へ発信し，国際比較調査にも着手したが，惜しまれることに2009(平成21)年に55歳の若さで逝去した。
　松平友子から次世代に引き継がれた教育研究の1つの核は，家計研究である。伊藤秋子が松平の家事経済学で「賞讃して止まないのは家計簿記」であるとした。伊藤は「世界に冠たる家計調査」と言われる日本の家計調査を駆使し，日本社会の世帯構成・家族周期に注目した家計分析による実証的な家庭生活の経済的研究の方法を構築した。さらに，社会保障研究所のプロジェクトに参加して社会調査・生活調査に従事するとともに，家計のフィールド調査を積極的に行い，女性経済学研究者育成の基盤を整備していった。
　御船美智子は，家計簿記帳を自分自身の生活を相対化し生活課題を発見する自己情報として注目した。晩年の編著『家計研究へのアプローチ』(2007)に，「金は天下の回りもの」で，「お金が家計，企業，政府などの経済主体の間で回っている状況が経済社会の様相をつくる」とした上で，「家計は，お金を媒介として収入・移転・配分・消費・貯蓄などで，個人・世帯・家族の経済生活の水準を示すと同時に，お金を媒介とした家族員間の経済関係を示す」と述べ[4]，家計が家族関係分析の有力なツールとなることを提示した[5]。
　松平の「家族経済学」，伊藤の「家庭経済学」，そして御船の「生活者の経

済学」のいずれも，その立脚点は生活する側にある。

　松平友子，伊藤秋子，御船美智子の3名の女性経済学者は，戦後，日本の生活の非貨幣経済部分に貨幣経済が深く入り込んできた時期に，家計研究を軸に持続可能な生活の経済学を構築しようとした。以下の6個の概念図[6]に焦点を当て，生産と消費を分断しないリレカントな「生活者の経済」学の系譜を辿る。

6つの概念図に見る生活経済循環概念の変容と体系

図5-1	松平友子	：家庭経済と国民経済の循環（手書き）	(1942)
図5-2	松平友子	：家族経済と国民経済の循環	(1948)
図5-3	伊藤秋子	：家庭生活と経済循環	(1984)
図5-4	御船美智子：3つの市場と家計・企業・政府の循環	(2000)
図5-5	御船美智子：生命再生産の経済循環	(1996)
図5-6	御船美智子：生活経済と生活者の経済　体系図	(2000)

第2節　家族経済と国民経済の接合——松平友子の家族経済学

　市場経済の進行により，人と人の関係を，貨幣が分断する。食卓と畑の距離が離れ，食べる（消費）と農業（生産）のつながりが考えにくくなる。家族や地域の人と人の関係に市場化で貨幣が入り込み生活が見えにくくなる。松平友子は，貨幣経済の進行は生活を複雑にすると指摘していた。複雑になっていく生活をいかにシンプルに見える化（可視化）するのか。

　松平は1934（昭和9）年12月に『高等教育　家事経済教科書』を出版した。同書は版を重ね，1942年3月には再訂第5版発行となっている。松平がこの教科書を「家事経済」の授業で用いたことは，亀高（旧姓大浦）京子を含む当時の学生たちが授業中に書き込みをした教科書が複数残っていることから確認できる。伊藤（旧姓山本）秋子も在学中はこの教科書を用いて受講したものと思われる。

　残存している1942（昭和17）年3月発行の同教科書の中に，「昭和十七年四月松平友子」の署名入りのものがある。戦時下で紙や印刷事情が悪くボロボロになった頁に，松平の自筆で授業内容の補足などがビッチリと書き込みさ

120　第 2 部　生活への視点

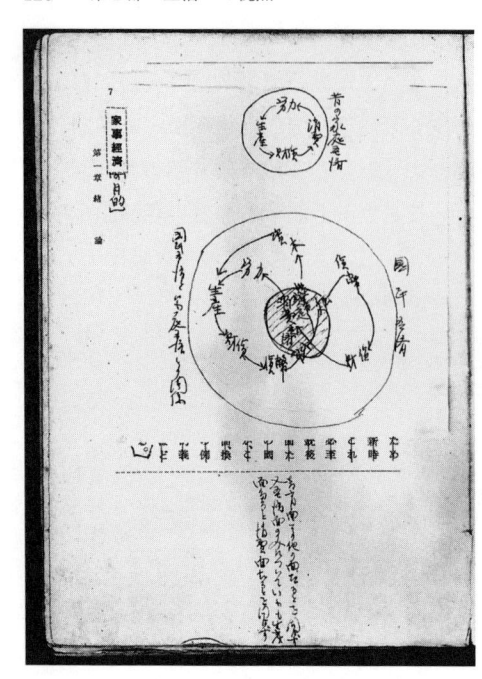

図 5-1　松平友子：家族経済と国民経済の循環（手書き）

出典）松平友子『高等教育　家事経済教科書　再訂第 5 版』上巻（1942 年 3 月発行）7 頁に貼りつけられた紙片に手書きされている

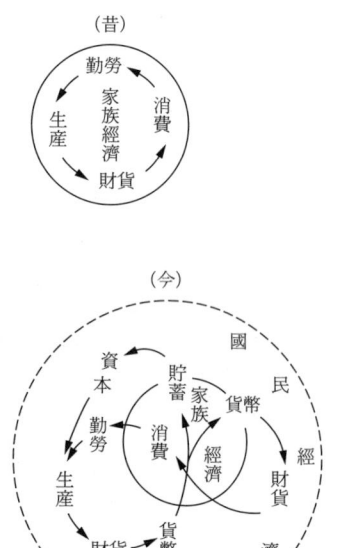

図 5-2　松平友子：家族経済と国民経済の循環

出典）松平友子『家族経済学提要　総論・収入論・支出論』（1948 年発行）23 頁

れているのが見出される。新聞記事なども挟み込まれている。また授業用のメモと思われるが，「昭和十六年八月の高等女学校四年　四　家の経済　一　国の経済と家の経済　二　国民生活と貯蓄及び保険　三　配給組織と物資の活用　四　予算生活と家計簿記」という書き込みも見られる。再訂第 5 版まで多くの学生がこの教科書を用いて学び，東京女子高等師範学校を卒業後，高等女学校の教壇に立って指導していた内容が窺え，松平の『高等教育　家事経済教科書』の影響力が推察される[7]。

　図 5-1（写真）で示した手書きの家族経済と国民経済の循環図は，松平の著書『高等教育　家事経済教科書　再訂第 5 版』上巻の「第 1 章　緒論，経済

及び家族経済　家族経済の任務の変遷」の7頁に糊づけされて挟み込まれた紙片に書かれている。

　図5-1の経済循環の概念図が，戦後出版された『家族経済学提要』第1巻の中に掲げられている。それが図5-2である。松平は，戦前に自らが構築した家事経済学を家族経済学という名に改めた。『家族経済学提要』の総論，収入論，支出論は，1948(昭和23)年6月に発行された。図5-2で示した図は，「第1篇　総論」の「第四章　家族経済と家族経済学」のうち「家族経済の変遷とその公共性」という小見出しを付けた部分に記載されている。松平は次のように述べている。昔は「孤立的家族経済」を営んでいたが，小家族となった上に，人びとの欲望が発達し，自給自足ができなくなった。そして交換経済が発達すれば，「生活に必要な諸種の財貨を生産する行為は，次第に家族経済から分離して，企業経済という別個の組織体を新たに形作り，その経営は主として男性が指図するようになった」と性別役割分業が明示され，家族経済の範囲が消費に関するものに限られ，その運営を担当するものが「私共女性」となるようになったと説く。さらに「交換経済の，特に貨幣を媒介とする交換経済，すなわち貨幣経済の生活を営むが故に，その複雑性と公共性を，著しく加えるようになった」と[8]。

　松平は，第二次世界大戦のさなかから終戦後の時期，すなわち東京女子高等師範学校で家事科から家政科へ名称が変更され，次いで東京女子高等師範学校が新制お茶の水女子大学へ移行し，理家政学部から家政学部が分離独立するという多事の中で，家政学部設置の必須要件であった家政学原論という新設科目の担当を引き受けた[9]。家庭経済学という学問領域が登場する起点に松平友子の家事経済学ないし家族経済学があり，その基盤には家政学があった。松平の「家庭生活の経済的研究」は，貨幣経済が非貨幣経済の家庭生活を侵食しつつあることに着目し，家族経済と国民経済が循環という形で接合されることを示し，家族経済の持つ「複雑性と公共性」を説くところにまで達した。

第3節　実証分析とフィールド調査——伊藤秋子の家庭経済学

1　教育研究の時代背景

　伊藤秋子の履歴を述べておく。伊藤(旧姓山本)秋子は1919(大正8)年に東京都小石川区表町(現・文京区春日)に生まれた。1924年に東京女子高等師範学校附属幼稚園に入園，同附属小学校を経て，1932(昭和7)年に東京府立第二高等女学校(現・東京都立竹早高校)に入学した[10]。1937年4月東京女高師家事科に入学し，在学中に松平友子の家事経済学の授業を受けた。1941年3月東京女高師卒業。埼玉県大宮市立高等女学校や東京市立高等女学校の教員となったのち，1944年1月伊藤文彦と結婚のため退職し，広島に転居。広島で市立第一高等女学校に就職した。1945年4月，夫の文彦が戦死した。8月6日，広島第一高女は原子爆弾の爆心地にあったが，伊藤は被爆したものの命にかかわる難を免れた。

　戦後東京に戻った伊藤は，東京女高師生徒時代の被服領域の恩師である成田順[11]の目白にある邸宅に寄宿し，都立赤城台高校へ就職した。また高校勤務のかたわら，社会福祉のケースワーカーを目指して，1949(昭和24)年から日本大学文学部二部社会学科に学士入学し，社会事業関係の科目を履修した[12]。

　大正生まれの女性たちは，結婚適齢期と当時言われた時期が第二次世界大戦と重なる。大正生まれの男性は戦死が多く，伊藤秋子の配偶者も戦死している。伊藤は，「母のように質素な家庭をもって子供を愛し育てる普通の「女の一生」を描いていた」[13]が，描いていたような家庭生活を営む基盤を戦争により奪われ，自立して生きることを余儀なくされた。

　1952(昭和27)年8月より，伊藤はお茶の水女子大学に家政学部助手として勤務することとなった[14]。伊藤は当時松平友子が担当していた授業をすべて聴講し，自分のものとするように努めた。また助手を務めるかたわら1955～1958年には一橋大学で聴講生として経済学を学んでもいる[15]。伊藤秋子の経済学は，このとき学んだ近代経済学がベースとなった。松平の退官

後，1960年4月にお茶の水女子大学専任講師となり，1964年助教授，1971年教授に昇任した。その間，上述した通り，家政学部に家庭経営学科を新設するにあたり中心的役割を果たした。1985年に同大学を退職し，実践女子大学家政学部教授，1990年同大学を定年退職した。

2 家庭経済学と家計

松平友子がお茶の水女子大学で講じていた「家族経済学」は，伊藤秋子の「家庭経済学」に引き継がれた。伊藤は「家庭経済」について，「これは1つには経済活動をする主体の名称であり，もう1つには経済活動そのものを意味し，場合に応じて両者が使い分けられている。一般に家庭経済とは何かを改めて述べなくても理解されているように見えるが，正確な定義，あるいは具体的にその範囲，内容を求めると，種々の概念や内容が錯綜していて，必ずしも明確にされていない」と述べている[16]。その上で伊藤は，従来の経済学（近代経済学[17]）が消費行動の単位として「家計」という概念を用いることについて次のように説く。

>「最近の家庭経済は国の内外のはげしい変動の影響をうけて，年々著しい変化を遂げている。この中で家庭経済は企業に対して受身でなく対等にまた積極的に向上をはかるという姿勢がうかがえる。つまり自分の生活を自ら設計していこうと意欲的になってきた。そこでこれまでの経済学でしばしば用いられてきた「家計」から「家庭経済」へ主体性を重んじた用語が使われるようになった。「家計」は経済学では企業に対応させた消費の担い手としての単位であり，また家庭という主体の経済活動の結果を貨幣面でとらえたものとして「家計」という語を用いてきた。しかし国民経済の主体のひとつとして家庭の経済活動は独自のものとしてみなければならないし，後に述べるように消費のみを行うものではなく，もっと広い活動を行っているという認識から「家庭経済」という概念が市民権を得てきた。本書においては以上のような観点から「家計」と「家庭経済」を時に応じて使い分けている」[18]

伊藤は「自分の生活を自ら設計する主体」として家庭経済を把握しようと

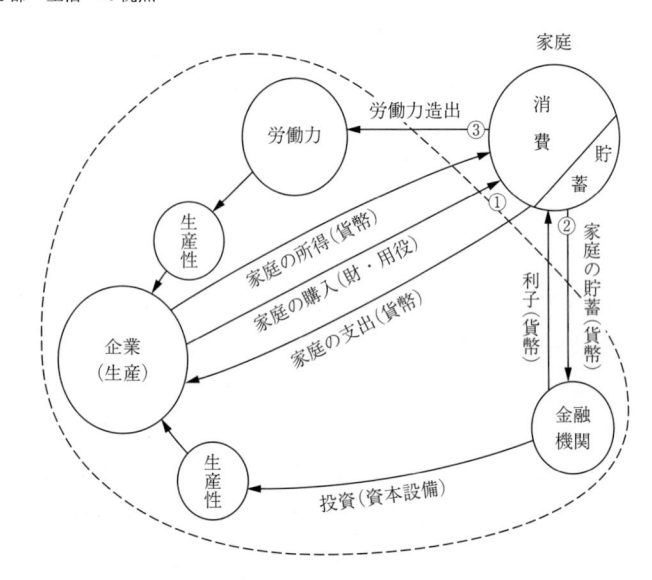

図 5-3　伊藤秋子：家庭生活と経済循環
出典）伊藤秋子『三訂　家庭経済学』(光生館, 1984 年) 26 頁

していた。伊藤は家庭経済の内容として次の 6 つのものを挙げる。
　①家庭の外における労働力の提供―物・用役の生産―稼得
　②家庭の所得による物・用役の購入
　③家庭内での物の加工と用役の提供―実際の生産―家事労働
　④用役と最終的生産物による家族の欲望満足―消費
　⑤将来の消費のための準備―貯蓄
　⑥家族の消費による生活および労働力の造出

　これら 6 つの家庭経済の活動を図示したものが，図 5-3 である。松平友子が描いた図(図 5-2 を参照)と重ね合わせてみると，松平の場合「家族経済」が「国民経済」に包摂されているのに対し，伊藤では，「企業」と「金融機関」とを大きくひと括りにし，「家庭経済」がその外に置かれている。松平の経済学には，ドイツ歴史学派の流れが入っており，「家族経済」，「企業経済」および「国家経済(財政)」を統合するものとして「国民経済」という概

念が存在する[19]。一方，伊藤の経済学は，新古典派流の近代経済学（ミクロ経済学）であって，生産主体としての「企業」と消費主体としての「家庭（家計）」と，それらを貨幣でつなぐ「金融」という関係で経済を捉えているのである。しかしながら，伊藤は，上に引用した文章からわかる通り，「国民経済の主体のひとつとして家庭の経済活動は独自のものとしてみなければならないし，後に述べるように消費のみを行うものではなく，もっと広い活動を行っている」という認識をも持っていた。それが，「③家庭内での物の加工と用役の提供―実際の生産―家事労働」の項である。実はこの項は図5-3には明示できていない。

　伊藤秋子は松平と同様に，講義ノートをもとに大学の家庭経済学の教科書を著した。お茶の水女子大学に家庭経営学科が設置された折に，単著『家庭経済学』（家政学講座第14巻，1969年）をまとめ，5年後に『改訂　家庭経済学』（1974年）を，さらに10年後に『三訂　家庭経済学』（1984年）を刊行した[20]。また，江見康一との共編『テキストブック　家庭経済学』は初版が1982（昭和57）年，新版が1989（平成元）年，第3版が1997年と版を重ねた[21]。実践女子大学退職後の1991年には『家庭経済学概説』を出版した[22]。伊藤は，自分の講義を受け指導した大学院生などとの共著という形で著作を継続させるとともに次世代の研究者を育てた。

3　家計調査を用いた家庭経済の実証的研究

　『テキストブック　家庭経済学』に収められている「付　家庭経済学・生活経済学の系譜」（伊藤秋子と馬場紀子の共著）に，松平友子の『家事経済学』は「家政研究者の側から出された家庭経済研究書の最初のものとして，注目すべき労作である」とある。そして次のような記述が続く。「その広範な内容と，家事経済学の重要性を指摘し，1つの独立した科学としての体系を試みている点は重視されなければならない。しかし実証的研究というには遠く，部分的に経過[ママ]理論を活用した経済学的な家庭経済学といえよう」[23]。松平のあとを継いだ伊藤が力を注いだのは実証的な研究である。家庭経済の実証研究として家計調査方法の構築に取り組んだ。

伊藤が松平の助手を務めながら一橋大学で聴講生として経済学を学んでいたとき，折しも，総理府統計局の家計調査が1953(昭和28)年から本格的に実施され，松平は伊藤に，家計調査結果の分析をしたらどうかとアドバイスした。伊藤は早速，一橋大学で統計学・社会統計を担当していた舘 稔(たちみのる)に相談に行った。舘は人口統計を専門とし，厚生省人口問題研究所の所長でもあった。舘自身も「そういうこと〔家計調査分析〕をしたいと思っていた」ということで，相談に行った日に「入門」となり，指導が始まった[24]。舘の指導で，伊藤は家庭経済に関するオリジナリティのある実証的研究を切り拓く道を見出した。例えば，伊藤は家庭経済の特質を「分子的原理」として説明する。すなわち，経済主体を家庭と個人に分け，家庭の活動を「分子的原理」，個人の活動を「原子的原理」とする。この捉え方は，舘稔の人口学において統計を国全体あるいは個人別に観察するだけでなく，世帯または事業所などの単位に包括して観察する場合があり，このような観察を分子的観察あるいは分子的原理による観察と言っていることに影響を受けたものである[25]。女性が経済学を学ぶ上で，リプロダクツヘルス・ライツにかかわる人口問題に出会ったことの意味は大きい。

(1) 家計調査による実態分析

　伊藤秋子の初期の論文はいずれも単著で，戦後日本の家庭経済における消費・教育費・貯蓄の統計分析であり，『家政学雑誌』に掲載された。

　①「戦後日本の家庭経済における消費構造の分析」第1報(1959年7月)～第8報(1961年10月)
　②「戦後日本の家庭経済における教育費の分析」第1報(1961年6月)～第4報(1962年3月)
　③「戦後日本の家庭経済における貯蓄の分析」第1報(1962年12月)～第2報(1963年2月)
　④「戦後日本の家庭経済における所得の分析」第1報(1963年12月)～第3報(1964年2月)

(2) 社会保障研究所の調査

　さらに伊藤は，家計調査を分析するにとどまらず，社会保障の視野からフィールド調査に参加する。厚生省が社会保障研究所を1965(昭和40)年に創設したときに，家族周期から見た児童養育費調査が企画され，中鉢正美(慶應義塾大学)がキャップとなり，家計分析を伊藤秋子が，世帯分析を森岡清美(東京教育大学，のち成城大学)が担当した。

　「児童養育費調査」は1965(昭和40)年に神奈川県川崎市で日本鋼管川崎製鉄所従業員世帯を対象に，1966年に福島県北会津村で農家世帯を対象に，1968年には静岡県掛川市で勤労者世帯を対象に実施された。静岡県掛川市では，その後，「老齢者世帯生活調査」，「中高年者生活総合調査」さらに「高齢者生活総合調査」と続くことになった。

　また，中鉢が主査となり，伊藤と森岡により，1967(昭和42)年から国民生活研究所で「標準生活費に関する研究」が開始され，文部省(当時)調査に基づく団地標準世帯の教育費調査が実施された。

　伊藤の研究領域は，社会保障研究所の調査に中心的メンバーとして参画していくことで，広がりを持ち始め，家庭経済学研究を志す人たちを引きつけていくこととなった。

(3) 社会保障における給付と負担に関する調査

　岩手県二戸郡一戸町，長崎県西彼杵郡西彼町(現・西海市)，静岡県掛川市で実施された国民健康保険の医療費の給付と負担に関する調査は，伊藤秋子の実証的研究の集大成となるものである。

　①1977～1979年　社会保障における給付と負担に関する調査　岩手県一戸町
　②1979年　社会保障における給付と負担に関する調査　長崎県西彼町
　③1980年　社会保障における給付と負担に関する調査　静岡県掛川市

　医療費の給付と負担に関して，給付については国民健康保険の診療報酬から，負担については家計調査から分析した[26]。

第4節　御船美智子の生活者の経済学

1　家計と個計

　御船美智子の著書には，松平・伊藤からの流れを理解する上で有用な図がある。まず「家計」，「企業」に加え，伊藤の図には示されていなかった「政府」が明示的に位置づけ，「家計の経済」と「企業の経済」と「政府の経済」を労働市場，財・サービス市場，金融市場の3つの市場でつないで説明する図5-4である。

　図5-4は，貨幣経済の循環図であり，図5-5で後述する非貨幣の循環に向けて2点に注目する。第1に，家庭の生活と個人の生活との両者の広がりをもって把握され，したがって「家計の経済」は「家計」と「個計」——家庭

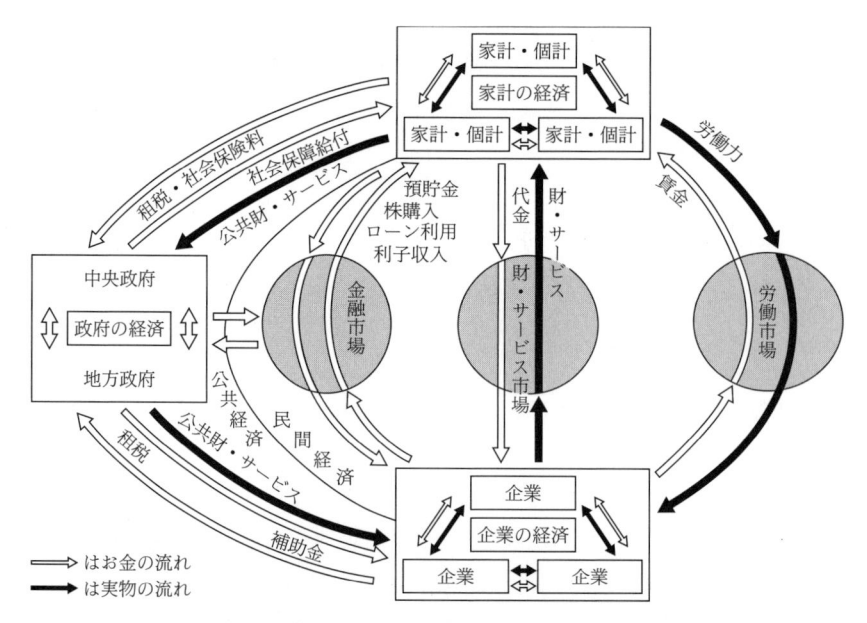

図5-4　御船美智子：3つの市場と家計・企業・政府の循環
出典）御船美智子『生活者の経済』(放送大学教材)放送大学教育振興会，2000年，47頁。

経済と個人経済——をもって構成されている。第2に,「企業の経済」,「政府の経済」,「家計の経済」について,市場経済,貨幣経済偏重で大量生産,大量消費の悪癖に至ったことに対し,家庭は関係ないとは言えず,家計偏重の家庭つまり「家計の失敗」があったとの認識である[27]。第1と第2をあわせて,家庭生活の経済,個計化の中で個人の自立と再組織化を把握しようとする。

2 持続可能な経済

大量生産・大量消費が地球環境の破壊をもたらし,「経済成長」至上主義による経済のあり方が問い直された。御船美智子は,マリリン・ウォーリングが指摘するように国民経済計算が政治的意図によって,何が生産的で何が生産的ではないか「生産」概念が限定されており,「経済」が限定されているとする[28]。GNPに代表されるような貨幣で表示される経済活動(貨幣経済)だけで持続可能な社会を考えることが不可能であることは明らかとなり,非貨幣経済へ注目が集まってきた。そうした観点から御船のオリジナリティの高い経済循環の図がある。それが図5-5である。経済学の中に「生命」・「生命の再生産」が明示的に取り入れられた背景をまず見る。

1984(昭和59)・1985両年に「もうひとつの経済サミット」(The Other Economic Summit：TOES)が開催された。ポール・エキンズの『生命系の経済学』に収録されたTOESの成果のうち,ヘーゼル・ヘンダーソンが産業社会の生産構造をケーキになぞらえた通称「ケーキの図」を御船は引用し,経済構造を説明する。「経済構造は,生産的な面からみると……3層から成り,貨幣経済は最も上部の1層である。これを支える下の2層は貨幣という媒体で示すことができない故に,無視されたり,重要性が叫ばれるものの経済政策として取り上げられないことが多い」[29]。貨幣で表されるGNP「私的」セクターのクリーム部分やGNP「公的」セクターのカステラ部分はケーキの全体の中できわめて限定された部分である。

図5-5に見られる「最も重要なことは,経済の基礎は,「母なる自然」であることを認識することである。従来それを所与として経済をとらえてきた

130　第2部　生活への視点

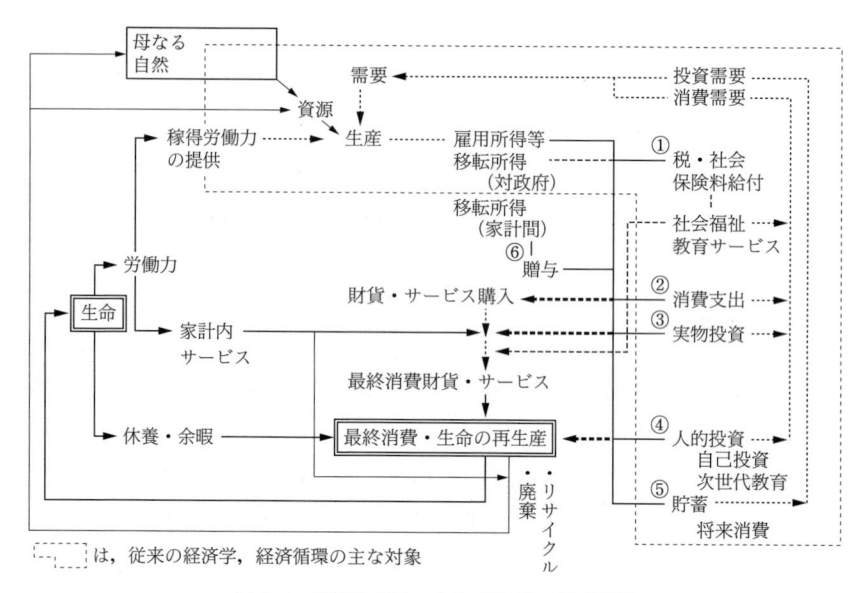

図5-5　御船美智子：生命再生産の経済循環

出典）御船美智子『家庭生活の経済——生活者の視点から経済を考える』（放送大学教材）放送大学教育振興会，1996年，16頁

　が，市場経済，国民経済，世界経済を支えている基礎を含んで，物質循環から経済をとらえる視点が必要になっている。物質循環からとらえた経済をここでは「生命系の経済」あるいは最も広い意味での生活経済とよぶ」[30]。

3　ジェンダーと「生活者の経済」学

　御船はさらに，ジェンダーと経済主体としての生活者に関して，女性の生活を財産形成とのかかわりで追究する研究を進めた。その成果は，東京女性財団編『財産・共同性・ジェンダー——女性と財産に関する研究』(1998)の第一部を成す60頁に及ぶ論文「女性と財産の距離と家族共同性——妻と夫の財産をめぐる構造とジェンダー・バイアス」としてまとめられている[31]。この論文は，「第1章　女性・妻と財産をめぐる問題」，「第2章　名義上の資産」，「第3章　夫妻間の資産」，「第4章　妻の財産に対する考えの多様性

と特徴」,「第5章　妻の資産形成についての夫の考え」という構成で，女性と財産をめぐる問題を財産形成の実態とそれに関する男女の意識のあり方にわたって論じている。御船は，「妻と財産の距離がいかに「遠い」か」を示し，次のように指摘する。

「財産に限らず労働や業績などと深い関係をもつ経済問題一般に拡大してもよい。結論を先取りして言えば，女性(特に妻)と財産・経済の遠い距離は，①財産・経済問題を重要視しない，②女性が財産・経済問題を重要視しない社会規範が作られている，③財産・経済的平等を問題にしないことによって生まれている。平等であるべきという認識以前――意識に上がらないことが多々見られる。

　その最も重要な規定要因は「共同性」の規範である。妻や母である女性は，個を主張するだけで問題視される傾向にある。しかも共同性は「愛情があれば忍耐すべき，謙譲が必要，子どものために生活すべき」という形で強調され，家族内の平等とは何か問題にすることすらはばかられる。「必要に応じた配分」とは個人性より共同性をベースに，夫や子どもを優先し，妻自身のことは二の次にすることが普通だとの前提のもとにある。家族(世帯)財産と個人財産は家族家計と個計に対応するが個人財産は，共同性がなくなったときのためのもの(死亡など)，共同性を支えるものとして支持され，必ずしも個人の経済的自立のためのものとは位置づけられていない。そもそも経済的自立や不平等を問題とすることがはばかれるだけでなく，経済的不平等はないとする考え方もある。「男性は形式的な力をもっているが，実は女性が世帯の経済を牛耳っている，その証拠に財布の紐を握っているのは女性」などの意見にみられるように，夫の財産は，夫がしんだらいずれは妻のものになるので妻は経済上の力をもっている，夫妻の格差に問題はないとする論調がある」[32]

御船の『生活者の経済』(2000-a)は，放送大学教材として，『家庭生活の経済』(1996)を改訂して刊行された著書である。その中で御船は，「生活者の生活と，生活者の経済と，個人収支・個計・家計の関係」を示し，さらに

132　第2部　生活への視点

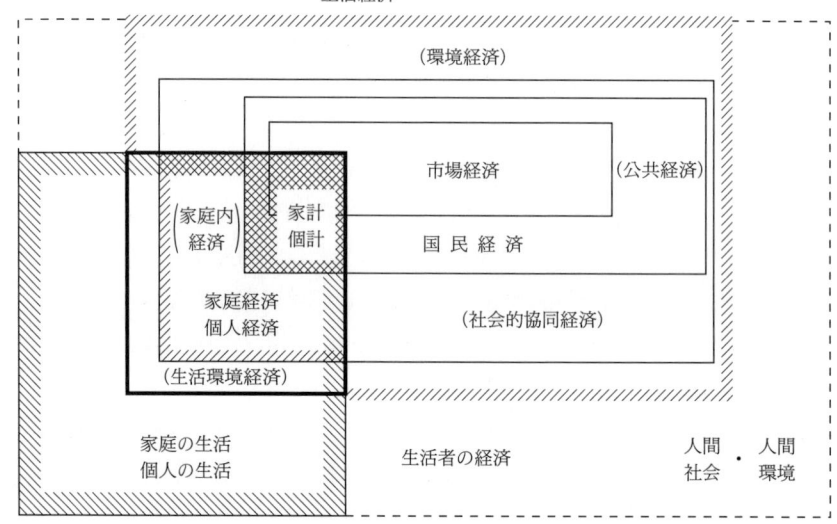

図5-6　御船美智子：生活経済と生活者の経済　体系図
出典）御船美智子『生活者の経済』(放送大学教材)放送大学教育振興会，2000年，45頁

　「市場経済，公共経済，国民経済，社会的協同経済，環境経済，生活経済の関係も整理」した図を提示した。それが図5-6である。
　　「生活経済は，生活者の経済を可能とする社会経済システムを意味する。生活経済の目的は，人間開発であり，短期的な利益に動機づけられた産業経済と区別するための概念として用いる」[33]
　多くの立場，役割や側面を持つ経済生活をするとき，それぞれの立場を超え，統合して生活を営むことを志向する，自律的アイデンティティを持つ人を「生活者」と呼ぶ[34]。「生活力を高めるためのマニュアルはなく，自然科学的存在，動物としてのヒトに対する理解と，社会科学的存在としての社会的人間に対する理解と，人文科学的存在としての文化的人間に対する理解と，固有名詞を持った個人，自分への理解の上に成り立つ。自分への理解，自己情報の積み重ねは，その個人にしかできない」[35]。激変する社会で発生する生活課題の解決に向けた理論と実証と実践による，生活者自身が自らの生活

を科学する「生活者の経済」学は，人間開発の学，生活協同の可能性として集大成された。

第5節　ま　と　め——生活の創造に向けて

　天野正子は，家庭生活，生活などというものは真剣な思索や探求の対象になりえないとする日本の学問の体質を指摘して，次のように言う。「生活や暮らしという「おもり」のついた学問はそれがついていない学問からすれば，いかにも原初的で「未熟」にみえる。学問は暮らしのおもりをつけずにする方が，それをつけてするよりも，はるかに進歩が早い。……日本の学問は，外国の学者の，いわば「出店」となり，現実の人びとの生活の問題から乖離し，それによって形式化し，生彩を失っていった」[36]。

　松平友子は明治時代に生まれ，大正期に，生活の「おもり」をつけたままの経済学を家事経済学として著して，一個独立した学問を確立した。伊藤秋子は大正時代に生まれ，戦後の教育研究の基盤づくりに寄与し，松平の理論的研究から前進して家庭経済の実証的研究の方法を開発した。松平も伊藤も，東京女子高等師範学校に入学し卒業するまでは経済学を学ぼうと志した学生ではなかった。昭和時代に生まれた御船美智子は，平成に向けて，家庭経済学を現代生活の学として「生活者の経済学」を打ち立てた。

　家庭経済のあり様は，戦前から戦中，戦後，さらに高度経済成長の時代に急激にそして大きく変化し，福祉国家論が登場する。その中で，家計の個人別化が進む。家計がひとつの単位ではなく，多くの財布がその中にあることを御船美智子は指摘した。ブラックボックスが開かれ，個人が生活者として認識される流れが創られていく。女性が潜在的に持つ可能性を，十分に発揮する方法は規範的な家計管理や家族共同ではなく，持続可能な生活に向けた自分が選択する協同と組織化と人間開発であることが明確になっていく。

　アイデンティティとして個人人格と組織人格を区別した晩年の御船が強調したのは，生活の組織化，生活経営と生活選択の相互作用，生活選択によって社会を変えられるという「生活創造の可能性」であった。

東京女子高等師範学校やお茶の水女子大学は官立・国立の女子の最高学府であるがゆえに，そこでの教育研究は女子教育全体に直接的な波及効果を持ち，日本の女子の高等教育をも大きく左右してきた。「家庭生活の経済的研究」は，実践的総合科学である家政学の潮流の中に位置づけられた。その歩みは，生活実態から離れた伝統的な"男の経済学"が顧みることの少なかった日常生活に関する研究を，各時代に求められるオリジナリティのあるアプローチで拓き，先達の成果を踏まえつつ体系化してきた。

女性は経済学や経済社会にどのように向き合ってきたのか。女性と経済学という視座から，男性主流の経済学にオルタナティブな生活者の学，家族や家庭，そして生命の再生産に密着したマネジメントの学として経済学を再定義した。さらには生活者の学，生活創造に向けた現代生活学の定義[37]ができると考える。

御船美智子研究会のメンバー　色川卓男，磯村浩子，中川英子，重川純子，李秀眞の諸氏から多くの示唆を得たことを記して，感謝したい。

1) 本稿は本書第4章(松野尾論文)に続いて掲載されることを前提に論述するものである。
2) 2005(平成17)年10月29日に，お茶の水女子大学創立130周年記念事業として，「生活科学部・生活社会科学研究会公開シンポジウム 生活科学部のゆくえ〜家政学から生活科学へ〜」が開催された。上村協子の報告「家政学部成立の歴史——東京女子高等師範学校家政科主任松平友子と家政学」は，同シンポジウムの報告書に掲載されている。
3) 天野(1996)6頁には，生活者には適切な英訳がないと記されている。
4) 御船・家計経済研究所(2007)i頁。
5) 御船美智子についての研究は，御船美智子論文集刊行委員会(2015)を参照。内容は，①生活経済の体系②「生活創造」時代の生活経営③消費者教育④家計の長期的変容⑤家計組織研究⑥生活政策として区分され，解題者は，色川卓男，上村協子，磯村浩子，中川英子，重川純子，李秀眞(執筆順)の6名。御船美智子研究会での議論を参考に記述を行った。家計組織に関する重川純子の見解をとくに参照した。
6) 図5-1〜5-6は松平友子の手書きの図5-1を起点に「生活者の経済」学に至る流れをたどった。図5-1が書かれた時期は，一緒に挟まれた資料から推測した。
7) 松平友子の著作に関しては，科学研究費課題番号23300262「生活文化の世代間伝

承による持続可能な消費」生活文化 ESC 研究会(研究代表者・上村協子)の助成を得て研究を行った。
8) 松平(1948)「総論・収入論・支出論」19～20頁。
9) 松平友子は，理家政学部家政科の主任として，家政学部独立に尽力した。家政学部設立後は，共通講座担当教授として，家政学原論のほか家族経済学，家計簿記，家庭科教育法などを講じた。
10) 東京女高師と府立第二高女とは同じ校舎を使っていたため，附属小学校から府立第二高女へ進学する人は多かった。伊藤秋子先生退官記念委員会(1985)10頁。なお，松平友子も府立第二高女の出身である。
11) 成田順は，成田順『被服教育60年の回顧』(真珠社，1974年)によれば，1909(明治42)年に東京女高師の教官となり，1954(昭和29)年に退官するまで，45年にわたって被服学・被服教育を担当した。
12) 伊藤は日本大学卒業のとき，文学部の総代として卒業証書を受けた。伊藤秋子先生退官記念委員会(1985)17～18頁。
13) 伊藤秋子先生退官記念委員会(1985)33頁。
14) 成田順が「松平先生の助手のポストがあいている」と，伊藤に就職を世話した。
15) 伊藤は一橋大学で，経済原論，商品学，配給論，経済政策，社会保険，統計学総論，社会統計，証券市場論，銀行論，世界経済，商品検査，貿易理論，外国為替などを学んだ。伊藤秋子先生退官記念委員会(1985)19頁。
16) 伊藤(1984)1頁。
17) 伊藤秋子の家庭経済学には中山伊知郎『経済学一般理論』『経済原論』が引用されている。また，酒井正三郎訳，J. R. ヒックス著，『第4版 経済の社会的構造』(1981)からも多くの示唆を得ているが，この本は，国学院大学の飯塚重威先生の書物の輪読会に出席し，読んだもので，それまで古典派とも近経ともつかない中途半端な家庭経済学に筋が通ったと記述している。なお，文部省が1966(昭和41)年『高等学校家庭科，家庭経営の手引き』を飯塚氏を主査として刊行した際に，著者として伊藤が参加している。伊藤秋子先生退官記念委員会(1985)。
18) 江見・伊藤(1997)1頁。なお，初版の『テキストブック 家庭経済学』でも同様の趣旨の内容が記述されている。
19) 第4章を参照。
20) 宮本みち子(放送大学教授)は東京教育大学で経済学を専攻し，卒業と同時に同大学へ学士入学して2年間社会学を学んだ。卒業後は大学院に進学するつもりであったが，既存の経済学も社会学も自分の希望とズレていることを感じ，悩んでいたとき，伊藤秋子の『家庭経済学』に出会った。宮本は，伊藤の家庭経済学は「学問的背景と人柄を知ればなるほどとうなづける通り，主義・主張を極力排除してきまじめなほどに確実に，家庭経済学に関する理論と基礎知識が展開されていた」と述べている。宮本は次いで大河内一男『家庭経済学』を読み，自分の研究分野がどこにあるのかに気づき，お茶の水女子大学の大学院に進学した。伊藤秋子先生退官記念委員会(1985)113頁。

21）『テキストブック　家庭経済学』の共著者は江見康一・伊藤秋子・宮本みち子・磯村浩子・馬場紀子・上村協子・御船美智子の7名である(執筆順)。
22）『家庭経済学概説』の共著者は，伊藤秋子・横田京・馬場紀子・上村協子・御船美智子の5名である(執筆順)。
23）江見・伊藤(1997)366頁。
24）伊藤秋子先生退官記念委員会(1985)20頁。
25）伊藤(1991)19頁，舘(1960)247頁。
26）「お茶の水女子大学生活科学部家庭経営学科のひとつの特徴として，3年次の「家庭経営学演習」がある。これは学生と全教官がともにひとつのテーマについて報告・討論を行うもので，3講座がとかく専門化しやすいところを，総合的に総括する研究態度を養ううえに効果をあげるべく努力がなされている。また，生活調査実習が毎年実施されている。教官と学生がともにフィールドに出かけ，実地に研究方法を体験し，その成果を発表することは，学生・教官の双方にとってきわめて有益である」。アクティブな学びとして演習・実習が行われていた。家経史編纂委員会編『家庭経営学科三十年史：お茶の水女子大学家政学部家庭経営学科の記録：1968年度〜1997年度』(2004)を参照。
27）御船(1996)236頁。御船は1996(平成8)年に発表した「生活経済とジェンダー関係の変容」(『家庭経営学研究』31，日本家政学会生活経営学部会)において，生活パラダイムとジェンダーパラダイムの対立，そして「もうひとつの家庭経営学」を記述する。家庭経営学では，現実から出発し，現実を洞察する視点を進めていくことと，さらに歴史的現実に従来の方法論が果たした役割，影響を批判(自己批判も含む)的に検討する必要を論じている。
28）御船(1996)232頁。
29）御船(2000-a)45頁。御船(1996)233頁と御船(2000-a)44頁にヘーゼル・ヘンダーソンの通称"ケーキの図"は掲載されている。1996年では国民経済計算の生産概念，2000年では時間の経済との関連で用いられている。
30）御船(1996)16頁。
31）東京女性財団「女性と財産に関する研究」は，広渡清吾(東京大学教授)，御船美智子(お茶の水女子大学助教授)，上村協子(東京家政学院大学助教授)で行われ，1996(平成8)年度『妻と夫の財産』(1997年3月)1997年度『財産・共同性・ジェンダー――女性と財産に関する研究』(1998年3月)として報告された。(所属などは当時のもの)
32）東京女性財団(1998)8頁。
33）御船(2000-a)46頁。
34）御船(2000-a)14頁。
35）御船(2000-a)31〜32頁。
36）天野(1996)21頁。
37）天野正子は現代生活学を「試論：「家政学」から「生活科学」へ，そして「現代生

活学」へ」と題して 2013(平成 25)年 9 月 5 日次のように定義した。現代生活学とは，生命の維持，生活の質を重視する生活者の視点から，人間生活における，個々人の日常的行為と生活の諸条件(社会・環境・歴史的条件)の相互作用について，自然・社会・人文の諸科学を基盤としつつ連携して研究し，持続可能な生活の創造に貢献する実践的総合科学である。(上村協子(2015)『生活文化の世代間伝承による持続可能な消費　平成 26 年度報告書』に所収)

参 考 文 献

天野正子(1996)『「生活者」とはだれか』中公新書
天野正子(2012)『現代「生活者」論』有志舎
伊藤秋子(1984)『三訂　家庭経済学』光生館
伊藤秋子編著(1991)『家庭経済学概説』光生館
伊藤秋子先生退官記念委員会(1985)『家庭経済学と猫と私』
上村協子(2005)「家政学部成立の歴史――東京女子高等師範学校家政科主任松平友子と家政学」生活科学部・生活社会科学研究会編『公開シンポジウム　生活科学部のゆくえ～家政学から生活科学へ～』所収
上村協子(2006)「松平友子著『家政学原論』(高陵社書店，1954 年)と『松平家政学原論』(光生館，1968 年)を読む」亀髙京子監修『若手研究者が読む『家政学原論』2006』家政教育社，所収
上村協子(2015)「試論『現代生活学』」生活文化 ESC 編：科学研究費課題番号 23300262『生活文化の世代間伝承による持続可能な消費　平成 26 年度報告書』，所収
江見康一・伊藤秋子編(1997)『テキストブック　家庭経済学　第 3 版』有斐閣
亀髙京子(2007)「家政学原論事始め」『家政学原論研究：家政學原論』第 41 号，日本家政学会，所収
亀髙京子・仙波千代(1981)『家政学原論』光生館
生活研究同人会編(1982)『近代日本の生活研究』光生館
舘稔(1960)『形式人口学――人口現象の分析方法』古今書院
中川清・松村祥子(1993)『講座生活学 4　生活経済論』光生館
東京女性財団編(1997)『妻と夫の財産』
東京女性財団編(1998)『財産・共同性・ジェンダー――女性と財産に関する研究』
日本家政学会家庭経済学部会編(2002)『多様化するライフスタイルと家計』建帛社
日本家政学会家庭経済学部会編(2007)『規制改革と家庭経済の再構築』建帛社
松平友子(1925)『家事経済学――家庭生活の経済的研究』上・下巻，文書堂
松平友子(1942)『高等教育　家事経済教科書　再訂第 5 版』全 2 巻，文光社
松平友子(1948/49)『家族経済学提要』全 3 巻，高陵社
松平友子(1966)『家庭経済研究　増補三訂版』中教出版
御船美智子(1996)『家庭生活の経済――生活者の視点から経済を考える』放送大学教育振興会

御船美智子(2000-a)『生活者の経済』放送大学教育振興会
御船美智子(2000-b)「生活経営主体のエンパワーメント」日本家政学会生活経営学部会編『福祉環境と生活経営』朝倉書店，所収
御船美智子編著(2006)『消費者科学入門』光生館
御船美智子(2007)「生活創造のフロンティア」大沢真理編『生活の協同――排除を超えてともに生きる社会へ』日本評論社，所収
御船美智子・上村協子共編著(2001)『現代社会の生活経営』光生館
御船美智子・家計経済研究所編(2007)『家計研究へのアプローチ』ミネルヴァ書房
御船美智子論文集刊行委員会編(2015)『御船美智子論文集』光生館

回想　松平友子先生と私

亀 髙 京 子

聴き手：上 村 協 子・栗 田 啓 子・松野尾 裕

まえがき

　ここにまとめられた亀髙京子先生へのインタヴューは，次のような経緯で実現することとなった。
　家政学の領域では，松平友子(1894-1970)が戦後お茶の水女子大学の家政学部創設に際し，新設科目「家政学原論」の産みの親となったことはよく知られたことなのだが[1]，実はそれに先立つ 25 年間は家事経済学の研究者であったということについては，これまで十分に語られてこなかった。このことは経済学の領域でも——経済学史の専門家の間でさえ——おそらくほとんど知られていないのである。松平友子は 1919(大正 8)年 9 月から 1922 年 3 月まで東京帝国大学経済学部において経済学を学び，その後母校の東京女子高等師範学校で家事経済学の研究と教育に従事した日本で最初の女性経済学者である。男性にのみ入学が許された東京帝大で東京女高師からの「依託学生」として経済学を学び，さらにそこから独力で家事経済学という新しい学問領域を開拓した松平友子の仕事は，日本の経済学研究史に正しく記録されるべきことがらである。
　そこで，東京女高師において松平友子から「家事経済」を学んだ亀髙京子先生がお元気でいらっしゃるので，先生から松平友子についてのお話をうかがおうという提案が上村協子から栗田啓子と松野尾裕に示された。そして，亀髙先生からご快諾をいただき，2012(平成 24)年 3 月 29 日に先生にお会いすることになった。当日は，上村，栗田，松野尾の 3 名で先生のご自宅へう

かがった。

　先生は，松平友子の履歴書の写しをはじめ貴重な資料のファイルをお持ちで，また「松平先生と私」と題した横書き罫紙十数枚に書かれた手稿をご用意され，それらをご覧になりながら松平友子の生い立ちから晩年に至るまでのことを語って下さった。

　亀高先生は，1942(昭和17)年に東京女高師に入学され，2年生のときに松平友子の「家事経済」を受講された。戦後，主に家政学原論，家政学史，家庭科教育の研究者としてお仕事をしてこられ[2]，松平友子との公私にわたるご交際を続けられた。先生のご記憶は明晰で，松平友子にかかわるさまざまなことをユーモアを交えながら詳しく語って下さった。お話は午後2時過ぎから始まり，途中で先生お手製の杏仁豆腐をいただいて，7時頃まで続いた。

　本稿は，当日のインタヴューの録音を文章化し，先生から拝借した上述の関係資料その他を用いて註記を加えたものである。原稿は亀高先生に目を通していただき，加筆修正をしていただいた。
　　　　　　　　　　　　　　　　　　　　　　　　　　（松野尾記す）

松平友子先生と私

　——亀高先生がこのファイルにまとめておられる手書きの資料は貴重なものですね。

　亀高　去年の地震のときに[3]，本棚のものが落ちたりして後始末が大変でした。形あるものは毀れるんだから何もいらないと思いまして，それでいろんなものをもう捨てましょうと思って，だいぶ捨てました。ただちょっと心残りがあって，松平先生のことをお書きしようと思いながら，それを全部書き上げていないので，先生に関するものだけは，こうして残しておいたんです。書いたものがぐしゃぐしゃになっていまして，アイロンをかけてみたりしたんですが……。

　——今年(2012(平成24)年)5月に経済学史学会の大会で私ども(栗田と松野尾)が「日本における女性と経済学」というテーマで共同で報告をいたします。その報告要旨を持って参りました[4]。

亀髙 それでね，上村さんから松平先生がお始めになった家事経済学のことを経済学の方が取り上げて下さっているということをうかがって，嬉しくなっちゃったんですよ，本当に。ありがたいと思ったんです。

　私が，昭和37(1962)年に松平先生に再会して，その後，先生にべったりくっついていたとき，こんなに心が広くて優しくってと思ったんです。先生はあまりにきりっとしていらっしゃるので，わりと皆さん，こわいとか，潔癖すぎるとか，そういう印象を持っていらしたんですね。

　私が昭和17(1942)年に入学した家事科は48名で，24名ずつの2クラスでした[5]。昭和18年，2年生になるときに家政科と名称が改められまして，カリキュラムも変わりました。家政科は家政・育児・保健――食物はここに含まれます――と被服とに分類されまして，前の3つがいっしょで1クラス――通称食物コース――28名，被服だけが別クラス――被服コース――20名となったんです。1年上(昭和16年入学)の方までは3年から家事――通称食物――と裁縫とに分かれていました。食物コースの中では食物専攻希望者が圧倒的に多くて，家政を希望したのは私だけでした。

　食物の希望者が多かったというのは，理科系の授業が多くなったんです。無機と有機の化学，栄養科学，食品科学，そのほかに物理や生物などの科目が，1年上までの人よりも多くなったんです。そういうことが影響していたかも知れません。松平先生に家事経済学をお習いしたのは2年生のときです。しかし，繰り上げ卒業に備えてゼミなどなく，コースごとに一斉授業でした。

　――松平先生が昭和35(1960)年にお茶の水女子大学を定年でお辞めになり，その年家政学院へ移られた。亀髙先生は昭和38年から家政学院の非常勤講師，そして41年に助教授になられました。先ほど「松平先生に再会して」とおっしゃられたのは，そのときのことですね。亀髙先生は松平先生と親しくお話をされたとうかがっていますが，松平先生は小さい頃のことについてお話されましたか。

亀髙 松平先生は明治27(1894)年4月10日にお生まれになった[6]。松平家の独り娘なんです。先生のお母様が独り娘で，お父様は「入り婿」って先生はおっしゃったんですけどね，養子ですね。そこに生まれたのが友子先生

お一人だったんです。お母様が，体がお弱かったんですね。友子先生の小学校の入学式のときに，お母様は女中さんと一緒に付いてきてくれたけれども，式が終わったらお母様は先に帰っていらした，と先生はおっしゃったのね。それくらいお母様はお弱くって，2年生頃からはお母様は別の部屋で，寝たり起きたりということだったのね。乳母はもうそのときにはいなかったけれども，本当に忠実な女中さんが自分付きでやってくれたんだ，と言われました。5年生になる少し前にお母様は亡くなられて，5年生のときにお父様が再婚されたのね。その後，ご長男——正寿さんという方——が生まれた。先生はご長男とはあまり仲が良くなかったとはっきりおっしゃっていたんですけれどもね。先生が昭和45(1970)年12月22日に亡くなって，その告別式が祐天寺で行われたとき，私は初めて正寿さんにお目にかかりました。そのとき正寿さんは電気通信大学の学長をされていました[7]。その下に弟さんがお2人——ご次男と三男——と妹さんがいらして，一番下の弟さん——豊さんという方——は先生とだいぶ歳が離れていて，先生は可愛がっておられました。その方は，戦争から復員されたときに女高師に先生を訪ねていらっしゃいました。

　先生は，女高師で講師をされるようになってしばらくしてから，お父様のうちを出られて，原宿に家を借りて——お父様が借りて下さったんですけどね——住んでいらしたんです。そのうちが，先生が大正6(1917)年に女高師を出てすぐに就職された山脇[8]で最初に教えた伊澤喜美子さんという方のうちと隣同士だったんです。伊澤さんのご長女が女高師の附属高等女学校で先生に習われて，そのご長女と復員された弟の豊さんが結婚されたんです。

　結局，先生は，お母様がご病気だし，静かに暮らしていらしたんですね。そこにお父様が再婚されて，男の子が生まれて，喧しくて，ということがあったらしいんですけども。先生は言われていました。お父様が今度こういうふうになるけれどもいいかって言われて，自分はうなずいたって。そして，新しいお母様はとても自分に気を遣っていらしたけれども，私も遠慮してたのよ，子どもながらにって。だから，よく，母親は子どもを残して死ぬっていうのは一番無責任だって言ってらっしゃいましたね。

こういうお話を伊藤秋子先生に言ったら，伊藤先生は何にも聞いていないとおっしゃったんです。やっぱりお年を召して，優しくなったのね，とおっしゃいました。

先生は小学生の頃はお友達のうちへ遊びに行ったり，自分のうちにお友達を呼んだりして，そのいい女中さんがもてなしをしてくれたんだけれども，女学校では——府立第二高等女学校，戦後の都立竹早高校ですね。その頃女学校に子どもを行かせるのは，中流家庭以上で教育熱心なうちですよね——，皆さん，家庭も揃っていて，お勉強の程度も揃っていたけど，そこで華やかにお友達同士で行き交うときに私は遠慮していた，といつもおっしゃっていましたね。

先生は小学校時代，女学校時代のお話をあまりなさらなかったですね。先生がご自分から私に話したいっていうのと，こちらからうかがったらいいようなというのは，だいぶ経ってから——その呼吸というか——わかったんです。先生は，のちに，あなたみたいにおおらかな，鷹揚(おうよう)な人はいないわって言われたのね。字引を引いたら，鷹揚は大雑把って書いてあるの。

——大正2(1913)年に松平先生は府立第二高女を卒業し，東京女高師へ入学されました。

亀高　先生は女高師の文科第二部(地歴科)だけれども，歴史のほうが好きだっておっしゃっていましたね。のちに先生から直接うかがったことですが，先生が女高師在学時代から親交のあった方は，新庄(旧姓野田)よしこさん，山本(同佐治)キヌさん，千田拙さんです。新庄さんは文科第一部卒で，女高師の附属幼稚園に勤務しました。倉橋惣三先生と共著の『日本幼稚園史』があります。この方には一度附属幼稚園でお会いしています。山本さんも文科第一部卒で，岩手師範学校女子部に勤務し，大正12(1923)年に渡米してコロンビア大学で勉強されました。千田さんは文科第二部卒で，公私立の高等女学校に勤務し，個人私宅で家庭教師をされていました。大塚女子アパートができたときからの住人でした[9]。

先生が女高師を卒業して，1年間ということで山脇にいらした大正6(1917)年という年はスペイン風邪がはやったんですね，世界的に。それで，

先生はお休みをされた。それでは悪いからというので，大正6年4月から7年の1学期までいらしたんです。その1年というのはとても楽しくて，いい子ばかりだったっておっしゃっていました。生徒がずいぶん慕ってくれたっていうお話をとても嬉しそうにおっしゃっていましたが，スペイン風邪では死にそこなっちゃったって。そのときと，あと，東大での勉強が終わるちょっと前に女高師の講師を頼まれたときに肺炎になられたっていうんですね。ずっと後になって，先生が家政学院をお辞めになる少し前に，先生，血圧が高いんじゃないですか，先生お医者さんへ行ってくださいって言ったんです。そうしたら先生は，絶対行かない，スペイン風邪のときも肺炎のときも，医者なんか何にも効果がなかったって頑張られるんですね。

　——いま，松平先生は「東大での勉強が終わるちょっと前に女高師の講師を頼まれた」というお話がありました。松平先生はずっと非常勤の講師でおられましたね。

　亀髙　そう，それなんです。校長が来年こそは，来年こそはと，先生の常勤と言うんですか，専任を願い出ていたんです。先生のあずかり知らぬことではあったんでしょうが，お裁縫の実習時間がとても多い。受け持ち時間数から言えば，先生は少ないわけでしょう。また理科の授業を増やしていくということがあったりして，文部省（当時）から割り当てられた定員の取り合いというか，そういうことがあったわけです。歴代の校長と主任の西野みよし先生が一生懸命にして下さったんだけれども，だんだんと理科が増えてきて，教官の男女差ですよね。保井コノ先生とか黒田チカ先生，博士号を取られた方ですね[10]，その方々は別として，もう男性社会なんです。家事とお裁縫のところだけは女性だけれども，その中でも勢力があったんでしょう。まあ，待って，待ってということだったんですね。先生は非常勤とは言わずに，専任ではない講師という言い方でしたね。

　じゃあ先生，ほかからぜひ専任にというお話はなかったんですかとうかがったんです。先生はありましたって言うんです。帝国女専——いまの相模女子大学です——からはぜひ専任にというお話がたびたびあったということですね。それから家政学院[11]，それと実践[12]ですか。だけれども東大まで

勉強に出して下さって，それも東大っていうところは本当にもう堅くて，女子を絶対に入れないっていうところを，やっと。女子の一番乗りですよね。その恩があるって言うんです。湯原元一校長からのお話がなければ，私はこうして勉強しているわけがなかったんだから，来年まで，いや3年でも5年でも待っていようと思ったとおっしゃるんです。でも，帝国女専もとてもよくして下さいましたともおっしゃって。まあ，負け惜しみじゃないけれど，入学試験の準備だとかそういうようなことは手伝ったこともあるけども，朝から晩まで出勤しなくてよかったから，それでお勉強ができましたっておっしゃったんです。

　でも大変だったんじゃないですかとかなんとか，私が先生に聞くものですから，先生は，そりゃあね，たまにはね，なんて。先生は独立したかったっておっしゃったんですね。自立，経済的にも。親からというよりも，弟さんたちがいらしたうちから出たかったって。自分は，張り切って山脇に就職したときにお父様にうちを出たいと言ったんだけれども，とてもそんなことじゃまだ危ないと言われているうちに，研究生に，東大にということになったから，うちから通ってたけれども，それこそ専任の講師になったらうちを出ようと，ずっとそれが自分の望みだったって。先生がお父様のところを出られて自活されたのは，専任ではない講師になられてから10年は経っていたと思います。

　──それが原宿のうちですね。

亀髙　原宿のうちは借家だと思うんですけどね。山脇で教えた伊澤さんという方と隣同士で住んでいらした。どちらが先に住まわれたのかよくわかりませんけども。そこが昭和20(1945)年5月26日の空襲で焼けて，先生は8月末頃まで家事科の教官室に西野先生とご一緒に仮寓し，その後大塚の女子アパートに入居されたんです。

　空襲のとき伊澤さんのうちも焼けているわけで，最後は，祐天寺のところに，伊澤さんと──費用は半々とおっしゃるんですけれども──一緒に住まわれた。先生がお2階に，下に伊澤さんが住まわれた。伊澤さんは──ご主人がいらっしゃるんですよ。とても温厚な方──本当に先生が好きだったん

でしょうね．伊澤さんもたしかお母様が早く亡くなられて，先生をお姉さんかお母さんと思われたんじゃないかと思うんですね．伊澤さんにちょっとうかがうと，こんなすてきな先生，と(山脇)高女のときに憧れたって．それで，2階の先生を最後までお世話して下さいました．

──その伊澤さんのお嬢さんが松平先生の末の弟さんと結婚された．

亀高 終戦後の昭和23(1948)年頃に結婚されているんです．そのお嬢さんは私よりも1つ2つ上です．

──松平先生の家事経済学の授業はどういう授業だったのでしょうか．

亀高 そう，どなたかが，先生はお着物に袴だけど，宝塚の男性みたいな歩き方よねえって．先生は大股だったのね．伊藤秋子先生は帯を締めていらしたって言うんですけど，私のときは袴でした[13]．先生は，調理実習や和裁，洋裁の先生方とちょっと違った感じだったんです．50になるかならないで，めくら縞みたいな地味なお着物ですよね，皆さん．先生はそれより派手とは言えないけれど，模様が大きいのを着ていらした．ですから，お若い感じがしましたね．私ども生徒たちは，昭和17(1942)年に入学したときからは袴着用でなくてスカート，19年からはズボンになりました．

松平先生はベルと同時に教室に入っていらっしゃる．皆感心している，早いねえって．先生は姿勢がいいんですよ．きりっとしていらっしゃる．私は先生がおっしゃったことをその通り，一言一句間違わないで書いた，お友達にも聞いて．

私は家事科の出身ではございませんって，最初に先生はおっしゃったんですね．それで，いつ卒業して，湯原校長のお達しで東大で経済学の講義を聴講してっていう話をされたんです．私は家事経済学を樹立しなければなりませんとおっしゃった．そこまで一気にしゃべられたんで，皆わぁっと感嘆しました．私ども皆びっくりしちゃいましたね．のちに先生に，家事経済学を樹立しなければなりませんとおっしゃったときにちょっと目を閉じて，うなずかれましたとお話したら，先生に，あなたよく覚えているわねって言われたんです．私は間違っていますかと言ったら，その通りっておっしゃったんです．

家事経済学とはどのようなものかということを話された。東大で一番最初に経済学とは何ぞやという経済学原論というのがありました，私もそれにあやかってとおっしゃったかな，家事経済学とは何ぞやということを申します，と。それで原論という言葉がすっかり私の頭に入っちゃったんですね。

そうか，そういえば，女学校から，家事とは何ぞやとか，目的とかではなくて，ただしっかりやらなければなりませんよという教育でしたからね，すごいって思っちゃったんです。先生が一気におっしゃったときに，もう私なんか本当に傾倒しちゃいましたね。それまで私は文科に行きたかったのに，ここでお料理とお裁縫だけかなあと思っていたんです。それと，皆さんが県立の5年生からいらしてますからね，お上手なんですよ，お裁縫が。私は外地──中国の青島（チンタオ）──の女学校の4年からですからね，そして受験組なんで，お裁縫はわりと少なかった。寄宿舎で私がお裁縫をやっていましたら，北海道の函館の理科の方と高松の文科の方がちょっと貸してって言って，やって下さったんですよ。お上手なんですよ。聞いてみたら，お裁縫の時間がすごく沢山あったんですね，内地では。それは全国共通だったようです，府立でも，私立でも。

松平先生は，私どもを感嘆させられた後は，教科書に沿って身近な例を挙げながら進められました。頭脳明晰っていうのはこの先生のことではないかしら，こういうのが理路整然っていうのではないだろうかって思いました。何たって学問らしい，レベルが高いなんて，勝手なことを思ったんですね。

支那事変[14]はとっくに始まっていましたが，戦争を賛美するといったことは女高師では全くなかったです。いわゆる一般教育に入るものもそのまんま，いままで通りというふうだった。先生も，戦争のためにはっていうようなことはおっしゃらなかったんですけどね。道徳的とか倫理的とか，それが家事経済とほかの企業経済とのちがうところだということをね，先生は繰り返しおっしゃったんです。私は先生のお話を傾聴して，3年からコース別に分かれるときには絶対に先生の授業を多く取りたいと思ったんです[15]。

──亀高先生が一言一句ノートを取ろうとお思いになった授業は，松平先生の授業のほかにもありましたか。

亀髙　菅原教造先生という心理の先生と，幼児教育の倉橋惣三先生と，女子教育史の吉田昇先生のだけは全部。自分の好きなものだけね。理科とかはノートといってもちょっとちがいますからね。

「青少年学徒に賜りたる勅語」というのが昭和14(1939)年に出て[16]，全国の中学校以上で毎15日にそれを墨で書けっていうのがあったんですよね。それはそんなにうるさく検査もされなかった。

——家事経済学の授業は週に1度ですか。

亀髙　そう。週に1度。それを1年間。2年の後半から3年にやっていましたね。3年の後半から4年に家計簿記論です。ただ私のときには，前倒しっていうのか，昭和20(1945)年9月卒業——本来は昭和21年3月卒業——になっているんです。だからもっと前に授業を入れていましたね。家計簿記論は3年で少しだけ。半分か3分の1ぐらいしかお習いしていないんです。

——松平先生が担当されていたのは家事経済学と家計簿記論ですか。

亀髙　ええ。

——家計簿記論はどういう授業だったんでしょうか。

亀髙　面白くない。それとね，先生のお休みがありましたね，体をこわされて。それと，空襲警報が出たときの練習とか，何だかいろんなものが入ってくるんですよ。でも，3年まで授業をしていたのは女高師だけでした。女学校や専門学校では昭和18(1943)年にはもう勤労奉仕でしたね。

——松平先生の家事経済学の授業は実に立派なものだったということがわかりました。

亀髙　横山光子先生が，女高師の昭和2(1927)年卒の方ですから，いつも，あなたが生まれた頃に私は卒業してたのよなんて言われていたんですけどね。ほんとうを言えば，この方が松平先生の家事経済学を一番よく理解していたのね。先生の家事経済学を最初に聴いた方なんです。横山先生は頭もいいし，話し出したら4時間5時間はって方なんです。ただね，坊ちゃん2人とお嬢さん3人がいらして——ご主人は蚕糸試験場長をされた方です——，あちこち非常勤なんです。ずっとあちこちで家事経済を教えていらしたんです。実

際にえらいのは，ご自分が結婚されてからの何十年間も家計簿をつけて，エンゲル係数を出し，費目別に分けて，その費目を新しいものにするといったことをされていたんです。横山先生がたしかに松平先生の一番最初のお弟子なんです。ずっと先生のことを尊敬していらした。

　それと，松平先生の家事経済学があんまり難しいから，短大ができて，短大に合うように横山先生が教科書をお書きになったら，その本が売れちゃったんですね。松平先生のご本をやめて，その本を使われた。松平先生が亡くなる6，7年前ですね。

　私が横山先生に松平先生のことをうかがったときには，すごかったんです。横山先生が吉祥寺に住んでいらして，私がその頃武蔵境にいたんですね。一緒に帰る途中，吉祥寺で降りなさいって言われて，横浜国立大学にいらした藤枝惠子先生——私と組んで家庭科教育の本を書かれた方です——も立川なもんですから一緒に降りて，駅のベンチで，松平先生のいろんな癖とか，大江スミ先生[17]のこととか，私は早く帰りたいと思っているのに，話されて。それはもう本当によく勉強してらしたんです。そうして話してたら，菅原先生や倉橋先生を横山先生が大好きだということから，私とは親子ほども年齢がちがうんですが，協調しちゃって。それで，松平先生が亡くなられた後，ひいきにして下さって。

　この本——『新版家政学原論・家庭経営』(朝倉書店，1981年)——なんですけどね，執筆者は皆，松平先生のお弟子といえばお弟子なんですけど，横山先生が経済をお書きになって，家政学原論については私にお鉢が回ってきた。あとのお2人，大森和子先生と末廣和子先生は，ご主人が戦死なさったんですね。皆さんお子さんを抱えて，ご主人の実家に疎開されていたんです。それから何とかしなきゃいけないといって終戦後，学校に来てみたら，ご自分の習った先生方は皆さん女高師で辞められていたんですよね。お年もお年ですから。そしたら松平先生が教授でいらしたというので，そこを頼っていらしたという方々なんです。もともと成績が良くて，東京都内の府立とか桜陰[18]とかに行ってらした方なんです。戦死した方の未亡人という方が，あとまだ5人くらいいたんですね。

――家政科の理系の学生たちはどうでしたか。

亀高 私のときには理科の希望が多かったんです。理科を受けた人を上から順に物理や化学にとって，下のほうの人を家政科に回したんです。それで，阿武喜美子先生という方が家政科にいらしたんですね。この先生は東大の農芸化学に研究にいらしてた方で，この先生が目を真っ赤にして授業に出てらしてね。先生は目をどうなさったんだろうと皆思っていたら，ずっと実験を繰り返していて，寝ないでそのデータの整理をしていたって言うんですよ。それで皆感心しちゃったんです。すごいって。阿武先生に感心する人のほうが松平先生に感心する人よりも多かったんです。理科に行きたいと思っていた人たちがこの先生に憧れたわけです。私はもとから全然そう思わなかったんですけど。

阿武先生も大塚の女子アパートにいらした。女子アパートは学校の向かいにありますから，実験をする方にはいいですよ。日本女子大の方もいらした。でも，行ってみたら小さいお部屋なんですよ。

――勤労動員は？

亀高 3年生――昭和19(1944)年――の3学期からです。私ども被服以外の人たちは糧秣廠に行った。糧秣廠も分散していて，北小金――いまの柏の近く――から信州の御代田のほうに行きました。由井テイ先生がついていって下さった。被服の方たちは名古屋の被服廠[19]，文科の方もそこへ行った。

――昭和20(1945)年9月に亀高先生は女高師を卒業されました。

亀高 繰り上げ卒業になって。それで11月から幼稚園へ行くことになりました。え，なんでと思った。そのときの家政科長っていったんですかね，化学の林太郎先生が出征中で，黒田チカ先生がお免状を下さって，あなたとても名誉なことですからしっかりおやりなさいと言われました。何が名誉なんだろう，私は幼稚園？と思ったんです。高校の助手とか女学校の先生ならともかく。それで，幼稚園はというと，子どもたちは危ないというので休園になっていて，子どもたちは疎開していました[20]。

で，お休みだったものですから，これからは民主的な家庭においてこれか

らの民主主義社会の子どもを育てるっていうことを，全国の幼稚園に講習するんですよね。

　子どもたちがいなかったときには，先生方の研究室の図書が地下室とかいろんなところに移してあったものですから，その図書整理を鹿内さんという教育の助手の方がやってらしたので，それを手伝ってあげなさいと言われて，行きました。それで行きましたときに，この本――倉橋惣三編『最新家事』（冨山房，1932年）――を見つけたんです。それで見てみたら，私の好きな先生の名前が3人並んでいるんです。倉橋先生，菅原先生，松平先生。その最後のところをそれこそ腹ばいになって読んでいたんです。松平先生が書かれたんだろうか，菅原先生だろうかと考えながら。そうしたら，こわいこわいっていう助手さんが，何しているのって言うから，これだと言ったら，貸してあげるって。それで持って帰って，それを全部写したんです。のちに由井先生にそのことを話したら，由井先生が，写したの，ではこれをあげましょう，と言ってこれを下さったんです。

　そうそう，私って悪い子だったんですね。倉橋先生のお試験のときに，その前の日から『風とともに去りぬ』を読んじゃってたものですから，もうやめられないんですよね。それで2問あったうち1問は全然もう何も書けないんですよね。それで，申し訳ありません，実は読み出したら止まらなくなって，試験勉強を全然していませんって書いたんです。書くことがないのに30分以上じっとしているのもたまったもんじゃないんですよね。そしたら，この鹿内助手さんに呼ばれて，ああ停学かなと思って倉橋先生のところへ行ったら，先生が，あなたですか，ユニークですねっておっしゃった。それで幼稚園へ行くことになったのかどうかはわかりません。

　――由井テイ先生はお優しい方だったようですね。

　亀髙　由井先生はおきれいな，とても小さい方で――ご主人が宮中の大膳係で――日本料理と日本料理の歴史をなさっていました。

　由井先生が松平先生になぜつながったかと言いますとね，勤労動員に行っているときに，私の1年違いの兄が学徒出陣で，昭和19(1944)年に千葉の四街道というところに行きました。兄は東大の法学部に受かったんですけれ

ども，1日も行っていないんです。親から速達が来ましてね，兄が最初にして最後の面会である，来られる者は来ていいと言ってきたけれども，あなたは行けないでしょうね，と言ってきたんです。それで，こんな手紙が来たんですと由井先生に言ったら，由井先生は，自分は本校に行かなければいけないから，そのお供に一人連れていくということにして，東京へ連れていって下さったんです。それで，途中，安中という精錬所のあるところで空襲になりましてね，列車が止まって，敵機がどんどん頭の上に来るわけです。そのときに由井先生を私がおぶって逃げたんです。それから由井先生は私のことを命の恩人とか言って下さったりして。で，列車が動かないものですから3時間ぐらい先生と2人で待ってたんですね。先生は私の家庭のこととかいろいろお聞きになって，あなたは何をやりたいのって。それで，私は正直なので，料理の先生に，松平先生に付いて勉強したいと思いますって言ったんですね。そうしたら，先生は，ああそうなの，しっかりなさいって言われたんです。そして，親兄弟のこととか，好きなものとか，いろんなことを話して下さって。先生がクリスチャンだってことも知らなかったんです。それで，あなたはと訊かれたので，私は小学校の1年生からずっと日曜学校へ行って，教会では，人を殺すということはとか，世界平和ということをやったと言ったら，先生は，ああって言われて，またいろんなお話をされたんです。そのことを松平先生に言って下さったんですね。

　その後，岩手師範学校女子部へ行ったときに[21]，松平先生をまねして，家政学とは何ぞやとかですね，家庭科教育とは何ぞやというのを自己流でしゃべっていたんです。それで由井先生にお会いしたときに，私はそういう学問が必要だと言ったら，先生は，えって言われて，原論の話になったんです。

　みんなで考えて，松平先生が「家政学原論」というのはどうでしょうかとおっしゃったんだと由井先生が言われたんです。それで，私大変なのよって言われたんです。先生方の中で一番年長の人が家政学原論を持つということになっちゃった，それで大変だって。このことは「家政学原論事始め」に書きましたね[22]。私は一度話を聴いたら書いて，間違っていたらいけないので由井先生に見ていただくことにしていたんです。そうしたら，先生は，あな

回想　松平友子先生と私　　153

た熱心ねって。

　由井先生は，気持ちよく，そうねえ，あなた一人で頑張ってごらんなさいって言って，松平先生の講義案ができたらいただいてあげましょうとか，とても可愛がって下さったんですね。私と由井先生とは親子ほど歳が違うし，親子ほど身長も違うんです。で，松平先生のご本ができたときに，松平先生は皆さんに1冊ずつ差し上げて，由井先生はもう1冊ほしいんですって言って，私に送って下さったんですよ。そんなことで，松平先生も，面白い子がいるなあと思って，待ってて下さったんです。

　その後，主人が東北大学へ行ったので，仙台へ行って，私は宮城学院へ移ったんです[23]。いいところだったんです，とってもね。そしてまた主人が東京へ戻ってきたので，私は東京で専業主婦の生活になったんです。

　——その専業主婦時代，1957(昭和32)年に亀髙先生はアメリカへ行かれました。

　亀髙　そう昭和32年，子どもが3つになったときに親子3人で。船で2週間かけて行きました。百聞は一見にしかずですけどね，私は中国の青島というところで育ち，父がドイツ人と交際していましたし，いろんな国の人がいましたから，なんとかなるんじゃないかなあと思って行きましたけど，ああ，なんて英語力がないんだろうって痛感しましたね。

　主人が行ったカリフォルニア大学デイビス校にホーム・エコ(家政学部)がたまたまあったものですから，そこで聴講していいよということと，1年ちょっとの滞在ならばそこのナースリースクール，幼稚園に行ったほうがいいよ，そのほうがアメリカの生活と日本を比較できるでしょうということになったんで，とてもよかったんです[24]。それで，ほんのかじったくらいのことで帰ってきたんです。

　——そして，松平先生と再会されたんですね。

　亀髙　その頃私はまだ30歳ちょっとでしたけれども，アメリカでは40，50のご婦人が聴講生で大学にもう一回入っているんです。そうだ，私も専業主婦になっちゃったら，そういうことをやろうと思って帰ってきたんです。それで，手始めにと思って，昭和35(1960)年に藤田健治先生という方の人

間哲学といったか生活哲学といったか,それを何かで知って[25],その授業をどうしても受けたいと思ってお茶大の教務課へ行ったんです。そうしたら授業は午後だって言うんです。子どもが幼稚園に行っている間に行きたいと思っていたものですから,午前に変わったら教えて下さいと言って帰ってきたんです。それで,昭和37年に藤田先生の授業が午前中にありますよということになって,その聴講生の手続きに行ったんです。その途中で偶然,松平先生にお会いしたんです。昭和35年に1回お茶大に行っていますから,松平先生がもうお辞めになっていたことは知っていました。

　茗荷谷駅近くの路上で大学生が2人でふざけていて,1人がころんで人にぶつかった。それが先生だったんです。そのことがなければ,先生はまっすぐに歩く方ですから,私が声をかけて,呼び止めはできなかったと思うんですけど。先生は少しよろけて。先生は風呂敷包みを持っていらっしゃるんですよね,鞄と。それで私が風呂敷包みを拾って,顔を見て,先生って言ったかな。そうしたら,先生が私の顔を見て,幼稚園！っておっしゃった[26]。

　それはね,幼稚園と家事教官室が向かいなんです。松平先生は家事教官室に寝泊まりしていらしたんですよね。それで,子どもたちが帰るときに,皆さんが可愛いって,首出して見ていらしたんです。面白い子がいて,西野先生かみなり先生,由井先生おまめ先生なんて,あだ名をつけるものですから,私が,あの先生方は先生の先生なのよって言ったら,へえってみんな感心しちゃったんです。それで,西野先生でしょ,由井先生でしょ,松平先生でしょって子どもたちに教えたら,子どもたちは揃って,西野先生さようならぁ,由井先生さようならぁ,松平先生さようならぁって言うんですよ。私の組が一番元気のいい組だったんです。

　それと,もうひとつは,松平定純ちゃんという,松平家の坊やが幼稚園に来ていたんです。お父様が文科の松平定光先生で,戦争中に勤労動員に生徒たちを連れていっていたところでご病気で亡くなられたんです。その子が弱虫で,ひ弱くって,ほんとうに私から離れないんです。お祖母様が明治天皇の第何王女という方で,お母様も華族さんからいらした方なんです。言葉が丁寧すぎちゃうんです,その子が。ごめんあそばせっていうと,男の子がみ

んなで冷やかすんですよ。普通の子として育てて下さいってお祖母様もお母様も頭を下げられるんですけども，かばわなきゃいけなかったものですから，子どもたちに，定純ちゃんのお父様は立派な方で，本校の先生だと言ったら，子どもたちはうぅんって。先生っていうと子どもたちは何でも感心しちゃうのね。

　松平先生は定純ちゃんと辿れば遠戚になる。それで先生は，定純ちゃん今日もお休みだけどどうだったって，すごく気にされて。それも偶然なんですよね。

　で，私が，家政学院の先生のところへうかがって[27]，あんなところで会ったわねえっていう話が出たときに，先生，私はいつも偶然なことで，自分の才能とか努力とかいうことじゃないのに，幸運に恵まれているんですって言ったんです。先生がどんなことっておっしゃるから，卒業した後幼稚園へ行って，岩手大学へ行って，仙台に行って，アメリカへ行って帰ってきたって言ったんです。そうしたら先生は，そうねえっておっしゃって，それで，どうしてそういうふうに思うのっておっしゃるのね。プルタコスの，人は自分が人より遅れているのは自分の才能や努力じゃなくって運が悪かったからだと思い込むっていう言葉があったので，それを見て私は全く反対だと思ったって言ったんですね。それじゃ，あなた今後どういうふうにしようと思うの，とか口頭試問みたいだったんです。それで，偶然によってもたらされた幸運は必然のものとして感謝し努力せよっていう言葉を言ったんです。それ誰のって訊かれたので，プラトンだと思うけれども，わかりませんって答えたんです。そうしたら，そう，そういう同じ意味のことは孔子様から皆さんおっしゃっているけども，それはショウペンハウエルの言葉ですって言われちゃったんですね。

　ほかにも覚えている名言はありますか，と訊かれました。思索なき生活は盲目であり，生活なき思索は空虚である，この言葉が家政学原論へ進む指標になりましたと答えたら，私も好きですと先生は言われました。義を見てせざるは勇なきなり，これは新渡戸稲造の『武士道』の中にあった。

　どうして，そんな言葉を知ってるのと訊かれたので，うちに本棚があっ

てって言ったのね。先生は，さっきの新渡戸さんの『武士道』だけど，それも？って。父が英語のと日本語のを持っていました，「新渡戸」って，何て読むんだろうと父に聞いたと答えました。それで，いろいろお話したら，先生に，あなたはね，そういう境遇の家庭に生まれたことを一番幸運だったと思って感謝して，親孝行なさいって言われちゃった。先生も，ご自宅に沢山の本があってよかったんだけれども，本は何でも好きなものを買ってもらったから，読書の虫になっちゃったっておっしゃってたんです。

　それから先生はいろんなお話をされるようになって。これは言っていいかどうかわからないんですけどね，あなた何月生まれって訊かれたんです。で，3月って。じゃあ小学校に入ったとき小さかったって訊かれた。はい，もう小さかったんですって。じゃあこんなに大きくなるのはいつ頃って訊かれた。女学校の3年ぐらいですって。そうしたら，先生は，そうって言われた。両親から聞いたんじゃないけれども，自分が生まれる前からいた女中が言うには，先生の生まれる予定日は3月30日くらいだった。それじゃあかわいそうだというので，4月になって生まれたらということになった。その当時の人は，女の子は4月2日，3日に生まれても，3月に生まれたことにしてもらって，1年早く学校に行って，早く嫁に行くということだったんですね。ところが先生のご両親は4月になってから生まれてほしいって言ってらしたんですって。そして，4月1日に生まれたんだけれども，4月10日にしたって。両親は自分の誕生をとても楽しく待っててくれたんだということをおっしゃったときに，言われましたね。あなたは3月生まれで，苦労したでしょって言われました。

　——話を戻して，松平先生の東大での聴講時代のことですが，松平先生は誰の指導を受けたか亀髙先生はご存じですか。

　亀髙　そのことは詳しくは伊藤秋子先生が調べることになっていたんです。私は，先生にうかがって，お名前だけは覚えています。山崎覚次郎先生からお習いになったと先生はおっしゃいました。原論です。先生が東大で経済学をお習いになるについては，その前に湯原校長と東大法科大学長との間で何回もの話し合いがあって，ようやく実現したんです[28)]。東大へ行く初日，ど

回想　松平友子先生と私　157

うなさったんですかとうかがったら，細井さんという女高師の事務長さんが付いていって下さって，山崎先生の研究室でただお辞儀をしたっていうことと，聴講を修了したときに，あなたはこの後どうするつもりですかというようなことを訊かれたのが山崎先生だ，ということをうかがいました。それから河津暹(すすむ)先生。土方成美先生にもお習いになった。土方先生については，この名前をどう読むかなんて松平先生に訊かれて，お芝居で知っています——土方歳三——なんて答えたりしたものですから，よく覚えています。舞出長五郎先生からは歴史。上野道輔先生のお名前もうかがいました。上野先生は会計学。その他のお名前は私がうかがって筆記した中にはないんです。ただ，私が先生のおっしゃることを筆記したところにないんで，伊藤先生にその頃の先生を全部調べて，できればって言ってたんですけどもね。

　あと，森戸辰男先生。松平先生はこの方はきらいっておっしゃったんです。習ってはいないんだけれども。

　新渡戸稲造先生は，休講が多くて，お会いしていない。本とか一般の雑誌などに書いていらっしゃるので，私はぜひうかがおうと思ったのに，新渡戸先生は後期にはもういらっしゃらなかったっておっしゃったのね[29]。

　高野岩三郎先生は，名前は出てきましたけれども，松平先生はちょっとアカっていうか左の方は警戒かなって思っちゃったんです[30]。森戸先生は，ほかのことで，女性問題できらいっておっしゃったのね。私が，でも先生仕方がないじゃないですかって言ったら，こっぴどく叱られました。

　——松平先生はご自身の授業の中では東大の印象などを話されなかったんですか。

　亀高　ええ，話されませんでしたね。まじめに先生の教科書に従った授業だったんです。先生といろいろお話するようになってから，私がよけいなことを訊くものですから，先生はのせられちゃったなんておっしゃっていました[31]。

　——松平先生の家事経済学はまず用語の定義から始まりました。

　亀高　先生は，自分は家事経済学を張り切ったっておっしゃるんですね。ところが，最初から用語ですね。経済学には専門用語，学術用語があるんだ

けれども，家事経済学には用語がない。それと，自分が家事科を出ていない——といっても女学校ではたっぷりあったはずです——と言うんですね。それで，家事の本を調べたって。

そうおっしゃった途中で，あなたね，これからうちの大学——東京家政学院——にある家政学の歴史に関する本を調べて，それ以外のものを国会図書館に行って調べてらっしゃいって。私も簡単に，はいって言ったんですけどね，コピーがないんですよね。全部手で写さなきゃならないんですよ。私は，夕飯の支度もあるしと思って，もう書き写すのにすごい字で，自分でも読めないぐらいにスピードを上げてたんです。それで，しばらくたったら，学校の証明書というのをお茶大でも卒業生はもらえるからというので，その証明書をもらってきて，図書館通行なんとかというのをいただいて，明治期の本の部屋へまっすぐに行かれるようになったんです。国会図書館っていうところは，すごいんですよね。入るのも大変，借り出しも大変で。そんなことで，通いましたね。

先生がおっしゃるのに，家事って何。その前に，家族とは。あの時代は旧民法ですよね。お祖父さんの世代で，七男，八男まで書いてある。だけど東京では一緒に生活はしていない，その家族。では家庭は。家事経済学をやるのに，その用語に一番苦労したとおっしゃるのね。家族は民法の中に規定されているけれども，家庭はない。そこへもってきて，家政。家政って何だろう。倹約，やりくりとしか書いてない。これに時間をずいぶん費やしたんですよってことをおっしゃる。あなた，家庭って言ったらどういうことだと思う？なんて訊かれて，こっちだってそこできちんとしたことを言えるわけじゃなかったんですけどね。それでも以前に岩手やなんかで自己流にやっていましたので，先生も同じことを考えられたんだなって思ったんです。

——亀髙先生の家政学をお聞かせ下さい。

亀髙 家族って言ったって，岩手では，じさま，ばさまがいて大変なんですよね。それでも，民主的な家庭をつくるには，なんて勝手なことをしゃべっていたんです。でもまあ，それが必要で。講習を受けなきゃいけない。私ども昭和20(1945)年9月卒業生は，次の年に呼び集められて，宮澤俊義

さんとか法学と経済学の先生方による講習があったんですね[32]。東京と岩手とで家族というときのみんなの捉え方が全然違うということを感じました。岩手では私も，家庭とは，家政とはって考えたんです。松平先生はそのことにどれだけ時間を費やしたかわからないっておっしゃったんですね。私は何だか嬉しいような，なつかしいような感じがしました。先生もまた感じられたんだと思いますね。

それで，国会図書館で翻訳家政書のようなものや何かを写してきた。女高師の最初の先生方もとても立派なことを3行くらい書いてらしたんですが，明治34(1901)年に安井哲先生が薄っぺらい『女子教育』という雑誌の中に書かれた文章を発見したんですね[33]。これは大発見したと思ったんです。松平先生，先生のおっしゃっていることと安井先生の家政をどう捉えるかという論と同じですって言ったんです。大江先生は実践から始めよということだったんですね。それで，家政学の考え方について安井先生と松平先生をひとつにしてって言ったら，怒られちゃって。時期尚早！ ここでそんなことを考えたら，あなた袋だたきに遭いますって言われちゃったんです。卒業生は大江先生を神様みたいに言っているわけですね。そこへもってきて，あなた正直とは言うけれど。

由井先生からあなた何を志望って訊かれたら，あなたは私——つまり松平先生——に付いて勉強したいと思いますって答えた。由井先生がそんなに親切にして下さったら，先生日本料理をやりたいと思いますって，たいていの学生なら答えただろうっておっしゃるんですね。あなたは，まあ平気な顔して，お料理よりも，って言った。今度はまたここへ来て，家政学院に入ったばっかりで，実践よりも理論って。

でも，そんなことじゃなかったんです，私は。実践から始めて，理論を実践に移して，理論を確かめる，こうなんです。私はまじめに考えたんです。理論なき生活は盲目であり，生活なき理論は空虚であるという，プラトンか誰かの言葉が好きでした。兄の本棚から勤労動員先に持っていった1冊の本に見つけたんですね。だから，先生，理論と実践と，こういうふうに両方からって言ったんです。先生は，そんなことはまだ，20年か30年先に書きな

さいって言われたんですよね．私は大発見したつもりでいたんですのに，それは叱られたんです．

　先生は，家事経済学をつくるのに張り切っちゃったんだけれども，それがどれだけ大変だったかということなんです．

　――松平先生は，『家事経済学』の中で，家事の無償性という問題に気づいていらっしゃいます．

　亀髙　そう，次に，家事は有償か無償かっていう問題を考えることで，先生はこれに苦労されましたね．先生は，お母様がご病気のときに，看護婦さんとか家政婦さんとかがうちに来ていたと言われるんです．ほんとうによくしてくれた女中さんが具合が悪くなったら，その女中さんのいとこという人が来てくれたとも．あの人たちはいったいどのくらいお金をもらっていたのだろうか．あるいは，ご飯を食べさせてもらって，着せてもらって，嫁入り支度をしてもらってっていうのだったんだろうか，と．家政婦にお金を払っているのを1回見たことがあるっておっしゃるんです．

　女の人が働いて無償っていうことをお友達に話したら，奉仕と犠牲の精神，それだから尊いのよ主婦は，って言われたっておっしゃるんですね．だけど，主婦はじゃなくて，仕事，家政という仕事は無償に値するのか，有償に値するのかなんだと話したら，なんでそんなめんどうくさいことを考えるのと言われたとおっしゃるのね．女高師の先生にも，友だちにも．そんなの決まっているじゃない．愛情を持ってやれば，喜んでもらえれば一番いいんだ，奉仕の精神で行きなさいっていわれて，私は考え込んだっておっしゃったんです．ここまでね．で，結局先生どうなさったんですかって言いたかったんですけど，それを言ったら叱られるということだけはわかっていましたから．それはずぅっと考えているのよっておっしゃっていましたね．

　それくらい，中流，上流家庭では，女の人がお金をもらうなんていうことは下種(げす)の人間のやることだという意識だったんです．御用聞きとつけで払っている生活ですね．そこにお金のこと，お金のことなんてって言うわけです．女中を3人も4人も使っているような方はうちに執事っていうのがいてね，なんて言われてたんです．でも，そういう執事はお金をもらっているんです

よね。家政婦はお金をもらうけれども，主婦業の妻や母親はもらわない。あの時代には，本意じゃないけれども無償にしたとおっしゃっていましたね。

　私が最初に昭和41(1966)年でしたか，水洗いの洗濯をクリーニング屋さんに出したらいくらとか，家政婦さんの一番上の人だったらいくらとかといったものをもらってきて調べたことがあるんです。そうしたら，なぜこういうことを調べるんですかとかね，愛情でやっていますとかね，まだそんな状況でした。私がお金に執着しているんじゃないかみたいにね。

　でも先生は，そのことをずっと考えていらして，いつか解決したいとおっしゃっていました。この家事の無償性の問題は，一番先生の苦労というか，悩んだところだっておっしゃっていました。

　——松平先生には結論はあるんだけれども，時代的に受け入れられなかったということですね。

　亀高　そうですね。だから先生は書き直したかったんです。先生は昭和35(1960)年3月にお茶大を定年になられた。それでね，半年くらいはゆっくり湯治に行って休み，読書三昧してから，家政学原論をもう少し加筆して出版し直したいのと，25～26年間にわたって書いてきた家事経済学を全部読み返して，その集大成をしてから死のうと思ったとおっしゃったんです。ところが。

　——松平先生は家政学院へ行かれました。

　亀高　先生は定年になる1年前に，定年後家政学院へ行くことが決まったんですね。私が卒業するときの女高師の校長が藤本萬治先生という方だったのね，その藤本先生が家政学院の短大の学長になっていらしたんです[34]。その藤本学長に頼まれて家政学院へ行くことになったんです。昭和36(1961)年に大学を開学するつもりだったのが，敷地の問題やなんかで遅れて昭和38年になった。それで松平先生は昭和40年に70歳なの。短大の定年が70歳。そうすると大学には2年間しかいられない。それで先生の担当する授業を低学年に前倒しすることになったのね。そうしているうちに，第1回生が卒業するまで新たな教授の方々の定年を繰り下げると大学が言ってきた。それで昭和42年3月の第1回卒業生と同時に先生も辞めるということになっ

たんです。

　私は昭和41(1966)年に家政学院の専任になって，短大の家政学原論と経済を持ちなさい，それから学部と短大の家庭科教育法を，あなたは文部省（当時）のIFEL[35]に行ったので――これも偶然で，東北から2名という中の1名になったんです――持ちなさいということになった。短大の経済もとなったんですけど，時間割に入らないんですよね。それで，しょうがないっていうんで，経済は松平先生が持って下さったんです。先生があまりに大変で，お気の毒なんですけど，経済は手に負えないと思って，絶対にやりませんって言ったんです。そうしたら，別の方が着任されましたね。

　そうしたら，定年を75歳にするという案が出てきた。先生は，私は第1回卒業生と同時でけっこうですとかたくななんです。で，先生，そんなに反対ばかりしちゃいけません，原論の本を書いて下さいってお願いしたんです。先生は，私を脅迫するのなんておっしゃった。そのとき，私にできることは何でもしますと言ったのは確かなんですが，そうしたら経済の授業を代理でしてきてって。

　ただね，先生を怒らせる事件がありました。先生が頭が重たい，頭が重たいっておっしゃるので，先生，血圧はと言ったら，私はずっと低いんですっておっしゃるんですね。でもお顔が上気していらっしゃるから，病院に行って下さいって言ったら，例のスペイン風邪のときも肺炎のときもだめだ，だいたい毎日やって来て，胸開けて聴診器当てて，何にもならなかったっておっしゃるんです。そんなこと言っても，もう時代が違いますって言ったんです。そうしたら，女医さんでなきゃ行かないっておっしゃる。お婆さんの胸なんか見たって何にも面白くないんだからなんて悪いこと言って，もう一人の吉松先生と，ねえ，頑固よねえなんて言ったんです。吉松先生という方は由井先生の助手だった方で，その先生がお医者を捜して下さって，先生について行ったんです。そうしたら血圧が高いんです。私はずっと低かったって先生は言うの。何が原因でしょうねって。本を書き始めちゃったからかなあって思ったんですね。その資料集めのお手伝いもしたんです，お願いして。あんまり一生懸命だから，これでどうにかなったらどうしようかと思ったん

です。
　それでしばらく経ったら，一過性かも知れません，でも気をつけて下さいってことだったんです。で，先生は漢方薬のほうが効くんじゃないかとか，わかんないことおっしゃるんですよ。でも，先生はとってもご機嫌でした[36]。
　先生は，定年の75歳までいらっしゃらなかった。昭和45(1970)年に75歳なので，私はちょうどいいと思っていたんです。そうしたら先生，74歳の1月頃に，調理の吉松先生と，経済の三東先生と，私を呼ばれて，3月に退職しますって。3人寄れば文殊の知恵じゃないけれど，これからはともかく力を合わせて，あなた方はみんな未完だけれども，この家政学院で本気で最後まで頑張りなさいっておっしゃったんです。私はびっくりしました。もう1年あると思っていましたからね。その前に『松平家政学原論』(光生館，1968年)を出された[37]。だから1年間だけその本を使われたんです。それで，とてもご機嫌よくなってらした[38]。
　——そして松平先生は家政学院を辞められて，翌1970(昭和45)年に亡くなられました。
　亀髙　昭和44(1969)年に辞められて，東京家政学院大学名誉教授になられた。それから1年で亡くなられるとは思ってもいませんでした。女高師の昭和2年卒で，埼玉大学にいらした稲葉ナミ先生という方と，夏休みに那須温泉にいらしたんです。そこで脳溢血で倒れられた。8月8日です。黒磯の病院に運ばれたっていうんで，行きましてね。板谷先生が泊まって看病された。その後10月に，末廣先生のお父様がお医者様で，田園調布で病院をやってらしたので，そこに移られたんですけどね。お見舞いに行ってみましたら，先生はハンストなさるんですよ，食べない。右腕がちょっと利かなくなられたんですね，こんなもので生きていたってだめだって。いまみたいに胃瘻のようなことをして長生きしたくはないと先生は思っていらしたと思うんですよ。伊澤さんにご面倒をかけるわけにはいかないから老人ホームを探してなんていうお話もちょっとされたんです。でも，そんな話を進める間もなく，12月22日に亡くなられました。
　先生のうちは神道だっておっしゃったんですけどね，先生ご自身は無宗教

だったんじゃないかっていうんで，祐天寺でお葬式をしました。先生のお墓は富士霊園にあるんです[39]。富士霊園には毎年おまいりに行きます。というのは，富士山がきれいで，主人と行ったときに主人がここにお墓を買おうと言うんで，申し込みをしたら，病気ひとつしたことのなかった主人ががんになって亡くなったんです。それで主人と先生のお墓参りを毎年しているんです。

松平先生の授業を初めて受けたとき，先生は真摯で，礼儀正しい，凛とした，潔い，士族の娘だと思いました。先生のご生涯はそれを貫かれたんです。

——今日は，松平先生の生い立ちから，亡くなられるまでのお話をうかがうことができました。ありがとうございました。

亀髙 松平先生のことを思って下さることをありがたいと思ったものですから，それと，お話するのにあやふやじゃ申し訳ないと思いましたものですから，ぐしゃぐしゃの資料を写し直しまして，ちょっと調べ直しました。何かお役に立てば幸いです。

追記
家事経済学から家政学原論へ[40]

亀 髙 京 子

後年になって考えてみると，私は家事経済学を専攻したいというよりも，

①松平先生の「私は独力で家事経済学を樹立しなければなりませんでした」のチャレンジ精神というかフロンティア・スピリットに感動，傾倒し，先生に師事したいと思ったことが大きかったようです。

②私は女学校3年生の頃，父の書棚にあった何とも古めかしい西周（1829-1897）著の『百一新論』，『致知啓蒙』を手にとり，フィロソフィを哲学と訳された方，哲学とは宇宙や人生の根本原理を理性的に究める学とあるのに，

理解もできないながら，心ひかれたのでした。後年，西氏の生地である津和野を訪れ，郷土館で研究会の方からお話をうかがいました。

③女高師の4年次の学徒動員で信州御代田にいるときに，学徒出陣中の兄の哲学書を持参して読みふけり，その哲学書の中に，ギリシャのソクラテスの弟子であるクセノフォーンが，Oikos（家）と Nomos（管理）を結合した Oikonomikos が，斉家，家の管理である，そしてこれが英語のエコノミー economy の語源であることを発見し，家事経済（学）という学問は紀元前からの深遠な学問なのだと興奮したのでした。

④戦後（昭和22(1947)年），由井テイ先生から"家政学部の設置に関して，家政学を科学として理解を得るには，家政学の哲学ともいうべき理論が必要であるとの藤本萬治校長先生の発言に，その名称として松平先生が"家政学原論"を提案された"ことをうかがい，"原論"を辞書で調べると，"原論とは根本的な理論を講じたもの。言語や文章によって思想を発表して論ずる"とある。未だに残存する家政とは女の仕事，家政学は家事・裁縫の技能教育というイメージを払拭するのに最も適した名称だと感心した。"家政学原論"！　これだ！　私は家政学原論を学びたい，挑戦したいと真剣に願ったのだった。盲蛇におじずの若気の至りを，いま，恥ずかしくも懐かしく思い出す。

昭和25(1950)年9月，IFEL に参加したとき，アメリカの家政学が Home Economics の名称に至る発展の解説に，あのオイコス＋ノモス＝オイコノミクス，エコノミー，エコノミクス→ホーム・エコノミクスと懐かしく思い出した。由井先生がそおっと伝えて下さった松平先生の『家政学原論』の出版をまだか，まだかと待ちこがれていた。

⑤私は松平先生から誉められたことはほとんどないが，先生の第一印象について，多くの方たちと同様に頭脳明晰，理路整然のほかに，貴方の"潔い士族の娘という感じ"の表現は気に入りましたよ，また，貴方は先人の著書・論文および口頭発表に関して引用のしかたが正確，誠実ですと言われた（先生は，先人の論文や発言に，たとえ自分も同じ考えや感想を持ったとしても，それを自分の発想や意見のように表明する人物を許されなかった）。

⑥私は"推敲"という字を眼にすると，反射的に松平先生のお顔が浮かぶ。先生はご自分が書かれる文(論文，それ以外のすべて)について最適の字句を練り返される厳しい様子を，そばで拝見していたからだ。

⑦先生が定年の規定より1年早く退職なさるとおっしゃられたとき，私は胸・ノドがつまって，ただ「ありがとうございました」と深々と頭を下げたのだった。

先生は，「私も貴方に御礼を申しますよ。貴方は『松平家政学原論』の執筆をうながすときもそうだったけれど，私が体調を崩しかけたときに，何人かの方々も，病院へ，お医者さんへと勧めてくれましたね。それを私がかたくなに拒むと，他の方々はあきらめられました。でも，貴方は，顔を真っ赤にして涙ぐみながら執拗に迫りましたね。私は2度も大病を経験していますし，母を早く亡くしていますから，もし幼な児を残して死ぬようなことがあったらと，結婚しませんでした。あのとき，もし私に娘がいたら，貴方のように強硬に言うのではないかと思いますよ」とおっしゃった。

先生からこんな言葉が——？　私は茫然と突っ立ったままだった。

⑧そして厚紙で厳重に封をした包みを「私の大切なものです。貴方に差し上げます」と，驚く私に手渡されました。「あけないでいいの。保管しておいて下さい」とだけ。私はご指示通り，研究室の書棚の下段にしまい，鍵をかけました。そして私が退職するとき，江原絢子先生に引き継いだのでした。

この包み(松平先生の著書)が上村さんを通して先生[41]へ。実に87年ぶりに陽のあたる場へとつながったのですね。この奇縁に接し，私は敬愛申し上げる松平先生のおそばで過ごしたあの頃のことを，時を忘れて幸福な思い出に浸っています。ありがとうございました。

1) 上村(2006)を参照。
2) 亀高先生の仕事については，宮崎(2006)，八幡(谷口)(2006)を参照。
3) 2011(平成23)年3月11日に東北地方から関東地方を襲った東日本大地震。
4) 2012(平成24)年5月26・27両日に小樽商科大学で開催された経済学史学会第76回全国大会の第2日に行われた，松野尾が組織したセッション「日本における女性と経済学——1920年代を中心にして」において，「日本における女性による経済学研究

／教育の誕生——松平友子について」(報告者・松野尾)、「新渡戸稲造の女子経済教育——人格教育における経済学」(同・栗田)、「森本厚吉の女子経済教育——アメリカ消費研究の導入」(同・生垣琴絵)の3本の研究報告が行われた。報告要旨は経済学史学会大会組織委員会編『経済学史学会　大会報告集　第76回全国大会』2012年、所収。
5) 亀高先生は、1942(昭和17)年4月に東京女子高等師範学校(先生は「女高師」と呼ばれている)に入学された。文科、理科、家事科(1943年に家政科と改称)、体育科の4科があった。修業年限は規程では4年であったが、亀高先生は、戦時中の特別措置により、1945年9月に繰り上げ卒業された。
6) 亀高先生のファイルにある松平友子の昭和35(1960)年1月23日現在の履歴書(松平友子の直筆)によれば、生年月日は「明治27年4月10日」、本籍は「東京都渋谷区原宿1丁目86」、戸籍筆頭者は「松平友子」、現住所は「東京都文京区大塚窪町5　大塚女子アパート」である。その前年の昭和34年6月1日現在の履歴書(亀高先生が筆写されたもの)によれば、生年月日は同上、本籍は「東京都〔北区滝野川西ヶ原町487〕渋谷区原宿1の86」、戸籍筆頭者は「松平〔正寿の姉〕友子」、現住所は同上、である。伊藤秋子は、松平友子が「東京都渋谷区神宮前二ノ八六(現在表示)に生まれ」たと記している。伊藤(1982)10頁。これは本籍の渋谷区を根拠にして判断したものと思われるが、誤りである。亀高先生は本インタヴューの文章に加筆された際に次の通り記されている。「松平先生の出生地は北区滝野川西ヶ原町487です。先生から直接うかがいました。本籍を原宿に移された正確な年月日は不明ですが、お茶の水女子大学の定年退職の直前だったようにもうかがいました。しかし原宿は空襲で焼けたわけで、はっきりしません。先生は、経済的に自立したら一日も早く本籍を移して戸主を希望したが、旧民法下と弟の正寿氏との話し合いの両方が面倒だったと話されました」。松平友子の出生地は、出生当時の地名では東京府北豊島郡滝野川村大字西ヶ原、現在の東京都北区西ヶ原である。
7) 松平正寿(1898-1995)は東京帝国大学工学部電気工学科を卒業。1923(大正12)年から東北大学工学部で音響工学の研究に携わった。1961(昭和36)年に退職。その後、電気通信大学学長、玉川大学工学部長を歴任した。菅野(1996)を参照。
8) 山脇高等女学校(現・山脇学園中学校・高等学校)。
9) これら3人の経歴は『桜蔭會誌』昭和15年11月号、1109頁に拠っている。
10) 保井コノ(1880-1971)は1907(明治40)年に東京女高師研究科を修了し、同校助教授。1914(大正3)年からアメリカに留学しシカゴ大学およびハーバード大学で植物学を修め帰国。1927(昭和2)年に東京帝国大学で日本初の女性理学博士となった。黒田チカ(1884-1968)は1909年に東京女高師研究科を修了し、同校助教授。1913年に東北帝国大学理科大学化学科に入学、1916年に同大学を卒業し、日本初の女性理学士となった。1929年に保井コノに続く2人目の女性理学博士となった。
11) 東京家政学院(現・東京家政学院大学)。
12) 実践女子専門学校(現・実践女子大学)。
13) 亀高先生のメモによると、昭和17(1942)年に入学したときに和服の教員は家事研

究室の西野みよし(明治37年卒)、由井テイ(明治42年卒)、松平友子(大正6年卒)、和裁研究室の石田はる(大正7年卒)、本間延(同)、寄宿舎舎監の西野ほか3名の明治年代卒の各先生。洋服の教員は洋裁研究室の成田順(明治42年卒)、薄井寿々(昭和8年卒)、理科の保井コノ、黒田チカ、吉田武子、阿武喜美子、湯浅年子の各先生と一般教育英語の近藤いね子先生。助手は皆洋服。「音楽の若い先生方の華やかな洋服がすてきでした」。

14) 支那事変は、日中戦争に対する、第二次世界大戦末までの日本側の呼称。1937(昭和12)年に蘆溝橋事件をきっかけにして起こった日本の中国侵略戦争。1945年8月の日本降伏まで続いた。

15) 家政科では3年次から①家政・育児・保健(通称食物コース)と②被服(被服コース)に分かれることになっていた。亀髙先生のメモには、「勇気を出して、松平先生のいらっしゃる家事教室をお訪ねした。吉松先生(当時調理の助手)に、先生は2日か3日しか見えない？非常勤講師を知らなかった。林先生に化学教室で、希望を伝えた。家事経済希望。結果①に配属された」と記されている。林先生は林太郎。当時家政科主任。

16) 「青少年学徒に賜りたる勅語」は1939(昭和14)年5月22日に公布された。1948年6月に教育勅語とともに失効した。

17) 大江スミ(1875-1948)は東京女高師教授を経て、1923(大正12)年に家政研究所を開設、25年に東京家政学院を創設し、校長に就いた。

18) 桜蔭高等女学校(現・桜蔭中学校・高等学校)。

19) 武田京氏のご教示によれば、「愛知航空〔機〕」である。「名古屋の被服廠」は亀髙先生の記憶ちがいであろう。

20) お茶の水女子大学教育学部附属幼稚園編『年表 幼稚園百年史』によれば、同附属幼稚園は「昭和20年3月7日、空襲頻繁になり幼児は次第に疎開、通園児日々減数、全在籍幼児を一組にまとめる。3月17日、空襲頻繁のため休園」。『お茶の水女子大学百年史』によれば、附属幼稚園は1944(昭和19)年9月1日に休園、1945年11月9日に再開。再開について、亀髙先生のメモによると、「当時在籍幼児は殆ど疎開から戻ってなく、焼け野原、交通機関も異常のため、女高師近辺の焼けていなくて幼児のいる家庭を訪ねて通園を誘った。これは幼稚園教員会議の席で倉橋園長の民主時代におけるお考えで決まった。1つには昭和20年入学、21年3月卒業予定の保育実習科の生徒の実習に必要であった。(当時実際に家庭訪問をした教諭は私の他1人健在。)訪ねた家庭の中には夫が未復員、母親が働くために喜んだケースもあったが、殆どは「うちの子など附属幼稚園になぞとてもとても」と遠慮された。それを是非にと誘い、昭和20年11月9日、女子21名、男子14名で保育開始。……変則的であったが必要であった。昭和21年4月からは従来通り前年に募集、入試を行って正規に入園児の保育を開始した」。

21) 亀髙先生は1947(昭和22)年に附属幼稚園から岩手師範学校女子部に移られた。1950年に同校が岩手大学学芸学部となり、先生は同大学専任講師となられた。

22) 亀高(2007)。最終的に新設科目「家政学原論」は松平友子が担当することになった。
23) 亀高先生は1952(昭和27)年に岩手大学を退職され，宮城学院女子短期大学助教授に就かれた。1954年に同短期大学を退職。同年に長女を出産された。
24) 亀高先生のメモには，「夫の師クライバー教授の夫人が元家政学部長。私の経歴を聞かれて，一年間の滞在ならば①家政学部のどの授業でも選んで聴講出来るように。②もう一つは夫人が建設された「教師と親の協同によるナースリースクール」に参加して(保育)にかかわることだと思う。子どもを通して家族ぐるみの交際により，アメリカの家庭生活(多民族)理解・比較したら？ 母親は全員大学卒(ホーム・エコ，保健，看護，他 文・社会)，交流して日本の紹介もお願いしたいとのアドバイスだった」と記されている。
25) 亀高先生のメモには，「お茶の水女子大学文教育学部の藤田健治教授の"哲学的人間学"？ or 生活人間学？の記事を読み(とっておいたのにない。UP?)」と記されている。
26) 亀高先生のメモには，「すぐ横の所で立ち話。「あー，由井先生からうかがっていますよ」「お茶大の聴講生希望でー」と云うと——先生は，私が松平先生の「家政学原論」の聴講希望だと思われ，ご親切に，お茶大退官，今，家政学院短大に。「よかったら，いらっしゃい」とご親切な言葉——。有難かったけれど——。先生の『家政学原論』を読み直し，少し勉強してからでなくては——と。——たじろいだ」と記されている。
27) 亀高先生は，1963(昭和38)年から東京家政学院短期大学の非常勤講師に就かれた。亀高先生のメモには，「昭和38年(4月)，家政学院短大栄養士課程の"食品材料学"の非常勤講師に。ひょんなことからお引き受けし，出かけた。松平先生にお目にかかる。(勇気を出して——)」と記されている。
28) このときの東京帝国大学法科大学長は小野塚喜平次(在任1918〜1919年)。東京帝国大学は1919(大正8)年4月に法科大学を廃して法学部と経済学部を設置した。経済学部の初代学部長は金井延であったが，健康不良のため1920年5月に山崎覚次郎に交代した。松平友子はこの設立されてすぐの経済学部で学んだ。
29) 新渡戸稲造は1920(大正9)年に教授在職のまま，ジュネーブに本部があった国際連盟の事務局社会部長，その後事務局次長に就任し，1926年まで務めた。
30) 高野岩三郎は1919(大正8)年10月に東京帝国大学を辞職し，大阪に設立された大原社会問題研究所長に就いた。
31) 亀高先生のメモには，「東大構内，男尊女卑。学問の世界でさえこの実状——文化国家でない。怪訝な目で見られる。学生——黒の学生服。先生，黒のスーツ，長いスカート。ノートをとる。図書館(入館証，証明書)。守衛に証明書提示，止められたことあり。一般の人は自由に——。女子用トイレは法学部事務室。水分とらず，昼休み，学生食堂には行かない。おべんとう，三四郎池」と記されている。
32) 1946(昭和21)年に実施された東京女高師昭和20年9月卒業生のための補充教育。
33) 安井哲「家事経済」女子教育研究会編『女子教育』第1巻第1号，1901年，所収。

34) 藤本萬治は1945(昭和20)年1月に(旧制)山口高等学校長から東京女高師校長になった。1949年に愛媛大学長，1955年に東京家政学院短期大学長となり，1963年に退職した。
35) IFEL (The Institute For Educational Leadership) は，1948(昭和23)年9月から1952年3月まで8期にわたり，文部省(当時)とCIE(GHQ民間情報教育部)の共催で教育関係専門家の養成を目的として開催された講習会である。日本側では「教育指導者講習」等と称した。
36) 亀高先生のメモには，「先生，大さわぎしないでよ——。執筆進められる。資料は整理していたのに，無いものもあるのよ——。能率悪くなった。書いている時，昔の20代の頃を思い出して，懐かしかった——。ご機嫌すこぶるいいが，少しお疲れのようで，心配し通し」と記されている。
37) 亀高先生のメモには，「『松平家政学原論』が光生館から届いた日。先生，吉松先生，板谷先生，私で渋谷の先生ごひいきのお寿司屋さんへ。東急プラザで三色アイスクリーム。ささやかなお祝いをした。私共も一冊ずつ頂いた(先生のご署名入りで)」と記されている。
38) 亀高先生のメモには，「先生にこにこ顔。学生もこのご本で授業。私も列席」，「静かに去りたい。最終講義もしない(毎回，その気持ちで授業した)」と記されている。
39) 富士霊園は静岡県駿東郡小山町にある。亀高先生のメモには，「昭和39年頃から，各大学・高校へも新霊園の広告が寄せられる。特別希望の場所以外は宗派を問わず墓石その他は同じ。41年秋，先生は見学したいとの希望で，お供する，4人。富士山美しく，まだ梅の木は小さかった。先生，大変気にいられて即座に申し込み。松平友子と朱色(生前)の刻みを依頼。松平家の墓は弟(正寿氏)が継ぐからと独立。出来上がった42年春に行く。3人(吉松，板谷，私)，桜満開(4月5日)，広い中を散策する」と記されている。なお，松平正寿の墓は多磨霊園にある。
40) 以下の文章は，インタヴューの後日，亀高先生から松野尾宛てに書簡として送られてきたものである。
41) 松野尾のこと。

参考文献

伊藤秋子(1982)「解説」『復刻 家政学叢書9 家事経済学』第2分冊，第一書房，所収

上村協子(2006)「松平友子著『家政学原論』(高陵社書店，1954年)と『松平家政学原論』(光生館，1968年)を読む」亀高(2006)，所収

亀高京子監修(2006)『若手研究者が読む『家政学原論』2006』家政教育社

亀高京子(2007)「家政学原論事始め」『家政学原論研究：家政學原論』第41号(日本家政学会)，所収

菅野允(1996)「松平正寿先生を偲ぶ」東北大学電気・通信・電子・情報同窓会編『同窓会便り』第26号，所収

松平友子(1925)『家事経済学——家庭生活の経済的研究』上・下巻,文書堂
宮崎陽子(2006)「亀髙京子氏の「家政学原論」観を探る——亀髙京子・仙波千代共著『家政学原論』(光生館,1981)を読む」亀髙(2006),所収
八幡(谷口)彩子(2006)「横山光子ほか著『新版家政学原論・家庭経営』(朝倉書店,1981)を読む——亀髙「家政学原論」と東京女子高等師範学校家政学の系譜」亀髙監修(2006),所収

第3部　労働への視点

第6章　竹中恵美子の女性労働研究
—— 1960年代まで

松野尾　裕

第1節　は じ め に——女性の経験を理論化する

　竹中恵美子(1929-)は，日本の女性の経済学者として，大きな業績を挙げた。そのことは，『竹中恵美子著作集』全7巻(2011～2012年)の公刊をもって言うことができる。この著作集は，竹中の半世紀余りに及ぶ学究的な取り組みとともに，大阪を拠点とする女性労働運動や市民運動との交流の成果としてできあがった[1]。

　竹中の研究に貫かれているテーマは「女性の生活経験を理論化する」ということである[2]。竹中は，1952(昭和27)年に大阪市立大学経済学部の助手となり，労働経済学を志して以来，女性労働研究に取り組んだ。その研究は賃金，労働市場に始まり，労働運動，社会政策，さらに家事労働，フェミニズム，ディーセント・ワークへと展開した。それらに関する多数の論稿を主題ごとに編集したものが上記の著作集である。日本における女性の経済学者の著作集として，これは最初のものである。

　竹中は[3]，戦後すぐの1946(昭和21)年に岐阜県大垣高等女学校(現・岐阜県立大垣北高等学校)[4]を卒業した後，大阪府女子専門学校(のち大阪女子大学，現・大阪府立大学)の経済科に入学した[5]。高等女学校で公民の教員から河上肇の『貧乏物語』(1917)[6]の話を聴いたことが，竹中が経済学への関心を持つきっかけをつくった。このことについて竹中は，「軍国少女であった私の人生を変える僥 倖というべきであった」と述懐している[7]。河上肇は，京都帝国大学において明治末から昭和初期まで活躍した日本を代表する

経済学者である。人道主義的な立場から貧困問題を論じた『貧乏物語』は，大阪朝日新聞(当時)に連載された後，本としてまとめられたもので，多くの読者を得た，河上の代表的著作である[8]。河上は 1946 年 1 月 30 日に京都の自宅で死去した。河上の死去は新聞各紙で報じられたから，おそらく大垣高等女学校の教員はそのことを生徒たちに語る中で，『貧乏物語』に話が及んだのであろう。

　大阪府女子専門学校に入学した竹中は，学校の授業よりも，学生サークルの社会科学研究会で学生同士で交わした議論のほうが大きな刺激となったようだ。1947(昭和 22)年の朝日新聞社主催「学生討論会」に 3 人ひと組でチームをつくり参加し，近畿代表となって東京大会に出場した。また同年に結成された同校学生自治会の初代会長に就き，1948 年に東京で開かれた全国学生自治会総連合会(全学連)の結成大会に出席したりもした。学内では社会科学研究会の活動や学生自治会運動の高揚があり，また学外では，1946 年 4 月の衆議院議員選挙において初の女性参政権が行使されて 39 人の女性議員が誕生し，敗戦まで抑圧されていた労働組合運動が解放されて勢いを増していた。こうした時代の中で竹中は経済学を学び始めた。1949 年 3 月に竹中は卒業論文「社会主義経済と貨幣」を書いて同校を卒業した。この年の経済科の卒業生は 43 人であった[9]。

　竹中は，同年，大阪商科大学(現・大阪市立大学)へ進学した[10]。このときの入学者数の性別内訳は男性 216 人，女性 3 人である。竹中はこう回想している。「そこで最初に学んだことは，名和統一教授(国際経済学で著名)の，「経済学とは金儲けの学問ではない，経世済民の学である」という言葉。また，イギリスの経済学者アルフレッド・マーシャル(Alfred Marshall)の「経済学を学ぶ者は，すべからくイースト・エンド(ロンドンの貧民街)に行け」，つまり，「経済学を学ぶ者に必要なのは，〈冷静な頭脳と温かい心情(Cool Head but Warm Heart)〉である」という言葉であった。これらは砂地に水が浸み込むように私の心をとらえた」[11]。名和統一が竹中の指導教授である。名和は，1943(昭和 18)年から 1945 年の間に治安維持法違反容疑により大阪商科大学の学生・教員らが検挙・拘置された事件——「大阪商大事

件」[12]——の犠牲者の一人であり，1945年10月に釈放された後，大学に復帰していた。

1952(昭和27)年に竹中は大阪商科大学を卒業した。卒業論文は「男女賃金格差と男女同一労働同一賃金原則についての一考察」である[13]。同年，竹中は大阪市立大学経済学部に助手として採用され，研究者としての道を歩み始めることとなった。大阪市立大学経済学部50周年記念誌に収められている座談会の記録の中で，竹中は次のように語っている。

「——竹中先生が旧制商大を卒業され，市大経済学部の助手として残られたのは何年でしたか？ そのころの学園の様子や学生気質辺りからおはなしをうかがいたいのですが……。

竹中　1952年9月に経済学部助手に採用されました。名和ゼミの出身で，22歳でした。学生と接したのは55年頃，もう〔校舎は〕杉本町に戻っていました。担当は外書講読でしたが，学生さんたちとあまり歳が違わないものですから，「何だこんな若い女性が……」というような目をされ，教壇に上がるのにドギマギしたことを覚えています(笑い)。経済学部では，当時の学生のほとんどが男性で，女性はほんの1～2人，その後もせいぜい数人という時代でした。後に私が学部長になった86年頃には，定員180人中20％位まで女性が占めるようになりましたが，それがピークじゃないでしょうか。ちょうど，男女雇用機会均等法が施行された年でした」[14]

竹中が卒業論文で示した問題関心は，1950(昭和25)年に社会政策学会で「同一労働同一賃金」が論題として取り上げられたことや，翌1951年にILO(国際労働機関)が第100号条約「男女同一価値労働同一報酬」(Convention concerning Equal Remuneration for Men and Women Workers for Work of Equal Value)を採択した[15]ことなど，ホットなテーマと重なっていた。竹中は，しかし，「はじめから女性労働論の研究をめざしたわけではなかった。……4～5年間は研究方向を決めるための模索の時期が続いた」と述べている[16]。1957年に竹中は講師に就任した。その際に竹中の担当科目が決められることになった。「労働経済論」はすでに吉村 勵が担当してお

り,「人口論」あるいは「社会保障論」をという話もあったようだが,「労働市場論」という科目が新設され,それを竹中が担当することとなった[17]。1961年に竹中は,社会政策学会において,「労働市場と賃金決定」と題する研究発表を中村(西口)俊子と共同で行った[18]。翌1962年には『女のしごと・女の職場』(西口俊子との共著)を刊行した[19]。さらに同年,論文「わが国労働市場における婦人の地位と賃金構造」を発表した[20]。1962年は竹中にとって女性労働研究の力強い一歩を記した年であった。

竹中は1955(昭和30)年に結婚し,1958年には長男が誕生した。上記の諸著作は,家庭と職場との両方の仕事で文字通りの多忙の中で執筆された。しかしその忙しさが,竹中に自身の研究テーマをつかませることとなった。竹中は研究者として出発した頃を回想して,こう述べている。

「私にとって,経済的に自立することは人間としての生活の基本条件であった。……性役割分業とは誰のためにあるのかを考えざるをえなかった」。「年功制度や年功賃金,終身雇用といっても(これも,男性一般ではなく大企業の正規労働者の特徴に過ぎないものであるが),こうした労働のあり方は,必ずその一方で,それに伴う非正規労働力がセットになっている。にもかかわらず,非正規労働者の主流をなしてきた女性労働者はほとんど,それ〔年功制度等〕を語るときに消去されてしまっている」[21]

ここから竹中は,「女性の経験を理論化することこそ,女性労働研究の課題」であり,「男女労働者をトータルにとらえたうえで,その両者の組み合わせのパターンを規定してきたものが何なのか,それこそが私の女性労働分析の基本視点である」,とする自身の女性労働研究の課題と視点を確立させた。

竹中は,経済学の研究に足を踏み入れたとき,それが圧倒的に「男性本位の経済学」[22]だということに気づかされた。しかし竹中が河上肇の『貧乏物語』や名和統一に教わった言葉から学びたいと思った経済学は,ヒューマニズムにあふれた学問であるはずなのである。竹中は,女性の経験を経済学に導き入れることによって,経済学を人間の学問,人間を励ます学問へと革新

する道を歩み始めた。

　本章では，以下，竹中の最初の論文「男女賃金格差と男女同一労働同一賃金原則についての一考察」(1953)から『現代の婦人問題』(編著，1972)公刊の頃までの女性労働研究に関する論稿を取り上げて，そこに見られる竹中の思索の軌跡について考察する。

第2節　格差ではなく差別の問題

　「婦人の賃金が如何に規制されたかという問題は，資本制生産の発展に伴う婦人の社会，経済的な地位がどのように変化してきたかという問題と密接不離な関係にあると思われる」[23]。これは，竹中恵美子の論文「男女賃金格差と男女同一労働同一賃金原則についての一考察」(1953，以下53年論文という)の冒頭にある言葉である。この一文をもって竹中の学問は始まった[24]。

　この論文について，のちに竹中は，「もっぱら男女賃金格差の本質を論じたもので，女性の低賃金の構造的分析にはいたっていなかった」と自ら評している[25]。ここで「本質を論じた」と言っているのは，マルクスの経済理論(『資本論』)で述べられている賃金規定，すなわち「労働力の価値の形態としての労賃」(長谷部文雄訳，以下同じ)，に照らして男女の賃金格差を論じたという意味であり，ここには当時の学問状況が直接的に反映している。「構造的分析」とは，現実の賃金決定の場である労働市場(労働力の需要と供給)の具体的なあり方に踏み込んで，したがって日本の労働市場に即して女性の低賃金を分析するということである。

　竹中は53年論文に不満があったのだろう。この論文は本章冒頭で紹介した『著作集』に収録されていない。53年論文は賃金格差の根拠を「労働力の価値」から理論的に説明したという点で成果をおさめている。ただ，労働力の価値に差があることの帰結として同一労働であっても賃金格差が生じるとしながら，同一労働同一賃金原則が資本主義社会の中で出される根拠を，経済理論から外れた「公正」という論理を用いて説明したところに論述の一貫性を欠くものがあった。しかし，53年論文についての竹中の不満は，そ

うした論述の不完全さにあったのではなく、自身の学問の着眼点の根本にかかわることだったのではないか。結論を前もって述べるならば、53年論文では女性の低賃金を男女格差として捉えていたが、その後の模索の中で、女性の低賃金を男女差別——差別的構造あるいは構造的差別——の問題として捉えられたとき、女性労働研究が竹中の生涯をかける研究テーマになったのだと考えられる[26]。

ともあれ、まず、53年論文に表れている竹中の思索の原点を見ておきたい。竹中の問題関心は、男女同一労働同一賃金(男女同一価値労働同一報酬)原則の「階級的意味」を解くことであった。すなわち「当該原則が何故に労働者階級の実践的課題たりうるかを明らかにする」、と竹中は言う[27]。これが竹中の初発の問題関心である。そのために、「男女の賃金格差の原因を歴史的な発展性に於て論究」するとした。男女間にある賃金格差はいったい何に基づくのか。竹中は、『資本論』の「労働力の価値はただ個々の成年労働者の維持〔＝生存〕に必要な労働時間によってではなくして、労働者家族の全成員の維持に必要な労働時間によって規定されている」という叙述(労働力の価値規定)を引き、労働力の再生産が家族(経済単位としての家族)においてなされることをまず確認する。そして、家事に従事する女性(妻、未婚の子ども)の労働力の一部分が市場に投ぜられるということ(雇用労働力化)は、その市場に投ぜられた労働力の分だけ、それまで家族の全成員を養っていた男性(夫)の労働力の価値が女性の労働力に分割されるということであると説明する。その上で、なぜ女性の労働力と男性の労働力とで価値差(賃金格差)が生じるのかと問う。その原因は、①女性の生活資料の価値が男性のそれよりも小さいとみなされること、②女性が不熟練部門に置かれている(熟練部門から締め出されている)こと、にある。抽象的に言えば、「労働力の価値規定に於ける労働者の生活の再生産的側面(家族負担の問題)と労働力の使用価値的側面(労働の質的差異)に於ける婦人労働力の個別的価値の低位こそ男女賃金格差の基本的な点である」、と竹中はまとめている[28]。機械化の進展は女性労働力の不熟練部門への充用を拡大し、その結果、労働力の価値をさらに低下させることになる。これが、「婦人労働の資本家的充用、婦人労働に

よる男子労働への代位の階級的本質である」[29]。

　労働者家族における労働力の価値の分割は，未婚女性の一時的(つまり親との同居あるいは独身従業員寮による生活費補填を前提とした)就業から，さらに既婚女性の就業(つまり夫婦共働き)の漸次的増大という形で進行する。しかしながら女性労働の「独立労働化」は進まない。つまり経済単位としての家族を解体することにはならないのである。竹中はこう結論している。「今日一般的にみられる男女間の大きな賃金格差は，婦人が男子と同等の独立労働者となることを阻止する小家庭経済への隷従的条件が労働力の質量的差異を余儀なくせしめている点である。この事は男女の労働力の価値差に反映せざるを得ない。即ち経済単位としての家族は……労働力価値規定への基礎を与えている。この事は男女が同一の労働をしながらも差別賃金である基本的な点である」[30]。加えて，女性労働者の非組織性(労働組合を組織していないこと)が，その賃金を労働力の価値以下に切り下げ，男女の賃金格差を拡大する要因となっている。

　このように男女賃金格差の原因を論じた竹中は，次いで，それではなぜ資本主義社会において男女同一労働同一賃金原則が唱えられるのかという疑問へ議論を進める。ここで竹中は，上林(かんばやし)貞治郎の所説を引いて，この原則は資本主義社会の賃金法則からは導き出されえず，したがって同一労働同一賃金の要求は「資本制賃金法則に対抗してなされる」という上林の主張を支持した[31]。しかし竹中は，このことでもって男女同一労働同一賃金原則が現に資本の側から唱えられている意味を問わなくていいということにはならないと考える。そこで竹中は，前述の通り，この原則は「商品経済の「公正」の法則」(資本家的概念)に則り，「男女同一労働に対する差別賃金率による搾取方式を排除せんとするところの内容をもつもの」だという説明をしたのである[32]。

　以上のように論じた竹中は，結論としてこう述べている。「ともあれこの原則が，労働者階級の生活改善の要求として意義をもちうるのは，男女差別賃金率によって益々賃金水準そのものを引下げ，剰余価値を拡大せんとする資本家の搾取方式に対する闘争の槓杆(てこ)として……賃金水準そのものの不断の

低下を阻止せんとする理論的内容をもちうるからである」。したがってまた，「男女同一労働同一賃金原則は，それ自体のもつ経済闘争の意義と同時に，男女の賃金格差の規定的原因をなす婦人の独立労働化を阻止するあらゆる社会，経済的条件の除去への権力闘争に発展すべき槓杆」として捉えられなければならないのである」[33]。

　以上が53年論文に示された竹中の思索の原点である。竹中は，マルクスの経済理論における賃金規定に基づいて賃金格差の根拠を理論的に説明した。そして男女同一労働同一賃金原則の持つ意味を男女差別賃金率の解消と，その解消の後に来るべき女性の独立労働化への一階梯として捉えた。竹中は，資本主義社会では労働力の再生産が家族の私的労働によってなされており，それが女性を家庭経済に緊縛し，女性の独立労働化を阻んでいることを論じた。この論点は，竹中のその後の女性労働研究に一貫するものである。53年論文は，竹中が置かれていた当時の学問状況に強く影響されながら書かれたものであるから，それによる視野の制約があるとはいえ，そこには竹中の女性労働把握の視点が，萌芽的にせよ，表れている。

　それでも竹中は，53年論文を発表した後，「硬直した賃金論に挫折を感じていた」と述懐している。賃金規定に基づく本質論的議論に行き詰まりを感じたという。この論文に対してはいくつかの批判が出されるなど学界での反応が見られたが[34]，竹中はそれらに直ちに応答することを留保し，自身の課題を把握し直すことに時間をかけた。そして竹中は，「賃金論の具体化」を課題としてつかんだ。すなわち，「賃金論の具体化の課題は，労働市場論による労働力の価値の具体化であり，賃金決定の具体的な場が，いかに成立，展開するのか，その法則的認識が不可欠であるという確信をもつにいたった」[35]。竹中は，「労働市場の構造とその運動」(1961)を執筆し，自身の労働市場論の枠組みを提示した。同論文は，「第1節　労働市場分析の視角」「第2節　労働市場の決定基準」「第3節　労働市場の運動法則」という構成をとっており，そのうち最も多く紙面を割いているのが第3節である。同節では，各種労働市場の「単一化」と「分立化」およびその統一的把握，そして「労働移動の現実的形態」が論じられている[36]。

次いで竹中は,「わが国労働市場における婦人の地位と賃金構造」(1962-b, 以下 62 年論文という)を発表した。ここで竹中は, 53 年論文の不十分さを踏まえて, こう述べている。

「男女賃金格差・女子の低賃金の問題も労働力価値の性差から直接に論ずるのではなく, 労働力需要構造の一般的変化のなかで, 女子労働力がいかなる地位を占め, また労働力供給構造のなかで, 女子労働力はどのような地位を占めるのか, 総じて労働市場構造のなかで女子労働力の占める位置を明らかにすることによって, 具体化する必要がある」[37]

ここに 53 年論文から大きな方法的発展が果たされたことを見ることができる。竹中は「労働市場の構造」を分析するという, 賃金格差へ差別問題として切り込む新たな方法を手に入れたのである。

62 年論文における議論の要点をまとめてみよう。竹中によれば, 一般的に労働市場の需要構造には次のような特徴が認められる。①生産力の発展は労働のダイリューション(希釈化)をもたらし, 男性の労働力を女性のそれに代替して, 女性の雇用分野を拡大させる(労働市場への女性労働力の集積)。②大企業においては技術の「企業封鎖」が男性労働力の企業内定着を促進させるが, 女性労働力については逆に流動化を促す労務政策がとられる(昇給・昇進の男女差別)。③中小企業においては大企業から排除された女性労働力が流入する(不熟練女性労働力の下層への沈殿化傾向)。他方, 労働市場の供給構造には次のような特徴が認められる。①農工商自営部門における家族労働の分解は女性の労働力の雇用労働力化を促すが, その分解が不十分であれば女性労働力は一時的・短期的な雇用労働力として再生産される(女性労働の補助労働化)。②低賃金は家族内の女性の労働力の雇用労働力化を促すが, 同時に自立した労働力として成立することを阻む(女性労働の内職的労働化)。③女性に対する職業教育の普及は女性の雇用労働力化を促し, 労働市場を拡大する。

労働力の再生産が家族内の私的労働にゆだねられている限り, 女性労働力は, 雇用労働力化が進んでも依然として補助的・内職的労働にとどまらざるを得ない。労働市場の構造自体に女性への家事の強制が組み込まれているの

である。「こうして……総じて女子労働は，労働市場の諸階層のなかで，下層市場に累積する一般的特徴をもち，流動性の高い短期労働力として機能しているといえるであろう」[38]。

　竹中は，日本の戦後から経済成長期に入るまでの時期の女性の労働市場を具体的に捉えるために，主に官庁統計データを用いて女性労働者の雇用化率，企業規模別・職種別および産業別の労働者数，労働者移動率について分析した。その結論として言えることは，女性労働者は「短期雇用的性格のつよい」労働者として再生産される。とくに中高年齢者は「中小・零細企業」での就労が多い。女性労働者は「単純労働職種」に集中し，「男女競合職種」が少ない。企業規模が小さくなるほど労働者の移動率が高い。竹中は言う。

　「中小企業が女子にとっては，安定性の少ない，労働移動の激しい中高年齢者の労働市場となっている……。その理由は何に求められるのか。それは基本的には，女子の労働が単純な不熟練労働であるという性格にもとづいている。熟練の形成が，経験年数や年齢にスライドする性格をもつ場合には，企業にとって年功基準は経済的に合理的な意味をもつ。しかし不熟練労働はほとんど経験も年功も必要としないから，……もし中高年女子に対して年功賃金が否定されているのであれば，高齢者であることは，いささかも使用者にとって支障とはならない。なぜなら，仕事そのものが単純であるばかりでなく，大企業労働市場から排除された，また背後に膨大な過剰人口の圧力をもつこれら諸層が，労働力の窮迫販売に応ずるかぎり，むしろ低賃金雇用の目的を達することが可能だからである」[39]。

　労働市場の構造に男女差別＝女性の低賃金の原因があることが見えてきたのである。

　この論文の中で竹中が，53年論文で示した「労働力の価値の性差をみとめる」という自身の立論について，誤解のないよう次のように述べていることは，注目してよい。竹中はこう述べた。「労働力の価値の性差をみとめる筆者の立場は……批判者のいうところの，生物学的な意味での性差でもなければ，またたんに社会慣習や，家族制度を基礎にして論じているのでもない。

……少なくとも資本主義経済のもとでは，男女の労働力が個別の価値範疇として把握される社会・経済的基礎を内包しているという意味で，労働力の自然的差異＝性差が社会的範疇として論ぜられるのである。……女子労働力の需給の特殊性，総じて一国民経済における労働市場のなかでの女子労働の位置づけを論じたのも，女子の賃金構造の分析に不可欠であるからであるが，同時に一般的男女賃金格差の本質を規定する男女労働力の個別的価値の差を生み出す社会・経済構造を明らかにするためでもある」[40]。ここには重要な認識が述べられている。竹中は，こう述べた箇所にさらに註記を付して，こうも言っている。「労働力の自然的差異をみとめることは，女子の低劣な隷属的地位の資本制社会関係の特殊性の分析を放棄することではなく，むしろ逆にこの社会関係の特殊性が，労働力の自然的価値差に反映するという認識にたつものであ」る[41]。竹中は，資本制経済によってジェンダーが規定される——竹中の当時の言い方では，「男女の労働力が個別の価値範疇として把握される」——という関係性を述べようとしていたのである。このときにはまだジェンダーという言葉は使われていないが[42]。

第3節　『女のしごと・女の職場』

　竹中恵美子は，62年論文に結実した男女賃金の差別的構造の探究を進めていたのと同じ時期に，女性たちが実際に働く現場を訪ねてもいた。その成果が竹中の最初の著書『女のしごと・女の職場』(西口俊子との共著，1962)である。女性の労働現場を丹念に取材した上で，女性の仕事の実態とその意味することを，聞き取りや労働組合機関紙・誌，新聞記事，統計資料などを用いてわかりやすく説いた本である[43]。
　竹中が見た戦後日本の女性の職場は，戦前の『女工哀史』(1925)的なイメージで捉えることはできないにしても，だからといって民主主義社会にふさわしい男女平等の職場になったかといえば，全くそうではなかった。経済成長が進んでゆく中で企業とりわけ大企業は，女性の，とくに若い女性の労働力を必要としていた。本書の中に松下電器産業(現・パナソニック)高槻工

場で働く女性工員たちの姿が描かれているが，そうした職場の女性たちを目の当たりにして竹中は，「戦後の民主主義教育をうけた若い彼女たちは働く意欲にもえて社会に巣立ってくる。だがその夢と期待とはたちまち冷たい現実のなかで凍りついてしまう。職場で彼女たちを待ちうけているのは，労働のよろこびではなくてきびしさであり，いわれのない男女差別である」と述べた。そして竹中はこう言う。「婦人労働者の実態をみていくと，なんとしても，労働者の女としての側面を買われているのだということを痛切に感じないわけにはいかない」[44]。

『女のしごと・女の職場』は，女性労働研究の先駆的な成果として学界での評価を得たが[45]，そのことにとどまらず，さまざまな職場で働く女性たちに広く受け入れられた本であるということをとくに強調しておきたい[46]。

竹中によると，1960(昭和35)年の日本における女性の平均賃金の対男性比は，男性のそれを100とした場合，42.8％であった。同じ頃(1957年時点)のフランスでは85.1％，デンマークでは67.4％，イギリスでは60.8％であるから，日本の女性の低賃金は際立っていた。男女合わせた賃金(1959年時点の製造業の名目賃金)の国際比較では，日本の賃金を1とした場合，アメリカのそれが9.24倍，イギリスが2.87倍，西ドイツ(当時)が2.34倍であるから，ここでも日本の低賃金は歴然としていた。つまり日本の女性の低賃金は国際的に見て低賃金中の低賃金であった。したがって，自らの賃金収入で暮らしを成り立たせなければならない女性たちが「食える賃金，生きる権利」を要求する声をあげたことは当然であった。竹中は，日雇いで働く女性の書いた文章を紹介している。

「私たちは今まで長いあいだ貧乏に飼いならされ，不感症になっていたのではないかしら。アバラ屋に住み，オンボロのむしろの上にセンベイ布団を敷いてね，まずい物を食べていても，腹一杯になれば満足していた。私はある日子供に，勉強しろしろときつく言ったら，「母ちゃんは机も買ってくれない，本も学用品もロクに買ってくれない。これで勉強が何でできる」といって本を投げつけた。私はその時初めて目が開けたような気がした。本当に自分は貧乏だったのだ」[47]。

第 6 章　竹中恵美子の女性労働研究　　187

　竹中は研究者として，何としてもこの女性の"自分はなぜ貧乏なのか"を問う声に応えなければならなかった。竹中はこう論じている。女性の低賃金の原因として，女性の場合若年齢層が多いこと，勤続年数が短いこと，不熟練労働が多いこと，団結力（労働組合）が弱いことなどが指摘される。たしかにこれらは女性の低賃金の原因ではあるが，しかし，「必ずしも適切な指摘であるとはいえない」。「なぜなら……一家の支柱となって日雇い労働の中小企業に働くおばさんたちのみじめな賃金は，そのような理由からだけでは説明しきれないからである」。理論的に言えば賃金は「労働力の価値」であり，家族を単位とした労働力の再生産費（生活費，教育費，職業技能習得費など）によって決まると言えるが，しかし現実の賃金はこの価値以下に引き下げられている。とりわけ中小・零細企業で働く中高年齢女性の賃金についてはそうである。日本では労働市場が大企業，中小企業，零細企業に分断されており，それらの間で労働者の自由な移動がほとんど不可能である。したがって，「大企業からしめだされた労働者は，より労働条件の悪い中小企業に転落し，職を求め，労働力を切り売りせねばならない。……このようなところでの過度な競争は，賃金をいっそう引き下げないではおかない。こうした低賃金の温床があるかぎり，低賃金に頼ることによって経営がようやくなりたっている弱小資本が生まれてくるであろうし，独占資本は弱小企業を自分の勢力のもとに支配し，安い下請単価で働かせることができれば，独占利潤を増やすために得策だと考えるだろう。こうして日本の経済も低賃金を支える仕組みになっている」[48]。竹中の説明は明快である。

　以上のことを竹中の示す統計数値（1959（昭和 34）年現在）で確認すると，全女性労働者のうち従業員数 100 人未満の企業で働く女性は 44.7％であり，これを年齢階層別に見ると 30〜40 歳では 63.5％，40 歳以上では 85.6％である。そして女性間の賃金格差は，若年齢層（18〜20 歳）では，1000 人以上の企業で働く女性の平均賃金を 100 とすると 100 人未満のそれは 76.7％，中年齢層（30〜40 歳）では，その比率は 46.6％である[49]。女性の場合には，男性に一般的に当てはまる年功型賃金は全く当てはまらない。こうした著しい低賃金労働力に頼って生き延びている中小・零細企業を大企業が下請けとして

利用するのである。だから,「年をとった女子労働者が下層の労働市場にあふれているということは,婦人の低賃金問題の第一の重要な柱である」と言わなければならない。どんなに低賃金でも仕事に就かなければ生きていけない女性が圧倒的に多いのである。若年齢女性の職場進出に社会的関心が向けられる中で,竹中は,「年をとった女子労働者が下層の労働市場にあふれている」現実を指摘しなければならなかった。

『女のしごと・女の職場』が働く女性たちに共感をもって受け入れられた理由は,労働市場における男女差別を論じる場合にも,それを女性の現実的な思いとかかわらせて論じているところにあっただろう。女性の心情を汲み,女性を励まそうとする竹中の主張は,この本の「Ⅰ　婦人労働問題の底にあるもの」に述べられている。この章は『著作集』に収録されていないが,大切である。その中で竹中は,女性の率直な意識として次のような文章を紹介している。

「学校をでて〔職場に〕入ってきた当座は,私は結婚しても働きたい,工夫してやっていけるのじゃないかといっているような人も,結局結婚した人のつとめを毎日みていて……やっぱり結婚するならたべさしてくれるような人のところへゆく方がいいということになってしまうのです」。「私の家は年寄り夫婦をかかえているので主人の収入だけではたべていかれないから,どうしても職場をはなれるわけにはいかないのだけれど,もしもそういう事情がなかったら,家庭生活を犠牲にしてまで仕事をつづけようとは思わない」[50]。

実際に多くの女性は職場での差別に加え,家庭と職場との二重の労働負担に押しつぶされそうになっている。紹介されている文章に見られるような意識を女性が持つのは当然であると言ってよいのである。こうした文章を前にして竹中は言う。

「むしろそのような意識の生まれてくる根源にまでさかのぼって,そこに照明をあてなければ根本からの解決は困難なのである。婦人のおかれている現実を掘りさげてはじめて,資本主義のもとでの婦人労働の特殊な性格——その意識とそれを形づくっている仕組み——が明らかにされてくるのだ」[51]

家事労働（家庭内の労働）についての議論を意義あるものにするためには、「男女平等なり、婦人解放のための理論としてうち立てようとしている意図を正しくくみとったうえで、その意図をみたすような議論のたてかたがされているかどうか検討することだとおもう」と竹中は述べている。資本主義社会では労働力の再生産が個々の家族における私的労働に任されているために、そのことが女性の職場への進出を制約しているのであり、職場での男女平等を阻んでいるのである。したがって男女平等を実現するためには、家事労働を社会化する（家庭外の労働に置き換える）道をつくるほかないのであり、その一環として家事の社会保障があると竹中は説いている[52]。結局、「日本の婦人のかなり低い社会的地位は、日本の労働者の生活のまずしさや、長い労働時間、きわめて低い水準の社会保障とみっせつにむすびついている。もしも日本の労働者がこれほどまずしくなかったら、家計をたすけるため、婦人たちがきそって労働力を安く売る必要もすくなくなっていたであろうし、また家事労働にしばられて、職場をやめるようなことも少なかったはずである。そして婦人の職業にたいする意識も、おそらくもっと変ったものになっていたにちがいない。そうして婦人労働者のこれほどまでいちじるしい男女差別や、不当な待遇を資本家に許さなかっただろう。わが国の婦人労働問題のみなもとも、このあたりにひそんでいるといってもよいのではなかろうか」[53]。

第4節 「春闘方式」への批判

男女賃金差別＝女性の低賃金を許さないという課題が竹中恵美子を労働組合運動へ結びつけた。労働組合が注力すべき最も大きな課題は、言うまでもなく、賃金引上げである。

竹中は、『月刊総評』の年1回発行される臨時号「婦人問題特集」に、「婦人のしごとと賃金」(1965)、「婦人の低賃金と今日の課題——ウーマン・パワー政策および所得政策に関連して」(1971)、そして「春闘と女の賃金」(1973)という、3つの論文（以下65年論文、71年論文、73年論文という）を書いている。

65年論文で，竹中は次のように論じた。経済成長の中でとくに若年齢労働者への求人が伸び，新規学卒者の初任給が急テンポで上昇したことはたしかである。労働省(当時)統計の数値を見てみると，中卒女子の初任給は1960(昭和35)年が5680円，1963年が9780円で72.2%の上昇，高卒女子では1960年が7370円，1963年が1万2060円で63.6%の上昇である(採用賃金の中位数。1960年は従業員数15人以上の企業，1963年は同30人以上の企業)。しかし，こうした初任給の動きから女性の低賃金が改善に向かっているとみなすならば，「それはとんでもない見当違いだといわねばなりません」と竹中は言う。竹中は次の数値(1963年現在)を示している。すなわち，女性労働者(総数811万人。全労働者の3分の1を占める)の年齢階層別賃金は，最低が18歳未満の月額1万165円であるのに対し，最高は30〜40歳の1万7931円で，その差は2倍に満たない。男性の場合その差は4倍を上回っている。女性の賃金は年齢が上昇してもわずかにしか上昇しないのである。その結果，全女性労働者の90%が2万円未満にある。竹中は，「婦人の賃金を問題にする場合肝心なことは，賃金の動きを現象的に追うことではなく，その賃金の絶対額がどうか，そして婦人の全体の賃金が，日本の賃金構造の中でどのような位置を占めているのか，という視点からとらえなければならないということです」と指摘する[54]。女性の賃金が低いのは家計を補助するための労働だからだといった説明がなされることがあるが，「賃金は家計への寄与の如何によって支払われるべきものではなく，為した労働に対して支払われるものですから，それは婦人の賃金を引き下げる口実にすぎません」。つまり，女性は労働に見合った賃金を受け取っていないのである。女性労働者の運動目標は何よりも全国全産業一律の最低賃金制の確立であると竹中は断言した。1959年に成立した最低賃金法では業者間の最低賃金協定にとどまっていたからである。
　「今日の私たちの賃金闘争の主柱は，日本の低賃金構造をゆるがしていくための最低賃金制の確立を，緊急かつもっとも重要な課題として取り組まねばならないことだといえます。とくに婦人の底辺労働に果たす役割は決定的で，広範な未組織労働者の存在と，あらゆる産業部門にわた

る低賃金層の底上げのためには，全国全産業にわたる一律の最低賃金の立法規定こそが，要求されなければならないといえます」[55]

さらに竹中は，著しく低い内職工賃を抜本的に改善するための家内労働法およびパートタイマーとフルタイマーとの同一賃率(＝賃金率)適用の立法措置の要求を主張した。竹中の主要な論点は，最底辺層をつくっている未組織女性労働者の賃金引上げのための法制度を求めるところにあった。

日本の労働組合の賃金引上げ闘争の中心は，1955(昭和30)年から始まったベース・アップ(平均賃金の引上げ)を柱とする，いわゆる「春闘」であった。これは，周知のように，企業別に組織された労働組合が連帯して賃上げの統一目標を定めた上で，一定の期間(春季)に集中して各企業で労使交渉を行うというものであり，賃上げの「社会的相場」を示すことで未組織労働者を含む労働者全体に効果を及ぼすことをねらったものであった。1969年4月現在で春闘共闘委員会(総評，中立労連)が算出した単身者の理論生計費は6万6345円であったが，この時点での中卒女子の初任給が2万548円，高卒女子が2万3630円であったから，新規学卒者の初任給が急テンポで上昇したといっても，年功賃金体系の下での初任給が半人前以下という低水準であることに変わりはなかった。そうした中で，1970年代初頭の女性労働者をめぐる情勢は，パートタイマー(週35時間未満で不規則勤務でない労働者)の大量創出という新たな局面を迎えていた。

竹中は，71年論文で，「パートタイム雇用は，いまや大企業が組織的に利用する方向をとりつつある」という事態を分析している[56]。この事態をひと言でいえば「不安定就業の広範化」である。主婦を中心とした中高年齢女性の「未利用労働力」がパートタイマー市場へ流入した。女性労働者の1時間あたり賃金を見てみると，全産業(従業員数30人以上規模)の平均205.3円に対し，最高が製造業(500人以上規模)の228.4円であり，パートタイマーは製造部門で124円，販売部門で127円という低さであった(1969(昭和44)年現在)。ちなみに内職工賃(衣服繊維・身の回り品製造)に至っては86円にすぎなかった(同)。女性は，こうした低賃金の不満を「家庭回帰」への幻想(「専業主婦」願望)に転化しようとしても，現実には住宅をはじめとする社

会保障の立ち遅れと消費の強制によって，いかに低賃金であろうと職場へ押し出されるのである。竹中は言う。「婦人労働者はその労働(熟練・強度)にみあった賃金が支払われていないだけでなく，社会的世帯賃率＝ナショナル・ミニマムの未確立の日本で，ぎりぎり確保されねばならない年齢別最低生活保障のメカニズムからも脱落しており，年齢，学歴，経験を問わず，一つの低賃金集団として機能せしめられているといわねばならない」[57]。

最低賃金法は1968(昭和43)年に業者間協定を改め，労働協約に基づく地域的最低賃金決定と最低賃金審議会による最低賃金決定とに移行した。しかしそれでも，最低賃金全件数(340件)のうち7割(234件)が最低日額799円未満(月額2万円未満)であった(1970年9月30日現在)。また，家内労働法は1970年にようやく成立したが，現状では最低工賃規制に十分な機能を果たしていないと竹中は指摘した[58]。パートタイマーや家内労働者の低賃金を規制するには，労働組合によるそれらの組織化が絶対に必要である。竹中は，71年論文の末尾で，次のように述べている。

　「最低賃金制やパートタイマーの組織化などの課題が，すでに本工中心の企業別組合の行動様式を超える階級的連帯への行動を意味するのであるが，婦人の低賃金問題は，基本的にこうした労働組合の体質改善を要求することなしに解決することは困難である。本来終身雇用からはみ出た婦人労働者は，企業意識から縁遠い存在である」[59]

竹中は，こうした主張をした当時を回想して，「春闘方式」に一定の意義があったことを認めつつも，次のように述べている。「しかし最大の問題点は，交渉決定の権限が基本的に企業別組織に委ねられており，春闘方式は，賃金総額(平均賃金)引き上げ(ベース・アップ)闘争であって，個別労働者の差別賃金を是正するものではなかった。……春闘の課題は一般的なベース・アップにとどまることなく，いかに性差別的な賃金決定の仕組みを変革するかに論究せざるをえなかった」[60]。

73年論文が，その「春闘」方式への批判論文である。同じ労働をしていながら男性であるか女性であるか，大企業に属しているか中小・零細企業に属しているか，本雇いであるか臨時雇いであるかといったことで賃金が異な

る構造が作り出されている。「本雇いだけからなる労働組合が……階級的連帯に立たない賃金交渉をしているかぎり、この差別的な賃金構造は有効に維持されるであろう」と竹中は述べた[61]。

　最低賃金法による最低賃金決定の多くが最低賃金審議会によるものとなっている。つまり、「低賃金を底上げするというより、最低の賃金水準を事後的に、公的に追認するという形しかとっていない」のはなぜなのか。竹中はその理由を次のように論じた。

　「何よりも最賃制のための闘争が、労働組合の賃金闘争と結合し、これを基礎としなければならないという原則に立っていないからである。……最低賃金を他力本願で審議会に委ねていくという考え方によっているかぎり、有効な最低賃金制の闘争は不可能なのである」[62]。「勝利の鍵は、いかに底辺労働者の要求が闘争の前面に汲み上げられるか、またその要求が婦人の中から噴出していくかにかかっている」[63]。

　その後の労働組合の動きと竹中の主張について簡単に触れておこう。1970年代に入ると賃金闘争はベース・アップ要求から個別賃金要求へと転換が図られた。それは生活給の発想に基づく年齢別要求という形をとったが、ここでも竹中の追及は厳しかった。竹中はこう述べる。「組合のあるべき賃金要求の視点からすれば、当然このような個別賃金要求方式は、あくまで過渡的形態であって、個別企業の枠を超えた、同一労働同一賃金の貫徹形態である個別賃金要求へと具体化されなければならないであろう。それは職種別・熟練度別賃率の確立を、個別賃金要求の視点として確立することに他ならない」、「もちろんこの過程は決して容易な道ではないかもしれない。……しかしこれが労働力の生産過程そのもの（労働力の質的形成＝養成とその社会的格づけ）への労働組合の積極的介入が無に等しく、賃金闘争の重要な一つの機能が空洞化してきた以上、いまこそその営為が問われているといってよいであろう」[64]。要するに、個別賃金要求が年齢別要求という形をとったのは、（男性の）賃金を「家族賃金（家族を養うに足る賃金）」＝「世帯賃金」と見る発想に基づいていたからである。そのために「男女賃金差別撤廃、同一労働同一賃金要求は、総評組合政策担当者に容易に受け入れられなかった」と竹

中は回想している[65]。

第5節　むすびに代えて

　竹中は『現代の婦人問題』(1972)の中でこう問うている。「女性のもつ人間的諸能力を社会的に生かしていく道，つまり職業と家庭の両立をはばむ基本的な原因はなにであったか」[66]。

　それは，何よりもまず資本制経済，すなわち利潤追求を至上目的とする生産の仕組み自体にある。生産に不可欠な労働力の再生産が労働者家族の私的労働にゆだねられる限り，経済単位としての家族（一夫一婦とその下での子どもの出産・養育）は維持されることになる。その維持を安定的なものにする方法として，「職業と家庭は両立しがたい」というイデオロギー（社会通念）が形成され，労働者階級にたえず注ぎ込まれる。戦後日本において「主婦論争」が繰り返されてきたのは，そのためである。労働者階級抑圧の手段として，イデオロギー形成による階級分断が頑強にできあがっているのだと，竹中は指摘した[67]。竹中は次のように述べている。

　　「民主主義を標榜するブルジョア社会〔＝資本主義社会〕においては……〔労働者階級への〕抑圧の手段は，差別によってお互いを分断し，競合させることによって，階級的抑圧に対する批判の眼をそらし，被抑圧者が差別者となることによって，その不満を充足させていく立体的な差別構造が形成されるのである。本国人民の植民地民族に対する，また白人の黒人に対する，男の女に対する，本工労働者の臨時，下請労働者に対する優越意識など，資本主義社会はまさに立体的な差別社会である。しかも差別者が差別者であることを意識しないのも支配のイデオロギー形成の産物である」[68]

　労働市場の構造分析によって女性の低賃金の根本的原因を明らかにした竹中の仕事の意義は，こうした文脈において正しく理解することができるのである。

　1973(昭和48)年の第一次および1978年の第二次オイルショックを経て，

日本の経済成長は終焉を迎えた。労働組合運動のテーマは賃上げから雇用確保へと移っていき，男女賃金差別＝女性の低賃金問題は十分な解決を見ないままに時を過ごすこととなった。そして1990年代以降，労働搾取が非正規雇用の大量創出となって表れる中で，再び女性の低賃金問題が，とりわけ母子家庭の生活困難が主要テーマとして登場することとなるのである。

1) フォーラム　労働・社会政策・ジェンダー(2013)を参照。2013(平成25)年2月2日に，竹中恵美子著作集完成記念シンポジウム(フォーラム　労働・社会政策・ジェンダー／竹中恵美子著作集刊行委員会主催，大阪府男女共同参画推進財団共催)が開催された。同書はその記録集である。
2) 松野尾(2012-b)，松野尾(2013)。
3) 以下，竹中恵美子の経歴については，「竹中恵美子　略年譜」竹中・関西女の労働問題研究会(2009)所収を参照。
4) 高等女学校は旧制の女子中等教育の学校。現在の高等学校に相当する。
5) 大阪府女子専門学校は1924(大正13)年に創立した。同校経済科は，第二次世界大戦中の1944年に，文部省(当時)の指示により英文科を廃して新設された(1学年定員40人)。大阪女子大学70年史編集委員会(1994)110頁を参照。なお，旧制の専門学校は高等教育の学校のひとつで，戦後の学制改革により大学となった。
6) 河上(2008)。
7) 竹中・関西女の労働問題研究会(2009)11頁。
8) 河上肇は，人道主義的な経済学から，やがてマルクス主義経済学へと研究を進めた。そのことが原因となって1928(昭和3)年に京都帝国大学を辞職した。その後はマルクスの経済学説の研究に没頭したが，治安維持法違反により1933年1月に下獄。1937年6月に出獄した後は京都の自宅で晩年を過ごした。治安維持法は1925年に公布された，国体変革や私有財産制度否認を主張する言論活動に対する罰則を定めた法律。主に共産主義運動を弾圧するために用いられた。1928年に改訂，1941年に全面改訂され強化された。1945年10月に廃止された。奥平(2006)を参照。
9) 大阪女子大学附属図書館(2006)217頁。大阪府女子専門学校経済科の卒業者数は，1947(昭和22)年3月(1期生)が26人，1948年3月が35人，1949年3月が43人，1950年3月が37人，1951年2月が20人である。同書15頁を参照。ちなみに，経済科1期生として卒業した月山みね子が在学時を回想して次のように書いている。「めでたく入学して，気がついたことはクラスの全てが経済科を第一志望にしていたわけではないということと英文学科の名称が変わり大阪市立大学から多くの先生がこられたが，英文学科の先生もバンサイド(英人)先生をはじめとして残っておられた。英語を主体とした経済科のように思えた。先生方の語学力もすばらしいものがあった。アダム・スミスの国富論，マルサスの人口論，マルクスの資本論，簿記，日本国憲法，

日本経済史など私たちに事実を単眼ではなく複眼で見ることを先生は教えてくださった。戦中も戦後も諸先生の休講や遅刻はなかった。戦時中に失われた時間を取り戻すかのようにみえたのである」。同書10～11頁。

10) 大阪商科大学は1928(昭和3)年に日本で最初の市立大学として創立した。1949年に大阪商科大学，大阪市立都島工業専門学校，大阪市立女子専門学校を母体として，商学部，経済学部，法文学部，理工学部，家政学部の5学部から成る大阪市立大学が創立した。大阪商科大学の最後の学長・大阪市立大学の初代総長(のち学長と改称)は恒藤恭(在任1946～1957年)である。大阪市立大学経済学部の初代学部長は福井孝治(同1949～1952年)，2代学部長が名和統一(同1952～1954年)である。大阪市立大学経済学部(1999)123～124, 233頁を参照。

11) 竹中・関西女の労働問題研究会(2009)13頁。

12) 上林(1986)を参照。

13) 竹中(1953)。

14) 大阪市立大学経済学部(1999)132頁。

15) 日本は1967(昭和42)年に同条約を批准した。

16) 竹中・関西女の労働問題研究会(2009)13頁。

17) 竹中・村松「対談 「女性と経済学」をめぐって」本書所収を参照。

18) 竹中恵美子・中村俊子「労働市場と賃金決定」『労働市場と賃金 社会政策学会年報第10集』所収。同論文のうち竹中の単独執筆部分が竹中(1961)である。

19) 竹中・西口(1962)。

20) 竹中(1962-b)。

21) 竹中・関西女の労働問題研究会(2009)13～15頁。

22) 竹中・関西女の労働問題研究会(2009)13頁。

23) 竹中(1953)29頁。

24) なお，竹中の論文・著書では，執筆された時代の慣用に従って，「婦人」，「女子」，「女性」が使われているが，これらは同義と理解して差し支えない。

25) 竹中・関西女の労働問題研究会(2009)24頁。

26) ここで格差とは同じルール＝市場の中で生じる差のことであり，他方，差別とは異なる(分け隔てられた)ルールの間で生じる差のことである。

27) 竹中(1953)30頁。

28) 竹中(1953)39頁。

29) 竹中(1953)40頁。

30) 竹中(1953)49頁。ここで竹中は「差別賃金」という言葉を使っているが，これは具体的には，この後に述べられる「差別賃金率」，すなわち賃金率(単位時間あたりの賃金)が性別で異なっていることを指している。

31) 竹中(1953)56～57頁。上林貞治郎の所説は上林(1949)。

32) 竹中(1953)58～59頁。念のため言えば，男女同一労働同一賃金原則は資本制経済の賃金法則を変更するものではなく，貫徹させるものである。この意味で「商品経済

の法則」という言い方が使われている。
33) 竹中(1953)60, 62頁。
34) 竹中(1953)の所説を批判した論稿については，竹中(1962-b)257〜259頁の注2にまとめられている。なお，竹中(1977)をも参照のこと。
35) 竹中(1979)16頁。竹中が労働市場に着目するきっかけを与えたのは，氏原(1957)である。竹中の賃金研究の課題の模索はおよそ4年間続いた。
36) 竹中(1961)35〜47頁。
37) 竹中(1962-b)197頁。
38) 竹中(1962-b)205〜206頁。
39) 竹中(1962-b)219〜220頁。
40) 竹中(1962-b)237〜238頁。
41) 竹中(1962-b)264頁。
42) 竹中はのちに，「少なくとも私の女性労働研究のジェンダー視点は，この1962(昭和37)年の論文から出発しているといっていい」と回想している。竹中・伊田(2008)16頁。
43) 竹中・西口(1962)。全Ⅰ〜Ⅴ章のうちⅠ，Ⅲ，Ⅳが竹中の執筆によるものである。Ⅲは『竹中恵美子著作集Ⅳ　女性の賃金問題とジェンダー』第1章，Ⅳは『同著作集Ⅲ　戦間・戦後期の労働市場と女性労働』第3章にそれぞれ収録されている。Ⅰは著作集に収録されていない。
44) 竹中・西口(1962)14頁。
45) 同書の研究史的意義について，山田和代は「高度経済成長期前半の女性労働力の編成を取り上げた当時としては数少ない研究書である本書からは，その後の女性労働研究や，日本的雇用制度と男女の労働力編成に言及するジェンダー研究の広がりを展望することができる」と評している。山田(2006)77〜81頁を参照。
46) その一例として，松下電器産業高槻工場にいた杉浦美枝子(のちに大阪総評婦人部書記長)の経験が伍賀(2009)173〜175頁に紹介されている。なお，伍賀偕子は1966(昭和41)年に大阪総評に就職し，婦人部専従としてオルグ活動に従事するとともに，同婦人部の運動を担った人たちが中心となって1977年に結成された関西婦人労働問題研究会の創立に参加し，事務局長に就いた。同研究会が1992年に関西女の労働問題研究会に改称されると，同研究会代表に就いた。竹中恵美子は1977年の創立時から研究会の顧問を務めた。伍賀(2009)256，260〜261頁を参照。研究会は，2010(平成22)年に一旦解散し，「フォーラム　労働・社会政策・ジェンダー」に再結集して，現在に至っている。
47) 竹中(1962-a)20〜21頁から引用。原文は竹内スミエ「食える賃金，生きる権利を要求して」『月刊総評　1961年臨時号〈婦人問題特集〉』所収。
48) 竹中(1962-a)22〜23頁。
49) 竹中(1962-a)26〜27頁。
50) 竹中・西口(1962)20〜21頁から引用。原文は，前者が大河内一男・磯田進編『婦

人労働』(1956)(『戦後女性労働基本文献集』第4巻,日本図書センター,2005年収録)所収,後者が志賀寛子「働らく女性の役割」『月刊労働問題』1961年6月号所収.
51) 竹中・西口(1962)22頁.
52) 竹中・西口(1962)23～25頁.
53) 竹中・西口(1962)25頁.
54) 竹中(1965)81～82頁.
55) 竹中(1965)91頁.
56) 竹中(1971)130頁.
57) 竹中(1971)134頁.
58) 竹中(1971)140～141頁.
59) 竹中(1971)142頁.
60) 竹中・関西女の労働問題研究会(2009)30～31頁.
61) 竹中(1973-a)150頁.
62) 竹中(1973-a)153～154頁.
63) 竹中(1973-a)157頁.
64) 竹中(1973-b)322～323, 325～326頁.
65) 竹中・関西女の労働問題研究会(2009)34頁.
66) 竹中(1972)233頁.
67) 竹中(1972)233～234頁.
68) 竹中(1972)234～235頁.

参 考 文 献

氏原正治郎(1957)「労働市場論の反省」『経済評論』12巻11号, 所収
大阪女子大学70年史編集委員会編(1994)『大阪女子大学70年の歩み』大阪女子大学
大阪女子大学附属図書館編(2006)『大阪府女子専門学校卒業論文目録』大阪女子大学
大阪市立大学経済学部編(1999)『マーキュリーの翼　大阪市立大学経済学部50周年記念誌』大阪市立大学経済学部
奥平康弘(2006)『治安維持法小史』岩波現代文庫, 岩波書店
河上肇(2008)『貧乏物語』岩波文庫, 岩波書店
上林貞治郎(1949)「労働力の価値の変動――賃金理論のために」『経済学雑誌』(大阪市立大学)第20巻4・5号, 所収
上林貞治郎(1986)『大阪商大事件の真相――戦時下の大阪市立大で何が起こったか』日本機関誌出版センター
伍賀偕子(2009)「女性労働運動・女性運動との関わり」竹中恵美子・関西女の労働問題研究会(2009), 所収
竹中恵美子(1953)「男女賃金格差と男女同一労働同一賃金原則についての一考察」『経済学雑誌』第29巻第3・4号, 所収
竹中恵美子(1961)「労働市場の構造とその運動」(社会政策学会編『労働市場と賃金　社

会政策学会年報第10集』)『竹中恵美子著作集Ⅰ　現代労働市場の理論』明石書店, 2012年, 第1章
竹中恵美子(1962-a)「婦人の賃金」(『女のしごと・女の職場』第Ⅲ章)『竹中恵美子著作集Ⅳ　女性の賃金問題とジェンダー』明石書店, 2012年, 第1章
竹中恵美子(1962-b)「わが国労働市場における婦人の地位と賃金構造」(大阪市立大学経済学部編『経済学年報　第15集』)『竹中恵美子著作集Ⅱ　戦後女子労働史論』明石書店, 2012年, 第6章
竹中恵美子(1965)「婦人のしごとと賃金」(『月刊総評　1965年臨時号〈婦人問題特集〉』)『竹中恵美子著作集Ⅳ』第2章の2
竹中恵美子(1971)「婦人の低賃金と今日の課題──ウーマン・パワー政策および所得政策に関連して」(『月刊総評　1971年臨時号〈婦人問題特集〉』)『竹中恵美子著作集Ⅳ』第4章の1
竹中恵美子編著(1972)『現代の婦人問題』創元社
竹中恵美子(1973-a)「春闘と女の賃金」(『月刊総評　1973年臨時号〈婦人問題特集〉』)『竹中恵美子著作集Ⅳ』第4章の2
竹中恵美子(1973-b)「個別賃金要求と賃金闘争」(『月刊労働問題』第185号)『竹中恵美子著作集Ⅰ』第10章
竹中恵美子(1977)「賃金論論争──労働力の価値規定および労働力の価値から価格への転化論争をめぐって」(佐藤金三郎他編『資本論を学ぶ　Ⅱ』有斐閣, 1977年, 所収)『竹中恵美子著作集Ⅰ』付論
竹中恵美子(1979)『増補　現代労働市場の理論』(日本評論社, 1979年)『竹中恵美子著作集Ⅰ』
竹中恵美子・(対談者)伊田久美子(2008)『変革期に生きる女たち──次世代に語り継ぎたいこと』ウィメンズブックストアゆう
竹中恵美子・関西女の労働問題研究会(2009)『竹中恵美子の女性労働研究50年──理論と運動の交流はどう紡がれたか』ドメス出版
竹中恵美子・西口俊子(1962)『女のしごと・女の職場』三一書房
フォーラム　労働・社会政策・ジェンダー編(2013)『竹中恵美子著作集完成記念シンポジウム〜竹中理論の意義をつなぐ〜報告集』フォーラム 労働・社会政策・ジェンダー/竹中恵美子著作集刊行委員会
細井和喜蔵(1980)『女工哀史』(初版：1925)岩波文庫, 岩波書店
松野尾裕(2011)「竹中恵美子先生と仲間たち：経済学と出会うとき──ディーセント・ワーク(人間としての尊厳ある働き方)を求めて」『地域創成研究年報』(愛媛大学)第6号, 所収
松野尾裕(2012-a)「家事労働について──竹中恵美子著作集第Ⅵ巻を読む」『地域創成研究年報』第7号, 所収
松野尾裕(2012-b)「竹中恵美子先生の思考と意志」竹中恵美子著作集刊行委員会編『竹中恵美子著作集に寄せて』(竹中恵美子著作集Ⅱ別冊)明石書店, 所収

松野尾裕(2013)「竹中理論と経済学の革新」フォーラム 労働・社会政策・ジェンダー編(2013), 所収

山田和代(2006)『戦後女性労働基本文献集 解説・解題』原ひろ子監修／藤原千賀・武見李子編『戦後女性労働基本文献集』日本図書センター, 所収

付記 本稿執筆にあたりドーンセンター(大阪府立男女共同参画・青少年センター)所蔵資料を利用しました。同事務局統括ディレクターの木下みゆきさんにお世話になりました。感謝いたします。

第7章　1970年以降；第二波フェミニズムの登場とそのインパクト
——女性労働研究の到達点

竹中恵美子

第1節　はじめに——生産と社会的再生産の経済学を拓く

　第一波フェミニズムが女性の参政権獲得を中心とした法的解放運動に特徴を持ったとすれば，第二波フェミニズムは，社会における性役割(sex role)を問い直し，社会システムの改革を目指すという点に大きな特徴を持つ。こうした点から見ると，1970年代以降のフェミニズム運動は，まさに個人と既存の諸組織との関連構造に対する異議申し立てであった。第二波フェミニズムがつきつけた最大の問題は，何よりも，自由と平等原理が結局は不平等を生み出してしまう近代市民社会そのものへの告発であったといえる。労働による所有＝人格の独立の原理も，所詮それが当てはまるのは，家族という従者をしたがえた男性のものでしかなかったからである。

　市場原理を解明する経済学は，資本主義経済の解剖を行ったが，その経済を成り立たせている市民社会の全般を解剖するには至らなかった。むしろ，市場以外の領域は非市場として考察の外に追いやり，不問に付すか，軽視してきた。つまり，ペイド・ワーク(PW：有償労働)の対極にある膨大なアンペイド・ワーク(UPW：無償労働——従来の拙稿ではUWと略称してきたが，今後はUPWとする)の領域は，経済学の対象外に置かれてきたのである。そして，この領域をもっぱら担う女性たちは，先進国では家族の中の生命再生産のためのシャドウ・ワークを主形態とし，途上国では自給生産のサブシステンス労働として，その非市場的位置づけのゆえに，大きな社会的役割を担いながら無視され続けてきたのである。しかし実は，もともと資本主

義経済は，このUPWを自らの存立の基礎として花開いたものである。その上で，資本主義がPWとUPWのアンフェアな性別振り分けという家父長制構造を包摂していることをつきつけ，これを無視してきた経済学の枠組みに異議申し立てをした1970年代フェミニズムの隆盛は，既存の学問体系への果敢な闘争宣言であったといえるであろう。

そこで本章では，第2節の1で，1970年代マルクス主義フェミニズムの問題提起，すなわち，階級支配と性支配の関連性を説き，続く2では，ジェンダーによる経済学批判に立つ1992(平成4)年成立の「フェミニスト経済学国際学会」(IAFFE)の理論的革新とはいかなる点にあったのかを明らかにし，3では，経済のグローバル化に伴う「労働力の女性化」の実態を明らかにする。そして第3節では，それらの理論的革新は，世界的運動としてどのように展開されたのか，また，20世紀型福祉国家から21世紀型福祉国家に向けて，何が変わらねばならなかったのかを解明する。最後の第4節では，国際的流れとの対比で，日本が辿ってきた軌跡とその問題点を明らかにし，日本の当面する課題とは何かについて論じたいと思う。

第2節　ジェンダーによる経済学批判

1　1970年代マルクス主義フェミニズムの問題提起
　　──階級支配と性支配の関連性

1960年代の先進資本主義国におけるフェミニズム運動は，高度経済成長と技術革新に対する近代主義批判を思想的背景として台頭したものである。その思想の系譜は多様であるが，マルクス主義フェミニズムは，直接的には1960年代半ば，マルクス主義に対するアンチ・テーゼとして起こってきたラディカル・フェミニズムに対する批判として登場した。その特徴は，階級支配一元論に立つマルクス主義とは異なり，階級支配と性支配の弁証法的二元論に立つ点にある[1]。その意味で，「マルクス主義フェミニズムが女性労働研究に貢献した第一の点は，古典派以来の経済学が，社会の基本単位と

なっている「家族」というカテゴリーを，理論体系に内蔵してこなかったことに対する批判的分析を示したことである」[2]。例えば，V. ビーチ(Veronica Beechey)は，「女性の賃労働の分析は，(中略)女性の賃労働の位置の特殊性を規定する家族に関する分析と，労働過程に関する分析を統合しなければならない」[3]と述べたが，A. クーン(Annette Kuhn)やA. ウォルプ(AnnMarie Wolpe)，J. ガーディナー(Jean Gardiner)は，マルクス主義者の階級分析のやり方は，女性の男性への依存関係が理論的にも政治的にも提起している問題点を何ひとつ取り上げていない，と批判した[4]。さらに，H. ハートマン(Heidi Hartmann)は，マルクス主義フェミニズムの理論的貢献として，労働組合のセクシズムを挙げている[5]。

拙稿ではこうしたマルクス主義フェミニズムの問題提起を受けて，「女子労働論の再構成」の中で次のように述べた。「まず女子労働の特殊理論的性格を明らかにするためには(ただし，このことは男性労働が一般理論であることを意味しない)，女性を市場経済領域と直接的生命生産領域を包摂する賃労働の再生産のトータルな構造のなかに位置づけて分析することが不可欠である。つまり雇用における性別分業の究極的原因は，労働市場の成立そのものが，労働力の直接的生産単位としての家族を内的存在条件とし，労働力の再生産労働(家事労働)を女性の排他的機能とする性別分業を内包した労働力商品化体制に基礎をおいている点にある」[6]とした。

なお，マルクス主義フェミニストを自称する上野千鶴子の代表的著作は，『家父長制と資本制――マルクス主義フェミニズムの地平』であるが，そこでは，階級支配と性支配を独立の変数とみなし，相互の関係の固有な歴史的形態を解明しようとする点に特徴がある。その点では，拙稿が家父長制の物質的基盤を労働力商品化体制(労働力の再生産を家族の中で女性の無償労働に割り当てていること)に置く点で，見解を異にしている。私は拙著『著作集Ⅶ』の「あとがき」で次のように述べた。「まず生産様式に結びつかない自立した家父長制なるものは存在しないこと，したがって，家父長制資本主義を成立させる物質的基盤とは，資本制生産様式が労働力の再生産を女性の無償の家事労働に委ねる労働力商品化体制として組織している点にあるとし

た。労働力商品の特殊性は，生きた人間と不可分離であり，その生産が非市場領域である家族の中の無償労働によって再生産される点にある。経済学がもっぱら市場経済を分析の対象として捨象してきた非市場の人間関係に目を向け，(財，サービスの)生産と(人間の)再生産をトータルに捉えた上で，性抑圧の物質的基盤を明らかにしたのがマルクス主義フェミニズムの特質であることを論じた」[7]と。もとより労働力商品化体制は，資本蓄積体制の変化の中で変容を余儀なくされてきた。それはどのような過程を辿ってきたのか，そして，いま解明すべき課題とは何かについて，論議が今日に引き継がれている[8]。

2　1990年代「フェミニスト経済学国際学会(IAFFE)」成立とその意義

1960年代からのいわゆる「第二波フェミニズム」は，学問の領域にもさまざまな問い直しを生み出してきた。山森亮が指摘しているように，「フェミニスト経済学」が公然と姿を現したのは1990年代に入ってからである。「1989年のアメリカ経済学会と(アメリカ)南部経済学会で初めてフェミニスト理論と主流派経済学の関係についての議論がもたれ，それと翌'90年の(アメリカ)中西部経済学会での会議をもとに出版されたのが『経済人(男)を超えて：フェミニスト理論と経済学』であった。これがフェミニスト経済学の最初の出版物で，ヨーロッパでは'93年にアムステルダムで会議「周辺から飛び出して：経済理論のフェミニスト的視角」が開かれ，その内容も出版された(中略)。この間1992年に「フェミニスト経済学国際学会(International Association for Feminist Economics, IAFFE)」が設立され，第一回国際会議が開かれた。'95年には学会誌『フェミニスト経済学(Feminist Economics)』が創刊された」[9]。ただし本学会は，それぞれの学派出身者で構成されたアソシエーション(連合体)で，ジェンダー視点を共通の基盤としたゆるやかな広がりを持つ点に特徴がある[10]。

そこで以下では，フェミニスト経済学の展開と革新とは何であったかについて，(1)家事労働の発見(UPWとして概念化)，(2)主流派経済学の仮説(エコノミック・マン)批判，(3)経済的厚生におけるケア役割の重視(A. センの

所論との結合),の3点を中心に,ジェンダー視点から何が批判され,何が問い直されたのかについて述べることとしたい。

(1) **家事労働の発見(UPWとして概念化)**

第1の特徴は,家事労働を無償労働(UPW)として概念化したことである。近代経済学であれ,マルクス主義経済学であれ,従来の経済学の分析の射程は,市場領域であり,市場労働であった。市場外の活動は,経済活動の外側にあるものとして捨象ないしは無視され,したがって,女性の経験は公然と無視されてきたといえる。それは20世紀に発展した国民国家が,人間活動の第一目標を,財やサービスの増大というGNP至上主義に置いてきたことと大きくかかわっている。しかしこうした労働概念の狭さは,単に概念が広い狭いの量的問題だけではなく,実は資本制経済システムそれ自体が抱え込んでいる家父長制を,社会的に眼に見えないものにしてしまうという,質的問題をもはらんでいる。その点で,(人間の)再生産にかかわる活動に労働概念を与え,これをUPWと定義したことは,1970年代以降のフェミニズムの最大の功績といってよいであろう[11]。

この点で注目されるのが,V.ビーチの労働概念の再定義である。彼女は第1に,既存の経済概念をPWとUPWを含む領域概念として再構成した。第2には,経済決定論的な分析方法を排して,A.スコット(Alison Scott)などの「「純粋に経済的な諸要因」が,(中略)政治的イデオロギー的諸要因によって修正される」[12]という,歴史・人類学的分析を導入し,生産・再生産領域における社会的アクターとしての国家・企業・労働組合などのジェンダー・ビヘイビアと,その歴史分析の重要性を強調した。つまりビーチは,「社会的再生産」という概念それ自体が,まさに政治的イデオロギーの諸道程を十分に考慮すべきだとする彼女の方法論的把握に基づいている。そして第3に,「社会的再生産」は家族の分析に限定されるものではなく,パブリック・セクターの福祉領域をも含むものとして捉えられ,「さまざまな種類の労働の,公的領域と私的領域への割当てが,どのようにしてジェンダー関係と結びつけられているのか」[13]を分析することに,大きな関心を寄せた。

こうした視角は，ジェンダー視点からの福祉体制の類型分析に大きく寄与することになったといえるであろう。

(2) 主流派経済学の仮説（エコノミック・マン）批判

第2の特徴は，主流派経済学の依って立つ「合理的経済人」モデルと「方法的個人主義」に対して，ジェンダー視点から厳しく批判したことである。

「合理的経済人」モデル批判を説くJ.ネルソン（Julie A. Nelson）によれば，"エコノミック・マン"とは，①他人の助けを何ら必要としない自立的な存在であり，②自分自身以外の誰にも責任を持たない分離独立した自己であり，③「家族」や「共同集団」もなく，④子ども時代も老年時代もない，したがって，家族や共同体という非市場領域が全て「ブラック・ボックス」とされた存在である[14]。つまるところ，「合理的経済人モデル」とは，家族や共同体における再生産労働から切り離された「ケアレス・マン・モデル」にほかならない。したがって，フェミニスト経済学にとっての基本的課題は，「ブラック・ボックス」として扱われてきた「家族や世帯の再生産労働であるケア労働を，どのように経済学の対象に組み入れるのかが最大のテーマ」[15]とならざるを得ない。

(3) 経済的厚生におけるケア役割の重視（A. センの所論との結合）

第3の特徴は，「ブラック・ボックス」を開けるにあたって，A. セン（Amartya Sen）[16]の「世帯経済（Household Economics）」論と，その「協力的対立（Cooperative Conflicts）」論が，大きく寄与することになったことである。A. センは，家族や世帯内を規定している社会関係を「協力的対立の関係」として特徴づけている。したがって家族や世帯内のジェンダー対立は，もっぱら経済的利害が衝突する階級対立とは異なるとする。つまり，人間の再生産のための労働は，貨幣によって媒介されない必要（ニーズ）を満たすものであり，とりわけコミットメントや責任が深くかかわるケアは，経済的福祉を増大させるものであると考える。

こうした考え方を共有するフェミニスト経済学においては，男性ならびに

女性は，有償労働とともに，家族や世帯の内部における「ケアへの権利」や「ケアの責任」を持つ存在である。したがって，フェミニスト経済学の政策では，「ケア労働の平等な配分」と，「それを可能とするための経済的資源（時間と貨幣）の社会的再配分が要請される」[17]こととなる。つまり，フェミニスト経済学の革新は，単なる「生産経済学」ではなく，「生産と社会的再生産（＝人間の再生産）」をトータルに捉えた点にある。

以上述べてきた現代フェミニズムの3つの主張は，ジェンダー平等社会の実現のための戦略的道筋，その理論と運動を拓くものになったといえるであろう。

3　経済のグローバル化に伴う「労働力の女性化」の実態

周知のように，資本主義経済は2度の石油危機に見舞われた1970年代を通して，それまでの高度経済成長を支えてきた好循環はその歩みを止め，低成長の時代に転換する。以来，先進諸国はより大規模な経済のグローバル化を進める一方，新しい賃労働関係の形成によって，高度経済成長に代わる新しい蓄積体制と成長モデルを模索してきた。では，この過程を通してドラスティックに進んだ「労働力の女性化」は，どのような結果をもたらしたのであろうか。「労働力の女性化」とは基本的にいえば，総労働力人口に占める女性労働力人口の割合の増加を意味するが，そこで明らかになった実像とは何であったのか。

J. ジェンソン，E. ハーゲン，C. レディ編の『労働力の女性化』は，1986年にハーバード大学で開かれた先進7ヶ国（イギリス，カナダ，フランス，西ドイツ，イタリア，スウェーデン，アメリカ）の女性労働の現状に関する国際会議の記録である[18]。その中で，I. バッカー (Isabella Bakker) は，OECD諸国に共通する労働力の女性化の指標として，次の4点を挙げている。第1は，男性を上回る女性の労働力率の上昇。第2は，1973 (昭和48)年以降の際立った女性パートタイマーの増大。第3は，女性の失業率が男性のそれを上回る傾向にあること。第4は，性別職務分離が依然として大きいことである。ではこの労働力の女性化をめぐる分析結果を，フェミニスト経

済学者はどう分析したのか。

　アメリカのフェミニストであるC. ブラウン(Carol Brown)は，1970年代後半以降のアメリカを，社会のあらゆる領域においてジェンダー関係が根本的かつ長期的に変化していった画期として，公的家父長制は，職務分離や労働市場における性別分業，あるいは女性の低賃金雇用という形をとって，女性と男性を社会的に異なる階層として位置づける企業や国家の行動様式の結果として表れていると述べた[19]。またH. ハートマンも，人的サービスは多様な形態の人間の再生産労働を含んでおり，かつ女性が私的な家父長制家族の中で担っている労働に深くかかわっているが，それは企業によって新たに組織され，そのことが女性職をめぐる多様な低賃金職種を生み，女性職をめぐる労働市場の分断，つまり，ジェンダーの階層的関係が形成されている，と論じた[20]。一方イギリスでは，S. ウォルビー(Sylvia Walby)やV. ビーチが，雇用労働への女性の統合は，フルタイムの女性労働を増大させたのではなく，主婦のパートタイム労働を増大させ，労働過程と労働市場にジェンダー関係が形成され，再編されたと主張した。

　他方，ドイツのフェミニスト，C. ヴェールホフ(Claudia von Werlhof)，V. ベンフォルト＝トムゼン(Veronika Bennholdt-Thomsen)，M. ミース(Maria Mies)は，アメリカやイギリスのフェミニストたちとは異なって，雇用の女性化を，何よりも経済のグローバル化という今日の資本主義の新しい展開の中に位置づけた[21]。そしてヴェールホフたちは，世界的規模で進む資本の新しい蓄積過程に統合される女性労働を「不自由な賃労働(unfree wage labour)」，あるいは，「賃労働の主婦化(housewifezation)」，「賃労働の風化」と呼んだ[22]。

　もとより労働力の女性化は各国一様ではなく，それぞれの特質を持つ。日本については，拙論「変貌する経済と労働力の女性化——その日本的特質」[23]で論じているので参照願いたいが，1970年代以降のフェミニズム経済学の視点から「労働力の女性化」の特質を総括した久場嬉子は，次のように述べている。「いずれにしても資本は，家族領域で，自らのはもとより家族の労働力の再生産労働をも無償で担うこのような「労働リザーブ」を創出す

ることによって，なによりも労働力の再生産費用を「外部化」(非資本制的領域にゆだね，節約)し，それを蓄積の基盤とすることができる。そしてこの「労働リザーブ」は，今日的な，資本主義経済の再編成と資本制的蓄積の新たな段階で，資本主義と家父長制との再度の妥協の産物として生まれているのである」[24]と。

　また，イギリスのマルクス主義フェミニストV.ビーチは，現在，フォーマル労働とインフォーマル労働，フルタイム労働とパートタイム労働，そして収入労働と無償労働，さらに賃労働と家事労働というように，多様な労働が人口のさまざまなグループ(年齢，ジェンダー，そして人種など)の間に不平等に配分されている，と述べ，したがって将来のあるべきヴィジョンは，「あらゆる形態の労働(有給，無給の)が，もっと弾力的に編成され，かつ人々のあいだにもっと平等に分配されており，また，人びとは有給の雇用であると否とにかかわらず，品位が保てる生活水準が保障されているようなそのようなヴィジョンである」[25]と主張している。ここでは，労働市場のみならず，家庭内の労働力の再生産労働にも分析の射程を広げつつ，労働の公平な編成を図ることが要(かなめ)の問題として捉えられている。そこで続く第3節では，とくに雇用におけるジェンダー平等に向けた国際的な取り組みが，どのようになされてきたかを見ることとしたい。

第3節　雇用における男女平等の新段階

1　ジェンダー・ニュートラルな社会の再構成に向けて
　　　──国連，ILO条約・勧告，OECDなどを中心とした取り組み

　1979(昭和54)年，国連で採択された「女性差別撤廃条約」(1981年成立，以下「条約」と略)は，男女平等政策を転換させる分水嶺となった。この「条約」に連動して1981年にILO「家族的責任条約」(156号条約)が成立したのをはじめ，先進諸国では構造調整政策へと新しい段階に入ることとなった。もちろん，国際レジームを構成する主体は，国民国家や多国籍企業，

国際機関, NGO といった違いによって, その目指すグローバル化の方向も一様ではない。しかし, 少なくとも国際労働権・人権レジームについていえば, ILO の一連の決議や勧告・報告によって, パートタイム労働者の権利, ジェンダー平等, UPW の社会的評価の問題が次々と取り上げられるようになり, 国際労働権・人権レジームは, ジェンダー平等への大きな推進力となってきた。そしてその政策の推進において, フェミニスト経済学の果たした役割がいかに大きかったかを知ることができる。その研究動向が社会政策論議に与えた影響は, 次の3つに要約される。

　第1は, 社会政策の守備範囲(政策領域)が拡大され, あるべき社会政策をジェンダー視点から問い直す政策へと転換する必要性を提起したことである。第2は, 男女の「経済的福利(economic well-being)」の平等を達成する上で, 近代家族＝性役割分業家族(patriarchal family)を下支えする社会政策に批判を加えたことである。例えばJ. ガーディナーは,「経済的福利」は, 市場の中での財の再配分のみではなく, 家事労働分野を含むトータルな社会的分業のあり様を踏まえた潜在能力(capability)の再配分をも含むべきだと論じた[26]。そして第3に, ジェンダー・アプローチから見た社会政策の最大の課題は, ジェンダー・ニュートラルな社会システムの形成にあること, したがって, 経済活動における PW と UPW の構造を分析し, そこに存在する性別偏りをフェアにする構造調整政策が重要な鍵であるとした[27]。

2　OECD「構造変化の形成と女性の役割──ハイレベル専門家会合報告書」

　こうした方向への転換に拍車をかけたのが, 1991(平成3)年11月にOECD事務局に提出された「構造変化の形成と女性の役割──ハイレベル専門家会合報告書」[28]である。この報告書が平等政策への転換の画期となったといえる理由のひとつは,「標準労働者モデル」(男性＝ブレッドウイナー・モデル)を否定し,「税制から社会保障政策まで, 成人二人の家庭で一人だけが稼ぎ手であることを基本的な規範とすることを撤廃する」[29]としたことである。いまひとつは, 基本的な家事および介護サービスを社会的イン

フラストラクチャーとする認識に立って，その調整によって女性の労働市場への参加や家庭の型の多様化を支援することを提起したことである[30]。

したがって，それまでの「平等と効率は相互に矛盾するものであって，トレード・オフの関係にあるという伝統的な前提に挑戦」して，「平等と効率の二つの目標(The twin goals of equity and efficiency)」[31]を掲げるとともに，経済問題を解決できるかどうかは，女性の経済的役割を強化できるかどうかに左右されるとし，その政策課題達成のために，「経済と社会を根本から改革する世界的でダイナミックなプロセスとしての構造改革」[32]，つまり，「システム」変化の重要性を強調した。ここには，従来の「機会の平等」政策を超える社会の構造調整が提起されており，男女平等政策への新段階を拓くことになったといえる。

3 国連を中心とした UPW 問題への取り組み
——UPW の測定・評価・政策化への具体化

いまひとつの革新は，国連を中心とした UPW 問題への取り組みである。女性の UPW に光を当てる仕事は，1975(昭和 50)年の国連第 1 回世界女性会議以来，グローバルな規模で取り組まれるべき重要な課題となってきた。とくに UPW を考える女性運動の起点となったのは，1980 年の「女性は全世界の 3 分の 2 の労働を担いながら，収入は 10％，資産は 1％以下を所有するにすぎない」という ILO の発表である[33]。以来，国連を中心にこの問題への取り組みがいっそう強められ，1980 年のコペンハーゲン「行動プログラム」では，「男女両性が遂行しているあらゆる種類の家事・農場における無償労働を認識し，公式な統計データに反映する道を採らなければならない」(128 項)と規定された。そして 1985 年のナイロビ将来戦略では一歩進んだ規定がなされ，1995 年の「北京行動綱領」では，この無償労働を国民経済統計のサテライト(補助的)勘定などの方法で表示することが提起された。

この国連を中心とした UPW 問題への取り組みや，カナダ・EU・オランダの政策的取り組みについては，詳しくは拙稿[34]を参照されたいが，その目的・意図を明確にするために，1993(平成 5)年 6 月に発表された EU 欧州

議会・女性の権利委員会の「女性の非賃金活動(unwaged work＝unpaid work)に関する報告」を紹介したい。そこでは，UPW を圧倒的に女性が担っていることの社会的意味を，1 つには，女性の労働市場へのアクセス権が侵害されていること，2 つには，社会保障への平等なアクセス権が侵害されている（女性は男性の扶養家族として派生的資格しか持ちえない）ことであるとし，家庭内労働と職業労働の再分配を容易にするための措置として，次の 5 項目を挙げている[35]。

①労働時間の短縮（男性を家庭・社会的ボランティア活動へ，女性を有償労働へ）。

②子育てのために職業を中断した人のための休暇政策（育児休暇・産前産後休暇など）の立法の整備。

③UPW に従事してきた人の再就職を容易にする諸施策（移行措置，十分な職業訓練の供給，家庭内で取得された能力の社会的評価，子育てのための雇用中断期間を年金受給期間に含める，など）。

④自営業などの専門的無償労働に従事する人々への社会保障政策。

⑤婚姻の地位にのみ基づいた税の控除方式を改め，カップルではなく個人として課税する。扶養する子どもの数に応じた免税システム，子育て責任を担う人に対する第一子からの十分な児童手当，ボランティア活動への年金権の付与。

上記の取り組みに示されるように，UPW の社会・経済的評価の目的は，PW と UPW がジェンダーによって編成されている社会システムそれ自体の構造変革を目指す点にある。日本に即していえば，現状の PW と UPW のジェンダー・ギャップは，ほかならぬ日本の雇用管理，労働時間，性差別賃金管理，女性を UPW に囲い込む税制・社会保障制度などの，労働・社会政策のあり方と不可分に結びついている。UPW 改革のための制度・政策課題は，日本の最も取り組みの遅れた分野である[36]。

4　ILO の「ディーセント・ワーク」と「ジェンダーの主流化」

1990 年代半ば以降，男女平等政策の新しい流れを総括する潮流が現れる。

そのひとつが，1995(平成7)年の北京世界女性会議の「行動綱領」で強調された「ジェンダーの主流化(gender mainstreaming)」であり，いまひとつが，1999年にILOの正式目標として掲げられた「ディーセント・ワーク(decent work)」である。「ジェンダーの主流化」とは，これまでのように女性を対象とした政策だけではなく，あらゆる政策をジェンダーの視点から問い直し，ジェンダーに中立的な制度に組み替えることであり，この政策は，一国レベルの政策と超国家レベル(EUや，発展途上国であればUNDPなど)の政策が連動しながら展開されつつある。

一方「ディーセント・ワーク」とは，「働く人の権利が保障され，充分な収入を得，適切な社会的保護のある仕事」とされているが，ILOがこの「ディーセント・ワーク」をあらゆる場所の人びとに保障することを提起するに至った背景には，グローバリゼーションが惹き起こすマイナスの影響が深刻になってきたという事情がある。少し長くなるが，ロンドン大学教授であり，ILOの「社会経済保障プログラム」の責任者であるG.スタンディング(Guy Standing)の言葉を概略引用しておきたい。

「20世紀は，労働という行為を一つの社会的権利にまで高めた人類史上最初の世紀であった。労働することは権利という名において義務となり，賃金を稼ぐ能力を極大化する方向に進んだ。しかし不幸なことに，本来ケアを与えるとは，人間の行為の価値ある一部であり，ケアを必要とすることが人間の権利の一部であるにもかかわらず，むしろケア・ワークが労働することにとっての障害，つまり"労働の障壁"とみなされるようになった。本来ケア・ワークとは，他人の身体・精神・発育に関するニーズ(必要)の世話をやく仕事であり，相対的に高度な社会的習熟を要し，利他精神に富む情緒的で人間関係的な労働(したがって，非効率を暗に含んでいる)である」。

そこで，ケアする権利を圧縮して労働の権利を追求してきた20世紀を，「レイバリズム(労働主義)の世紀」と名づけたG.スタンディングは，「21世紀こそ，レイバリズムを超えた人間の尊厳ある働き方である「ディーセント・ワーク」が目指されなければならない」[37]と論じた。そのためには，ケアのための社会的資源(時間，貨幣)をどのように配分していくのか，ケア

供給組織としての世帯(男女)，市場，国家(政府)を，ジェンダー平等に向けてどのように再編していくのか，その戦略の具体化が問われることになったといえるであろう。

第4節 「20世紀型福祉国家」から「21世紀型福祉国家」への変化

1 20世紀型福祉国家の前提とその危機がもたらしたもの

　戦後福祉国家システムの基礎を示すものとして広く知られているのが，イギリスの「ベヴァリッジ報告」(1942(昭和17)年)である。そこで提示されているのは，男性(夫)が家族賃金を稼ぎ，女性(妻)が家事労働を専業とする，いわゆる「パンの稼ぎ手モデル(Bread Winner Model)」にほかならない。そこでの社会保障の権利は「家族化」され，女性は「被扶養者」として間接的な権利を持つ者として位置づけられた。

　これに対して久場嬉子(くばよしこ)は痛烈な批判を行っている。「つまるところ，このような制度や政策は，市場における「男性のバーゲニング地位を支援」し，男性優位の，性別分業を基礎とした労働力再生産の制度を目指すものといえる」[38]と。そして，戦後の欧米の福祉国家全盛時代は資本主義の黄金時代と重なり，資本と労働との「妥協」を図ることにより，継続的な経済成長を背景に経済と福祉の「好循環」を実現しようというものであった。しかし，「福祉国家の経済政策のコアであるケインズのマクロ政策では，家族や世帯のなかで行われているケアなどの無償の再生産労働や，またそれをめぐって成立しているジェンダー関係には目をつむるものである。また完全雇用は，ブレッドウイナーである男性の雇用を確保するものであり，性別分業の核家族は，経済の「好循環」を支える不可欠の構成要因であった」[39]と述べた。慧眼というべきであろう。

　しかし先進諸国の福祉国家体制は，やがて1970年代以降の本格的な「経済のグローバル化」の中で大きな転機を迎えることになる。1970年代から

1980年代にかけての福祉国家の危機とその再編過程は，福祉国家の再私化（re-privatization）の流れを生むことになった。「「再私化」とは，一つは，社会福祉サービスの供給を市場化し，二つは，再生産労働を家族の「不払い労働へと再度切りかえ」（V. フレーベル）ようとするものである」[40]。'80年代にサッチャー政府は，公的な社会福祉サービスの供給を制限するかたわら，再生産労働の市場化とインフォーマル化を奨励し，また家庭で女性が無償でなさねばならない再生産労働を増加」[41]させた。したがってパートタイム就労とは，女性が市場労働と再生産労働を両立させるための方途であり，「V. ビーチによれば，70年代中頃以降，イギリスでは，公共部門で非常に多くのパートタイムの職務が創りだされた」[42]。

そして久場は，結論として次のように論じている。「70年代以来のリセッションの進行と「雇用のフレックス化」は，かたや男性の失業率の増加やいわゆる「家族賃金」の減少するなか，労働力の再生産のための「間接賃金」（社会保障費用）を支払われない女性の周辺労働者化を推進している。そして福祉国家の停滞と「危機」は，女性や低賃金の移民労働者の境界的な労働を梃子としながら労働市場に競争と選別を呼び戻すという，（中略）労働市場における「現代の労働リザーブ」機能の回復に対応するものに他ならない」[43]と。

そこで以下では，21世紀型福祉国家への転換を促すための政策課題について，フェミニストはどのように論じたのか，とくにケア供給のあり方について見ることとしたい。

2　21世紀型福祉国家の政策課題
　　——「社会的再生産」様式の変容：ケア供給のジェンダー・アプローチ

ポスト産業社会に伴う高齢化・少子化・労働力の女性化は，ケア・サービスの拡大とその重要性をますます増大させることになった。家族（男性）賃金の一定の補充という貧困防止の救貧政策という性格を変化させ，家庭内の福祉サービス（UPW）を公的に制度化する方向を推し進めることになった。こうした状況の中で多くのフェミニストたちは，現金給付（キャッシュ・サー

ビス)とケアの関係を再検討する必要性を主張し，ケア・サービスに対する市民権(ケアを受ける権利とケアを行う権利を同時に保障する)を提起することになった。

(1) 社会的市民権からのアプローチ

　社会的市民権とは，公的援助の制度化に基づく国民の社会保障および社会福祉の権利をいう。1980年代のフェミニストたちは，社会的市民権が母親ではなく被保険者である男性労働者の妻という立場からのみ，重要な福祉施策の請求権を得るにすぎないという，社会的市民権のジェンダー不平等に関心を向け，介護労働を通して，女性が無償で福祉に貢献することを貨幣的に評価する方法を模索することになった。

　社会的市民権におけるジェンダー不平等の問題解決の方法は，大きく2つに分けられる。ひとつは，女性も男性と同じように稼ぎ手になり社会的給付(social allowance)を受ける資格を持つ方向(スカンジナビア諸国に代表される)と，いまひとつは，家庭における女性のケア労働の社会的評価を行い，社会的給付資格を持つようにする方向である(ドイツ，フランスなどに代表される)[44]。J.ルイス(Jane Lewis)とB.ホブスン(Barbara Hobson)は，社会的市民権保障のケア体制の理念型を，「家族介護者社会賃金モデル」と「両親／労働者モデル」(両親がともに稼ぎ手となるモデル)に分類している[45]。しかしJ.ルイス自身が「両親／労働者モデル」が果たして理念型としてふさわしいかどうかに疑問を呈しており，深澤和子も，両親が稼ぎ手となっても，依然UPWを女性が担うという現実を踏まえ，UPWとPWをトータルに捉えた両性の分担の平等が不可欠であると指摘した[46]。こうした中で注目されるのが，D.セインズベリ(Diane Sainsbury)の主張である。彼女はかつてN.フレイザー(Nancy Fraser)の提起した，①両性稼ぎ手戦略(universal-breadwinner strategy)(デイケア・サービスによって，女性が男性と同等に労働市場に参加できるようにする戦略)と，②均等ケア戦略(caregiver-parity strategy)(家庭内ケア労働への援助によって，介護者が稼ぎ手と同等に処遇される戦略)のほかに，いまひとつ，③稼ぎ手であり，かつ介護者で

ある戦略(earner-carer strategy)という第3のモデルを立てた。そして，この第3のモデルこそ，今日のフェミニストのケア戦略であるべきだと主張した[47]。つまり，UPW を評価する社会システムと，PW と UPW とをトータルに捉えて UPW の男女平等分担を目指す戦略こそが，「女性に優しい福祉国家」の新しい段階を拓くものだと提起した。さらにセインズベリは，給付の受給権が真の社会的市民権であるためには，世帯を単位とするのではなく一市民として，妻としてではなく母親として，また国籍ではなく居住を条件にその資格を持つべきだと主張した。伝統的家族モデル(一家族に一人の男性の稼ぎ手を想定)を廃止し，男女を問わず個人を単位に制度を設計する「個人単位モデル」を対比させたことは注目すべきである[48]。

(2) 「時間のフェミニスト政治」からのアプローチ

いまひとつの注目される主張が，「時間のフェミニスト政治」からのアプローチである。N. フォルブレ(Nancy Folbre)と S. ヒメルワイト(Susan Himmelweit)は，2000(平成12)年の論文で，ケアに対する国家のサポートのあり方について7ヶ国を特集し，その序文で次のように述べている。「明らかに進歩的な家族政策というものは，金銭や精神面での援助だけではなく，ケアを供給する場合，時間という側面をインプットすることが決定的に重要である。女性が雇用における伝統的男性モデルを単純に援用して，全てのケア責任を市場に出すことも可能ではあるだろう。それは両性稼ぎ手モデルに従うことである。しかし，このような戦略はケアの質を引き下げるであろうし，また多くの女性を伝統的な女性職の低賃金職務に閉じ込めることになろう」[49]と。したがって，家庭責任を果たす中でジェンダー平等を進めるには，何より「時間のフェミニスト政治」が必要であるとしている。

日本でも「ワーク・ライフ・バランス」政策をジェンダー平等に結びつけるには，理論的にも政策的にも，家族とそこで行われる無償のケア労働の意義を概念化することが重要であることが，久場，原伸子，竹中によって主張されてきた。原は「福祉国家は家族の多様化や女性の社会進出によってケアが不足する事態に対して，「社会的ケア」とジェンダー視点によって，新た

なケアを保障する制度を作り上げる必要がある」[50]と述べる。そしてそれには，「ワーク・ライフ・バランス」政策が時間政策であるという観点が重要であり，竹中や久場がいうように，「時間」とケアとの関係を経済学の中心に位置づけることである。伝統的経済学に見られるような「有償労働」と「レジャー」という「時間の二分法」を超えて，「有償労働」，「ケア」，「レジャー」という「時間の三分法」が求められている。時間政策は「社会的生産と(人間の)再生産を視野に入れる」必要があると主張している[51]。

日本においても時間政策が，ケア供給レジューム論として展開する視点が重視されつつあるといえるであろう。

第5節　いま日本の労働フェミニズムが提起すべき改革とは

1　はじめに

1990年代初めのバブル崩壊と，それ以降の急激なネオリベラリズムの進展は，「日本的経営」から「新日本的経営」への転換を促し，労働ビッグバンといわれる大々的な規制緩和が進展することとなった[52]。1990(平成2)年から2010(平成22)年にかけて，女性労働者総数に占める非正規労働者は，37.9％(646万人)から53.8％(1217万人)へと増大し，女性の非正規労働者は圧倒的比重を占めることになった。だが同時に注目されるのが，男性の非正規労働者化である。同期に8.8％(235万人)から18.9％(538万人)へと，これまた著しい伸びを示している(総務省「労働力調査」)。しかし，バブル崩壊後の男性の非正規化が注目される一方で，女性の圧倒的多数が非正規労働者であるという，そのジェンダー的性格が後方に押しやられ，見えなくされるという危険性も生じている。そこで，この点に留意しながら，以下では，日本における労働のジェンダー平等実現のための主要な3つの課題について論じたいと思う。

2 見えざる福祉国家の超克
――「男性稼ぎ手モデル＝専業主婦モデル」から「個人単位モデル」へ

　先進諸国では 1970 年代の第一次オイルショック以降，それまでの高度経済成長が終焉して，低成長（産業構造の第二次から第三次産業への移行，単種大量生産から多品種少量生産へ）に移ることになるが，そのとき企業が直面した最大の問題は，いかに生産と労働をフレキシブル（弾力的）にするかということであった。その際日本が選択したフレキシビリティの特有の形態とは，性役割分業家族と結合させた，質的フレキシビリティ（雇用保障の中の多能工化，大企業を中心とした男性労働力）と量的フレキシビリティ（パート・派遣・アルバイトなどを中心とした女性労働力）の使い分けであった。それを図示したのがフローチャート「日本的経営とジェンダーの関係性」である[53]。しかし，1980 年代以降の日本的経営のフレキシブル戦略は，その後のバブル崩壊と経済のグローバル化によって，日本的経営の3特徴といわれた年功賃金，終身雇用，企業別組合の変容を余儀なくされ，そして 1995（平成 7）年の日経連「新時代の日本的経営――挑戦すべき方向とその具体策」の発表とともに，終身雇用や年功賃金は次第に崩壊しつつある。つまり大企業でも，リストラによって正社員もまた解雇から無縁の存在ではなくなり，能力主義人事管理と賃金制度の改変が進みつつある。しかしここで私があえて 1980 年代以降の日本的経営のフレキシブル戦略の要となった性差別システムを重視するのは，新自由主義台頭以前の性差別システムを温存した上で，新自由主義的規制緩和が始まったところに，日本の雇用の惨状，とりわけ女性労働者の惨状があると考えるからである。この点については栗田隆子の見解に共感する[54]。

　とはいえ，2010（平成 22）年に成立した第三次「男女共同参画基本法」においては，片働き「世帯単位」の制度・慣習を「個人単位」にすることを明確にし，具体的には，税制では「配偶者控除」の見直し，年金制度の第 3 号被保険者問題の改善が掲げられ，いままさにその実行が問われる段階にある。また，1985（昭和 60）年に成立した「男女雇用機会均等法」（以下「均等法」

と略)は，その後2度の改正を見たが，"間接的差別の禁止"がごく一部に限られるなど，その法的不備がつとに指摘されてきた[55]。したがって2013年に入り，第三次「均等法」改正については，これを「男女平等法」へ転換すべきだとする運動が高まりつつある[56]。雇用平等に向けた新段階に入ったといえるであろう。

ところで，日本を「見えざる福祉国家(Invisible Welfare State)」と呼んだのはM. レイン(Martin Rein)であるが，その含意は，福祉が貨幣的に評価されない女性のUPWにもっぱら依存している国ということに他ならない。それは家族関係に関する政府支出(保育や就学前の教育，現金・現物給付，出産・育児休暇，育児手当など)が，国際水準から見てきわめて低いこと(スウェーデン3.21％，イギリス3.19％，日本0.81％──2010(平成22)年データ)とも関連している[57]。

しかし1995(平成7)年「北京行動綱領」において，UPWを国民経済統計のサテライト勘定などの方法で表示することが提起されたことを受けて，「第3次男女共同参画基本計画」(2010(平成22)年)で，初めて無償労働の把握と育児や介護の経済的・社会的評価のための調査と研究が挙げられることになった。ただし，この歩みは遅く，「「第4次男女共同参画基本計画」策定にあたっての考え方(素案)」(2015年7月)においてもなお，"各種制度等の整備についての調査・研究を進める"にとどまっている。とくに2000年以降，「男性稼ぎ手モデル」から「個人単位モデル」への脱皮という課題は，アベノミクスの逆流に翻弄され，立ちすくむ現状にある。均等法制定30年のいまこそ，男女の実質的平等に向けた「男女平等法」の制定が喫緊の課題であるといえよう。

3 「同一価値労働同一賃金原則」の実現に向けて

第2の日本の課題は，雇用分野を両性で二分する女性の労働力化が進んでいるにもかかわらず，大きな男女賃金格差を是正しえないでいることである[58]。この点については，すでに2007(平成19)年，2008年と相次いで，ILO条約勧告適用専門家委員会から日本政府に対して，法的措置が求めら

れているだけではなく，2009 年には国連の女性差別撤廃委員会からの総括所見においても，同原則が労働基準法にないことが指摘されている。こうした要請に応えた業績としては，森ます美・浅倉むつ子編『同一価値労働同一賃金の実施システム——公平な賃金の実現に向けて』の共同研究の成果がある。また森ます美氏が，同一価値労働同一賃金原則の実施システムの提案を具体的に論じた「今日の「均等・均衡待遇政策」論議への批判——同一価値労働同一賃金原則の実施に向けて」[59] は，必要な法改正の指摘など，きわめて具体的，実践的である。

　そこで本稿では，上記の課題に加えて，同一価値労働同一賃金原則(Pay Equity，以下 PE 原則と略)の実現において社会保障制度(社会手当としての児童手当)との結合が必要不可欠であること，ならびにジェンダー・ペイ・ギャップ(GPG)を克服するために必要な団体交渉範囲，最低賃金制度への取り組みの重要性について付言しておきたいと思う。

　私はかつて，PE 原則は性差別賃金の是正にとって有力な原則ではあるが，それは個人単位を原則とするものである限り，この原則の貫徹のためには社会保障制度との関連を明確にすること，「つまり，社会保障制度としての児童手当は，同一価値労働同一賃金原則のバックグラウンドだという認識が不可欠」[60] であると論じてきた。いうまでもなく，賃金は労働力商品の再生産費であり，本来労働力の価値には，次世代の子どもの再生産費を含むものと規定されている(なぜなら，労働力は世代を継いで供給されなければならないから)。しかし資本主義生産の発展は，女性労働の進展によって労働力の価値分割を進め，労働者個人の再生産費である個人賃金と，一方で子どもの再生産費は社会保障費としての家族手当(子ども手当)へと，形態分離を遂げてきた。したがって労働力の価値法則を実現するには，ひとつには，公平な労働の職務評価技法を開発し，同一価値労働に対する同一賃金原則を普遍化すると同時に，もう一方で，子どもの生活費としての児童手当を，別途社会保障費として実現すること，つまり両者を結合することが不可欠である[61]。日本の児童手当制度成立とその歴史ならびに現在の問題点について，鋭い分析をしている北明美が指摘しているように，「日本の児童手当制度がいまだ

に受給資格における男性世帯中心主義を払拭でき」ず,また,所得制限にこだわる児童手当政策は,「国際的にみても明らかに異様」[62]である。その意味で,PE原則の確立にとって,普遍主義的かつジェンダー中立的な児童手当制度の確立が不可欠な課題であることを強調しておきたい。

なおPE原則の確立の今日的意義にもかかわらず,男女平等賃金実現にとって残されたいくつかの課題がある。第1は,PE原則は職務内容の相対的比較の問題であっても,賃金の絶対的水準そのものを決定する原則ではない。正規労働者に対する非正規労働者の代替が大規模に進みつつある今日,生存権に値する賃金の最低限保障のためには,賃金の絶対水準を決定する最低賃金制や,「リビング・ウェイジ」(地域条例による生活賃金)のような運動との結合が不可欠である。第2に,職務評価が主に企業内ベースであることからも,これだけでは大きな産業間・企業間格差の問題は解決しない。かつて日本では,横断賃率論者の取り組みが挫折に終わったが,企業の枠を超えた職種別の横断賃率,"労働の社会的格付け"をめぐる,産業別労使交渉機関の設立が構想される必要があろう。第3は,いうまでもないことだが,男女賃金格差には2つの問題が重複している。ひとつは,男女同一労働に対する差別賃金であり,いまひとつは,男女の性別職務分離による男女の賃金格差である。したがって,男女賃金格差の解決には,賃金と雇用の両側面からの差別是正への課題がある。「男女雇用平等法」実現が大きな意味を持つことを強調しておきたい。

4 労働時間のフェミニスト改革——二分法から三分法へ

第3の課題は,「時間政治(time politics)」のフェミニスト改革(二分法から三分法へ)である。その理由について,拙稿で概略次のように述べてきた。「時間に対する政策に関しては,日本は決定的に遅れている。その発想の基本は,一日24時間を「労働」か「非労働」かという二分法で捉えるもので,「非労働」とはつまり「余暇」という意味で,結局労働時間短縮運動は「余暇」を拡大するためという発想で行われてきたことである。しかし本当に人間らしい生活を実現していく,あるいは現在の性別分業のシステムを変えて

いくための時間政策を考えるには，「労働」と「非労働（余暇）」という二分法から，そこに家事労働やケアを中核に含む無償労働の分野，人間の再生産に不可欠な労働分野を入れて考えるという，三分法への発想の転換こそが不可欠である。二分法には時間の概念の中に女性の経験がすっぽりと抜け落ちている。1997（平成 9）年の「均等法」改正の際には，女子保護規定が撤廃され，女性の深夜業と時間外労働が男性並みになったが，そのとき，むしろ男性の異常な時間外労働を規制して国際水準並みにするという運動に繋ぐことができなかったのは，もともと時間概念における男性的な発想が根強く残っていたからに他ならない。したがって，労働組合運動の中に「フェミニストの時間政治」を根づかせていくことは，とりわけ現在の性別分業社会のシステムそのものを変えていくために不可欠な重要課題である」[63]。

国際的には，1981（昭和 56）年に成立した「女性差別撤廃条約」に連動して，ILO の「家族的責任条約」（156 号条約）および同勧告（165 号）が成立した。しかし残念ながら，日本では家族責任は両性にあるとした「時間の三分法」を明記した 156 号条約は直ちには批准されず，本条約を批准したのは，出生率低下が大きな社会問題となった 14 年遅れの 1995（平成 7）年になってからである[64]。

原伸子は 1990（平成 2）年以降の福祉国家の変容として，イギリス労働党の「第三の道」を論評し，次のように述べている。「福祉の契約主義，社会的包摂論，社会的投資アプローチという「第三の道」は，市場の力を最大限利用しながら，社会的公正を達成するというものであった。（中略）（エスピン＝アンデルセンの指摘のように――引用者）これは素朴な楽観主義である」[65]と。むしろ，「福祉国家は家族の多様化や女性の社会進出によってケアが不足する事態に対して，「社会的ケア」とジェンダー視点によって，新たなケアを保障する制度を作り上げる必要がある」。それは「「時間」とケアとの関係を経済学の中心に位置づけることである。伝統的経済学にみられるような「有償労働」と「レジャー」という「時間の二分法」を超えて，「有償労働」，「ケア」，「レジャー」という「時間の三分法」が求められる。時間政策は「社会的生産と再生産を視野に入れる」必要があ」[66]ると。

同じ立場から，私は拙『著作集第Ⅵ巻』の「あとがき」でほぼ以下のように論じた。少し長くなるが引用しておきたい。「21世紀に入ってケアの社会化をめぐる新しい戦略が生まれた背景として，ひとつには，1980年代以降の福祉国家の縮減過程で，家族と市場と国家の関係が複雑に変化したことがある。労働力の女性化は，必然的に家庭での育児や介護でのケアの不足を生み，「キャリア」の獲得とケアの負担との相克は，非婚，晩婚化，出産の先延ばしが少子化につながると同時に，高齢化と表裏の関係ともなっている。かつて経済効率を高めるために寄与するものとして選択された性別分業社会は，いまや社会的非効率を生み出し，性別分業システムの見直しが政策的に現実性を持つことになった原因でもある。(中略)こうした認識は，「ケア不在の男性稼ぎ手モデル」を政策の単位とする社会システムから，男女がともに自立してケアを担う「ケアつき個人単位モデル」への転換の動きを強めたといえる。特に新しい動きとして注目されるのは，介護の外部化(公共化，共同化，企業を含む社会サービス)とは異なる，男女ともに「ケアする権利」が保障される「時間確保型社会化」の方法といわれるものである」。例えば，オランダの例，ならびにドイツにおける2001(平成13)年の育児休暇制度と2007年の「パパ・クォータ制」などの動きがそれである。「育児・介護を含むケアの社会化は多様化し，これまで私的領域とされてきた家族とのジェンダー関係にメスを入れる方向へと(中略)，性別分業を超えるための多様な模索が進行中である」[67]と。性別分業を解体する時間政策こそ，日本にとってさし迫った課題といわねばならないであろう。

なお，日本で労働権改悪が目白押し(労働者派遣法改悪，限定正社員制度，労働時間制をはずす残業代ゼロ作戦など)である現状を考えるとき，この危険な方向への挑戦は不可欠である。

5　むすびに代えて

20世紀を「経済の世紀」と呼んだのは，地球環境学者のE.ワイツゼッカー(Ernst U. von Weizsacker)であるが，この「経済の世紀」は，国民国家の経済力(GNP)をいかに最大限にするかで鎬を削った[68]。しかし，それは

果たして真に平等で豊かな社会を創り出したのであろうか。経済効率至上主義の20世紀社会は、労働者やその家族のニーズや願望を、市場を通した消費財によって賄うという形態で構造化され、PWへの守銭奴化は、人間関係的側面を削り取りながら、労働者と労働の分離が進められてきた。こうした経済至上主義に立つ20世紀の労働を"レイバリズム"（labourism）と呼び、これを超克する「ディーセント・ワーク」こそ、21世紀の課題だとした国連ならびにILO政策の基調をつくり出したもの、それはまさに、本稿第2節で述べた、雇用における男女平等のための「ジェンダーの主流化」政策であったといえるであろう。

本章では日本にとってのディーセント・ワークを目指す課題として、4点──①時間政治の改革、②「ケア不在の男性稼ぎ手モデル」から「ケア男女共有モデル」の確立、③「ケアしない権利」と「ケアする権利」の選択的保障、④機会の平等の徹底と均等待遇原則の確立──に絞って論じた[69]。ディーセント・ワークの実現は、人類社会が生き残るためのかけがえのない道であり、第二波フェミニズムの思想と営為が生み出してきた最大の功績といいうるであろう。

1) マルクス主義フェミニズム・グループの研究活動は、1970（昭和45）年に創立されたイギリス「社会主義経済学者学会」(Conference of Socialist Economists, CSE)を中心に行われており、CSEの定期刊行雑誌 *New Left Review*, *Bulletin of CSE* のほか、*Socialist Review*, *Review of Radical Political Economics*, *Capital and Class* などの誌上で活発な論争が行われてきた。竹中(2012-b)52頁を参照。
2) 竹中(2012-b)26頁。
3) Beechey (1978) p. 195. 上野他訳(1984)174頁を参照。
4) Kuhn and Wolpe (1978) p. 8. 上野他訳(1984)9頁を参照。Gardiner (1977) p. 158. 大橋・小川他訳(1979)238頁を参照。
5) Hartmann (1983) p. 223. 竹中(2012-b)28頁を参照。
6) 竹中(2012-b)49〜50頁。
7) 竹中(2011-a)326頁。
8) 詳しくは、竹中(2011-b)を参照されたい。
9) 山森(2002)83〜84頁を参照。
10) なおフェミニスト経済学の研究活動の概要を知るには、本格的な解説書として、

Peterson and Lewis eds. (1999) が有益である。またフェミニスト経済学研究が 1990 年代半ばから，①ミクロレベル，②メゾレベル（集団組織内部レベル），③マクロレベル（マクロ経済でのジェンダー分析），④グローバルレベル（グローバル化へのジェンダー分析），へと発展してきた歴史的歩みを知るには，足立(2012)51～81 頁が参考になる。なお，「日本フェミニスト経済学会(Japan Association for Feminist Economics ——JAFFE)」の創設は 2004(平成 16)年である。

11) 例えば，G. ベッカー(Gary S. Becker)に代表される「新・家庭経済学(New Home Economics)」は，すでに 1960 年代にブラック・ボックス化されていた家族や世帯の領域を，経済学に組み入れる試みを行ってきたが，それは主流派経済学の基礎概念を，単に非市場領域にまで拡張していたにすぎない。つまり，合理的経済人の家庭への拡張でしかなかった(Becker (1981) を参照)。また，イタリアの女性解放運動「ロッタ・フェミニスタ(Lotta Femminista)」の「家事労働に賃金を」のスローガンに立脚した論文も，これを契機としてマルクス主義フェミニストたちによって議論されたが，経済学の主流にはほとんど影響を与えなかったという(山森(2002)82～83 頁を参照)。
12) Beechey (1988) p. 50. 安川訳(1992)158 頁を参照。
13) Beechey (1988) p. 59. 安川訳(1992)170 頁を参照。
14) Nelson (1996) cf. pp. 30-31.
15) 久場(2002)32 頁を参照。
16) A. センには，経済学における倫理学的研究(福祉の経済学)を含め，多くの業績がある。1998(平成 10)年度のノーベル経済学賞を受賞。また，フェミニスト経済学国際学会(IAFFE)設立のメンバーであり，今日までその学会誌編集メンバーの一人である。主要文献については，参考文献を参照されたい。
17) 久場(2002)48～49 頁を参照。
18) 竹中・久場(1994)6～9 頁を参照。この共編著は，女性労働を基本的な資本蓄積過程に位置づけるとともに，その過程は，生産と(人間の)再生産の両領域を含む社会・経済システムのトータルな構造変化に結びつくこと，かつその変化は，社会的アクターとして，国家・企業・労働組合そして家族などのビヘイビアを媒介とし，展開するものとして捉え，その理論的整理とともに現状分析を行ったものである。
19) 久場(1994)296～297 頁を参照。
20) 久場(1994)298 頁を参照。
21) Bennholdt-Thomsen (1988) cf. p. 162. 吉田・善本訳(1995)。竹中・久場(1994)305 頁を参照。Mies (1986)，奥田訳(1997)も参照されたい。
22) ドゥーデン／ヴェールホーフ，丸山編訳(1986)172 頁を参照。竹中・久場(1994)307 頁を参照。
23) 竹中・久場(1994)第 1 章。
24) 久場(1994)307～308 頁。
25) Beechey (1987) p. 195. 高島・安川訳(1993)239 頁。
26) Gardiner (1997) cf. pp. 233-234.

27) 竹中(2011-c)第7章「社会政策とジェンダー——21世紀への展望」262～263頁を参照。
28) OECD (1994), OECD 訳(1995)6～40頁。
29) OECD (1994), p. 23. OECD 訳(1995)16頁。
30) OECD (1994), cf. p. 23. OECD 訳(1995)16頁を参照。
31) OECD (1994), p. 17. OECD 訳(1995)6頁。
32) OECD (1994), p. 17. OECD 訳(1995)7頁。
33) 世界婦人会議(1980)269頁を参照。
34) 竹中(2011-c)第7章「社会政策とジェンダー——21世紀への展望」274～282頁。
35) Koppelhoff-Wiechert (June 1993) より抜粋・要約。
36) 竹中(2011-b)5章「家事労働の現段階——日本における争点とその特質」164～167頁を参照。
37) Standing (2001) cf. pp. 17-19.
38) 久場(2001)62頁。
39) 久場(2001)62～63頁。
40) 久場(2001)63頁。
41) 久場(2001)64頁。
42) 久場(2001)64頁。
43) 久場(2001)65頁。
44) 竹中(2001)35～37頁を参照。
45) Lewis with Hobson (1997) p. 15. 竹中(2001)37頁を参照。
46) 深澤(1999)14頁を参照。
47) Sainsbury, ed. (1999) cf. p. 265. なお日本型ケアは、「男性稼ぎ手の雇用と家族における主婦の育児・介護を連動させるという「疑似福祉システム」である」(宮本(1999)25～26頁を参照)。
48) Sainsbury, ed. (1999) cf. pp. 264-266., Sainsbury (1996) cf. pp. 45-46. 竹中(2001)32～39頁を参照。
49) Folbre and Himmelweit (2000/1-3) p. 2.
50) 原(2012)81頁。
51) 原(2012)81頁を参照。
52) 労働の規制緩和の実態については、関西女の労働問題研究会他編(2004)102～113頁を参照。
53) 竹中(2011-c)第10章「格差社会の中の女性——いま求められている改革とは」の「資料3　フローチャート」341頁、ならびにその解説339～343頁を参照。
54) 栗田(2013)187頁を参照。
55) 竹中(2011-c)第8章「日本の男女雇用政策のいま——「男性稼ぎ手モデル」は転換しうるか」、第9章「女性労働の今日的課題を考える——「均等法」施行20年を顧みて」を参照。

56) 2013年9月28日，均等待遇アクション21事務局からの「(緊急アピール)男女雇用機会均等法を男女平等法に！」(14名の呼びかけ人による)は，以下10項目の要求を掲げている。①均等法第1条の「目的」に「仕事と生活の両立保障」を明記すること。②均等法第2条の「基本的理念」に女性差別撤廃条約第1条の「差別の定義」を明記すること。③労基法第4条と均等法が管轄事項を縦割りにしている状況を改善し，双方が協力して賃金差別の解消，格差の改善を行えるよう，均等法が賃金の男女格差の縮小に機能する旨を明確にすること。④指針から雇用管理区分を廃止し，男女間の待遇等の格差を性別以外の合理的な要素の有無によって判断する枠組みとすること。⑤第7条を「間接差別禁止規定」とし，具体例を例示列挙すること。⑥性中立的で客観的，国際基準に沿った「職務評価」を賃金等待遇格差を是正させる判断基準とすること。⑦募集・採用にあたり，婚姻・妊娠の状況による差別を禁止すること。⑧婚姻に対する不利益取り扱いを禁止すること。⑨セクシュアルハラスメントの被害をうけた女性が職を失うことのないよう，退避の権利，復帰の権利を明確にすること。⑩性的指向に対する差別を対象とすること(フォーラム「女性と労働21」(2013)年を参照)。

57) 内閣府(2010)18頁。

58) なぜ男女賃金格差が大きいのか，その原因を，労働市場形成および賃金闘争のあり方の特殊性から論じた「男女賃金格差をめぐって――労働市場研究からのアプローチ」竹中・関西女の労働問題研究会(2009)所収(竹中(2012-a)8章に収録)，ならびに，1990年代に入り再燃する男女同一価値労働同一賃金原則(コンパラブル・ワース)の意義とその原則具体化への課題を論じた，同書96～107頁(竹中(2012-a)9章に収録)を参照されたい。

59) 森(2012)7～28頁。

60) 関西女の労働問題研究会他編(2004)133頁(竹中(2012-a)303頁)。

61) 竹中(2011-d)42～43頁を参照。

62) 北(2013)150頁。

63) 竹中(2011-b)第8章「転換点に立つ男女雇用平等政策――新しい社会システムの構築に向けて」222～223頁を参照。

64) 竹中(2011-d)39, 46～47頁を参照。育児休業については，1985(昭和60)年に成立した「均等法」28条に規定。ただし，企業の努力義務，所得保障なし，女性のみ。1991(平成3)年改定では男女両性が取得可能，ただし所得保障なし。1995年改定では25％の所得保障，同年ILO156号条約を批准。

65) 原(2012)80頁。

66) 原(2012)81頁。

67) 竹中(2011-b)294～295頁を参照。

68) ワイツゼッカー(1994)第1章を参照。

69) この点については，関西女の労働問題研究会他編(2004)201～206頁，および竹中・関西女の労働問題研究会(2009)149～154頁を参照されたい。

参考文献

Becker, G. S. (1981) *A Treaties on the Family*, Harvard University Press
Beechey, V. (1978) "Women and Production: a critical analysis of some sociological theories of women's work" in *Feminism and Materialism: Women and Modes of Production*, ed. by Kuhn, A. and A. Wolpe, Routledge and Kegan Paul. 上野千鶴子他訳 (1984)『マルクス主義フェミニズムの挑戦』勁草書房
Beechey, V. (1987) *Unequal Work*, Verso. 高島道枝・安川悦子訳 (1993)『現代フェミニズムと労働——女性労働と差別』中央大学出版部
Beechey, V. (1988) "Rethinking the Definition of Work: Gender and Work" in Jenson, J., E. Hagen and C. Reddy eds. *Feminization of the Labour Force: Paradoxes and Promises*, Polity Press. 安川悦子訳 (1992)「労働の定義を再検討する——ジェンダーと労働」名古屋市立女子短期大学生活文化研究センター『生活文化研究』第3集, 所収
Bennholdt-Thomsen, V. (1988) "Why do Housewives continue to be created in the Third World, too?" in Mies, M., V. Bennholdt-Thomsen and C. v. Werlhof, *Women: The Last Colony*, Zed Books. 吉田睦美・善本裕子訳 (1995)『世界システムと女性』藤原書店
Folbre, N. and S. Himmelweit (2000/1-3) "Introduction. Children and Family Policy: A Feminist Issue" in *Feminist Economics*, Vol. 6, No. 1
Gardiner, J. (1977) "Women in the Labour Process and Class Structure" in *Class and Structure*, ed. by A. Hunt, Lawrence and Wishart. 大橋隆憲・小川陽二他訳 (1979)『階級と階級構造』法律文化社
Gardiner, J. (1997) *Gender, Care and Economics*, Macmillan Press
Hartmann, H. (1983) "Capitalism, Patriarchy and Job Segregation by Sex" in *The Signs Reader: Women, Gender & Scholarship*, ed. by E. Abel and E. K. Abel, The University of Chicago
Jenson, J., E. Hagen and C. Reddy eds. (1988) *Feminization of the Labour Force: Paradoxes and Promises*, Polity Press
Koppelhoff-Wiechert, H. (June 1993) "Report of the Committee on Women's Rights on the Assessment of Women's Unwaged Work", European Parliament Session Documents
Kuhn, A. and A. Wolpe (1978) "Feminism and Materialism" in *Feminism and Materialism: Women and Modes of Production*, ed. by Kuhn, A. and A. Wolpe, Routledge and Kegan Paul. 上野千鶴子他訳 (1984)『マルクス主義フェミニズムの挑戦』勁草書房
Lewis, J. with B. Hobson (1997) "Introduction" in Lewis, J. ed. *Lone Mothers in European Welfare Regimes: Shifting Policy Logics*, Jessica Kingsley
Mies, M. (1986) *Patriarchy and Accumulation on a World Scale: Women in the International Division of Labour*, Zed Books. 奥田暁子訳 (1997)『国際分業と女性——進行する主婦化』日本経済評論社
Nelson, J. A. (1996) *Feminism, objectivity and economics*, Routledge

OECD (1994) "Shaping Structural Change: The Role of Women—Report by a High-level Group of Experts to the Secretary-General" in OECD ed. *Women and Structural Change: New Perspectives*, OECD. OECD 訳（1995）『産業構造変化と女性雇用《OECD レポート》』21 世紀職業財団

Peterson, J. and M. Lewis eds. (1999) *The Elgar Companion to Feminist Economics*, Cheltenham UK, Edward Elgar

Sainsbury, D. (1996) *Gender Equality and Welfare States*, Cambridge University Press

Sainsbury, D., ed. (1999) *Gender and Welfare State Regimes*, University of Oxford Press

Sen, A. (1990a) "Cooperation, Inequality and the Family" in Folbre, N. ed. *The Economics of the Family*, Edward Elgar

Sen, A. (1990b) "Gender and Cooperative Conflicts" in Tinker, I. ed. *Persistent Inequalities: Women and World Development*, Oxford University Press

Standing, G. (2001) "Care Work: Overcoming Insecurity and Neglect" in Mary Daly ed. *Care Work: The Quest for Security*, ILO

足立眞理子(2012)「女性と経済学──フェミニスト経済学のあゆみ」大阪府立大学女性学研究センター編『（第6期女性学講演会）女性学・ジェンダー研究の現在』，所収

上野千鶴子(2009)『家父長制と資本制──マルクス主義フェミニズムの地平』改定版（初版：1990）岩波書店

関西女の労働問題研究会・竹中恵美子ゼミ編集委員会編(2004)『竹中恵美子が語る「労働とジェンダー」』ドメス出版

北明美(2013)「年功賃金をめぐる言説と児童手当制度」濱口桂一郎編著『福祉と労働・雇用』(福祉+α⑤)ミネルヴァ書房，所収

久場嬉子(1994)「新しい生産と再生産システムの形成へ向けて──21 世紀へのパラダイム」竹中・久場編(1994)，有斐閣，所収

久場嬉子(2001)「「経済のグローバル化」における労働力の女性化と福祉国家の「危機」」伊予谷登士翁編『経済のグローバリゼーションとジェンダー』(竹中恵美子・久場嬉子監修『叢書　現代の経済・社会とジェンダー』第5巻)明石書店，所収

久場嬉子(2002)「ジェンダーと「経済学批判」──フェミニスト経済学の展開と革新」久場嬉子編『経済学とジェンダー』(竹中恵美子・久場嬉子監修『叢書　現代の経済・社会とジェンダー』第1巻)明石書店，所収

栗田隆子(2013)「読書案内」女性労働問題研究会編『女性労働研究』No. 57，所収

世界婦人会議(1980)「「国連婦人の 10 年」後半期世界行動プログラム」第1部第1章A『あごら』23号，所収

セン・A.(1977)／杉山武彦訳『不平等の経済理論』日本経済新聞社

セン・A.(1988)／鈴村興太郎訳『福祉の経済学──財と潜在能力』岩波書店

セン・A.(1989)／大庭健・川本隆史訳『合理的な愚か者──経済学＝倫理学的探究』勁草書房

セン・A.(1999)／池本幸生・野上裕生・佐藤仁訳『不平等の再検討──潜在能力と自

由』岩波書店
竹中恵美子(2001)「新しい労働分析概念と社会システムの再構築——労働におけるジェンダー・アプローチの現段階」竹中恵美子編『労働とジェンダー』(竹中恵美子・久場嬉子監修『叢書　現代の経済・社会とジェンダー』第2巻)明石書店,所収
竹中恵美子(2011-a)『竹中恵美子著作集Ⅶ　現代フェミニズムと労働論』明石書店
竹中恵美子(2011-b)『竹中恵美子著作集Ⅵ　家事労働(アンペイド・ワーク)論』明石書店
竹中恵美子(2011-c)『竹中恵美子著作集Ⅴ　社会政策とジェンダー』明石書店
竹中恵美子(2011-d)「日本のジェンダー主流化への取り組みの現段階」大阪府立大学女性学研究センター日韓シンポジウム『ジェンダー研究の現在』,所収
竹中恵美子(2012-a)『竹中恵美子著作集Ⅳ　女性の賃金問題とジェンダー』明石書店
竹中恵美子(2012-b)「女子労働論の再構成——雇用における性別分業とその構造」『竹中恵美子著作集Ⅱ　戦後女子労働史論』明石書店,所収
竹中恵美子・関西女の労働問題研究会(2009)『竹中恵美子の女性労働研究50年——理論と運動の交流はどう紡がれたか』ドメス出版
竹中恵美子・久場嬉子編著(1994)『労働力の女性化——21世紀へのパラダイム』有斐閣
ドゥーデン,B.,ヴェールホフ,C.v./丸山真人編訳(1986)『家事労働と資本主義』岩波書店
内閣府(2010)『子ども・子育て白書　平成22年版』
原伸子(2012)「福祉国家の変容と家族政策——公私二分法とジェンダー平等」法政大学大原社会問題研究所・原伸子編著『福祉国家と家族』法政大学出版局
フォーラム「女性と労働21」(2013)「均等法の抜本改正を求める意見」『女性と労働21』Vol.22,No.86,所収
深澤和子(1999)「福祉国家のジェンダー化——1980年代以降の研究動向(欧米を中心として)」『大原社会問題研究所雑誌』No.485,所収
宮本太郎(1999)『福祉国家という戦略——スウェーデン・モデルの政治経済学』法律文化社
森ます美(2012)「今日の「均等・均衡待遇政策」論議への批判——同一価値労働同一賃金原則の実施に向けて」女性労働問題研究会編『女性労働研究』No.56,所収
森ます美・浅倉むつ子編(2010)『同一価値労働同一賃金の実施システム——公平な賃金の実現に向けて』有斐閣
山森亮(2002)「合理的経済「男」を超えて——フェミニスト経済学とアマルティア・セン」久場嬉子編『経済学とジェンダー』(竹中恵美子・久場嬉子監修『叢書　現代の経済・社会とジェンダー』第1巻)明石書店,所収
ワイツゼッカー,E.U.v./宮本憲一・楠田貢典・佐々木建監訳(1994)『地球環境政策——地球サミットから環境の21世紀へ』有斐閣

第8章　関西における労働運動フェミニズムと竹中理論

伍賀　偕子

第1節　はじめに——関西における労働運動フェミニズムの軌跡

　竹中理論（竹中恵美子による「女性の経験の理論化」とそれに基づいた実践的課題の提起）がどれだけ，女性労働運動や女性運動における理論的バックボーンとなってきたか，竹中理論との出会いによって，フェミニズムや労働運動について，そして自分たちの生き方について，どれだけ深い示唆を得てきたかを，関西の女性労働運動が経験したことを中心にして記したい。

　竹中は，女性の経験を欠落させた労働経済学や社会政策論に対して，労働・家族・市場における女性の経験を理論化し，資本主義の基本的構造の矛盾を説き，「生産の経済学」ではなく，「生産と社会的再生産の経済学」を，富を独占している1％の者に対する99％の民衆の理論として普遍化し，展望を示してこられた。だから，竹中理論は，変革を求める女性たちの運動や思想を貫く"赤い糸"となり，私たちの血となり，肉となっている。

　竹中は，市場における家父長制支配を形成している社会的アクターとして，国家，企業，労働組合，家族を挙げているように，「労働運動フェミニズム」の視点から，男性主導の労働組合や，女性労働者の運動に，基本的な部分での問題提起を，さらにまた情勢が求めている課題を，タイムリーに，情熱的に提起してこられた。それに導かれて，「労働運動フェミニズム」という言葉を意識するかどうかは別として，女性労働運動は，当初の労働組合の専門部としての婦人部・女性部の枠を超えて，自らの解放をめざす自立した運動と連帯を形成していく過程を歩むことができた。

この過程が，世界的には，第二波フェミニズムの高揚とグローバルな広がりを背景としていることは，自明のことである。
　本論に入る前に，私自身の竹中理論との出会いと，その導きによって，どのように「労働運動フェミニズム」運動を実践してきたかを述べたい。
　竹中理論との決定的な出会いは，『現代の婦人問題』に書かれた論文「婦人解放の今日的課題」[1] であった。それは，私が大阪総評[2] の婦人対策・主婦の会オルグに採用されて6年目の年だった。学生時代に『女のしごと・女の職場』[3] を読み，就職後もいくつかの記念講演や男女同一労働同一賃金の諸論文を学んではいたが，上述の婦人解放論がやはり決定的だった。そのときの感銘を，竹中の大阪市大退任時(1993(平成5)年)に発行された記念文集『ベレーと自転車』に，「女性運動の導きの糸」と題して，次のように書いたので，長くなるが引用したい。

　「ウーマンリブの運動が，マスコミ等で半ば揶揄的に扱われていた当時，女性解放の道筋を理論的実践的に明らかにした，言わば原点を示したものでした。女性差別の根源について，資本制と家父長制の二元論や，家父長制を重視する理論に対し，資本制が家父長制を内包しているのであって，あくまで資本制の要因が根源的であること，したがって女性解放の原点は，社会的生産の場における男女平等の実現にあり，女性労働者は，解放運動の中軸をなさなければならないということ。この展開は，私たちが何に対してたたかい，誰と手を組まねばならないかを明確に示し，女性たちに大きな確信を与えてくれました」[4]

　『現代の婦人問題』がどれほど多くの活動家や若い研究者に影響を及ぼしたかは，字数の関係で紹介できないが[5]，本書が7刷を重ねたことに示されている。私も職場活動家の研究会・学習会で何度も何度もテキストにして，線を引いてない頁がないくらいに真っ黒になっている。

1　竹中理論に鼓舞された総評女性運動

　1960年代半ばより，竹中の「男女同一労働同一賃金」理論を受け止めたのは，「総評婦人対策部」だった。そしてそのローカルセンターである「大

阪総評」女性運動が，竹中理論との結びつきを強めていった。

大阪総評女性運動の特徴として，次の３点を指摘できる。まず第１に労基法改悪反対・真の男女雇用平等法制を求める運動に先進的に取り組み，「全国の運動を牽引した」と自負する展開をしたこと。

第２に，全国で一番早く結成した「国際婦人(女性)年大阪連絡会」(1975(昭和50)年２月６日結成)や，「女性差別撤廃条約の早期批准を促進する大阪府民会議」(批准後は，「暮らしに生かそう女性差別撤廃条約大阪府民会議」)をはじめ，広範で多様な女性団体・市民グループの共同行動の事務局的，縁の下の役割を担うことで，関西発のユニークな運動を全国に発信し続けたこと。

そして，第３には，労働組合運動の社会的影響力に翳りが見えてきた1970年代以降，女性たちの幅広い連帯活動で得た波及力を大阪総評全体の運動に還流し，同時に，第１で挙げた男女雇用平等をめざす運動から，「女も男も人間らしい労働と生活を」のスローガンを掲げて，労働法制規制緩和に反対する運動を大阪総評運動に提起し，実現していく力量をつけたこと。

しかし，労働運動の流れは，労働戦線再編であり，1989(平成元)年総評は解散した。「総評解散」に対して，女性たちがまとまって意見を述べるには至らなかった。

2　関西女の労働問題研究会(女労研)とその活動

これらの大阪総評女性運動の現場の必要性から生まれたのが「関西婦人労働問題研究会」(のちに「関西女の労働問題研究会」と改名，以下「女労研」と略す)である。共同行動の広がりや日常的な運動の忙しさの中で，系統的な学習や，活動家の育成・継承などの必要性から，大阪総評女性運動を担ってきた退任役員や，機関には出ていないが意欲的な現役活動家らの個人参加で，1977(昭和52)年７月24日に結成した。結成会場は大阪総評事務所で，総評解散まで，住所も「大阪総評書記局内」という表示が黙認された。

代表者には，前年まで18年間総評婦人対策部長を務めて出身地の和歌山県に戻っていた山本まき子に就任要請し，事務局長には，当時大阪総評オル

グだった筆者が就いた。1992(平成4)年9月に組織名を改め，代表に筆者が就いた。顧問として，竹中恵美子，西口俊子両教授からご快諾を得て，以降，大きなお力添えをいただくことになった。

　具体的な活動展開は後述するが，この女労研が果たした役割は，次のように概括できる。

　第1に，企業内組合の枠を出て，女性運動の政策(当初は大阪総評女性運動の政策)をつくる共同作業を行ったこと。

　第2に，退任役員と現役活動家をつないで，運動の継承と連帯を共有化する場をつくったこと。

　第3に，女性労働者の系統的な学習の場をつくり出したこと。とくに，大阪総評解散後には，労働組合の枠を超えて，広範な女性たちの学習の場を企画し，その記録を出版し，研究者や運動家への学習資料の提供を継続的に行った。それは，総評解散の翌1990(平成2)年に開催した「90ゼミナール女の労働」に始まる。もちろん，主要な講座は，竹中顧問が担当された。

　第4に，第2に挙げたことと関連するが，女性労働運動の軌跡を「歴史を紡ぐ」記録として掘り起こし，史料として残す共同作業を重ねたこと。敗戦直後の労組婦人部の結成と運動を担ったパイオニアから，大阪総評女性運動の現役までをつないだネットワークが，いまも続いている。歴史を紡ぐ3冊の発行物がある。『はたらく女たちの歩み・大阪39年――大阪総評婦人運動年表』(女労研委託編纂，1989年)，『次代を紡ぐ――聞き書き　働く女性の戦後史』(30名のパイオニアへの聞き書き，耕文社，1994年)，『働く女たちの記録　21世紀へ――次代を紡ぐ(公募編)』(松香堂，2000年)。そのいずれにも，竹中顧問が熱いコメントを寄せており，編纂過程から励ましのエールを送られた。

　女労研が運動現場の必要性から始めた活動例として，新聞7紙の切り抜き情報誌月刊『クリッピング・ジャーナル女性』の発行が挙げられる。職場と家庭と組合運動に忙しくて「新聞を読む時間もない」という女性たちの悩みに応えて，7紙の担当者を決めて，毎日切り抜き，月ごとに持ち寄り，B5判(のちにA4判)16頁に編集して発刊した。メディア・リテラシーがそれ

ほど話題にされていない時期に，ジェンダーの視点から編集された本誌は，全国の現場の運動家や研究者らから広く求められ，多いときには2000部を届ける時期もあった。Web 検索の時代になって廃刊したが，1981(昭和 56)年から 1999(平成 11)年 12 月までの 18 年間に及ぶ全 4 冊にまとめられた合本は，いまも貴重な資料だと言える。

　もうひとつは，労基法改悪反対運動を職場から組織する教材として，スライド『はたらく女性と母性保護——合理化の波に抗して』(1978 年 1 月)を作成した。これは全国から 200 本近くを求められた。第 2 弾として，均等法施行後に『女のしごとと健康——いきいきとしたたかに』(1989 年 1 月)を作成し，これも全国で活用され，女労研の財政基盤の確立にも寄与した。

第 2 節　同一価値労働同一賃金をめざして

1　男女賃金差別撤廃と「春闘方式」批判

　竹中の女性労働研究のスタートは，1953(昭和 28)年の卒業論文「男女賃金格差と男女同一労働同一賃金原則についての一考察」であり，研究論文では，1962 年の「わが国労働市場における婦人の地位と賃金構造」[6]であった。そしてさらに，同年刊行の初の著書『女のしごと・女の職場』で，女性の低賃金の原因と男女同一労働同一賃金について，女性労働者にわかりやすく説いた。

　労働運動の現場への問題提起ということでは，『月刊総評』婦人問題特集号(毎年春闘時に臨時号として「婦人問題特集号」が発行された)に，竹中の論文が継続して主要論文として掲載された。1965(昭和 40)年「婦人のしごとと賃金」，1971 年「婦人の低賃金と今日の課題」，1973 年「春闘と女の賃金」である。

　これら一連の著書・論文で，竹中は，「それまでの女性の低賃金をもっぱら不熟練・家計補助労働・未組織労働に原因を求める定説を排して，なぜに不熟練・家計補助的賃金たらしめているのかを，労働力の需要と供給の接点

をなす産業構造(下請け的編成の底辺の膨大な家内工業の存在)と，労働市場組織化の機能を果たすべき労働組合機能の特殊性，つまりは日本的労使のビヘイビア(行動様式)の特質から論じた」[7]。

女性の低賃金の根源は，労働力の再生産を家庭の中の女性の無償労働によって行うことにあり，この資本制生産様式が家父長制と結合しているという規定は，働く女性たちにとって，論理的にも実感としても，胸にストンと収まるものだった。

竹中の上記著書や論文が執筆された1960年代初期の状況を『総評婦人二十五年の歴史』[8]に見ると，以下の通りである。

1960(昭和35)年の賃金統計によれば，女性の賃金は男性の賃金に比して42.8％で，製造業に限るとそれは39.5％である。この賃金差別実態の下で，「はたらく婦人の中央集会」(総評・中立労連主催)では毎年その不満が強く訴え続けられていたが，具体的な取り組みに見るべきものがなかったので，60年春闘を前に総評婦人対策部は「賃金の男女差撤廃」を春闘の柱に取り上げるよう春闘共闘委に働きかけた。しかし「問題にされずに終った」(傍点強調は引用者)。

そこで，婦人労働者の意志結集を図るために，1961(昭和36)年より，春闘婦人ブロック討論集会を地方で開催し，婦人労働者の統一要求を掲げた。①初任給の引き上げと男女差是正，②大幅賃上げ一律要求一律配分，③全国全産業一律最低賃金制度確立の3本柱である。

1973(昭和48)年の竹中論文「春闘と女の賃金」では，日本の企業内賃金構造の特質と，年功賃金体系への批判が述べられ，さらに賃金構造そのものを抜本的に改革する運動，それへの労働組合の積極的関与の必要性が主張され，春闘の課題は，一般的なベース・アップ(平均的賃金引き上げ)にとどまることなく，差別的な賃金決定機構を打破すること，つまり，"春闘方式"そのものの批判を提起している。しかし，竹中が述べているように，「当時，このような主張は，賃金を労働者家族の再生産費と考える運動の主流からは，全面的には受入れられなかった」[9]。現に，当時の総評賃金闘争の企画責任者だった調査部長の小島健司の著書[10]では竹中の主張は批判されていた。

にもかかわらず，『月刊総評』婦人問題特集号に竹中論文を連続掲載したことに，当時の総評婦人対策委員会の並々ならぬ決意を読み取ることができる。例年の「春闘婦人ブロック討論集会」では，竹中論文が女性リーダーたちのたたかいへの意欲をかりたて，理論化に役立てられ，講演依頼も単産・単組から重ねられた。総評全体の賃金闘争方針の討議に女性たちが参画する力はまだ持ちえていなかったが，単産・単組で，初任給における性差別撤廃の取り組みは確実に前進した。そして，全国的な ILO100 号(同一労働同一賃金)条約批准要求署名運動が，それらの取り組みを後押しした。

2 コンパラブル・ワース運動と京ガス裁判原告の出会い・たたかい

　日本の低賃金構造を改革し，男女同一価値労働同一賃金原則を現実化する道程は，1973(昭和 48)，1978 両年の石油危機を契機とする，高度経済成長から低成長への転換の下で，労働運動全体が「大幅賃上げ」から「雇用確保」にシフトしていく展開の中で，遠いものとならざるを得なかった。

　だが，労働運動全体の流れはそうであっても，裁判闘争という形で性差別賃金是正・撤廃についての先進的な運動と判例が重ねられていった。そして，これらの積み重ねが，1980 年代の男女雇用平等法制定要求・労基法改悪反対の全国運動の高揚を準備したとも言える。

　竹中は，1990 年代の労働市場のドラスティックな変化(非正規労働者の急増)の中で，同一価値労働同一賃金原則を日本で実現していくための方策を，1970 年代の各国の男女平等法制の前進に学び，とくにイギリスの男女「同等賃金法」に注目して紹介し[11]，世界のコンパラブル・ワース運動の成果と日本における課題を積極的に提起していった。例えば，総評が解散した翌 1990(平成 2)年に女労研が広く呼びかけて開催した「90 ゼミナール　女の労働」(全 6 回)において，竹中は世界の運動に学ぶ講義で，コンパラブル・ワース(ペイ・エクイティ)運動を紹介し，日本での実践を呼びかけている[12]。このゼミナールは，当時関西の女性運動を担う多彩なリーダーが受講しており，その中に屋嘉比ふみ子がいた。のちに「京ガス男女賃金差別裁判」の原告となった彼女は，2001 年に，ペイ・エクイティ(同一価値労働同一賃金原

則)を実質認める京都地裁判決を日本で最初に獲得した[13]。裁判では，森ます美(昭和女子大学教授)のペイ・エクイティから賃金分析をした「鑑定書」が大きな役割を果たしたが，屋嘉比は提訴の決意をするにあたっての，竹中理論との出会いを次のように述べている。

　「1980年代後半から90年代には，竹中恵美子さんの理論や提言に大きな影響を受けた。著書はもちろん大半読破している。「90ゼミナール女の労働」に全回参加し，94年には，京都の「女のフェスティバル」で私とパネルディスカッションされた竹中さんからアメリカのコンパラブル・ワース運動を学んだ。……96年の日本ペイ・エクイティ研究会報告書『平等へのチャレンジ』と森ます美さんの提起に触れた。……竹中さんや森さんたち研究者の理論を現場で実践に移すことが，運動に関与する者としての使命との思いもあったが，シングル・マザーとして子どもを育て，職場で過酷な労働に従事しながらの裁判闘争は，まさに身体を張っての壮絶さが伴った。……厳しい現実に立ち向かいながらも，ポジティブさを喪失することなく，最後まで果敢にたたかうことができたのは，全国の運動団体や個人からの絶大な支援の存在はさることながら，研究者の優れた理論による先導だったと心から感謝している」[14]

　さらに，2013(平成25)年2月に開催された「竹中恵美子著作集完成記念シンポジウム〜竹中理論の意義をつなぐ」(フォーラム　労働・社会政策・ジェンダー，竹中恵美子著作集刊行委員会共催)の討議の中で，屋嘉比は「労働運動にフェミニズムを」の運動を何十年もやってきたと述べ，男性主導の労働組合運動を批判しながら，こう語った。「男たちは社会をバックにしているが，女は身一つで生きている。何が支えになるかと言うと正しい理論である。そういう意味で私たちは体を張ってたたかってきたけれど，体を張ることができたのは，竹中先生の理論が支えとしてあるからであり，非常に感謝している」と。この発言に対して，竹中は，「自らの運動にとって「理論が支えになった」と言ってくださることが，どんなに私自身の理論研究を支えてきたか，力になってきたかということです。彼女たちの実践は，理論を検証し，理論を発展させる原動力となってきたのです」と述べた[15]。

同シンポジウムの感想集約の中で，このお2人のやりとりに深い感銘を受けたという感想が，いくつも寄せられた。

　竹中は，同一価値労働同一賃金原則(CW原則，ペイ・エクイティ原則)は，男女賃金差別撤廃の運動の武器だけではなく，非正規労働者が2000万人を超え，労働者の4割近くにまで増えているいま，雇用形態を超えてCW原則の適用をめざすことが非正規労働者への差別撤廃を求める労働運動の重要課題であると強調する。加えて，同時に，CW原則は職務内容の相対的比較の問題であり，生存権に値する賃金の最低限保障(絶対的水準の引き上げ)をめざす運動が不可欠であると基本的な提言をしている[16]。

第3節　「保護か平等か」二者択一論と統一の理論

　第二次世界大戦の敗戦により，新憲法や労基法，新民法により，「法の下の解放・平等」が宣言されたが，それをひとつひとつ現実のものとするには，資本と労働運動との攻防にうち勝つことが必要だった。これらの法制定のわずか数年後の1951(昭和26)年，アジアの反共の砦としての日本国家を築くために，これらの民主的諸法制の見直しが指示され，結成されてまもない総評は「労働基準法改悪反対闘争委員会」(「労闘」)を設置し，「労闘スト」を構え，国会会期が4度も延長されるほどの激しいたたかいを展開した。

　ちなみに，このときの労基法改悪案は，拘束8時間制・超過勤務手当25％増の見直しを始め，女性労働に関しては，時間外労働の制限撤廃と軽作業における生理休暇規定の撤廃，深夜業禁止の緩和をねらう内容だった。たたかいの結果，改悪を，決算業務についての残業制限の緩和と，スチュワーデスと女子寮の管理人が深夜業適当業務とされるにとどめた。

　以来，1960～70年代の女性労働運動は，「結婚しても子どもを生んでも働き続けるために」をスローガンに，労基法改悪阻止と母性保護運動を軸に展開された。

1 「労基研」報告と保護か平等かの二者択一論

　繊維産業をはじめとする財界からの労基法改定要望を受けて，1969（昭和44）年秋に設置された労相（当時）の私的諮問機関「労働基準法研究会」（「労基研」）は，次々と「改悪プログラム」を打ち出した。「女子保護」については，1970年10月東京商工会議所の提出した「労働基準法改正意見書」が「女子保護廃止」を提案し，労基研第2小委員会で「女子保護の科学的根拠」なるものが検討された。1974年に出された第2小委員会の「医学的，専門的立場から見た女子の特質に関する報告」は，「生理時の症状はただちに就労困難に結びつかない」と，生理休暇の医学的根拠を実質上否定した。そして，1978年11月に，労基研報告として「労働基準法の女子に関する基本的問題についての報告書」が労相に提出され，「女子保護の廃止の必要性」を結論づけ，一方で「男女平等法」の制度化に言及した。

　この報告に先立つ1976（昭和51）年秋には，「就労における男女平等問題研究会議報告書」（労相の諮問機関），「婦人少年問題審議会建議」（労働省（当時）），「婦人問題企画推進会議意見書」（総理府（当時））が矢継ぎ早に出され，いずれも，「男女平等の就労基盤」のためには「女子保護の科学的根拠の見直し」が必要とされた。「平等」の就労基盤を築くためには「保護」廃止が前提という，"二者択一"論が全面的に展開され，職場では，労基法改悪の実質化が進んだ。

2 「保護と平等」の統一の理論を提起

　総評は，1970（昭和45）年10月の東京商工会議所意見書に対抗して，1971年3月の「第16回はたらく婦人の中央集会」で，「働く権利と母性保護，労働基準法の改正をめぐって」をテーマにパネルディスカッションを設定した。パネリストは，竹中恵美子，籾井常喜（東京都立大学教授），土井たか子（衆議院議員）だった。さらに，1974年5月の「第19回はたらく婦人の中央集会」では，竹中が記念講演を行い，その内容は，『月刊総評』1974年婦人問題特集号に「保護と平等——労基法（母性保護）をめぐって」と題して掲載さ

れた。内容を要約すると，母性保護要求は，母性を持つ婦人労働者の人間としての自己を取り戻すたたかい，生存権の要求である。男女平等の労働権は母性保護の権利によって高められうるし，母性保護が平等への不可欠の環である。資本の生産力至上主義はこれを"冗費"としてきりつめるので，母性保護をめぐる闘争は，激しい階級闘争の様相を持たざるを得ない，と。

　竹中は，母性を私的機能として，労働力の再生産のための家事・育児の労働をすべて労働者の家庭内の私的労働に封じ込める問題点を指摘し，「保護と平等」を統一する運動の方向を提起した。すなわち，母性保護にかかわる企業負担を，個別企業ではなく，社会保障形態，社会的ファンドにプールする方向性と，男性の労働条件を女性の保護水準に引き上げることで差を縮めることこそが重要である。男女均等待遇をよりいっそう進めるためには，全労働者の労働条件の向上と社会施策の拡充によって母性のための特別な保護を不要にする運動を推し進めなければならない，と。竹中の提起はきわめて明快だった。当時の"二者択一"論に対して，竹中の提起は"統一"の理論を示し，運動の方向への確信を得ることができた。

　さらに1984(昭和59)年の論文で，竹中は，従来の母性保護の概念を①生殖機能の保護，②出産・哺乳，③育児に整理して，②を母性保護とし，①と③については両性保護を目指すべきだという方向性を示した[17]。同論文は，「いま男女雇用平等法をめぐって問われているのは，女性の人権であり，同時に労働と生活の人間化の視点からの労働者保護である」と結んで，労働運動の方向性を明瞭に示した。

3　大阪総評女性運動——2万人調査で「労基研報告」に反論

　大阪総評女性運動は，1971(昭和46)年3月の婦人協主催の「労基法改正問題研究集会」での学習を皮切りに，3月16日には労働基準局と交渉を持ち，上記の東京商工会議所意見書に反対の申し入れを行い，以降，何度も労働省婦人少年室・労働基準局との交渉を重ねた。「オルグのための手引き袋」7000枚を職場に配布し，職場の実態を訴えるハガキ行動・署名行動を職場から積み上げていくことを重視した。

1978(昭和53)年11月20日の「労基研報告」に対しては，その直後に「はたらく婦人の大阪集会」(11月25日)で1500人のデモによって反撃し，津村明子婦人協議長名で朝日新聞の「論壇」(12月2日)で反論するなど，機敏に対応した。

　さらに，「労基研報告」が女子保護廃止の根拠とした「労働条件が向上した」，「作業態様が変化した」等に対しては，竹中理論が明快に批判しているが，それに加えて私たちは現場の実態から反論しようと，1979年夏に「2万人の婦人労働者の労働と生活実態」調査に取り組んだ。調査は，傘下の組合員対象だけでなく，「1人が5人の未組織労働者との対話を」と呼びかけて取り組んだ結果，回答は，総評の特徴である官公労偏重ではなく，民間企業が約半数，その6割以上が未組織のパート・臨時労働者からであった。調査結果を，『大阪のはたらく婦人――2万人の「婦人労働者の労働と生活実態」調査から労基研報告を批判する』として発行して[18]，「現場からの反証」を行った。そこに示された婦人労働者の労働と生活の実態は――①週休2日制・週40時間制とはほど遠い長時間労働が行われている，②労働による健康破壊は深刻だ，③月経時の過酷な拘束状態は耐えられない，④母性保護は法律によってより拡充すべきだ，⑤家事・育児は一方的に女性の肩にかかっている――であった。

　この調査結果は，総評全国婦人代表者会議での方針書でも，「婦人労働者全体の運動の武器として活用するよう」と評価され，全国の運動に用いられた。また，『月刊労働問題　増刊号「労基研報告評注」』(1980年5月)でも，柴山恵美子によって本調査結果が引用されている。

　大阪総評女性運動は，「労基研報告」への反論にとどまらず，母性保護問題を男性も含めた労働安全衛生問題に位置づけ，「労働安全衛生講座」(連続講座)を数年重ね(毎年100名余の受講)，「男も女も人間らしい働き方をめざす」具体的課題を追求した。

　1980年代後半には，次節で詳述するが，専門部の枠を超えて，労働法制の規制緩和反対の運動を大阪総評運動全体に提起していった。運動のスローガンは，1970年代までの「結婚しても子どもを生んでも働き続けるために」

から「男女共に人間らしい労働と生活を」に，歴史的な発展を遂げた。

第4節 「機会の平等」と「結果の平等」

　1978(昭和53)年11月の「労基研報告」を踏まえて，労働省では，1979年12月に「男女平等問題専門家会議」(労相の私的諮問機関)が公・労・使の3者構成で設置され，男女平等法制のあり方論議の土壌づくりが始まった。

　1982(昭和57)年3月関西経営者協会が「労働基準法改正に関する意見」を発表し，女性保護を廃止し，男女平等については「機会の均等であって，結果の平等を求めることはかえって困難な問題を惹起する」と，男女平等法制についての財界の意図を明確に打ち出した。これを受けるかのように，1982年5月に報告された「男女平等問題専門家会議」の結論「雇用における男女平等の判断基準の考え方」は，男女平等の判断基準を，「機会均等を確保するのであって，結果の平等を志向するものではない」と規定し，平等法制のレールを敷いた。労働省婦人少年局は直ちに同年7月「男女平等法制化準備室」を発足させ，「婦人少年問題審議会」(公・労・使3者構成)での審議を進めた。

1　「機会の平等」論の落とし穴と「結果の平等」をめざす労組機能の課題

　この「機会の平等」論に対する批判は，1982(昭和57)年の竹中の論文「「機会の平等」か「結果の平等」か」[19]でいち早く提起され，続いていくつかの論文を経て，1983年の『女子労働論──「機会の平等」から「結果の平等」へ』に至り，これ以降も続いた。

　「機会の平等論の陥穽(落とし穴)」と規定された竹中の理論は，きわめて明快で，運動の道筋が示されていた。家庭の責任を負わない男性を基準とした「機会の平等」は結果として不平等をもたらさざるを得ず，性別分業体制への再編の危険性を内包している，と。

　さらに，『女子労働論』では，「機会の平等」批判にとどまらず，「結果の

平等」を実現するための労働組合運動の新局面と課題が5項にわたって提言されている。全部を紹介することはできないが，「結果としての平等をめざす労組機能の追求」の項では，1つは，生命の直接的生産のための両性共有の諸権利を労働条件として確立すること，2つは，労働力の共同体的再生産形態の創造に向けて労働組合が地域運動と結合して，新しい領域を拡大していくこと，と提言されており，とくに労働時間短縮と家庭責任を担いうる両性の権利としての母性保障に新しい視点から取り組む労働運動が問われていると強調されている。すなわち，「労働運動フェミニズム」の具体的提起である。

　大阪総評女性運動はどうであったか。保護は女性の特権としての保護ではなくて，女も男も人間らしく働くための最低の条件だとして，特別措置の必要性，つまり，むしろ男性もこの水準までに引き上げるべきであることを強調してきた。関西では部落差別撤廃運動をめぐる交渉や論争過程で"逆差別"論を実践的に打ち砕き，差別を是正させるための特別措置の具体化をめざしてきた実績があった。

　さらに，女性差別撤廃条約第4条の「平等実現のための特別措置を差別とみなさない」の条文が運動への後押しとなっていた。だから，竹中が提起する「機会の平等」論の落とし穴については敏感で，運動感覚に"ぴったりくる"ものであり，理論的確信を得た。

　1982（昭和57）年5月の「男女平等問題専門家会議」報告に対する大阪総評女性運動の反撃は早かった。すぐさま6月に批判のリーフレット『"能力主義"強化による女性の分断を促進する「男女平等」の判断基準の考え方』（大阪総評婦人協）を職場配布して，討議に付した。その批判のポイントは，①能力主義強化による女性の分断→母性をかなぐり捨てて，男性並みの労働条件で働く者にのみ平等待遇を与えるという分断政策である，②結果の平等をめざす特別措置を否定する誤り→就労が家族的責任の遂行を阻まないような労働条件や，社会的解決の保障こそが重要である，であった。何度も配布した街頭ビラもすべてこの主張が貫かれた。一般市民向けのビラでは，「残業や深夜業ができない女性は正社員になれない⁉　生理休暇や出産休暇を

とった人は賃上げなどに差をつける⁉——こんなことが法律で強行されるとしたら……⁉」という見出しで呼びかけている。また，「母性の権利の否定は働く権利の否定」の見出しの項では，「このことは，女性のみでなく，男性労働者，さらには日本の海外進出企業で働く外国人労働者の劣悪な労働条件に拍車をかけることは火をみるより明らかです」と訴えた。

　労働組合だけでなく，大阪の多くの女性団体にも理解を広げるために，「女性差別撤廃条約の早期批准を促進する大阪府民会議」主催の連続学習会で竹中に講演を依頼し（「保護と平等をどうとらえるか」1983年4月），講演記録集『女性差別撤廃条約と人権』（1983年11月）を発行した。

　「男女平等問題専門家会議」報告が出た直後から，総評の婦人代表者会議でも，大阪総評から「機会の均等論批判」を発言した。2年半かけた公・労・使3者構成の議論では，労働者代表も労働4団体結束しての歩調が求められた中で，総評も労働4団体声明も「機会の平等」論には言及せず，総評としては「三者会議のために十分ではなかったが，労基研報告を批准するような内容にさせないという目的は達することができた」という集約で締め括った[20]。

　「男女平等問題専門家会議」の1982年報告は，たしかに，3者構成の限界の中でも労使の主張の両論併記など，労働者側委員の奮闘結果が窺える報告だが，しかし，報告にしばられず，「機会の平等」論の落とし穴について大衆運動の中で力説することの意義は，その後の全面的な規制緩和と非正規労働の著しい増加の推移が明らかに示していると言える。

　総評婦人局（山野和子局長・当時）は，審議会等での労働4団体の共同歩調にリーダーシップを発揮するとともに，「実効ある男女雇用平等法を実現させる」全国の運動を牽引した。とくに，1984（昭和59）年3月21日〜29日の「私たちが求める男女雇用平等の法制化を実現させる中央行動」には，全都道府県から500名近い女性労働者が連日労働省横に座り込んで抗議・要請行動を展開した。続いて1985年2月13日〜22日「実効ある男女雇用平等法を実現させる第1次中央行動」，4月11日〜26日の「第2次中央行動」に取り組み，さらに，1985年11月29日〜12月27日の，指針・省令案に対する

「労働基準法改悪反対，雇用の機会均等，待遇の平等を確保するための中央行動」には全国から延べ 2000 人が座り込むなど，画期的な大衆運動を重ねた。これらの連続行動や国会傍聴・ロビーイングの熱気は，政府案に対して全野党の足並みが揃って最後まで反対する原動力になったと言える。

2　結果の平等をめざす労組機能と女性たちの運動

　竹中が提起した上述の「結果の平等をめざす労組機能」＝労働運動フェミニズムに，大阪総評女性運動がどこまで応えられたかは，歴史の検証に待たねばならないが，指し示された方向を追求した努力は，均等法制定前後の活動実績から証言できる。つまり，女子保護廃止に対して，女性の「既得権」を守るという視点ではなく，「女も男も人間らしい労働と生活を」のスローガンがすべてに貫かれ，労働時間法制をはじめとする労働法制の全面的規制緩和に反対する運動を大阪総評運動全体の課題に押し上げる力を発揮したのは女性運動だった。1982(昭和 57)年の関西経営者協会意見書(労基法改正に関する)に対しても，1 ヶ月後には，婦人協主催の学習会での本多淳亮(大阪市立大学教授)講演を要約した批判の冊子を大阪総評発行の討議資料として仕上げて，職場配布に供した。

　当時，労働戦線再編論議が先行して大衆運動が後景に退きつつあった中で，均等法案粉砕のための婦人協の決起集会に必ず単産・単組の男性の同数参加を働きかけようと申し合わせして開催したのが，1984(昭和 59)年 4 月 21 日の「機会均等法案粉砕・労基法改悪反対・実効ある男女雇用平等法と人間らしい労働条件を実現する大阪決起集会」で，女性団体のリーダーとともに主要な単産・単組の男性幹部も旗を持って行進した。これらの実績の上に実現したのが 1985 年 3 月 9 日の「労働法規の全面改悪に反対・男女雇用機会均等法案反対・労働者派遣事業法案反対大阪決起集会」であり，婦人協と中小共闘会議が担って大阪総評主催の決起集会となった。「労働者派遣法制定」に明確に反対する大衆集会は，全国的に数少ないものだった

　また，大阪の地から「基発 110 号」撤廃を勝ち取った歴史的なたたかいでも，婦人協が重要な一翼を担った。基発 110 号とは「賃金不払い等に関する

法違反の遡及是正について」の通達(1982(昭和57)年)で，使用者側の法違反について残業割増手当の遡及を3ヶ月までに緩和し，とくに男女同一賃金の違反については，それが判明しても遡及是正の勧告を行わないことを公然と指示したものだった。労基法そのものを否定するこの通達の発覚は1987年大阪総評中小共闘会議の運動の場であったが，婦人協も直ちに糾弾声明を発して，糾弾集会や大阪独自の上京団行動に取り組み，通達の改廃を約束させるという，歴史的なたたかいを中小共闘会議とともに展開した(翌1988年3月基発159号により110号は廃止された)。

このようにして，「女も男も人間らしい労働と生活をめざす」大阪の女性たちの運動は，労働組合の中において，専門部の域を超えて，労働運動フェミニズムの視点で，全体の労働組合運動に迫る力量を発揮したが，労働運動の流れは労働戦線再編であり，1989(平成元)年に総評は解散した。「総評解散」に対して，女性たちがまとまって意見を述べるには至らなかった。

3　手探りで追求した未組織・非正規労働者との連帯

以上のような大阪総評女性運動の努力と運動展開が，1990年代以降の非正規労働者の急激な増加(2012(平成24)年の就業構造基本調査では，2000万人を超える)という事態の中で，どれほどの歴史的な意義を持っているか。私は懐疑的な思いを禁じえない。

大阪総評女性運動においても，男性と比して女性労働者の組織率の低さと民間労組における婦人部機能の弱さを意識して，運動の裾野をどう広げるかが，行動のポイントだった。運動の武器としての「手作り白書づくり」を，次々に手がけた。前述の，「1人が5人の未組織労働者との対話を」という行動提起に基づく2万人を対象にした「婦人労働者の労働と生活実態調査」では，集約数の約4分の1となる未組織労働者からの回答を得ることができた。職場には必ず下請労働者や臨時労働者がおり，教員や保育士なら保護者にいるはず，兄弟姉妹や青年部員のパートナーなど，アンケート調査を通して未組織労働者との対話が無数に重ねられた。労基法改悪阻止・雇用平等法のビラ配布も街頭宣伝を重視し，一番多いときで府内26ヶ所5万枚を配り，

デモばかりでなく，街頭ティーチインや，ゼッケンをつけての国鉄環状線・地下鉄内アピールなど呼びかけのイメージを豊富化した。総評解散時には，「女が退職するとき　続けるとき」のアンケート調査に取り組んだ。なぜ仕事を辞めざるを得なかったかを，冬の寒風の中を数ヶ所の職安の前に立って，職安を訪れる女性から聞き取り，退職・転職者3709人，直近5年間に出産して働き続けている人891人の協力を得た（『2つの調査が語る——女が退職するとき　続けるとき』）。

　また，電話相談「もしもし均等法」・「はたらく女性のもしもしネットワーク」を，大阪地評弁護団の協力を得て，解散時の1989（平成元）年7月まで実施し，労働組合の存在を問われるような相談に応じて，その相談内容を集約し行政の役割をまとめて大阪府へ申し入れした。行政が働く女性のハンドブック的なものをまだ発行していない段階で，電話相談から学んで『働く女性のチェックポイント』という冊子を発行したところ，新聞報道を見て，全国の850名から切手を入れての申込があり，その反響を大阪府に伝え，何が求められているかを提言した。

　いまのように非正規・未組織労働者の当事者運動が血のにじむような努力で展開されている前の時代の，「手探りの連帯活動」であったと言える。

4　均等法と労働法制の全面的規制緩和

　1989（平成元）年労働戦線再編により総評が解散し，女性労働運動は多様な展開をする。総評時代は手探りで連携を探ったが，1990年代から2000年代に入って，既成の企業内組合に組織されない労働者や非正規労働者が当事者となって運動を担い，多様なネットワークも築かれた。

　ここでは，労働法制の全面的規制緩和と均等法の改正について，関西女の労働問題研究会が，大阪総評女性運動でめざした方向を継承して取り組んだ点に絞って記述する。

　均等法施行後の労基法改悪の3つの節目に，女労研は，「大阪労働者弁護団」（大阪地評弁護団から発展）と共催で集会を開催した。

　　▲1993年3月13日　討論集会「労基法が危ない！　人間らしい労働と

権利をめざして」(於：中小企業文化会館)。大脇雅子弁護士を迎えて労働省婦人少年問題審議会答申に対する批判を行った。参加者は150名余。
- ▲1994年2月4日　討論集会「ストップ！　女性の保護規定緩和」(於：PLP会館)。集会アピールを労働省に送付して意思表示した。
- ▲1996年9月17日　シンポジウム「均等法中間報告を批判する——21世紀の平等法と人間らしい働き方を求めて」(於：エルおおさか)。このときは女労研と大阪労働者弁護団に，結成まもない「関西働く女性のための弁護団」(WILL)と「コミュニティユニオン関西ネットワーク」が加わって4団体の共催となった。女性保護の全面廃止への危機感で会場あふれる参加者200名余が政府への要請決議を熱っぽく討議し，関西の地から批判の決議を発信した。

　総評解散後，労働法制規制緩和に反対する討論集会や決起集会が広く呼びかけられ提起されることはないに等しかった。マスメディアや自称フェミニストリーダーたちの多くの主張は，法律(均等法)を「小さく産んで大きく育てる」，「結果の平等をめざすためにもまず機会の平等から」という"段階論"が多かった。そうした中での私たちのアイデンティティを発揮した取り組みだった。

第5節　ディーセント・ワークをめざす女性たちの学びと解放のテキスト

1　レイバリズムを超えてディーセント・ワークへ

　1999(平成11)年ILO(国際労働機関)のファン・ソマビア事務局長が，21世紀の労働の目標として「ディーセント・ワーク」(人間としての尊厳ある働き方)を提唱した。竹中は，早くにいくつもの論文や講演で「ディーセント・ワークをめざす社会システム改革」の道筋を明確に提起された。
　私たち働く女たちは，「労働法制の規制緩和」や非正規労働の不安定雇用

に対してたたかう中で,「結婚しても子どもを産んでも働きつづけられる権利を」から「男女ともに人間らしい労働と生活を」のスローガンに到達してきたが,それでも,出産や育児,介護＝ケア・ワークは,現実には「労働の障壁」だった。しかし,ケア・ワークを労働の障壁だとする見方は経済至上主義に立つレイバリズム（労働主義）であって,ケアすることとケアを受けることは,人間のアイデンティティの一部であり,それを可能にする社会システムこそが必要である。ケア・ワークは21世紀ディーセント・ワーク戦略の不可欠な要素,という竹中の主張は,私たちの心にしっかりと響いた。

そして,ほど遠い理想の目標ではなく,女性たちが積み上げてきたたたかいのひとつひとつが,ディーセント・ワークをめざす道筋だったのだとの確信が膨らんできた。

そのような思いから,2003（平成15）年7月,「ディーセント・ワーク・フォーラム」を開催した。サブタイトルにはいささか長いが,「～性差別撤廃からあらゆる差別の撤廃へ——次代を切り拓いてきた人たちの証言と衡平社会をめざすディスカッション～」と付けた。8時間を超える長時間を4部に構成し,「人間らしい働き方——アンペイドワークとケア労働」,「不安定雇用労働と労働組合」,「同一価値労働同一賃金をめざして」,そして「衡平社会——性差別からあらゆる差別の撤廃をめざして」とした。竹中顧問はほとんど4部とも出っぱなしで,方向性を示していただいた。多くの先駆的なたたかいの証言をつなげて,「労働の障壁」としてのケア・ワークではなく,ディーセント・ワークをめざす社会システムの変革の課題とその要のひとつであるケア・ワークの権利を学び,熱い討議を展開した。

このフォーラムを,『女性ニューズ』[21]が注目して,事前の紹介とともに,フォーラムの討議内容を1面トップで大きく掲載した。

2　竹中恵美子とともに「学びの場」を共有

大阪総評婦人協講座は,動員方式をとらず,組合だけでなく,学びたい活動家が結集する場だったが,総評が解散して,情勢に切り込んだ課題の学習や系統的な学習を組織する場がなくなった。

女労研は，自前で系統的な学習会をタイムリーに組織し，その内容を次々に出版して，全国の学びたい人々に継続して届ける役割を果たした。その講師は超多忙な竹中顧問をはじめ，全国の第一線で活躍されている人々だった。

総評解散直後の1990(平成2)年9月に開催した「ゼミナール　女の労働」がスタートで，竹中の講義を中心に，2ヶ月間7講座のカリキュラムを組み，多くの人々が受講した。「こんなに系統的に学べる場はほかにない」との声が受講動機のアンケートに寄せられた。第1日目を取材した毎日新聞の記事「なぜ男性は勉強しないの？」という見出しがいまも記憶に残っている[22]。

この講座記録を，翌年ドメス出版から『ゼミナール　女の労働』として出版した。以降，1996(平成8)年「ゼミナール　男女共生の社会保障ビジョン」，1997年「ゼミナール　共生・衡平・自律〜21世紀の女の労働と社会システム」を開催し，いずれも同名の著書を同出版社から出版した。

中でも，『男女共生の社会保障ビジョン』は，社会政策におけるジェンダー平等と女性の人権を考える上で，基本的な視点が提起されているテキストである。竹中が，男女同一価値労働同一賃金の理論において，早くから「労働力の再生産費を，社会的価値配分要求の社会保障などと結合しなければならない」と述べ，常々「労働政策と社会政策は車の両輪」と主張してきたことを，具体的政策として論じたものである[23]。

これ以外にも，講演会「どう変える!?　労働と社会システム〜共生・衡平・自律の21世紀をめざして」を2001(平成13)年に開催し，「女の自立を阻む税制・年金制度〜どこが問題？　どう変える!?」と「雇用の男女平等・新段階〜どう変える!?　労働と家族政策」のテーマで学習討議を重ねた。

社会保障におけるジェンダー平等と女性の人権について，竹中は理論活動だけでなく，「高齢社会をよくする女性の会・大阪」の代表を1994(平成6)年から2001年の7年間務め，毎回運営委員会に出席して，「会報」巻頭言で発言してきた。1998年には同会編『共倒れから共立ち社会へ——前進させよう介護の社会化』を監修し，明石書店から出版している。

3　2つの"竹中セミナー"と次世代への期待

　これらのほかに竹中講義に学べる「幸せな条件」を次世代に引き継ぎ，新しい人材を生み出すことにつなげたいとの思いで，1年間竹中講義に学ぶセミナーを2回企画した。

　第1回目は，竹中が2002(平成14)年3月に大学人生活を終えられて，もうどこに潜り込んでも竹中講義を聞くことができないという事態を迎えて，2002年1月から「竹中恵美子ゼミ「労働とジェンダー」で一緒に学びませんか⁉」の受講生公募を始めた。女労研主催で，ドーンセンター(大阪府立女性総合センター(当時))の共催という位置づけも得た。当初20名ぐらいのゼミ形式を考えていたが，40名を超える人々が，応募の課題とした1000字の熱いレポートを提出された。選考するのが難しくなり，応募された42名全員が，90分の講義と30分の質疑・討論という形で，1年間毎月，計12回の講座を受講した。労働組合・ユニオン役員，市町村の女性施策担当者，研究者の道をめざしている人など多彩な顔ぶれで，毎回周到に準備された綿密な資料に竹中講師の熱意が伝わり，終始高出席率で，熱っぽい質疑・討論が展開された。関西から遠く離れている友人から，このような学びの場があることを羨ましがられたという話があり，これほど系統的な講義を自分たちだけで学ぶのはもったいない，どこででも学べるテキストを編集しようと決め，できあがったのが『竹中恵美子が語る「労働とジェンダー」』(ドメス出版，2004年)である。テープ起こしは受講者のうちの編集委員が行ったが，話し言葉の原稿と付属資料すべての点検，加筆修正というご苦労を竹中講師に課してしまった。第1次校正は手術後の病院ベッドの上という苛酷さだった。

　できあがったテキストは，第1講「資本主義経済の仕組とジェンダー」から始まり，第10講「日本の課題――ディーセント・ワークをめざす新しい社会システム」で括られ，独学にも，大学のテキストにも活用されて，いまも非常に好評である。

　テキスト出版という成果も嬉しいことながら，このゼミ受講者が，いまも労働運動や女性運動でリーダーシップを発揮していること，若い研究者とし

て大学で活躍していることが，何よりもの喜びである。

　第2回目は，2010(平成22)年5月〜2011年5月に開講した「セミナー　竹中恵美子に学ぶ〜労働・社会政策・ジェンダー」である。「1年間一緒に学び，エンパワーメントしませんか」と次世代に呼びかけた。このときは，女労研が事務局を担ったが，主催は「セミナー企画委員会」[24](9名)とし，財団法人大阪府男女共同参画推進財団の共催も得た。受講者は61名，企画委員を合わせて70名となった。テキストは，第1回のセミナーで出版した上述の本に加えて，2009年に出版した『竹中恵美子の女性労働研究50年——理論と運動の交流はどう紡がれたか』(ドメス出版)の2冊である。本のカバーが青と赤の色違いなので，「青本」「赤本」と呼ぶようになった。それは，竹中恵美子と受講者たちが作成した自前の「解放のテキスト」である。その上に，竹中は毎回丁寧なレジュメ・資料を準備し，80歳を超えた方とは思えない凛とした声で80分立ったままで講義された。毎回，竹中の講義の後，企画委員が講義のコメンテーターの役割を果たした。それも新鮮だったとの感想が寄せられた。

　そして，このセミナーを継承して，今，「フォーラム　労働・社会政策・ジェンダー」が誕生し，セミナーの企画委員に新たに「次世代」を加えた運営委員会が組織され，学びの場を提起し，3年目を迎えている[25]。

　2013(平成25)年2月2日に開催された「竹中恵美子著作集完成記念シンポジウム〜竹中理論の意義をつなぐ〜」は，このフォーラムが主催し，全国から100名の人びとが集った。まさに，竹中理論がつなぐ豊かなネットワークである。

追記(2015(平成27)年11月)

★　関西における労働運動フェミニズムに対する竹中理論の大きな影響について本稿で述べてきたが，関西だけでなく，全国的に広い関心が寄せられていることについて，本稿以降の出来事を追記したい。

　2013(平成25)年春の第126回社会政策学会大会でのジェンダー部会が主催した分科会「竹中理論の諸相(第1回)——労働フェミニズムの構想」

に全国から多数の参加者があり，竹中理論における生産と社会的再生産論および労働力商品化体制論を中心に討議が盛り上がった。——報告 1.「竹中「女性労働」理論の"革新"」久場嬉子(東京学芸大学名誉教授)／報告 2.「竹中理論と社会保障研究」北明美(福井県立大学教授)。

続いて 2014(平成 26)年秋の第 129 回社会政策学会大会でも，「竹中理論の諸相(第 2 回)——女性労働運動と家族」の分科会が開催された。——報告 1.「関西における女性労働運動と竹中理論」を筆者が報告／報告 2.「新自由主義時代の労働・家族分析の課題」箕輪明子(東京慈恵会医科大学講師)。

★ 2015(平成 27)年は女性差別撤廃条約批准・均等法制定 30 年の，いわば重要な節目であった。運動団体や研究団体，メディアも含めて，「均等法 30 年」のシンポジウムやキャンペーンが多く取り組まれた。いずれも「骨抜き法」への批判はなされたが，何が焦点だったのか，竹中が指摘し，大阪総評女性運動が実践した「機会の平等論の陥穽」——家庭責任を負わない男性を基準とした「機会の平等」は結果として不平等をもたらさざるを得ず，性別分業体制への再編の危険性を内包している——に迫る分析と主張は，筆者が知る限り非常に少なかったと言えるのではないだろうか。

1985(昭和 60)年の均等法制定は，女子保護廃止とセットであっただけでなく，同時に制定された労働者派遣法，被扶養の配偶者の医療・年金保険料免除制度("3 号被保険者問題")，さらには，労働時間法制の解体を狙う労基法改悪＝変形労働時間や労働時間の大幅な弾力化と，まさに一体化した政策であった。派遣法は改悪に改悪を重ね，先の国会(第 189 回通常国会)で強行された大改悪法では，派遣は原則自由に近いものになった。

このような新自由主義の一体化した攻勢の中で，能力主義の「機会の平等」路線がもたらす結果がどのようになるかは，不幸にもこの間の推移が如実に示している。

この 30 年の推移は，労働者の非正規化がどんどん進み，女性においては非正規労働者が過半数を超え，女性の約 2 人に 1 人が，学卒後の初職が非正規職(男性は 3 割)という状況(総務省「就業構造基本調査」)を示して

いる。均等法で"男並みに"働かせ，派遣法で使い捨てか，最低賃金スレスレの低賃金パートかという事態は，長時間労働(労働時間だけは男女格差が縮まっている)と，女性と子どもの貧困化という深刻な結果をもたらしている。

　まさに竹中が主張する「機会の平等が結果の平等に繋がる社会システムの変革」の課題に改めて学び実践することが問われていると言える。

★　竹中とともに学びの場を組織してきた「フォーラム　労働・社会政策・ジェンダー」は，2016(平成28)年には5年目を迎え，竹中恵美子に学ぶセミナーを受講した30〜40代の運営委員を主体にして，学びの場を重ねている。2015年は「北京会議＋20　私たちの到達点と課題」をテーマに3回連続学習会を開催した。

　また，4年間の学習会(14回)の報告集発行に取り組み，より幅広い人々とともに私たちの学んだことを共有しあいたいと望んでいる。

1) 竹中(1972)。
2)「総評」(＝日本労働組合総評議会)は，朝鮮戦争ぼっ発直後の1950(昭和25)年7月1日に結成された。「産別会議」(＝全日本産業別労働組合会議)を中心とする共産党の組合支配への反発から，「民主化同盟」(民同)が前年より各組合に準備され，占領軍の強力なバックアップによって結成されたのだった。したがって，総評は，結成時には，朝鮮戦争に対して「北朝鮮の武力侵略反対」という態度であり，レッドパージに対しても消極的対応で黙認した。

　しかし，先の大戦の悲劇を経験した職場労働者は再びしのびよる軍靴の足音に対して敏感であり，「特需景気」をテコに復活してきた独占資本の労働強化や搾取に対して，たたかうエネルギーを高めていった。翌年3月の第2回総評大会は国連軍支持の旗を降ろして「平和四原則」を打ち立てた。以降，総評は，日本の平和と民主主義を守る国民運動センター的役割を果たし，企業内組合として職場の要求を汲み上げて組織する「職場闘争」を軸に，地域共闘を全国津々浦々に築いていった。「ニワトリの卵からアヒルが生まれた」とダレス国務長官をして語らせたと伝えられるように，占領軍や財界の総評にかけた思惑は覆された。

　大阪では，全国に先駆けて総評の地方組織である総評大阪地評(略称は地評だが，通称は大阪総評)が1951(昭和26)年2月9日に結成された。
3) 竹中・西口(1962)。
4) 竹中恵美子先生退任記念事業呼びかけ人一同(1993)26頁。

5) 竹中・関西女の労働問題研究会(2009)「第 2 部　竹中理論と私の出会い」を参照。
6) 竹中(1962)。
7) 竹中(2012) 331 頁。
8) 総評婦人対策部(1976)。
9) 竹中(2012) 332 頁。
10) 小島(1964)。
11) 竹中(1974)。
12) このゼミナールでの講義をまとめたものが，竹中監修・関西女の労働問題研究会(1991)。
13) 屋嘉比は 1998(平成 10)年 4 月，㈱京ガスを被告に男女差別賃金を京都地裁に提訴し，2001 年 9 月 20 日，事務職と監督職の「同一価値労働」を認定し，ペイ・エクイティ(同一価値労働同一賃金)原則を日本で初めて採用した勝利判決を勝ち取った。かつ大阪高裁では一審判決を踏襲した勝利和解で，2005 年 12 月 8 日に解決した。2008 年 6 月ペイ・エクイティ・コンサルティング・オフィス(PECO)を立ち上げ，活躍している。屋嘉比(2007)。
14) 竹中・関西女の労働問題研究会(2009)の第 2 部「Ⅲ．竹中理論と私の出会い」における屋嘉比手記から筆者要約。
15) フォーラム　労働・社会政策・ジェンダー，竹中恵美子著作集刊行委員会(2013)。
16) 竹中・関西女の労働問題研究会(2009) 103〜104 頁。
17) 竹中(1984)。
18) 大阪国民春闘共闘会議／企画編集＝総評大阪地評婦人協(1980)。
19) 竹中(1982)。
20) 1982(昭和 57)年第 66 回総評大会報告書の婦人局の章より。
21) 『女性ニューズ』第 1367 号(2003. 8. 10)。
22) 『毎日新聞』1990 年 9 月 4 日付夕刊。
23) 竹中(2011)にこのときの講義記録の一部が収録されている。
24) 「セミナー　竹中恵美子を学ぶ〜労働・社会政策・ジェンダー〜」企画委員会，伊田久美子，植本眞砂子，木村涼子，伍賀偕子，清野博子，中原朝子，蜂谷紀代美，森屋裕子，山田和代
25) ちなみに，女労研は歴史的役割を終え，このフォーラムに主なメンバーが結集している。

参 考 文 献

大阪国民春闘共闘会議／企画編集＝総評大阪地評婦人協(1980)『大阪のはたらく婦人――2 万人の「婦人労働者の労働と生活実態」調査から労基研報告を批判する』

関西女の労働問題研究会・竹中恵美子ゼミ編集委員会編(2004)『竹中恵美子が語る「労働とジェンダー」』ドメス出版

小島健司(1964)『賃金闘争ノート』労働旬報社

総評婦人対策部編(1976)『総評婦人二十五年の歴史』労働教育センター
竹中恵美子(1962)「わが国労働市場における婦人の地位と賃金構造」大阪市立大学経済学部『経済学年報』第15集,所収.『竹中恵美子著作集Ⅱ　戦後女子労働史論』2012年,明石書店に収録
竹中恵美子(1972)「婦人解放の今日的課題」竹中恵美子編著『現代の婦人問題』創元社,所収.『竹中恵美子著作集Ⅶ　現代フェミニズムと労働論』2011年,明石書店に収録
竹中恵美子(1974)「イギリス1970年男女「同等賃金法」について」大阪市立大学商学部『経営研究』第128・29・30合併号,所収。竹中(2012)に収録
竹中恵美子(1982)「「機会の平等」か「結果の平等」か」『婦人問題懇話会会報』第37号(特集「望ましい雇用平等法とは」),所収.竹中(2011)に収録
竹中恵美子(1984)「雇用における男女平等の現段階——我が国「男女雇用平等法(案)」をめぐって」『大阪市立大学経済研究所所報』第33集,所収.『竹中恵美子著作集Ⅱ』に収録
竹中恵美子(2011)『竹中恵美子著作集Ⅴ　社会政策とジェンダー』明石書店
竹中恵美子(2012)『竹中恵美子著作集Ⅳ　女性の賃金問題とジェンダー』明石書店
竹中恵美子監修・関西女の労働問題研究会編(1991)『ゼミナール　女の労働』ドメス出版
竹中恵美子・関西女の労働問題研究会(2009)『竹中恵美子の女性労働研究50年——理論と運動の交流はどう紡がれたか』ドメス出版
竹中恵美子先生退任記念事業呼びかけ人一同編(1993)『ベレーと自転車——竹中恵美子先生退任記念文集』竹中ゼミ卒業生・有志
竹中恵美子・西口俊子共著(1962)『女のしごと・女の職場』三一書房
フォーラム　労働・社会政策・ジェンダー,竹中恵美子著作集刊行委員会編(2013)『竹中恵美子著作集完成記念シンポジウム～竹中理論の意義をつなぐ～報告集』
屋嘉比ふみ子(2007)『京ガス男女賃金差別裁判　なめたらアカンで！女の労働　ペイ・エクイティを女たちの手に』明石書店

対談 「女性と経済学」をめぐって

竹中恵美子・村松安子

同席者 栗田啓子・松野尾 裕
2010年11月27日（土曜日）
於：ドーンセンター（大阪府立男女共同参画・青少年センター）会議室

栗田 竹中先生，本日はおいでいただきありがとうございます。私たち，村松，松野尾，栗田は東京女子大学女性学研究所のプロジェクトで，「日本における女性と経済学」というテーマで3年間の予定で研究をしておりまして，今年（2010（平成22）年）が2年目になります。テーマのひとつとして，「女性が経済学を学ぶことによって，どのような新しい世界を見いだしたのか」ということを調べております。そのために，終戦直後に経済学の勉強をなさった女性，とくに東京女子大学出身の方にインタビューをしてまいりました。今回初めて学外の方，とくに研究職としてその後歩まれた方として，竹中先生にお話をうかがおうということになりました。敗戦後，社会が変わっていく中で，経済学を勉強して次の新しい社会をつくっていこうという思いがおありになったのではないかと思います。

竹中先生は大阪市立大学で女性労働研究に携わってこられ，今日の対談の場であるドーンセンター館長も2001年から2007年まで務められました。村松先生は東京女子大学で開発経済学をご研究され，国際ジェンダー学会や日本フェミニスト経済学会でご活躍です。大阪の男女共学の大学，東京の女子大学と，教育・研究環境も異なりますが，戦後の先駆的な女性経済学者として，いろいろ思い出話をなさるおつもりで，両先生にお話いただければありがたいと思います。どうぞよろしくお願いいたします。

竹中 どうも，こちらこそ。

村松　先生は経済学を専門科目としてお選びになって、卒業後はその分野で大学に残られ、助手からずっと上がってこられて、しかも公立大学である大阪市立大学で、女性で最初に学部長をなさった方です。経済学部の学部長として最初の女性なのか、学部長という職に女性で初めて就かれたのか、その辺はわかりませんけれども、ともかく、女性のキャリア開拓の先達でいらっしゃる。もうひとつは、先生は女性労働論という分野を開拓されて、現在までずっと研究を続けておられる。しかも、いわゆるアカデミアの中に閉じこもらないで、市民運動と連動しながら、あるいは労働組合で活動をしている女性たちをサポートしながらこられた。トータルに見て、研究者であり、活動家であり、リーダーであるという、そういう先生のご経験を今日はうかがいたいと思っております。

　それで、ご著書から得た情報ですが、女学校のときに、学校の先生から河上肇の『貧乏物語』の話を聞かれたあたりが、先生が経済学に興味を持たれた最初かなと思うのですが、その辺のお話をまず。それから、専門学校に進む女性も少なかった時代に先生は経済科に進まれた理由と背景もお聞きしたいと思います。それには河上肇の『貧乏物語』だけではない社会的な背景もあるでしょうし、またご家庭の教育方針もおありでしょう。さらに、戦後男女共学とか女性も大学への入学を許されるようになって、大阪商科大学に進まれ、経済学でずっとこられた、そのお話をまずうかがいたいと思っております。

　竹中　どこからお話したらいいかわかりませんが、やはりいま考えてみると、自分が歩んできた道がどういう時代に居合わせていたか、どういう人物に出会ったか、ということがかなり決定的な要素になっていると思います。

　私自身は、いまお話にありましたように、女学校時代は完全な軍国少女でした。女学校の最後の年に敗戦を迎えることになったのですが、それまでは将来自分がどういうふうに生きていくのか、あまり考えたこともなかったのですね。けれども、そういう時代に直面したことは、自分のこれからの青春をどう生きていくかを考える上で決定的でした。

　私の父はわりあいリベラリストでしたが、転機になったのは、戦争の終

わった直後だったと思います．公民担当の先生から，河上肇の『貧乏物語』の話を聞かされたことでした．私自身は単なる軍国少女でしかなかったのですけれども，それまでこの戦争についても何も考えてこなかった，なぜこうした戦争が起こったのかということも含めてね．それまで何も知らなかった，という以上に，どうして知る努力をしなかったのかという反省がまずありました．敗戦を迎えて，なぜこういう戦争が起こったのかということでは，やはり経済的要因が非常に大きいのではないかと考えました．

　当初は女学校を出てからは，数学の教員の道を考えていたのですけれども，急遽方向転換して，当時大阪に姉も父もおりましたので，経済科のある大阪府女子専門学校の経済科に入学することにしたのです（経済科は第二次大戦中，敵国語であった英文科を廃止し，それに代わるものとして創設され，英文科は戦後に復活した）．敗戦の翌年，戦後初めての総選挙で女性参政権が行使され，39名の女性議員が当選しました．それに，労働運動も学生運動も高揚期にあって，私も全学連結成大会に大阪府女専自治会代表として出席したのを覚えています．少なくともそうした状況の中で，これからは自分が自由に生きられるのだという沸々とした喜びは，いま思い返してみても新鮮でしたね．

　しかしその当時，女性に仕事・就職で門戸が開かれていたわけではなくて，女子専門学校を出てもほとんど学校教員という道，あるいは民間放送のアナウンサーを選んだ人もいましたが，少なくとも企業の多くは門戸を閉ざしていた時代です．それでもっと勉強したいということもあって，戦前までは女性には入学が許されていなかった大阪商科大学に無謀にも挑戦して入るということになったのです．

　村松　それで，大阪商科大学の選抜試験ですけれども，どんな試験でしたか．例えば面接なんかはありましたか？

　竹中　筆記試験だけだったと思います．筆記試験だけで，何とかかろうじて受かりました．220名かのうち，女性は3人でした．大阪商科大学では，敗戦に先立つ1943（昭和18）年に，「商大事件」というのがありまして，教員や学生50名くらいが治安維持法に触れるとして，堺の刑務所に留置されま

した。そうした先生方が戦後釈放されて商大に戻っておられた。そういう面では、非常に急進的な考え方を持った先生方がいらっしゃったわけで、その刺激は大きかったですね。

　その中でいろいろな活動をしたりしましたけれども、やはり卒業となると、まず就職口がないのですよ。それで、自分自身もそれに向いているかどうかわからなかったのですけれども、指導教授の名和統一教授の勧めもあり、研究職ということで、1952(昭和27)年に、新制度改革による大阪市立大学経済学部の助手になりました。研究をしたいという気持ちも非常に強くなってはいたのですけれども、果たして自分に素質があるのかどうかわからない、とにかく幸いにして拾われた。いま考えると、なぜ大学の助手に研究職として入ることができたのか、これは全国的に通用する状況ではなくて、商科大学には非常に進歩的な先生方が集まっておられたからだったと思いますね。そういう面から言えば、女性としては普通には難しい状況だったかも知れないのに、ラッキーな場に居合わせたということではないかと思います。

　私は、経済学でも労働経済論ということで入りましたが、最初に疑問に思ったのは、経済学はやはり男性の学問だということでした。だからこそ、挑戦したいという気持ちもありましたけれどね。入ってみると、経済統計にしても男性の数字で代表されていて、女性は実際には傍流であって、それこそ明治から女性労働というのは重要な存在であったにもかかわらず、それを本当に理論化することができていないという問題がありました。例えば、年功序列賃金にしても、それらは男性に適用される概念であって、女性はそうではない。つまり、女性の経験を無視している労働経済学のあり方に、非常に疑問を持って、自分自身の問題でもありましたので、そうした研究分野を手がけたいと思うようになりました。

　またいまひとつには、自由に研究ができる条件があったという大学の雰囲気も大きかったと思います。大阪市立大学経済学部は、講座制ではなかったのです。非常に珍しいのではないかと思いますが、科目制ということになっていました。講座制ですと、教授、助教授、講師、のヒエラルヒーがリジッドに確立されていて、その科目の担当者がいる限り入れないのですが、私の

場合は，労働経済論は吉村　勵先生が担当しておられたので，私には労働市場論という科目をつくっていただいて，それを研究するということになりました。これは私自身の実体験を理論化することでもありまして，非常にラッキーな研究条件にあったと言えます。よく聞く話ですが，先生の指導通りやらないといけないとか，こういうことはやってはいけないということはなかったですね。

村松　それは先生がおっしゃられる，どういう時代に居合わせたか，どういう人に出会ったかということが大きいということですね。

竹中　私が助手で残った頃は，他大学の経済学部には，女性があまりいらっしゃらなかったですね。だからつくづく思うのですが，自分一人の力で道が拓かれるというものではなくて，どういう場所に居合わせたか，またどういう人がおられたかということと非常に大きな関係があると思います。

村松　やはり日本の敗戦があった，女性も参政権を得て，代議士も出たということでね。

竹中　そうですね。学生運動もそうでしたが，大阪府女専に入ったときも，やはりそうでした。一人一人がなぜこの経済科に入ったのかということについても，誰かに言われてというのではなくて，自分の意思でこの科に入ってこられているし，教室の中にも高揚した気持ちというか雰囲気があふれていましたね。いい時代に居合わせたと思います。

村松　しっかり調べてはいないのですけれども，私の記憶では，慶應義塾大学で佐野陽子さんが労働経済学をやっていらした。マルクス経済学では，資本蓄積論の井村喜代子先生もいらっしゃいました。このように，私立大学では，慶應義塾大学は女性の経済学者を受け入れていたように思います。このお2人は教職・研究職として大学に残られたと思うのですが，少なくとも私立大学では，慶應がそのような状況であったような気がします。先生のお話をうかがいながら，ああ，そういえば，お2人の経験も先生と同じような時代に通じていることに気がつきました。

竹中　そうですね。ちょっと横にそれるかもしれませんが，明治大学に田辺照子さんという方がいらっしゃいました。法律ではなくて，やはり女性労

働についても研究しておられましたから，科目としては，何でしょうかね。

村松 明治大学には短期大学部（1950（昭和25）年明治女子専門学校を改組して開設。法律科と経済科を置く。1955年明治大学短期大学に改称，2007（平成9）年廃止）があって，そこに経済科がありました。そこを終わった人が，私が勤めていた東京女子大学に編入してこられた時期がずいぶん長くありました。そうおっしゃられてみると，伝統の継承ということもあるかも知れませんね。

竹中 だから，初期にはそういう方との交流もありましたし，東京へ行ったときにいろいろお世話になりました。残念ながら田辺照子さんは早くに亡くなられました。また，イギリスの男女賃金格差問題を研究されていた高島道枝さんは，先駆的な研究をされていましたが，ご病気で引退される結果となりました（2015（平成27）年8月に亡くなられました）。

村松 同時代の研究者が少ない中でも，先生は他の女性研究者とかなり交流を持たれたような印象を持っておりますが，久場嬉子さんとはかなり遅くなられてからの付き合いですか。

竹中 遅くなってからですね。久場さんは私より10歳お若いですから。一番早く研究をご一緒したのは中村（西口）俊子さんで，1962（昭和37）年に三一書房から共著で『女のしごと・女の職場』という本を出版しました。九州大学経済学部を出て，女性労働を研究していらして，大阪市立大学の生活科学部にもちょっと籍を置かれ，のちに大阪経済大学の先生になられました。しかし途中で病気になられて，いまは引退しておられます。ですから，一緒に仕事をしてきた方が早く亡くなられたり，病気で伏せられたというようなことで，少なくなりましたね。それはさびしいことです。関谷（戸坂）嵐子さんも早く亡くなられました。社会政策学会ではそういう方々とのいろいろな交流があったのですけれども，いまは残念ながらそうした機会がなくなっています。なお，1961年に出版された社会政策学会編『婦人労働』（『社会政策年報』第9集）には，広田寿子さん，田辺照子さん，山本順子さん，赤松良子さん，嶋津千利世さんが，執筆者に名を連ねておられます。

村松 いま，社会政策学会のお話が出ました。私は会員ではないのですが，

数年前に久場さんとお付き合いするようになって，大会に参加したことがあります。驚いたことは，社会政策学会には非常に女性の研究者が多いということと，その後で調べたら，役員でも，委員でも女性が半分近くを占めている。それにずいぶん部会も活発に動いていて，経済学関係の学会の中では，一番女性が活発な学会なのではないかと思いました。数だけでなく，女性研究者が活発に動いている。それが，社会政策学会全体の雰囲気だと思いました。

竹中 それと，社会政策学会は網羅する研究領域が広いのですね。だから法学から社会福祉，家政系の大学に籍を置いている方も入っておられる。非常に学際的に発表できる場であったとも思います。ただ，経済学部を出ても就職される先が，生活・家政学部とかが多かったですね。

村松 そうですね。そもそも，最初に松野尾さんから日本で初めての女性の経済学者は誰かという質問があったときに，私がまず思いついたのは，女子大の家政系学部で経済学を教えていらした方々でした。それで，お茶の水女子大学で調べたら，戦前に松平友子さんという方がいらした。この方はお茶の水の前身である東京女子高等師範学校を卒業後，依託学生という身分で東京帝国大学の経済学部で1919（大正8）年から3年間，経済学を学んだ方です。この方は東京女高師で家事経済学，現在の家庭経済学あるいは生活経済学などいろいろな呼び方があるようですけれども，その講座を開くために東京帝大にいらした方です。

戦後には，もちろん竹中先生もいらっしゃるし，もっとお若い方ですけれども，久場さんも東京学芸大学で経済学を教えていらっしゃいます。しかし，共学の大学で経済学を教えた方というのは，竹中先生の世代だとあまりいらっしゃらないんじゃないですか。水田珠枝先生は経済学というよりも思想史ですね。ちょっとお若いかもしれませんけれど，安川悦子先生は女子大学で，女子労働論や思想史，あるいは社会政策論といった，経済学の理論的中核というより，もう少し幅の広い社会政策分野で研究を進めておられるように思います。

竹中 私も書いているものは女子労働論という名前で書くものが多いので

すが，大学の中では，少なくとも大阪市立大学にいた 41 年間では，そういう科目で講義したことはないのですよ。ただ，労働経済論の中でそれに触れるような話はしていましたが，女子労働という科目はなかったですね。それが初めて科目の担当になったのは，定年後 1993（平成 5）年に花園大学に 3 年間行きましたが，そこで女子労働論という科目をつくって下さったのです。そこからまた龍谷大学に行きましたが，そこでは，大学院でジェンダー論を，また学部では労働経済論を担当しました。

　村松　花園も大学院ですか？

　竹中　いいえ，女子労働論は学部講義でした。女子労働論として自立するという状況までには到達していなかったですね。大阪市立大学のときは，個人個人，比較的何をやってもいい科目制ということもありましたし，本当はそのとき，人口論をやれと言われて，いまだったらやっていてもよかったと思いますし，社会保障論というのも候補に挙がったのですけれども，私は労働経済論を希望し，それが通って「労働市場論」という独立の科目をつくって下さったのです。これはすごいことだと思いますね。

　社会政策学会でも，歴史的には労働経済というジャンルがなくて，社会政策学という中で労働問題が論じられていたのです。だから，隅谷三喜男先生が労働経済論の本を出されるまでは，どうしても日本の場合は労働問題が社会政策という，上からの国家の政策を通して論じられることが多かったのですが，労働経済学が必要だということが提唱されてから，学界状況は大きく変わったと言えます。とくに氏原正治郎先生による労働市場分析の提唱（「労働市場論の反省」『経済評論』第 12 巻 11 号，1957 年）の持つ意義は大きかったと思います。私も学会で労働市場論に関する報告をしましたし，いい時期に居合わせたと言えるかと思います。

　村松　労働市場論という科目が置かれたのは，大阪市立大学が最初かも知れませんね。

　竹中　おそらくそうでしょうね。

　村松　労働市場論という科目を考えるときに，現実の労働市場が男と女の市場に分断されているという事実を研究につなげていくのは，ある意味では，

やりやすかったということがありましたでしょうか。

竹中 経済学というのは，市場経済を前提とする，市場の中での理論ですよね。だから家族とか家庭というのは，埒外(らちがい)の問題になっていました。私はその市場論をやるときに，労働市場への出方を決定するのは，やはり背後にある家族のあり方が重要だと考えました。その中での女性の役割との関連で，その出方も違うし，出てからの管理も異なる。そういうことを意識して，国家も企業も労働組合も行動している。だから女子労働論は，経済の本流の外にあるとして捨象されていた家族という分野に目を向けさせたと思います。

村松 私は昔から先生の本を読ませていただいていたのですけれども，改めて，この『50年』(『竹中恵美子の女性労働研究50年——理論と運動の交流はどう紡がれたか』ドメス出版，2009年)を最近読ませていただいて，先生はそのことを初めから研究の中心に置いていらしたんだなと思いました。女性の労働市場への出方，その背後には性別役割分業があるということ，これが基本的というか，大きな要因だということをですね。

竹中 それは，ある面から言うと実体験なのです。私は自分の実体験を通して理論化を図ってきたと思うのですよ。結婚して子どもができて，その中でしかも，夫は民族運動にかかわり，家庭の中に夫もいない，という状況の中でやっていかなければならなかったわけですから。研究時間も帰宅時間もフレキシブルな男性の先生方を見ていて思ったものです。私たちにはそんな自由がなく，家に帰れば子育てや家事に本当に駆け回っていなければならないですね。どこかに書いたと思うのですけれども，男性は全日制研究者だけれども，女性は定時制研究者だと。細切(こまぎ)れになった時間をつないで，とにかく何とかやっているその苦闘というのが，本当には描かれていない，分析されていないのではないか。しかも，これは私だけの悩みではない。女性だけが大なり小なり抱えている問題です。

また，日本的労使関係の特徴と呼ばれる年功序列制とか終身雇用は，所詮(しょせん)男性にしか該当しないのではないか。そうでない生き方を強いられている女性の経験は理論化されていない，欠けているのではないか。その思いが強くありましたね。結局そういうことで，自分の研究の方向が決まったという

ことがあります。しかし,「女性差別撤廃条約」(1979(昭和54)年採択, 1981年発効。日本は1985年に批准)が成立したという追い風はありました。

　村松　あれは大きかったですね。先生ご自身が感じられたインパクトは？

　竹中　それは絶大でした。

　村松　日本ではいまだにまともに取り組まれていませんが, 1995(平成7)年に北京で開かれた第4回世界女性会議の「行動綱領」には, アンペイド・ワークのカウントの必要性が明示されています。しかし先生は, すでにEUの1993年の決定に注目され, そのことを非常に高く評価されておられる。『50年』を拝読し, 先生がずっとこだわっていらしたのはこのことなのだと得心(とくしん)いたしました。先生のご経歴をうかがい, 男社会の経済学の中で助手からずっと階段を昇ってこられたということから見れば, 女性が男の道を辿ったという感じに最初は受け止めたのですが, いまのお話をうかがうと, やはり実体験ということの意味がより大きいのですね。

　竹中　いつも思ったのは, そういう男女の置かれている条件の差は, 常についてまわるのだけれども, だからといって甘えるのはいけないと思っていました。一時女性には入学試験でも下駄をはかせるという議論がありましたよね。でもそんなことをしていては, いつまでたっても本質的な問題解決にはならないと思っていました。女性自らがきちんと実績で示さなければとね。

　村松　私は実績で示されたということのひとつの証明が, 学部長に選ばれて, 務められたということだと思います。少数の人たちが先生の力を認めただけではおそらく学部長には推されなかっただろうと思うので, その辺のお話がうかがえたら嬉しいです。私の考えでは, 先生が労働市場論という科目をつくる提案をなさって, そこで大きな実績を残され, しかも理論的枠組みをつくられて, これがやっぱり仕事として非常に大きなものだということです。例えば先生のお人柄がいいということだけではなくて,「有無を言わさない」というと表現が悪いかも知れませんが, こういう業績を持った方に学部長に座っていただくのが大阪市大として望ましいし, 当たり前である, ということがあったのではないかと推測するわけです。

　竹中　考えてみれば, そうですね, 割合に助手から講師, それから助教授,

教授になった年齢がそれほど男性の方と差がなかったですね。私自身の考えとしては，女性の置かれた条件が厳しいからこれだけしか仕事ができないというのは，通用しないと思うのですね。本当に周りにわかってもらえるためには，実績で示さなくてはいけない。その気持ちはずっとありましたね。だから，その実績が大切だと思い続けて，まあ不十分ながらやってきたのです。

とくに大阪市大の場合，学園紛争が他の大学の場合よりも尾を引いて，私が定年になるまで紛争があったのです。例えば，寮問題，そのさなかで学部長ですからね。それは機動隊が入ったり，ただ事ではなかった。学部長を引き受けるときは，ここで個人的な事情を挙げて，もう1年先に延ばしてほしいとはどうしても言いたくなかった。どうなるかわからないが心に決めてそう踏み切ったら，不思議なことに，息子がちょうど早稲田大学に入ったのです。それまで不登校でずっとやってきたものですからね。まあ，それは母と子の分離によかったのかもしれません。ただ，そう心に決めたら道が開けたのですね。前から思っていることなのですけれども，何か自分がある主張をしようとすれば，それなりの実績を持っていなければ，説得力を持たないんだと。もちろん，それだけのことをしたとは全然思っていませんけれども。

村松 少し話が飛ぶのですが，先生が大阪市大に残られて，まあ順調に昇進なさって，学部長になられたという経緯がひとつありますね。そのことが大阪市大の経済学部に女性が集まってくるといったように，女性の学生にどのようなインパクトを与えたと感じていらっしゃいますか？

竹中 そうですね，私が学部の中でそうした科目を担当しているのでそこに行こうと思って入ってきた学部学生はいなかったと思います。ただ大学院にはそれはありました。学士入学で来るとか，社会人で来られる方があったというのは事実だと思います。しかし，大阪市立大学の経済学部の女子学生の数というのは，男女雇用機会均等法の成立した1985（昭和60）年まではすごく少なかったですね。学部全体の定員は120から150になり，180になり，200を超えるようになりましたが，それまではその中で女性は数名でした。

それはなぜなのかというと，ひとつには経済学部には，そこを出て何かの資格をとるという資格試験がないのですね。法学部であれば志して司法試

験，商学部だったら会計士。経済学部だと，いまでこそだいぶ変わりましたけれども，卒業しても一般の企業社会では女性を受け入れる素地がないわけですね。だから専門的な資格をとろうとすると，もう一度税理士の試験のための勉強をして取得するとかというふうな状況もありましたね。

　このように経済学部の中での女子学生は少なかったですね。ただ，社会人入学とか大学院では，聴講という形にしろ，問題意識を持って入ってくる女性が増えていったということはあると思います。どれほどの影響があったのかはわかりませんが。

村松　経済学部では資格がとれないというのは確かにそうですね。私が勤めていた東京女子大学の場合は，教員免許をとっておけば一朝ことがあったときに安心という雰囲気がありました。とはいえ，おっしゃるように他の資格はとれない。また，私の経験では，親は英文科に行けと言う学生も多くいました。理由を聞くと，経済学は女のやれる学問ではないというような考えが，親，とくに父親にあって，経済学部への進学に反対するということもよく聞きました。

竹中　そうですね，資格がとれない以前に，やはり経済学は男の学問であるという親の世代は根強く存在しますね。

村松　もう時効だと思いますが，隅谷三喜男先生が東京女子大学の学長になられたときに，経済学を専攻している社会学科の学生の前で，女性は感性が優れている，その反面，経済学には向かないと言ったんですよ。私たちは怒りました。それで私たちは，隅谷先生に，「先生，ここには経済学専攻があるんです，学科の名前は社会学ですけど」と言ったのですが。

竹中　そうした考え方は確かにありますね。助手に採用されるときに，後で聞いたのですけれども，教授会の席である先生が，女性は結婚したほうが幸せになれるのに，とおっしゃったっていうんですね。聞いて本当にびっくりしました。社会通念的には，そういうのが厳然としてあるのでしょうね。

村松　そうすると，女性教員のポストとしても，例えば女子労働論ならいいけれども，原論系にはちょっとという，そういうような意識が教員の中にもあるかもしれませんね。

竹中　教員の世界の中でも暗黙のうちに，例えば，原論のようなものはやはり男性がやるものだと。だから多少その周辺領域である経済史であるとか，政策論とかいうところはまあ女性が入ってもいいけれどと。そういう考え方がスタンダードであっただろうと思います。現にそういうふうに言った先生もいますからね。だから，どこかでそういう議論をするときには露骨には言えないけれども，そういう自然排除というような作用が働いているということはあると思います。

　私が非常に残念だと思うのは，大学に入ったときには，開かれた大学であるし，進歩的な先生方がいらっしゃって，たまたま助手として採用されたのですけれども，41年間で，1人も女性が増えていないということです。本当に内心忸怩たるものがありますね。いまは3人になっているそうですが，人事の教授会にはすべて参加していましたが，ひとつには特定の科目で公募するものですから，人的構成上，どのくらいの年齢でという条件が課せられたり，なかなか入りにくい。それと私の大学院のゼミ生も，女性でいま大学の教職にいる人がいますけれども，やはり苦労していますね。いくつか大学の就職試験を受けまして，そのときは結婚していることを伏せていましたね。そういうことがわかると，採用のときに響くというので，そういう配慮をせざるを得ないような厳しい就職条件がありました。

　村松　東京女子大学から他の大学の経済学研究科に行った人たちがよく嘆いたことは，指導教員の先生は，男性の学生には家族を養わなければいけないから，就職の世話をする。でも，女性は食わせてもらうからいいじゃないか，非常勤でいいじゃないか，就職は女子大の先生に頼みなさいということなんです。勉強しているときはともかく，就職の段になると男性に先に就職の世話をする。最近はちょっと変わってきているんでしょうし，そんなこと言ったら大変なことになりますけれど。

　竹中　口には出さないけれども，やはりそういう考え方が潜んでいるということはありますね。いまの状況を見ても，まだまだそうだと思うのですけれども，基本的には稼ぎ手は男性だというモデルがあって，それと専業主婦とがセットになって働いていますから，結局そういうことになる。

村松 だから男も女も稼ぎ手なんだということがしっかり意識されてこない限り，就職のところでどちらか一方にプライオリティを置いてしまう可能性は強いですね。

話があちこちしますが，最近いわゆるアンペイド・ワーク（無償労働）についての考え方も変わってきていますね。はじめはアンペイド・ワークを商品化・市場化する，あるいは公共サービスに置き換えていくという考え方で議論されてきましたが，最近は，アンペイド・ワークは避けられないネガティブな労働ではなく，むしろ人間としてやったほうがいいという考え方に移っていますよね。そういう考え方に移っていく中で，いま，ワーク・ライフ・バランスという話が出ていますけれども，ワーク・ライフ・バランス論について先生はどうお考えになりますか？

竹中 そうですね，ワーク・ライフ・バランスというのは，一般に政府の文書では，仕事と家庭のバランス，均衡という形で言われていますよね。私があるところで言ったのは，均衡とかバランスをとるという考え方は，相反するものを中和するということではないかと。つまり，ワーク（仕事）とライフ（家庭）とは，調和ではなくて両立でなくてはならないと思うと話しました。両立が本質だと思いますが，何となく折り合うような形にしたらいいという，そこが非常に問題だと思います。しかも，国家や政府がそのためにいろいろな制度的保障をするというよりも，個人の努力，個人責任でそれを果たしていくことだと。どちらかといえば，個人の選択として，バランスのとれるような多様な働き方を推奨する方向にあります。

たしかに多様な働き方は悪いことではないと思いますが，ヨーロッパを見ていると，多様な働き方が不安定な雇用につながらないように，きちんと均等待遇を保障するようにしています。日本はそこが欠けたままで，多様な働き方をつくり出すことにポイントを置いていると言えるのではないかと思います。そして，その多様性を尊重し，実行している企業を表彰するというやり方が多いですね。他方，個人には，それぞれチャレンジしなさいという，チャレンジ支援ですよね，個人の努力でやれと。では政府はどうするのか，そこの責任がEUなどとの方針の違う点だと思います。やはりそこのところ

は法的な責任をどう打ち出していくかということを言わなければいけないし，政策をとらないといけないと思います．多様な働き方も，いまの非正規の問題に見られるように，均等待遇抜きにしている．現在のワーク・ライフ・バランス論は，ここのところを批判していかなければいけないと思っています．

　村松　第三次男女共同参画基本計画(2010(平成22)年閣議決定)に，同一価値労働の均衡待遇という，均等待遇ではなく均衡待遇という言葉が随所に出てきます．もっとも，均等ということが全く入っていないわけではないんですが．

　竹中　そうです．"均衡とは何か"ということについては，多少幅のある均等と言われています．どのくらいを多少というのかが問題ですが，多少幅のある均等で，一定の格差をつけてよろしいということですよね．だからその辺がまったく曖昧模糊としていて，問題だと思います．

　村松　それとね，日本で言うワーク・ライフ・バランスのワークは，ヨーロッパではペイド・ワークって言いますよね．ライフはファミリー・ライフ．ペイド・ワークとファミリー・ライフ．日本の場合，ワーク・ライフ・バランスだから，ワークはライフの中に入っていないのか．また，ワークの中にアンペイド・ワークは入らない．だから，ワークとはなんだということをちゃんと聞いてみる必要がある．ライフの方にいろいろ入っているんですよね．ワークの捉え方をきちっとしていかないと，アンペイド・ケア・ワーク概念が明確にならない．

　日本は一度，久場さんたちも入られた，アンペイド・ワークを評価する国民所得勘定のサテライト勘定の作成をやりました(「無償労働の貨幣評価について」経済企画庁経済研究所，1997(平成9)年公表)．その1996年の作成以降，この動きは止まっていると言われていたのですが，実は，去年，再度実施したんです(「無償労働の貨幣評価の調査研究」経済社会総合研究所，2009年公表)．ところが，これは内閣府の男女共同参画局とは全く関係なくやっているんです．こういうところでももっと男女共同参画局は目を光らせて，第二次(2005年閣議決定)から第三次基本計画にいくときに注意しないと，研究や計画策定に基本計画を反映できない．研究所の「調査研究」のほうは，

世界的な調査・研究の一環として行われたのであって，日本のジェンダー平等施策をつくることなど意図していない。こういう動きを見ていかないと，日本でのジェンダー平等は適切な方向に着実に進むことができない。

竹中 おっしゃる通りです。無償労働の貨幣評価を通してジェンダー平等政策の推進にどう結びつけるか，曖昧模糊としており，憂慮すべき状況だと思っています。

村松 ひとつは，男女共同参画局の政府内における力が不足しているということがあると思いますね。去年の国連 CSW (Commission on the Status of Women，女性の地位委員会)の 52 回セッションの主要テーマのひとつがジェンダー平等のための資金動員だったのに，男女共同参画局は財務省にプッシュできず，財務省からは一人も行っていない。国連代表部からもしっかりフォローする人材が一人も行っていない。そういうところからしても，参画局は力がない。なんとかならないのかと，男女共同参画局の知り合いに言ってはいますけれど。

竹中 久場さんからは，先生ともいろいろお話をしていらっしゃることをうかがっていて，本当にそのことを真剣に考えていらっしゃる方のおられることを力強く思っています。

村松 先生がさっきおっしゃった，経済学の中で女性が入ってもいいというか，入る場をどうやって広げていくかを戦略的に考えていく必要があると思います。私の専門に近づけて言うと，UNDP (国連開発計画)が「ジェンダーとマクロ経済」という短期集中講座を実施しており，いま微力ながらも，そのお手伝いをしています。日本では全くこの分野がだめで，そこで一人で努力するよりも，ある程度経済学やジェンダーと開発論を習得したアジア・太平洋地域の人たちへの働きかけのほうが重要だと考えるようになり，研究者を育てたいと思っています。2010(平成 22)年まで東京女子大学は大学院に経済学専攻を持っていませんでしたから，若い人には国内外の大学院で勉強してもらいました。しかし日本では就職がなくて，国外へ出てしまう。まだまだですけれども，世界では，例えば成長論の一部門で捉えるだけではなくて，問題はありますけれども，男性と女性で限界貯蓄性向がちがうという

ところからマクロにジェンダー分析をしていくことが始まっています。男性と女性で貯蓄もちがうし，投資に対する影響もちがう。ソーシャルアカウンティング・マトリックスなどを使って，アンペイド・ワークも含め，ケアにまで視点を広げて，やっているところもあります。けれども日本では，このような動きは全くないのです。

　どういうふうにしたら女性の経済学者を育てられるのか。それにとどまらず，女性がもっと経済学へ入っていけるように，どのように経済学におけるジェンダー視点の主流化を進めるか。そして，それらをどのようにしたら経済学の中心部門に統合できるのか。これらのことについて，先生がご経験を通して，どのようにお考えなのか，うかがいたいと思います。

　竹中　最近の就職状況を見ていると，女性の研究者が就職しやすいのは，計量経済学関連などのようですね。ポストを得るのがすごく早いのですよ。そういう方々がそれなりに問題意識を持って活躍してくださったらいいと思うのですけれどもね。

　村松　女性が入っていけるという意味ではね。でも女性がいればいいというわけではありませんね。男性の研究者もそういうところに，例えばジェンダー・インパクトはどうなのかといったことに対して意識を持って下さればいいんですがね。

　竹中　おっしゃる通りです。

　村松　例えば，私のゼミの卒業生で他大学の大学院で研究する場合，貿易部門などのメインストリームに行くんだけれども，行ったとたんに，ジェンダー・インパクトなどへの注意を忘れてしまう。無視してしまう。そうじゃないと，計量ができないからジェンダーに行ったのねという評価になる。そのように言われないために，ドクター論文では計量分析をやるんです。そのような状況を見ると，女性も男性もジェンダー視点を持つ分析をするようになることが必要だと思います。

　竹中　男性でジェンダーの分析をやってくれる人がいればいい。残念ながら弟子を見ると，女性は問題意識がありますが，男性の場合は弱いですね。どうしてだろうかと思いますけれども。とは言っても，私の弟子で変わり種

の伊田広行氏のような人もいるのですよ。それはユニークな活動をしています。彼は大学の専任研究者をわざわざ辞めて，非常勤講師だけ残してね，幅広い社会活動をしています（伊田氏は，反貧困運動の活動家で元内閣府参与だった湯浅誠氏と組んで，2012（平成24）年7月に大阪を拠点にAIBO（あいぼ）を創り，創造的市民活動の基盤づくりに奔走しています）。男性研究者で，彼のような存在は稀有ですね。

　村松　伊田さんの活動は興味を持って見ています。やはり例外的ですね。残念ながら。それはなぜでしょうか。ジェンダー問題は，経済学の中核部分に自信がない人，マイナーな問題意識の人が進むメイン分野でないというふうに思っているのでしょうか。ただ，逆に科研費でもジェンダーがひとつの領域として成立するようになると，男性がトライしてくるんですよね。論文を書いていらっしゃる方もいるけれども，やっぱりちょっとちがうかなというところもありますね。

　竹中　全体的にどうなのですかね。女性研究者はどんどん増えていっているけれども，ジェンダー的な視点を持った研究者が増えているのでしょうか。

　村松　ひとつは，大学に入ってきた段階では女性も差別なんかないという意識が強い。ジェンダー研究って何のことですかと言うんだけれども，就職の段階になって，差別の存在に気がつく。数年前のことですけれど，一年上のお兄さんが浪人して，結局，兄と妹が一緒に就職活動をすることになったとき，兄のところには企業から情報がじゃんじゃん来る，妹には来ない。そこで初めて，えー，やっぱり差別っていうか，なんかおかしいですね，ということに気づくんです。

　ですから，新しくジェンダー分野で例えば科研費を申請して研究を始めようという方たちは，男女差別があるということではなくて，もうちょっとちがう視点を持っていらっしゃるのかも知れません。

　竹中　なるほどね。そうですね，私たちの世代ですと，小さいときから男女差別を体験していて，実感で持っています。しかしいまでは男女ともに大学に行くのが当たり前になって，女性だから家庭のことをやれと言われることもなくて済んでいるから，実体験のある人は少なくなっているかも知れま

せん。結婚・就職してみて、っていうことはあるでしょうけれども。

村松 ただ、合計特殊出生率もこれだけ下がってしまって、これから人口は明らかに少なくなると推計されますよね。研究者になる人の割合が比例的だとしたら、研究者も少なくなっていきますよね。ですから、女性がもっといろいろな分野に入っていかないと、研究全体の日本の知的レベルが保てなくなっていきます。有無を言わさず、もっと男女がいろいろなところへ相互乗り入れして入っていかないといけなくなる。依然として女性が入りにくい分野があるとしたら、女性の努力だけではなく、男性の受け入れ力だけではなく、政策的なものが必要です。

政策との関連では、ジェンダー・バジェット（予算）が重要になりますが、日本では、それは女性用の予算だという考えが強いんです。私が一人で頑張って、それは違う、インパクトだと言っても、なかなか変わりません。しかし、ジェンダー・バジェット分析はジェンダー平等へのインパクトを見るということだと思うんです。例えば新成長戦略でエネルギーをクリーンエネルギーにする場合に、どういう分野の人材が必要になるか、そのとき女性がいかにも少ないというのであれば、奨学金にしろ研究費にしろ、どのように予算をつけていかなければならないのかという分析をやってみることが必要です。それが、ジェンダー・バジェット分析なのですが、そういう理解をなかなかしていただけない。アドヴォカシーはやるんですけど、なかなかね。

竹中 いや、それはおっしゃる通りだと思いますね。その先を見越した政策のところでは、イニシアティブをとって先導していかないといけないですね。

村松 ところで、つい最近聞いた話ですが、来年(2011(平成23)年)度のフェミニスト経済学会の共通論題にジェンダー予算を取り上げるという話が出ているらしいんです。私としては、そう簡単なものじゃないよという気持ちもありますが、神野直彦さんがとくに子育て、子ども手当を取り上げて、何か話して下さるようです(フェミニスト経済学会2011年度大会共通論題報告「日本の財政・社会保障とジェンダー」)。やはり具体的な政策を示しながら、研究の方法論や、持っている意味合いを広めていかないとなかなか難し

いですね。

竹中 私も神野先生が最近書かれたものを読みましたが，そこでは，社会的な再分配の問題は，縦型の再分配よりも横型が重要だとおっしゃっている。それは所得保障だけでなくて，サービスをつくり出すという意味で，子育てにしろ，ケアをするにしろ，そのためのサービスをつくり出す，あるいは人材形成まで含めて，そういうところに所得の再分配をする政策が必要だとおっしゃっていて，まさにその通りだと思いました。そういうことに関連して言えば，どういう政策が必要か，政府が何をすべきかが，具体的に出ていないですね。非常にいい主張だと思います。そういうことをめぐって，もっと議論していく必要がある。

最近ちょっと思っていることですが，研究者の皆さんは，やはり自分の特異性を出さないといけないということを意識されているのか，報告がものすごく細かいのですね。といって大風呂敷がいいというのではないのですが，大局的に見るという分析を提起することが必要だと思います。昔がいいというわけではないのですけれど，だんだん細かくなっていくというのはまずいですね。

村松 それに加えて，査読が回ってきたり，若い人たちがやっている研究会に呼ばれて行って話を聞いていると，なるべく早くドクター論文を書くということがあるように思います。個別の研究としてはいいけれど，研究全体の中のどこに位置づけられるのかということが示されないので，なんかちょっと心もとないというか。

竹中 昔がいいという言い方はまずいと思いますが，かつて私が研究者になった頃は，それはそれで研究の仕方に問題のある本質論ばかりに終始していたということはありましたが，にもかかわらず，大局的に問題提起をすることが多かったと思います。論争が激しかった。最近は論争らしい論争をしないでしょう。そういうことにある種の不満を感ずるのですけどね。非常に細かいデータをとられるのだけれども，その労苦も，その研究がどのような意味を持っているのか，全体の中での位置づけが明確ではない場合が多いのではないかと思います。

村松　あんまり小さくなっていくと，さまざまな分野に女性が大勢出てきても，それが全体の社会を作り替えていくのにどういうインパクトを与えるかということが見えなくなってくる気がして心配ですね。サスティナブルというのは環境問題だけではなくて，次世代を育てていくというのが本当のサスティナブルだと思うんですけれども。いずれにしても日本社会が生き残っていくために，研究者の側からどういう有効な働きかけ方があるのか，とくに先輩の方たちの働きかけ，サジェスチョンというか，そういうことが大切だと思いますね。

竹中　最近思うのは，いまの問題の，重箱の隅をと言ったら悪いけれど，細かい問題に集中してしまい，歴史的に遡って，どういう流れの中で，どうしてここまで来たのか，いま何が問題なのか，を大きな流れの中で見るということが薄れているように思うのですね。むしろ，古い時代にも非常にいい問題提起をしていることはいっぱいありますよね。それは，結局実現できないままに終わってしまったものもありますが。過去から学ぶことはあると思うし，そういうものを歴史的な流れの中でもう一度反芻してみる。そこから受け取るものは何かを分析することによって，未来につながる提案がずいぶん出てくると思うのですけどね。そういうことがいま欠けているのではないでしょうか。研究者はとりあえず学位をとるためには，やはりいまの問題をやらないといけない，それも狭いところでやるということになってしまうのでしょうか。

村松　どうもそういう傾向は強いようですね。全体はわかりませんけれども。そういう意味で，先生のこの『50年』を読ませていただいて，竹中先生がこのとき，これを言っていらして，そのことがいままた問題となっているのではないかといった点が，とてもある。

竹中　要するに，そのことに目を向けていないといけないという訴えかけが弱いのだと思います。

村松　私が思うのは，家庭の中が性別役割分業できっちりできてしまって，そのことが労働市場のあり方に影響するということは皆わかっていたんだけれども，それがなぜ日本経済，日本社会の問題になるかというところまで社

会が気づいていなかったのではないかということです。家庭の中の性別役割分業がその当時の日本社会の現実とあまり深刻な関係になかった。しかしいまや深刻な関係になってきたので，まさに問題になっているけれど，よく考えてみると，竹中先生はすでにこの問題を提起していたんだということです。先生がおっしゃるように，研究者としての先生の歩みは，時代と場所と人と偶然とにのっていらした。それはそうなのでしょうが，そういうキャリアを積まれた先生が感じられ，ご自分の経験を理論化していく中で積み重ねていらしたこの問題提起は，必ずしも皆が受け取れる問題提起だったかどうか。ちょっと早すぎたのかも知れません。

竹中 受け取られなかったとすれば，私の問題の投げかけ方が不十分であるか，未熟であったかということだと思いますが，次のようには言えると思います。

20世紀型福祉国家と21世紀型福祉国家とは，前提が根本的に異なっているということの認識が，世界の動きと日本のレベルとでは大きな差があったということでしょうね。「労働力の女性化」は20世紀最後の四半世紀に世界的規模で進みましたが，日本では依然として性別分業を基礎として，「男性稼ぎ手モデル＝専業主婦世帯モデル」を踏襲し，"見えざる福祉国家"（労働力の再生産過程が女性のアンペイド・ワークにゆだねられる）のままで来たことがあると思います。20世紀型福祉国家の前提である性別分業を含む「男性稼ぎ手モデル」が崩壊しつつあるいま，21世紀型福祉国家の新しいグローバル・スタンダードとしては，男女がそれぞれケアを共有する，個人単位を基礎として，経済資源（時間・貨幣）の社会的再配分政策が課題とならざるを得ないと思います。具体的には，①ケアと両立する労働組織をどうつくるのか，②労働時間のフェミニスト時間政治，二分法（有償労働と余暇）から三分法（有償労働，家事労働，余暇）へ，③それを支える社会保障制度の確立，が不可決になります。つまり日本では，21世紀社会はアンペイド・ワークのジェンダー平等への取り組みと不可分に結びついている，という認識が欠落してきたと言えるのではないでしょうか。

村松 私は，それだけではないと思います。日本全体で，アンペイド・

ワークについてそれほど注目していなかったんです。でも，アンペイド・ワークが問題だと思っていたんですよ，多くの人は。だけどそれが主流の問題にならなかった。その段階に社会が達していなかったっていうか，それを主要な問題にする段階までいっていなかったのではないか。それが変わったのは，もちろん女性差別撤廃条約ができたということもあるけれど，日本のサスティナビリティに対する危機感，つまり，次世代が生まれてこないじゃないか，という危機感によるものなのではないでしょうか。

竹中 あれでちょっとあわてたのですね。ワーク・ライフ・バランスというのも日本的な解釈があるにせよ，少子化の危機感から，初めて出てきた問題です。

村松 子ども手当だって，保育所だって，そうですよ。

竹中 だけど，なんとなく皆それを，オウム返しにワーク・ライフ・バランスと言って，企業研修でも取り上げられるのだけれども，上滑りになっていて，本当の深刻な問題提起，それにどう答えていくのか，突っ込みが足らないですね。

村松 本当に必ずしも女性の経済学者が増えればいいというのではなくて，さっきも申し上げたように，経済学をやっている人たちがジェンダー・インパクトと社会のサスティナビリティの問題を，そういうことを課題に入れていかなければだめなんだということなんです。私も，日本経済学会の会員にはなっていますけれども，早々とある意味では諦めて，もう行っても面白くないと思って，行きませんけれども，ただ，初めて会員になった頃は，会員名簿を見ても女性は数えるほどしかいなかったんです。けれどもいまでは女性メンバーはかなり多いですね。アドホックに，それこそ女性労働市場みたいなテーマが出ることもあるようですけれども，部会があるわけでもないし，やっぱり効率論が大きい。どの学会に属しているかによって，アプローチが全然ちがっているし，部会にするには，それから共通論題にするには，それなりの数が集まらないとできませんしね。

竹中 そうですね。

村松 もうひとつ，よその国では経済学教育ということが問題になります

ね。でも日本の場合，経済学をどう教えるか，経済学教育というのはないですね。

竹中 ないですね。

村松 それも，カリキュラム・ディベロップメントとかファカルティ・ディベロップメントとか，文科省が音頭をとっていますけれど，私，アメリカに留学して気づいたのは，アメリカでは，大学がつくるカリキュラムであれば，誰が教えようと，これだけは教えなければならないというようなものを共通して持つという仕組みがあるということです。そういう中で，例えば世界女性会議が開かれてジェンダー問題が出てくれば，ジェンダーを入れなきゃいけないということで教える人たちが集まってカリキュラムづくりをやるんです。先生が関係されている学会の中で，分科会などで，例えばこの分野のカリキュラムをつくるときにこういう努力があるとか，そういう議論はなさいますか？

竹中 ないですね。ただ社会政策学会にはジェンダー部会ができており，毎年何をテーマとするかなどについて，論議されるテーマ設定や人選，運営の方法が議論はされているようです。しかし，最近は少し変わってきて，事前報告や協議があるようですが，テーマ別分科会について事前に十分な議論があるかと言えば，ないでしょうね。

村松 ないですか。松野尾さんが関係していらっしゃる学会では問題にはならない？

松野尾 ほとんど問題にならないですね。経済学史学会の一部の人が経済学教育に関心を持っていることはあります。しかし，学会としてジェンダー視点を入れた経済学史のカリキュラムをつくろうといったことはないと思います。そういうような提起を聞いたことはありません。

村松 研究視点としてジェンダー視点を持たなければという話はよく聞くけど，教育上のカリキュラムでどうやっていくかはないですね。これもひとつ問題かなという気がする。

竹中 それができるためには，ある程度研究の方法論ができてこないとできない。

松野尾 高校レベルですが，家政教育つまり家庭科が男女共修になったときに，ジェンダー視点を踏まえたカリキュラムづくりが出てきたのではないですか。家政教育と経済教育は重なる部分がありますね。

竹中 私は高校家庭科の教科書作成にかかわったことがあります(『これからの家庭基礎』2009年版，一橋出版，春日キスヨさんと竹中の共監修)。あのとき，かなりできあがってから，当局から審査過程でいろいろチェックが入りました。いい教科書だったと思うのですけどね，結局その教科書を採択した高等学校はあまり多くはなかったようです。

村松 アメリカの経済学教育がいいか悪いかは別として，やっぱり教えるほうで教育上の新しい視点をはっきりさせる，そういう試みがある。そうすると，研究者もそういう視点があるんだ，大事なんだということをすぐに感じて，そこを研究分野として開拓していこうという動機づけにもなるんですね。

竹中 そういうのがないですね。欠けている点でしょうね。

村松 松野尾さんは共学の大学にいて，しかもけっこう女性の学生も多いでしょう。

松野尾 私は教育学部に就職しましたので，学生の中には高校の教員を目指す者もいますから，そういう意味では，高校での学習内容を調べることはあるんですけれども，現実問題としては，一般的に言って大学の授業は高校の公民や家庭科とあまりつながっていませんね。これまで日本の大学では，少なくとも社会科学の科目について言えることは，授業の内容はそれを担当する教員により独自につくられるということになっていて，他の授業の内容や，高校での授業の内容との関連性といったことにはあまり関心が向けられていないと思います。教員は自分の教えている学生が高校で何を学んできたか，ほかにどういう科目をとってどういう勉強をしているのか意識せずに授業をしているんです。たしかに，研究と教育を一体化しているのが大学だという大学固有の機能からして，研究が研究者個人の責任で行われるとすれば教育もまた研究者すなわち教員個人の責任でという考えには一理あります。けれども，学部レベルで言えば，このことは学んでおいてほしいという事柄

を共通化することは必要です。ジェンダー視点のような，おそらく学生にとって，とくに男子学生にとってはその価値観が逆転するような，新しい社会の見方はやはり教育のどこかの段階で，きちっと教えないといけないと思います。先ほどちょっと触れましたが，男子高校生が家庭科を必修で学ぶことになったのも，それが目的ですからね。ですから，高校での学習からの連続性ということで，例えば「ジェンダー論」を共通教育に入れて，必修で学ぶ機会をつくったらどうでしょう。男子学生の中でまだ常識となっている性別役割分業の頭を突き崩すような機会がないと，ジェンダーの問題にしても，あるいは女性労働論にしても，男子学生が興味を持って食いついてくるというところまでになかなかなってこないんじゃないかなと思います。

竹中 そうですね。例えば，女性問題とか労働問題でもいいのですが，女性の中でだけやっているんですね，それで男性が別でね，交わらない形でずっとやり続けて。実は男性は不満を持っている。何でぶつけ合って討論しないのか。はじめからもし一緒になってやったとしたら，いろいろな問題発言が出るとは思いますが，出たらいいと思うのです。出てそれにきちっと反論するように鍛えられなければならない。女性は女性で固まって，ジェンダー論で固まっているか，あるいは無関心でいる。それに対して，男性はある一定の観念を持ったままで，それを口に出すと何とかやられるから，黙っていたほうが得策だという形でしまいこんでいるわけです。そんなことでは，前進できないと思うのですね。むしろ，同じ土俵に立って言いたいことを言う，そういう場をもっとつくる必要があるのではないかと思いますね。

村松 ぶつけ合うことによって，それもあるかみたいなことから始まって展開されていく可能性もある。私が大学に勤めているとき，私が一番若くて，私よりも年上の男の先生方から，女性問題は君がいるからいいよね，っていう言い方をされました。それではだめですと言ったんですけれどね。そういう感じだった。

竹中 だから問題というのは，どんな反論をぶつけられても，やはり説得できるだけの力を持たないと。いつも反論を避けて自分たちの中でだけで解釈して，男性はけしからんと言っているだけでは全然進まないですよね。そ

ういう傾向がまだあるのではないでしょうか。

村松 日本のように，所得を家族でプールするという社会では，男性のほうが生産性が高くて，給料も高いから，男性が外へ出ればいい，その分女性は家庭でやっていれば，家族は全体としていいという話になって，家族の中はブラックボックスですね。アマルティア・センが言うような，対立をはらんだ協力が家族なんだという考え方はあまり日本にない。家族の問題を具体例で示せと言われたときに，実証データを示すことがなかなかできないんです。ひとつ使われるのが時間利用調査(タイム・バジェット)，つまり夫婦ペアにおいて時間利用がどうなっているかということがわかるような，社会生活基本調査ですか，そういうような調査です。久場さんとも話しているんですけれど，例えばケアに何時間使ったという場合に，誰のケアをしたのか，誰がケアをしたのか，ということを整理していくと，日本のデータがもう少し説得力を増すようになると思いますね。統計をつくる人たち，調査をする人たち，そして，それを実際に利用する人たちとの間で，こういう調査の仕方や集計の仕方はないかしらという提示ができたらいい。かなり分野を広くとってね。

竹中 一般調査については，いまの議論の場は，あるのですか。

村松 内閣府統計委員会にはあるんです。そこのメンバーには女性が4割くらい入っているんです。新しい生活調査では，社会生活基本調査ですか，ジェンダー視点を入れてやろうという話が総務庁の責任部署の方たちとの間で出ているようです。データの集め方としては「調査票A」と「調査票B」とを用いる。Aはプリコード(Pre-coding)，これは調査票にあらかじめ分類肢を設けておく選択回答方式，Bはアフターコード(After-coding)，これは自由記述回答で，集計の段階であらかじめ定めておいた分類基準に基づいて分類する方式です。諸外国の生活時間調査の多くがアフターコード方式ですから，国際比較をするためのデータの集め方としては，2001年調査からこの「調査票B」ができたので，だいぶ良くなってきています。質問の仕方については，専門家だけじゃなく，統計の利用者からもっと意見を出していかないと。それに，とくに普通の人には原データへのアクセスはできませんか

ら，もう少し集計のプロセスの段階も考えていかないといけません。

　竹中　なるほど，重要な点ですね。ところで，久場さんはずっとその生活時間調査に？

　村松　調査の方法自体にはかかわっていらっしゃらない。そういうようなあたりも，細かい連携が必要なんですね。経済といった場合，お金の問題のようになってしまうけれど，お金だけではない。

　竹中　とくに時間の問題ね。重要ですよね。

　村松　そう，生活時間調査。サテライト勘定の基礎は生活時間調査になるわけですから。

　竹中　昭和女子大の伊藤セツさんが盛んに生活時間調査をやっていらっしゃいますね。

　村松　伊藤セツさんは，世田谷区でしたかしら，200世帯くらいの限られたところでの調査ですね。さらに，それとマッチングさせるように韓国でも少しやっていましたね（伊藤セツ・天野寛子・天野晴子・水野谷武志編著『生活時間と生活福祉』光生館，2005年）。それから家計経済研究所ですか，あそこはパネルデータをやっていますね（「消費生活に関するパネル調査」1993年以降毎年実施）。

　竹中　そうですね，ずっと送ってもらいました。

　村松　あれは平成不況の中でのパネルデータの分析でした。そういうふうに進んできてはいますね。

　竹中　久場さんを通じて，いろいろやっていらっしゃるのはうかがっています。

　村松　ところで，社会政策学会での大沢真理さんの発言ですが，「ゲットー化された女子労働」。先生は反論されていらっしゃいますね。

　竹中　まああれは，言われっぱなしではまずいと思って，ちょっと反論を書いたのですが……。

　村松　私は，大沢さんともあろう人が，と言ったのですが。竹中先生の問題意識から見ていくと，女性だけの問題にしていたわけじゃなくて，一番基礎のところの問題提起をしていらしたのに。

竹中　さすがに，私の女性労働の特殊理論は女性労働のゲットー化論だという大沢氏の批判は受け入れ難く，反論を書きました。

　村松　私の理解だと，労働論の中で展開するのではなく，女子労働という特殊なゲットー化された研究というのでやっていても，労働全体へのインパクトに欠けるということですか，一口で言えば。労働全体をジェンダー分析していかなきゃいけないっていうそういうことですか。

　竹中　いえ，私が言おうとしたのは，先進国の女性労働者であれ途上国の女性労働者であれ，程度のちがいはあるにせよ，なぜおしなべて女性労働者は低賃金労働者として囲い込まれるのか，その理由は何なのか，という点です。そして，それを資本主義経済構造との関連で明らかにする必要があると考えたのです。

　女性労働の特殊理論が成立しうるのは，女性の低賃金問題は，障害者差別や部落差別による低賃金問題とは異なり，性役割分業（家父長制の物質的根拠），つまり，人間の再生産役割（無償労働）をもっぱら女性に担わせる構造と結びついている。言葉を換えて言えば，男女両性を，稼ぎ手（男性）と無償労働の担い手（女性）に分離し，権力関係をつくり出してきたこと。そしてその意味では，女性だけを特殊化したのではなく，男女両性を特殊化したと言えるでしょう。女性労働の特殊性論を女性労働のゲットー化と呼ぶ大沢氏の理論は，暗黙のうちに男性労働を一般理論とみなし，男女がともにトータリティを失った構造の中にあるという視点を欠くことになると言えるのではないでしょうか。

　また，生命（人間）の再生産にかかわる市場外のアンペイド・ワークを，男女がどのように担うことになるかは，生産力の発展とともにその度合いは変化することになるでしょうが，労働力の再生産を市場の外のアンペイド・ワークにゆだねる度合いが大きければ大きいほど，市場労働における従属性はより大きくなると言えます。

　女性労働の特殊性論とは，資本制経済が労働力の再生産機能を，女性の無償労働に委ねる家父長制を内包していること，その解放への道筋を示すために論じたものです。ですから，私の女性労働の特殊性論は，女性労働をゲッ

トー化するどころか，女性労働の解放への道筋を示したつもりです。
　またいまひとつには，私が女性のアンペイド・ワークとの関連を強調したことから，私の女性労働論が，女性労働の供給側面に力点を置いた議論だと論ぜられることが多いのですが，労働力の供給としての家族要因が，一義的に女性労働のビヘイビアを規定するものではありません。現実には，家父長制家族を維持するために，政・労・使の具体的な行動はどのような関連性をもって展開するのか，そのトータルな分析が不可欠です。

　村松　配偶者控除や第3号被保険者問題を含めてね。

　竹中　そうですね。企業の側もそういうことを前提にして，女性が昇進しないシステムをつくるとか，いろいろな要因が絡んでくるわけですから，政・労・使のビヘイビアを総合的に見ないと，いまの女性の労働問題の特殊性というのは解けない。

　村松　その延長線で考えると，例えば，家族賃金というのは，やはり女性の賃金を規定しますよね。

　竹中　日本の場合は，男性世帯主賃金を払って，それに家族手当などの付加給付を支払うなど，家族賃金制度がとられてきましたが，そのことが逆に，日本の社会保障制度を遅らせてきたのだと思います。

　私が言いたいのは，いま同一価値労働同一賃金原則の実現が非常に重要な課題となっていますが，同一価値労働同一賃金というのは，同じ価値を持つ労働であれば，同一賃金ということです。もともと労働力の価値は，家族なしでは世代的再生産ができませんから，労働力の価値の中には世代的再生産部分が入っているわけですね。したがって，同一労働同一賃金原則を徹底させるには，家族数の違いによる生活費の差は，社会保障制度で補わなければならないのです。つまり現実的な課題は，第一に，労働の公平な職務評価を開発し，同一価値労働に対する同一賃金原則を普遍化すると同時に，もう一方で，子どもの生活費としての児童手当を，別途社会保障費として実現すること，つまり両者を結合することが不可欠です。賃金論からいっても，次世代再生産の問題をそういう形で，セットの問題として要求していかなければならないと言えるでしょう。

村松　その関係で私が不満に思っているのは，子ども手当が給付されるのだから扶養控除（16 歳未満の扶養親族について）をやめるということについてです（子ども手当は 2010（平成 22）年 4 月から実施された，15 歳以下の子どもを扶養する保護者等に対し現金給付する制度。2013 年 4 月に児童手当の名称に戻された）。このときに，配偶者控除や第 3 号被保険者をやめましょうという話があるかというと，全然ないんですね。こっちの制度を相変わらず置いておいて，扶養控除を廃止する。この辺に整合性がない。社会保障でカバーする部分と，賃金でカバーする部分と，たしかにおっしゃるように，はっきりしていないと同一価値労働同一賃金になりませんよね。

　竹中　それを本当に実現するには，セットにして進めないとだめではないかと思います。なお，ペイ・エクイティ原則が重要なテーマとなった歴史的背景には，1995（平成 7）年の北京世界女性会議の行動綱領で，同一価値労働同一賃金原則について，それを実行する手段を講ずることを明記したことがあり，これは大きいですね。しかも，男性と女性が同じ仕事に就いていなければ同一賃金であるかどうかの比較ができないという考え方を超えて，むしろ職務が分離していても，分離したまま，女性職の賃金を引き上げる方法はないかということで，異種の職務であっても，同じ価値に評価されれば同じ賃金であるという，コンパラブル・ワース（＝ペイ・エクイティ）が注目されるようになったのです。"ちがった職務でも，価値が同じならば同じ賃金"というこの原則は，以後日本でも男女賃金格差を是正する上で大きな手段となったと言えるでしょう。

　村松　たしかにペイ・エクイティは，女性団体の中では研究会などのテーマになっています。実際にどれとどれが職務として同じ価値かという，比較表の開発も進んできているようですけれども。おそらく職務を等級か何か付けて分けるんでしょうね，いまの考えだと。

　竹中　だいたい，ヨーロッパの場合は，労働組合が産業別に組織されていて，それで産業別・職種別の賃金水準が決まっていて，その上に職務給が入る。そういう中で職務評価が必要な状況と，産業別・職種別・熟練度別の社会的賃率もない中で，初任給上昇による賃金原資上昇を抑制するために職務

給が導入された日本の場合とは，全く状況が異なります。

　いま必要とされているペイ・エクイティのためには，職務評価技法の開発とともに，日本の企業分断的な賃金決定方式そのもののあり方の変革が必要ですが，その点が欠落していますね。

　村松　もともと賃金決定のやり方がちがいますからね。日本では，年俸制のことですけれど，評価に基づく年俸制はなかなか根づかないということで，やめる企業も沢山あるようですね。もともと賃金決定の方式がちがっているところに，アイディアだけ持ってくるからマッチさせるのが大変になる。だからその辺の整合性のある提示の仕方をしていかないと。私，先生が取り上げておられるいまのNTTの育児休業制度についての議論も面白かったですね。やっぱり自動交換になる前の，女性が大勢いる，女性なしでは成り立たないような職場だからこそ，育児休業制度があれだけ早い時期にできるんですね。1965年頃ですからね。

　竹中　私は当時，育児休業制度導入の改良主義的意義を強調したつもりでしたが，評価が厳しすぎると恨まれもしました。

　村松　先生は，育児休業とか，差別賃金闘争とか，そういう運動や裁判闘争に対してずいぶんサポートしていらしたんですか？

　竹中　いや，サポートなどおこがましいですけれども，その育児休業も，意見を求められて，講演というか，講義に出かけていったりということはありました。

　村松　組合系の新聞や雑誌にも，ずいぶん書いていらっしゃいますね。

　竹中　その面では，そういう現場にいる人たちとの間の意見交流などが，自分の理論を確かめる貴重な場となりました。

　村松　だから日々の行動でという意味じゃなくて，理論的にそういう運動をサポートしている。

　竹中　いやいや，そんなことはないですけれども。そういうふうに書いて下さるので。私自身は，自分の研究というのは宙に浮いてはいけない，実際に現場ではどうなのかという検証がきわめて重要だと考えましたので，非常に教えられてきたと思います。

村松 現場との結びつきという点で，とても面白いと思うのは，ジェンダー・バジェット分析の話になるんですが，イギリスにはダイアン・エルソンとかスーザン・ヒメルワイトといったフェミニスト経済学者も入った，「ウィメンズ・バジェット・グループ」という本当にプロフェッショナルな民間の組織があるんです。とくに労働党政権の時期には財務省からコンサルテーションがあったグループです。その人たちのグループの反省として，自分たちはプロフェッショナルとしてそういう分析はできるのだけれども，NGO とかシビルソサエティの運動をしている人たちと直接連携はなかったので，そこのところが自分たちの弱さだと言っているんです。

竹中 私にとって，関西の女性の労働運動家の皆さんから教えられたことが多かったと思います。

村松 関西の特殊事情ですか？

竹中 それは労働運動の面もそうだし，それから市民運動の方でも，やはりちょっと独特なものがあるのではないでしょうか。強い連携，それを束ねるリーダーもいらしたということじゃないかなと思います。

村松 東京だとあまりそういうものはないですね。

竹中 そこがね，関西のいいところだし，やはり東京とのちがいだと思いますね。

村松 関西での，その市民運動と研究者との交流ですか，そういうものについてもうちょっと具体的には。

竹中 そうですね。私は運動を担うリーダーシップが非常に大きかったと思います。この『50年』を書くきっかけをつくってくれた関西女の労働問題研究会のリーダーになったのは，初代は山本まき子さん（総評婦人対策部長を 18 年間務め，1976（昭和 51）年退任）で，1992（平成 4）年に伍賀偕子さん（大阪総評オルグ）に代わりましたが，参加しているメンバーは，大阪総評の女性運動を担ってきた退任役員や婦人部長とか，ものすごく忙しい方々です。その忙しい人たちが，学習会だけではなくて，新聞 7 紙を広げ分担して重要な記事を切り抜き編集し，『クリッピング・ジャーナル女性』を出し続けました。それでどんなにか私たちも助かったか。全国的に購読者がおられたと

聞いています。

村松 いつ頃からですか？

竹中 1981（昭和56）年から1999（平成11）年12月まで，20年間出し続けたのです（2000年に合本発刊）。

村松 どこかで止まっちゃいましたね。

竹中 というのは，これだけインターネットが普及してくると，必要なくなったということがあります。けれどもあの忙しい人たちが，各紙をそれぞれ分担して，切り抜き，持ち寄って，ジャーナルにして出し続ける，そういうことがどうしてできたのかと思いますね。それはどこから出てきたのだろうかって。リーダーの資質もあると思います。それから，伍賀さんが，運動した人たちにインタビューして，リーダーの個人史を本にまとめて出しておられるのです（『次代を紡ぐ 聞き書き──働く女性の戦後史』耕文社，1994年ほか）。そういうことは，メンバーの厚い信頼と情熱がなければできるものではありません。大阪の運動の特徴ですね。

村松 大阪に関して，私には本当に地理的な感覚がないんですけれども，そういう方たちが集まられる範囲っていうか，地理的な範囲ですが，近いんですか？

竹中 地理的な範囲は，大阪を中心とした京阪神ですね。

村松 大阪に大きな組合や何かがあって，主導的な組合活動をやっていらっしゃるような方たちが主に。

竹中 もうひとつ大きな特色だと思うのは，女性差別撤廃条約の批准とか，男女雇用機会均等法成立に際しては，労働組合でそういう組織的な訓練をしている人たちが，その役割を担って，市民運動をまとめていく事務局を担当したことです。

村松 ドーンセンターをつくるときも。

竹中 そうですね，なぜそういうことができるのか，どうなのでしょうね，わからないですけれども，かなり中心になる方の資質があるのかな。まず確固たる理論を根拠に，運動から学ぶ，経験から学ぶという姿勢が強いこと，それを紡いでいくために，記録として残すことの必要性を自覚されていたか

らだと思いますね。それが運動の経験を次代に紡ぐ大きな力をつくり出してきたのだと思います。それから，いろいろ運動した人の伝記なども，意識的に記録として残している。労働組合運動史の中でも婦人部の記述はマイナーです。その点で，総評が 40 年の歴史を閉じるとき (1989 (平成元) 年)，戦後の婦人労働運動史において総評婦人運動 (部) が果たした役割は大きいとして，関西女の労働問題研究会は「大阪総評婦人運動年表」の編集に取り組みました。これは貴重な歴史的運動記録です。

村松 そのリーダーシップを担われた方たちには，生い立ちに共通項みたいなものはありますか？

竹中 だいたい労働組合の婦人部長をしていたとか，自治労の婦人部の人たちですね。2009 (平成 21) 年にドメス出版から関西女の労働問題研究会と私が共著として出した『竹中恵美子の女性労働研究 50 年——理論と運動の交流はどう紡がれたか』は，"理論と実践を結びつけて検証した" 数少ない書物のひとつであると言えると思います (理論と運動の統一への営為が関西女の労働問題研究会によってどのように紡ぎ出されてきたかは，同書ならびに，本書第 8 章の伍賀偕子氏執筆の論文を参照いただきたい)。

栗田 お話をもっとおうかがいしたいところではありますが，だいぶ時間が経ちました。お疲れになられたことと思います。そろそろまとめることにいたしましょう。

松野尾 竹中先生のお話をうかがって，先生は戦後の大学民主化のときに経済学研究の志を立てられ，女性の経験から得られる確信に基づいて経済学に異議申し立てをしてこられたのだと思いました。「労働市場論」という科目を担当され，その「市場」の理論をつくろうとされたときに，市場の外にある家族や家庭に目を向けられたところに先生の着眼のすばらしさがあります。これにより市場経済と非市場経済とのつながりを問題にするという発想が出てくるわけですから。先生のご論文は研究者とのさまざまな論争の成果が重要な要素になっていると思いますが，それだけでなく，労働組合運動や市民運動，また同一価値労働同一賃金を求める裁判闘争の支援の活動などから汲み取られたものを理論化し，またそれを運動にお返しするという長い時

間をかけたご経験が先生のご研究の厚い基層になっていることも実感いたしました。村松先生は豊富なアメリカ留学経験をお持ちで，その後もアメリカやアジアの大学で客員研究員や客員教授を務められ，国際的に活躍してこられました。そうしたご経験から，開発経済学の専門家として，日本の学界におけるジェンダー視点の弱さにある種の憤りを感じてこられたのではないですか。先生がのびのびと活動してこられた場所は国際学会や UNDP，ADB（アジア開発銀行）などの国際機関でのお仕事であったのではないでしょうか。いまご研究を進めておられるジェンダー・バジェットのことも含めて，次の機会にはそのあたりのことをもっとおうかがいしたいと思います。

　栗田　今日のお話を今後の研究に活かしてまいりたいと思います。本日はどうもありがとうございました。

　　付記　本対談記録の文章化を完成させる作業は，途中で村松先生が亡くなられたことにより難航した。竹中先生の発言箇所については先生に整理・補筆をしていただいた。村松先生の発言箇所については，約半分までは村松先生ご自身が病床で加筆・修正されたものを滑川佳数美さんと栗田が整理・補筆し，全体を通して松野尾と栗田がとりまとめた。村松先生のご発言の意図を可能な限り正確に復元することに努めたが，誤りがあれば，その責任は松野尾と栗田にある。

おわりに

生垣 琴絵

　第1部では，女性に対する経済（学）教育が2つの重層的な役割を持っていたことが明らかになった。第1の役割は，「職業婦人」に代表される新しい女性を育成することである。1910〜1920年代において，経済学（または，経済に関する知識）は，官庁や企業等で働く女性たちに対して，職業に直結する知識として教授された。また，大正デモクラシーの影響によって，社会問題に対する関心を高めた女性たちが社会改良の担い手となり，社会事業・慈善事業に従事するという新たな社会的役割を担うことを期待して経済学の知識の教育（普及）が進められた側面もあった。つまり，新渡戸稲造が構想したように，職業婦人や社会改良の担い手という「新しい時代の主体」としての女性たちに向けて，「女性のための経済（学）教育」が展開し始めたのだった。

　第2の役割は，「良妻賢母」の育成である。この理想の女性像と経済（学）教育の展開は必ずしも対立するものではなく，むしろ，経済学の知識はその理想の実現に貢献できるものでもあった。当時の日本の女性たちが置かれていた状況を考慮すると，職業婦人や社会事業に従事する女性たちよりも，「家庭を切り盛りする主婦」が多数派であり，彼女たちが「消費の担い手」として合理的に家庭（家計）を管理するために経済学の知識を役立て，生活改善を実現させることが期待されたからである。森本厚吉にとって，女性たちが家計を管理し，生活を改善することは，彼が目の当たりにした当時のアメリカが果たしていた「国家全体の経済的発展」の第一歩として捉えられた。その一歩を踏み出すためには，女性たちに「道具としての経済学の知識」を授けることが必要だったのである。そして，家庭生活の改善という身近な「改革」から，社会全体の改善・改革へと経済学の知識を持った女性たちの

活躍の場が展望されたのである。この家庭生活の重視は，女性による経済学の原点にもなっていた。

　女性への経済学教育が始まったのと同じ時期に，女子高等師範学校における経済学教育のために「女性経済学者」が育成された。第2部では，この女性経済学者の誕生から始まった家庭経済学の系譜を跡づけた。日本で初めての女性経済学者である松平友子は，独自の理解により経済学(国民経済学)に，財政学，企業経済学(経営学)そして「家事経済学」という分類を加えた上で，家事経済学を重視し，オリジナルな理論を提示した。彼女は，家事労働が無償であることを疑問視するとともに，その価格を算定し，所得に参入すべきであると主張した。加えて，消費のための生産という観点を重視し，所得の使途，すなわち，消費の研究を重視した。それは，「現代個人主義の経済社会における家庭」を前提としたもので，彼女が疑問視した「無償の」家事労働や，所得(収入)の管理法とともに，貯蓄・保険などに言及し消費にかかわるリスク管理の方法を提示した。しかし，彼女の「家事経済学」は，家庭を閉じた空間として捉え，その内部のみを改善することを目指したものではなかった。彼女は，男女の賃金差別について問題視した上で，リスク管理の観点から，安定した収入の源泉としての女性の所得が家計補助所得ではなく「完全な一人前の所得」として得られる必要性を説いた。つまり，彼女が目指したのは，「家事労働の健全化と職業労働の健全化の上に女性と男性の協働による家庭生活を創造する」[1]ことであり，それは家庭を出発点として，社会全体の改革を目指す発想を持っていたのである。森本厚吉が女子経済学教育を通じて目指したことと同じく，松平にとっても家庭は決して閉ざされた空間として捉えられていなかったのである。

　松平の「家事経済学(家族経済学)」は，彼女の後継者である伊藤秋子の「家庭経済学」へと継承され，そして，その後の御船美智子の「生活者の経済学」へとつながる。それらは，あくまでも生活者という視点に立ち，経済生活を家計の側面から調査・研究するという形態をとり，「家庭生活の経済的研究」として戦後の家政学の潮流に位置づけられた。すなわち，彼女たちは，「生活実態から離れた伝統的な"男の経済学"が顧みることの少なかっ

た日常生活に関する研究」[2] として，オルタナティブを提供してきたのである。

　戦後の家政学，すなわち，女性に向けた高等教育における経済研究は，「激変する社会で発生する生活課題の解決に向けた理論と実証と実践による，生活者自身が自らの生活を科学する」ことを目指す生活者の経済学となった。それは，「女性による女性のための」経済学とも言える。しかし，そのような歩みが，経済学史研究ではこれまでほとんど取り上げられたことはなかった。家政学における経済学の存在は，本書が示した「女性と経済学」という視点によって初めて日本の経済学の歴史の一部として認識可能となったのである。

　第3部では，戦後における女性経済学者の先駆者であり，全7巻の『竹中恵美子著作集』の公刊という大きな業績を挙げた竹中恵美子に焦点を当てている。「女性の生活経験を理論化する」[3] という一貫したテーマの下，竹中は労働研究に取り組み続けるとともに，女性労働運動や市民運動を理論の面から支えた。

　「男女間にある賃金格差はいったい何に基づくのか」。彼女は，この問題について，マルクスの経済理論における賃金の規定に基づいてその原因を理論的に説明した。それは，「資本主義社会では労働力の再生産が個々の家族における私的労働に任されている」ことにより，女性の職場への進出が制約を受け，職場での男女平等を阻んでおり，これが男女賃金格差の原因となるというものである。しかし，この問題は，のちに，男女差別の問題，すなわち，「資本主義社会に構造化された差別」[4] の問題として捉え直された。このような展開によって，女性労働研究が彼女の生涯の研究テーマとして確立することとなった。ここから，彼女は，男女賃金差別問題について，「労働市場構造のなかで女子労働力の占める位置を明らかにする」という方法，すなわち，労働市場の構造分析という方法で取り組んだのだった。

　このような竹中の理論は，1970年代以降のフェミニズム運動とも結びついていった。第二波フェミニズムは，「市場原理を解明する経済学」が，アンペイド・ワーク(UPW：無償労働)を経済学の対象外に置いてきたことに

異議申し立てをしたという意味で,「既存の学問体系への果敢な闘争宣言」であった[5]。それ以降,マルクス主義フェミニズムによる問題提起や,1992年に設立されたフェミニスト経済学国際学会(IAFFE)による,家事労働(UPW)やエコノミック・マン批判,そして,ケア労働の役割に関する主張が展開された。それらは,国際社会にインパクトを与え,国連,ILO,OECDなどの実際の取り組みに寄与することとなった。それらの成果を踏まえた現代の日本が,労働のジェンダー平等を実現するための課題は,①「男性稼ぎ手モデル=専業主婦モデル」から「個人単位モデル」への転換,②「同一価値労働同一賃金原則」の実現,③労働時間の三分法化へのシフトの3つである[6]。③は,ワーク・ライフ・バランスについて,従来型の「労働」か「余暇」かという二分法に加え,これまで無視されてきた家事労働やケアを含む「無償労働=ケア」を加えた三分法をとるべきという主張である。第7章の終わりに,日本にとってのディーセント・ワークのための課題が4点提示されたが,それらは,第二波フェミニズムの大きな余波が現代まで続いていることを意味すると言えるだろう。

　竹中理論とかたく結びついた女性労働運動の足跡は,第8章で展開された。1960年代以降,彼女の理論が,女性労働運動や女性労働に携わる女性たちの思想と理念を支える大きな支柱であったことが,実際の運動や出来事によって具体的な形で浮き彫りになった。さらに,それは,運動を続ける女性たちが現実の問題の本質を的確に捉え,困難を乗り越えることを助け,彼女たちを勇気づけたと同時に,竹中自身の理論の検証と発展の契機ともなったという相互作用をもたらしたのだった。

　巻末対談で2人の先駆的な女性経済学者が身をもって示したのは,近代経済学とマルクス経済学という学問的対立が見られた時代において,いずれの学派からも排除されてきた「女性」という存在である。さらに,第2部と第3部が明らかにしたように,家事労働などの女性に関する要素は,経済学の理論においても排除されてきたと言える。理論からも,学界からも,女性は排除されてきたのである。だが,いまや,松平友子から始まる家庭経済学が取り上げ,竹中に代表される女性労働経済学研究者が指摘した生活や家事労

働，そして女性労働の問題を経済学に取り込んでいくことが求められている。

　実際，そのような動きはすでに始まっている。竹中が取り上げ続けた女性労働の問題を主眼とした経済理論や，生活と経済との結びつきに着目した生活経済学などは，既存の経済学とは異なる志向を持つ「新しい経済学」である。そして，このような新しい経済学は，既存の経済学に取り入れられてこなかった観点や論点，無視された事柄に光を当てるだけではない。それは実践・運動と結びつくことによって，新しくそして大きな社会変革のうねりを起こす可能性がある。

　第7章，第8章で示したように，女性を取り巻く問題は，理論だけでは解決できない。現実に女性が置かれている社会的な立場や状況は，実践としての運動に向かわざるを得なくなるだろう。竹中理論と具体的な女性の運動との強い関連が示したのは，理論が実践や運動と結びつくことによって大きな力となるということだった。理論は大きな武器となりうるのである。私たちの「女性と経済学」研究も，理論と実践の結びつきを視野に入れ，企業活動，社会運動，社会事業，政策提言など，多様な実践の領域における女性と経済学のかかわりを検討することを今後の課題としたい。

1) 第4章参照。
2) 第5章参照。
3) 第6章第1節参照。
4) 第6章第2節参照。
5) 第7章第1節参照。
6) 第7章第5節参照。

あ と が き

　本書は，東京女子大学女性学研究所プロジェクト研究(2009～2011年度)と日本学術振興会学術研究助成基金助成金(課題番号25380253「日本における女性と経済学」2013～2015年度)の助成を受けた共同研究の成果である。
　この共同研究は，「わらしべ長者」の物語のように，つぎつぎと予想外の連鎖を見せながら発展していった。私たちの研究にとっての"わらしべ"は，「はじめに」で紹介した一人の女子学生が発した「戦前の日本には女性の経済学者はいなかったのですか」という質問だった。
　この問いは，質問を受けた愛媛大学の松野尾裕から経済学史学会の同僚である東京女子大学の栗田啓子に伝えられ，栗田は，東京女子大学文理学部社会学科経済学・国際関係論コース(当時)の先輩教員である村松安子(敬称省略，以下同じ)に助けを求めた。これを契機として，村松，栗田，松野尾の3人による「日本における女性と経済学」の共同研究が開始されることとなった。のちに生垣琴絵がメンバーに加わり，「女性に対する経済(学)教育」と「女性経済学者」の2つの論点を柱にして研究を進めることになった。私たちはまず，本研究の出発点となる質問をしてくれた愛媛大学の女子学生に謝辞を述べたいと思う。
　高等教育における「女性に対する経済(学)教育」に関しては，1918(大正7)年に創立した東京女子大学における初代学長の新渡戸稲造による取り組みが最初であり，これについては栗田が資料蒐集から研究を開始した(第2章)。そして，それに関連して生垣が森本厚吉研究を進めた(第3章)。
　もう一方の「女性経済学者」に関しては，日本で初めての女性経済学者は誰かという私たちが当初抱いた疑問は意外にもあっけなく判明した。村松が周囲の女性経済学者から情報を収集したところ，私たちは東京家政学院大学の上村協子から，戦前の東京女子高等師範学校にいた松平友子の名前を教え

られたのである。私たちはさっそく上村の研究室を訪ねた。上村は松平が自著に書き入れをした手沢本を保管しており，それらを利用して，松野尾が松平友子研究を開始した(第4章)。上村には，松平に続く家政系学部における家庭経済学の系譜を浮き彫りにする論考を寄稿いただいた(第5章)。上村はまた，松平友子の教え子の一人である亀高京子を私たちに紹介下さり，亀高へインタビューする機会を設けて下さった。私たちは，松平友子と間近に過ごした亀高から，日本で初の女性経済学者の人と学問を伺うことができた。その記録が，第2部に収められた「回想 松平友子先生と私」である。

こうして，経済学史研究ではこれまで顧みられることのなかった松平友子の経済思想の全体像を示すことが可能になった。最初の"わらしべ"は，経済学史研究の深化においても，そしておそらく経済学の発展の上でも，一般の経済学部の経済学と家政系学部の経済学という，これまで出会うことのなかった経済学の流れを交差させる必要性の認識に私たちを導いたのである。

家政系学部以外で経済学を専門とする研究者が登場するのは，第二次世界大戦後である。戦後の女性経済学者の先駆けとして，竹中恵美子を紹介下さったのも，村松だった。私たちは大阪のドーンセンターで竹中にお会いし，その日に竹中と村松との対談が実現した。その記録が巻末に収められた「対談 「女性と経済学」をめぐって」である。大阪での竹中との研究会はその後も数回行われ，竹中はご自身の論考を寄せて下さることとなった(第7章)。さらに竹中は，関西の女性労働運動を担った一人である伍賀偕子を私たちに引き合わせて下さり，伍賀は，竹中の労働理論と女性労働運動の実践との結びつきに関する論考を寄稿下さることになった(第8章)。このように，次々と人がつながることによって，私たちの研究は豊かになっていった。

しかし，研究開始から5年以上が経過し，その間に，私たちの研究にかかわったお二人の先生が亡くなるという悲しい出来事があった。本研究の道半ばの2013(平成25)年2月11日に，村松安子が逝去された。そして，本書刊行の目処がついた2015年4月3日に，亀高京子が逝去された。

亀高京子(1926-2015)は，1942(昭和17)年に東京女子高等師範学校に入学し，2年次から松平友子の指導を受けた。卒業後は師範学校に勤務すると共

に，家政学原論の研究者として歩まれ，その一端は本書の「回想」の中で語られている。亀高の学問の紹介は，日本家政学会で，また職場でも同僚であった上村協子に委ねなければならないが，ここでは一点だけ触れておきたい。それは，亀高の家政学は学史を重視する点に特徴があるということである。亀高は松平友子の家政学を受け継いだ人である。松平は，本書で論じた通り家事経済学（のちに家庭経済学）の開拓者であったが，戦後においては家政学原論の開拓者でもあった。亀高には「〔松平〕氏の指導を受けて家政学史研究の第一人者の地位を確立した」[1]という評価が与えられている。上村が私たちに見せてくれた松平の手沢本は，松平がその晩年に亀高へ直接に託し，それを上村が引き継いだものである。私たちが経済学史研究の立場から松平友子を取り上げたいと亀高へ申し出たとき，亀高がとても喜んで下さったのは，こうした亀高の学問的姿勢があったからだと，いま改めて思っている。

　本研究は連鎖的に展開したと先に述べたが，その連鎖の出発点で，日本初の女性経済学者を探す手立てを講じ，私たちの研究の端緒を開いたのは村松安子だった。すでに大学での職を退かれていた村松は，私たちの小さな研究会での自由な討論を楽しんで下さっていた。村松の急逝は本当に残念である。本来であれば，村松も本書へ論考を寄せてくれたであろう。それも叶わぬいま，竹中との「対談」を本書に収録できたことを，私たちの喜びとしたい。村松の発言箇所については，村松自身の加筆があれば，当然アップデイトされ，もっと豊かなものとなったであろうが，復元に努めた私たちとしてはせめて誤りがないことを願っている。この対談からも，村松が女性として経済学にどのように対峙していたのかを汲み取ることができるが，ここで，女性と経済学に関するひとつのケース・スタディとして，村松と経済学とのかかわりを紹介し，検討することにしたい。

　静岡県藤枝の旧家に生まれた村松安子（1937-2013）は，1955（昭和30）年4月に東京女子大学文学部に入学し，2年次から同学部社会科学科に進み，経済学を学んだ。卒業論文のテーマは「カール・フェールの研究——『経済循環の貨幣的構造』を通して」であり，経済理論に対する関心が強かったことがわかる。時折戦前からの家父長的な女性支配を批判されることもあった村

松にとって，上京し経済学を学ぶことは自立への第一歩を踏み出すことでもあったのではないかと推測される。実際，村松自身，「日本の伝統的な社会規範から自由になることができた」のは，「中学の女性の先生たちと自分の母親がロールモデルとして，自らの能力を十分伸ばすようにつねに自分を励ましてくれた」からだと説明している[2]。「対談」で竹中も評価されている戦後民主主義の隆盛は，村松の背中も押したにちがいない。こうして，自らのアイデンティティを「女性経済学者であり，戦後の「民主化」の時期に教育を受けた者」ということに置く村松安子が誕生したのである[3]。

　経済学者としてのキャリアの初期には明確に理論構築を志向していた村松であったが，その経済学に対する姿勢は，徐々に変化していったように思われる。その変化は，彼女が30年近くの時を隔てて出版した翻訳書と著書に示された訳者紹介と著者紹介の記述に見ることができる。1978(昭和53)年に出版されたエーデルマンとモリス著／村松訳『経済成長と社会的公正——開発戦略の新展開』(東洋経済新報社)の訳者紹介欄では，自らの専攻を「理論経済学，開発経済学」としている。しかし，2005(平成17)年に出版された村松の著書『「ジェンダーと開発」論の形成と展開——経済学のジェンダー化への試み』(未来社)では，専攻領域を「開発経済学，ジェンダーと開発論」と変更したのである[4]。研究の焦点を理論経済学から経済学のジェンダー化へ移すまでの間に，村松に何があったのだろうか？

　1979(昭和54)年の国連総会における「女子差別撤廃条約」の採択など，世界的な社会状況の変化が開発経済学の変容に果たした役割については，村松自身が『「ジェンダーと開発」論の形成と展開』の序章で詳しく論じているので，ここでは，村松の研究の焦点の変化に直接かかわる要因だけを拾い出すことにしたい[5]。

　第一の要因は，実地調査を伴う研究に携わったことである。その成果のひとつが，1987(昭和62)年に出版された国際女性学会・中小企業の女性を研究する分科会編(原ひろ子・村松安子・南知恵編集代表)『中小企業の女性たち』(未来社)である。これは，中小企業における女性役員・管理職の実態を分析し，「昭和63〔1988〕年度中小企業研究奨励賞・本賞」を受賞した貴重な

共同研究であるが，村松にとっても，自身の研究の画期をなす重要な作品だったと思われる。企業で働く女性役職者たちへの聞き取りを含むフィールド調査は，大企業と中小企業における女性の位置づけ（中途採用者の昇進の可能性など）の差異を明らかにしただけでなく，同じ中小企業でも，伝統的に女性が多い産業とテクノロジーが男女差を埋めている先端産業という，二つの対照的な産業において女性の地位が相対的に高いといった発見をもたらした。その結果，村松は抽象的な労働市場の分析が無意味なことを痛感したのだと思われる。この認識は，かねてから村松が抱いていた主流派の新古典派開発経済学に対する違和感の根源がどこにあるのかを明確にするものだった。ホモ・エコノミカスという理論における均質な人間像の想定，社会制度の無視，家計の長を夫とする見方，家事労働に代表される無償労働の等閑視，これらは，現実の経済の分析をゆがめるものでしかない[6]。このような確信に至った村松は，ほぼ同じ時期に，開発経済学の領域でも現実を見るために，ジャワ農村のフィールド調査に基づく研究を開始したのである。

　もうひとつの要因は，これらの研究と同時並行的に進行した国内外のジェンダー研究者との交流である。女性学が日本に導入された1970年代には，関心を持ちながらも「女性学は自分向きではない」と感じていた村松だったのだが，上記の共同研究を通じて，女性学の意義を実感するようになっていった[7]。そして，1988（昭和63）年に東京で開催された第3回国際女性学会国際シンポジウム「科学と技術の時代における女性とコミュニケーション」の組織者の一人となったのである。もともと国際経験の豊かな村松は，これ以降，「ジェンダーと開発」分野の海外の研究者との交流を深め，国際会議にも積極的に参加していった[8]。このような経験を重ねる中で，理論的にも実践的にも，経済学のジェンダー化が必要であることを訴え続けられたのである。

　教育者としての村松に少しだけ言及しておきたい。というのは，村松は，女性経済学者の育成に本当に力を注いでいたからである。学部卒業からすぐに研究の道に入る学生の育成だけでなく，就職し，長く働いた人でも，研究したいという思いがわずかでもあれば，村松は，その思いを見つけ出し，希

望を実現するように励まし，行動に移すことを促す希有な才能を持っていた。村松の周りには，彼女に背中を押されて経済学者の道を歩み始めた女性が沢山いるのである。だから，私たちは，自らの不遜を承知の上で，村松に倣って背中を押す意味で，経済学を学ぶすべての女子学生に本書を薦めたいと思う。

　最後に，私たちに「女性と経済学」というテーマによる研究の道を開いて下さったすべての方々に感謝の意を表したい。研究会の開催にあたっては，会場提供や研究報告で幾人もの方々にご協力をいただいた。研究報告の内容は多岐にわたり，本書に収録できなかったものもある。関係された方のご厚意に対し，非礼をお詫びし，心より感謝申し上げる。経済学史学会第76回全国大会（2012年度）において私たちはセッション「日本における女性と経済学――1920年代を中心にして」を組織した。これに協力して下さった司会者，討論者およびフロアで熱心に聴いて下さった参加者の方々にお礼申し上げたい。このセッションの成功は「女性と経済学」研究にとって大きな励ましとなった[9]。本書の出版を引き受けてくださった北海道大学出版会の関係各位にも，深甚の感謝を申し上げる。そして最後の最後ではあるが，最大の敬意と友情を込めて，本書を村松安子先生に捧げたいと思う。

　　　2016年1月

　　　　　　　　　　　　　　　　　　　　　　　　　　　　栗　田　啓　子
　　　　　　　　　　　　　　　　　　　　　　　　　　　　松　野　尾　裕

1) 宮崎(2006)242頁。
2) Muramatsu (1994) p. 217. この論文は，自らを語ることをほとんどしなかった村松が，ジェンダー研究者という自己認識を獲得するに至るまでを振り返った作品である。
3) Muramatsu (1994) p. 214.
4) エーデルマンとモリス/村松訳(1978)。村松(2005)。
　訳・著者紹介欄の記述のちがいに注意喚起して下さったのは，2014年度まで東京女子大学社会学専攻オフィスに勤められていた滑川佳数美さんである。滑川さんは，竹中・村松の「対談」の校正にも力を貸して下さった。謝して，ここに記しておきたい。
5) 村松(2005)1〜7頁。

6) Muramatsu (1994) p. 217.
7) Muramatsu (1994) p. 213.
8) 1959(昭和34)年の卒業後すぐに東京女子大学助手に採用された村松は,1962年に退職し,ブリンマー大学大学院に留学し,経済学修士号を取得した。帰国後,東京女子大学に再就職し,短期大学部教養科専任講師,助教授を務められたのち,文理学部社会学科経済学・国際関係論コースに移られ,助教授,教授と昇任され,2005(平成17)年に定年を迎えられた。この間,インドネシアのサチワチャナキリスト教大学,ハーヴァード大学,マサチューセッツ工科大学などの客員研究員を歴任され,タイのアジア工科大学院や国連開発計画(UNDP)などで,開発関連の授業を担当された。
9) 経済学史学会第78回全国大会(2014年度)では,「女性と経済学」が共通論題となった。

参 考 文 献

イルマ・エーデルマンとシンシア・タフト・モリス/村松安子訳(1978)『経済成長と社会的公正——開発戦略の新展開』東洋経済新報社

宮崎陽子(2006)「亀髙京子氏の「家政学原論」観を探る——亀髙京子・仙波千代共著『家政学原論』(光生館,1981)を読む」亀髙京子監修・日本家政学会家政学原論部会若手研究者による『家政学原論』を読む会編『若手研究者が読む『家政学原論』2006』家政教育社,所収

Muramatsu (1994) "An exploratory Journey" in *Women's Studies, Women's Lives: Theory and Practice in South and Southeast Asia*, ed. by Committee on Women's Studies in Asia

村松安子(2005)『「ジェンダーと開発」論の形成と展開——経済学のジェンダー化への試み』未来社

事項索引

あ 行

ILO(国際労働機関)　27, 50, 177, 213, 300
ILO 家族的責任条約(156号条約)　209, 223, 228
ILO 条約勧告適用専門家委員会　220
ILO100号条約批准要求署名運動　177, 235
愛知航空機　168
愛知大学　27
AIBO(あいぼ)　278
青山学院(現・青山学院大学)　33
朝日新聞社　176
アジア開発銀行　296
「新しい生産と再生産システムの形成へ向けて——21世紀へのパラダイム」　230
新しい良妻賢母　51, 53
「新しい労働分析概念と社会システムの再構築——労働におけるジェンダー・アプローチの現段階」　231
アパートメント・ハウス　63, 70-73
『アパートメント・ハウス　新しい住宅の研究』　70, 85
アベノミクスの逆流　220
アメリカ　13, 39, 53, 56, 62, 63, 65, 66, 68, 70, 74, 77-82, 84, 115, 153, 155, 167, 186, 207, 208, 296, 297
アメリカ・ホーム・エコノミクス学会　79, 85
アメリカ消費研究　167
アメリカの経済学教育　285
アンペイド・ケア・ワーク　275
アンペイド・ワーク(UPW、無償労働)　201, 202, 252, 270, 274, 275, 277, 282, 289, 299
イギリス　1, 10, 37, 54, 111, 176, 186, 207, 208, 214, 215, 220, 239, 293
「イギリス1970年「男女同等賃金法」について」　259
イギリス労働党　223
育児休暇制度　224
育児休業　228, 292
イースト・エンド　176
依託学生　89, 91, 139, 267
イタリア　207
『一葉全集』　12
『一葉の日記』　30
EU　211, 270, 274
EU 欧州議会・女性の権利委員会　211
医療費の給付と負担　127
岩手師範学校女子部(現・岩手大学)　143, 152, 168
岩手大学　155
インフォーマル労働　209
ウィメンズ・バジェット・グループ　293
ヴォーリズ建築事務所　73, 76
牛込の貧民街　55
ウーマンリブ　234
英語教員養成　14
エコノミック・マン　206
エコノミック・マン批判　204, 206, 300
エスペラント研究会　18
エディンバラ　52
江戸時代　9
愛媛大学　1
エミュレーション概念　82
遠友夜学校　51, 55, 57, 59
Oikos(家)と Nomos(管理)　45, 165
Oikonomikos　165
OECD　2, 230, 300
OECD「構造変化の形成と女性の役割——ハイレベル専門家会合報告書」　210
オイルショック(石油危機)　194, 207, 219
『桜蔭會誌』　167
桜蔭高等女学校(現・桜蔭中学校・高等学校)　168
横断賃率　222

大阪朝日新聞　176
大阪経済大学　266
大阪商科大学(現・大阪市立大学)　111, 176, 177, 196, 262, 263
大阪商大事件　176, 198, 263
大阪女子大学(現・大阪府立大学)　198
大阪市立女子専門学校(現・大阪市立大学)　196
大阪市立大学　196, 261, 262, 268, 271
大阪市立大学経済学部　175, 177, 196, 198, 199, 264, 271
大阪市立大学生活科学部　266
大阪市立都島工業専門学校(現・大阪市立大学)　196
大阪専門学校　61
大阪総評　197, 234, 293
大阪総評女性運動　234-236, 243, 244, 246, 248-250, 256
大阪総評婦人運動年表　295
『大阪のはたらく婦人──2万人の「婦人労働者の労働と生活実態」調査から労基研報告を批判する』　244
大阪府女子専門学校(のち大阪女子大学)　175, 176, 195, 265
大阪府女子専門学校経済科　195, 263
大阪府女子専門学校自治会　263
大塚女子アパート　143, 150
大原社会問題研究所　27, 169, 231
『怒るな働け』　57
小樽高等商業学校(現・小樽商科大学)　62
小樽商科大学　166
お茶の水女子大学　10, 89, 114, 117, 118, 121, 123, 134, 139, 141, 167, 169, 267
お茶の水女子大学家政学部　118
お茶の水女子大学家政学部家庭経営学科　118
お茶の水女子大学教育学部附属幼稚園　168
お茶の水女子大学生活科学部　117, 134, 136
『お茶の水女子大学百年史』　168
お茶の水女子大学理家政学部家政科　89, 135
男の経済学　134, 298
オランダ　211, 224
オルタナティブ　117, 134
穏健なる革命　108, 109
『おんな二代の記』　29

『女のしごと・女の職場』　178, 185, 186, 188, 199, 234, 237, 259, 266
『女のしごとと健康──いきいきとしたたかに』　237
『女の立場から』　26
「女も男も人間らしい労働と生活を」　248

か　行

階級支配と性支配の弁証法的二元論　202
介護の外部化　224
快適さ　64, 65
開発経済学　5, 261, 296
快楽的要望　64
科学　66-69, 74, 75, 79, 80, 299
学園紛争　271
「格差社会の中の女性──いま求められている改革とは」　227
学生自治会　176
学生討論会　176
学徒出陣　151, 165
学部長　262
学友会　53
『学友会雑誌』　36, 49, 51, 53, 55, 59
家計　66, 67, 82, 118, 123, 189, 297, 298
家計管理　45, 46, 133
家計経済研究所　134, 288
家計研究　28, 29, 118
『家計研究のアプローチ』　118
家計調査　85, 92, 93, 112, 118, 126, 127
家計調査狂時代　92, 112
家計調査方法　125
家計統計　103
家計の管理者　46, 51
家計の失敗　129
家計分析　23, 118, 127
『家計簿』　10
家計簿　92
家計簿記　94, 102-104, 106, 118, 120
『家計簿記論』　90
家計簿記論　148
家計補助所得　100, 107, 298
家事　9, 15, 75, 76, 91, 96
家事科　13, 76, 89, 91, 106, 109, 117, 141, 158, 167
家事会計　102-104

事項索引　313

家事教育　76, 90, 91, 106
『家事教科書』　91
家事教授研究会　110
『家事教本』　91
『家事経済』　110
家事経済　77, 89, 91, 92, 94, 106, 110, 111, 139, 168, 169
家事経済及ビ法制経済　56
家事経済学　4, 89-93, 95, 96, 103, 106, 107, 109, 110, 112, 117, 118, 122, 133, 139, 141, 146-149, 157-159, 161, 164, 267, 298
『家事経済学——家庭生活の経済的研究』　89, 94, 107, 110, 114, 116, 117, 137, 160, 171
『家事経済学』(伊藤秋子)　125
『家事経済学』(後閑菊野・大山斐瑳磨)　111
家事経済学者　106
『家事経済管理論』　110
『家事経済訓』　110
『家事経済綱要』　90, 110
『家事経済綱要改版』　110
『家事経済書』(1890)　110
『家事経済書』(1893)　110
『家事経済新教科書』　110
『家事経済新講』　110
『家事経済読本』(1926)　110
『家事経済読本』(1942)　110
『家事経済要説』　110
『家事経済良妻』　110
『家事経済論』　110
家事研究　90, 91
家事の貨幣計算　98
加島銀行　50, 57
家事労働　4, 98, 107, 113, 114, 124, 125, 175, 203, 209, 223, 298, 300
家事労働時間　101
『家事労働と資本主義』　231
家事労働に賃金を　226
家事労働の健全化　101
家事労働の社会化　185
家事労働の発見　204, 205
家政　267
家政科　13, 109, 117, 121, 141, 150, 167
『家政学』　91
家政学　23, 56, 75, 76, 79, 84, 85, 90, 92, 95, 106, 111, 134, 139, 152, 158, 165, 298, 299

『家政学原論』　90, 115, 137, 165, 170, 171
家政学原論　114, 121, 139, 140, 149, 152, 155, 161, 165, 169
「家政学原論事始め」　137, 152, 170
家政学史　140
家政学部　4, 117, 121, 135, 165
家政教育　285
家政教育と経済教育　285
家政系学部　267
家政経済　42
家政研究所　168
稼ぎ手であり，かつ介護者である戦略　216
『風とともに去りぬ』　151
下層階級　71
家族　71, 82, 158, 180, 203, 208, 217, 226, 233, 269, 287, 290, 299
家族介護者社会賃金モデル　216
家族経済　95, 96, 102-105, 108, 109, 112, 113, 119, 121, 124
家族経済学　89, 90, 118, 121, 123, 298
『家族経済学提要』　90, 116, 121, 137
家族経済と国民経済　120
家族周期　118, 127
家族制度　92, 99
『家族制度と婦人問題』　92
家族(世帯)財産と個人財産　131
家族賃金　215, 290
家族手当　290
家族に依る共同生活体　95, 101, 108
家族の私的労働　182, 189
学校教育　76
家庭　64, 69, 76, 78-80, 82, 85, 158, 287, 297, 298
家庭科　285, 286
家庭会　11
家庭科教育　140, 149, 152
家庭科教育法　162
家庭科の男女共修　285
家庭経営　10, 75
家庭経営改善　24
家庭経営学科　118, 123, 125
家庭経営専攻　118
『家庭経済』　110
家庭経済　63, 68, 77, 80, 110, 119, 123-126
『家庭経済学』　93, 125, 135

家庭経済学　4, 23, 28, 68, 75, 76, 89-91, 93, 114, 115, 118, 121, 123, 133, 267, 298, 300
『家庭経済学概説』　125, 136
家庭経済学講座　118
家庭経済学部　74
『家庭経済研究』　90
『家庭経済研究　増補三訂版』　116, 137
『家庭経済講話』　110
家庭経済の実証的研究　133
『家庭経済の秘訣』　110
『家庭経済録』　110
『家庭経済論』　93
『家庭女学講義』　9
家庭生活　62, 67, 68, 77, 81, 92, 93, 298
家庭生活と職業生活との両立　100
家庭生活の改善　297
『家庭生活の経済――生活者の視点から経済を考える』　131, 137
家庭生活の経済的研究　94, 117, 121
家庭責任　246
家庭内の雑務の社会化　113
家庭の管理　78
『家庭之友』　10
家庭労働　97
家内奉公人　98
家内労働法　191, 192
カナダ　207, 211
鐘淵紡績工場　25
家父長制　10, 99, 100, 202, 209, 234, 289
家父長制家制度の廃止　22
家父長制家族　290
家父長制支配　233
家父長制資本主義　203
『家父長制と資本制――マルクス主義フェミニズムの地平』　230
貨幣経済　119, 121, 128, 129
科目制　264
カリキュラム・ディベロップメント　284
カリフォルニア大学デイビス校　153
下流階級　67
軽井沢夏期大学　51, 55, 57
カルヴァン派　111
環境経済　132
関西　233
関西女の労働問題研究会　195-199, 227, 228,
　　230, 235-237, 239, 250, 258, 293, 295
関西経営者協会　245
関西婦人労働問題研究会　197
間接差別禁止規定　228
間接賃金(社会保障費用)　215
完全雇用　214
完全な一人前の所得　100, 107
関東学院大学　27
関東大震災　71
管理職　45
機会の平等　211, 225
「「機会の平等」か「結果の平等」か」　245, 259
機会の平等論　245
機会の平等論の落とし穴(陥穽)　245-247, 256
企業　124
企業経済　96, 121
企業経済学(経営学)　95, 298
企業分断的な賃金決定方式　292
企業別組合　219
危険分散主義　113
疑似福祉システム　227
基発110号撤廃　248
岐阜県大垣高等女学校(現・岐阜県立大垣北高等学校)　175
「90ゼミナール　女の労働」　236, 239, 240
九州大学　55
九州大学経済学部　266
九州帝国大学(現・九州大学)　14
九州帝国大学法文学部　17
救世軍　25
旧民法　158, 167
教育水準　69
「教育の最大目的」　58
「教育の目的」　58
共学　29
京ガス男女賃金差別裁判　239
『京ガス男女賃金差別裁判　なめたらアカンで！女の労働　ペイ・エクイティを女たちの手に』　259
協調会　114
共同炊事所　115
共同性　131
京都帝国大学(現・京都大学)　69, 111, 175

事項索引　315

京都帝国大学経済学部　92
協力的対立(Cooperative Conflicts)論　206
居住人数　72
キリスト教　14, 27, 62
キリスト教系女子学校(キリスト教主義の女学校)　32, 33, 42, 43, 55, 58
キリスト教主義　34-36
キリスト教主義女子高等教育　52
キリスト教女子青年会(YWCA)　25, 49, 50, 55, 57, 58
キリスト教伝道局　33
ギルド・ソーシャリズム　47
「(緊急アピール)男女雇用機会均等法を男女平等法に！」　228
均衡　275
近代家族＝性役割分業家族　210
近代経済学　122, 123, 125, 205, 300
近代主義批判　202
均等ケア戦略　216
均等待遇　225, 274, 275
均等待遇アクション21　228
「均等法の抜本改正を求める意見」　231
金融　125
金融機関　124
金融市場　128
金龍小学校　54
勤労　72
勤労者世帯　107, 127
勤労所得　98, 100, 107
勤労動員　151, 154
勤労奉仕　148
クエーカー教徒　39, 58
食える賃金，生きる権利　186
『苦悶の経済生活』　85
倉敷紡績　50
『クリッピング・ジャーナル女性』　236, 293
グローバル化　208, 210
ケア　217, 218, 223, 277, 280, 282, 287, 300
ケア・サービスに対する市民権　216
ケアしない権利　225
ケアする権利　224, 225
ケア男女共有モデル　225
ケアつき個人単位モデル　224
ケアの責任　207
ケア不在の男性稼ぎ手モデル　224, 225

ケアへの権利　207
ケアレス・マン・モデル　206
ケア労働　206, 252, 300
ケア・ワーク　213, 251
慶應義塾大学　24, 265
経済学　62
経済学教育　11, 78, 283, 284, 298
経済学原論　75, 77, 147
『経済学綱要』　43
経済学史　4
経済学史学会　140, 166, 284
経済学史研究　299
経済学士号　55
『経済学とジェンダー』　28
経済学の知識　63, 67, 78, 79, 80, 297
経済教育　6, 77, 78, 297
経済効率至上主義　225
経済雑誌　6
経済史　77
経済主義　96, 103, 112, 113
経済循環　119, 124, 129
『経済人(男)を超えて：フェミニスト理論と経済学』　204
経済成長　184, 185, 190
経済成長期　197
経済成長至上主義　129
経済知識　64, 76, 78, 80
経済的厚生　64
経済的効率　64
経済的独立　16
経済的福祉　65, 210
経済のグローバル化　207, 214
「「経済のグローバル化」における労働力の女性化と福祉国家の危機」　230
経済の世紀　224
経済理論　5
芸娼妓解放令　25
経世済民の学　176
計量経済学　277
ケーキの図　129
結果の平等を目指す労組機能　248
『月刊総評』婦人問題特集号　185, 193, 199, 237, 239, 242
決算　102, 103
限界効用　95

限界効用学派　94, 109
限界貯蓄性向　276
健康保険法　114
原子的原理　126
現代生活学　136, 137
現代生活学の定義　134
『現代生活と婦人』　26
『現代の婦人問題』　179, 194, 199, 234
現代の労働リザーブ機能　215
『現代フェミニズムと労働――女性労働と差別』　229
建築組合　115
限定正社員制度　224
賢母良妻　15
交換経済　121
公共経済　132
公共性　121
合計特殊出生率　279
高校家庭科の教科書　285
講座制　264
鉱山に於ける婦人の地下労働と夜業　113
公娼　12, 22, 25
公娼廃止指令　25
高女校長会議　15
公正という論理　179
厚生労働省　6
「構造変化の形成と女性の役割――ハイレベル専門家会合報告書」　210
公的家父長制　208
『高等学校家庭科，家庭経営の手引き』　135
高等教育　2, 13, 63, 299
『高等教育　家事経済教科書』　90, 110, 119, 120
『高等教育　家事経済教科書　再訂版』　137
合同住宅　70-72
高等女学校　13, 25, 91, 120, 195
高等女学校令施行規則　32
高等なる奥様方　53, 57
幸徳事件(大逆事件)　27
高度経済成長　133, 202, 207
工部美術学校　25
公平な職務評価　290
神戸の貧民窟　55
「傲慢狭量にして不徹底な日本婦人の公共事業について」　28

公民　263
合理化　10, 76, 77
効率　63-65, 70-72, 75, 76, 79-81, 83
効率的生活　70
効率的生活標準　64, 65, 79
合理的　70, 79, 297
「合理的経済「男」を超えて――フェミニスト経済学とアマルティア・セン」　231
合理的経済人　226
合理的経済人モデル　206
合理的生活　71
高齢社会をよくする女性の会・大阪　253
「高齢者生活総合調査」　127
国際ジェンダー学会　261
国際婦人(女性)年大阪連絡会　235
『国際分業と女性――進行する主婦化』　229
国際連盟　27, 169
国際連盟事務局次長　52
国際労働権・人権レジューム　210
国富　65
国民経済　92, 96, 108, 119, 124, 132, 185
国民経済学　95, 298
国民経済計算　129
国民経済研究　109
国民経済論　95
国民生活　70, 72
国民生活研究　93, 112
国民生活研究所　127
『国民生活の課題』　93
『国民生活の構造』　93
『国民生活の分析』　93
『国民生活費の研究』　93
国民総動員　112
国立国会図書館　110, 158, 159
国連 CSW(女性の地位委員会)　276
国連女性差別撤廃委員会　221
国連第 1 回世界女性会議　211
国連代表部　276
国連婦人の 10 年　230
個計　128, 131
個計化　129
個人財産　131
個人人格と組織人格　133
個人単位モデル　6, 217, 219, 220, 300
個人別化　118, 133

子育て　280
国家経済(財政)　96, 112
古典派　95
子ども手当　221, 283, 291
個別賃金要求　193
個別賃金要求と賃金闘争　199
コペンハーゲン行動プログラム　211
米騒動　90
小諸義塾　24
雇用における性別分業　203
「雇用における男女平等の現段階――我が国男女雇用平等法(案)をめぐって」　259
雇用のフレックス化　215
孤立的家族経済　121
『これからの家庭基礎』2009年版　285
「今日の「均等・均衡待遇政策」論議への批判――同一価値労働同一賃金原則の実施に向けて」　231
コンパラブル・ワース　291
コンパラブル・ワース(CW)原則　241
コンパラブル・ワース(ペイ・エクイティ)運動　239

さ　行

『財産・共同性・ジェンダー――女性と財産に関する研究』　130, 136, 137
財産所得　98
最小生活費　66, 67
『最新家事』　151
『最新家庭管理と家事経済』　110
財政学　63, 77, 95, 298
再生産労働　215
最賃制のための闘争　193
最低生活費　65, 68, 93
『最低生活費の研究』　93
最低賃金　67
最低賃金審議会　192, 193
『最低賃金の基礎的研究』　93
最低賃金法　190, 192, 193
最底辺層をつくっている未組織女性労働者の賃金引上げ　191
財務省　276
桜井女学校　42, 55
サスティナビリティ　283
サスティナブル　281

札幌　61, 68, 83
札幌農学校　61, 62
サテライト勘定　211, 220, 275, 288
サブシステンス労働　201
差別　23, 278
差別構造　194
差別賃金　181
差別賃金闘争　292
差別賃金率　196
『産業構造変化と女性雇用《OECDレポート》』　230
残業代ゼロ作戦　224
三従の法則　99
参政権　265
『三訂　家庭経済学』　124, 125, 137
CIE(GHQ民間情報教育部)　170
GNP　129
GNP至上主義　205
ジェンダー　5, 130, 185, 197, 199, 277
ジェンダー・インパクト　277, 283
ジェンダー・ギャップ　212
ジェンダー視点　206, 217, 223, 277, 284, 285, 287, 296
ジェンダー視点の主流化　277
ジェンダー中立的　222
「ジェンダーと「経済学批判」――フェミニスト経済学の展開と革新」　115, 230
ジェンダーとマクロ経済　276
ジェンダー・ニュートラル　209
ジェンダー・ニュートラルな社会システム　210
ジェンダーの主流化　212, 213, 225
ジェンダー・バジェット　279, 296
ジェンダー・バジェット分析　279, 293
ジェンダーパラダイム　136
ジェンダー平等　4, 210, 214, 217, 218, 276, 282
ジェンダー部会　284
ジェンダー不平等　216
ジェンダー分野　278
ジェンダー・ペイ・ギャップ(GPG)　221
ジェンダー論　268, 286
自学自習　36
自活　99
時間確保型社会化　224

時間政治　222, 225
時間の三分法　218, 223, 282
時間の二分法　218, 223
時間の二分法から三分法へ　222
時間のフェミニスト政治　217
時間利用調査(タイム・バジェット)　287
自己情報　118, 132
支出　65, 101-103, 105, 107, 111
市場経済　23, 132, 269
市場経済と非市場経済　295
慈善事業　44, 50, 53-55, 297
思想関係処分学生　19
持続可能な経済循環　117
持続可能な生活　119
持続可能な生活の創造　137
『次代を紡ぐ　聞き書き――働く女性の戦後史』　236, 294
自治労の婦人部　295
失業　67, 82
失業問題　82
実質所得　97, 99
実証的研究　125, 127
実践女子専門学校(現・実践女子大学)　144, 167
実践女子大学　123
実践的総合科学　134
質的フレキシビリティ　219
児童夏期学校　54
児童手当　221, 222, 290
児童養育費調査　127
支那事変　147, 168
資本主義　108
資本主義経済　16, 185, 289
資本主義社会　108, 181, 182, 299
資本主義のもとでの婦人労働の特殊な性格　188
資本制　234
資本制経済　194
資本制生産　179
資本制生産様式　203
資本制賃金法則　181
『資本論』　179, 180, 195
市民運動　175, 262, 293-295, 299
市民社会　68
「自滅を急ぐ女子教育家」　29

社会運動　301
社会運動家　69
社会改革事業　56
社会改造　49
社会改良事業　55
社会改良の担い手　297
社会科学研究会　176
「社会科のために」　59
社会局　72
社会事業　41, 45, 49-52, 54, 55, 70, 122, 297, 301
社会主義　12, 18
社会主義運動　13
社会主義経済学者学会　225
「社会主義経済と貨幣」　176
『社会主義研究』　27
社会主義思想　19, 20
社会主義者　11, 27
社会生活基本調査　287
社会政策　67, 71, 118, 175
社会政策学　268
社会政策学会　2, 6, 63, 66, 68, 76, 80, 177, 178, 255, 266, 267, 268, 284, 288
『社会政策時報』　114
「社会政策とジェンダー――21世紀への展望」　227
『社会政策年報』　266
社会政策論　233, 267
社会的協同経済　132
社会的ケア　217, 223
社会的再生産　205, 215
社会的市民権　216, 217
社会的生産と(人間の)再生産　218
社会的世帯賃率＝ナショナル・ミニマム　192
社会的賃率　291
社会的投資アプローチ　223
社会的包摂論　223
社会統計学　92
社会福祉　267
社会奉仕　41
社会保障　127, 189, 191
社会保障研究所　118, 127
社会保障制度　282, 290
社会保障制度としての児童手当　221

事項索引　319

社会保障における給付と負担　127
社会保障論　268
社会問題　297
社会主義政党　24
奢侈　64, 65
奢侈的欲望　64
シャドウ・ワーク　201
自由学園　10, 11
自由主義経済思想　43
終身雇用　178, 219, 269
住宅　70-72, 76
住宅政策　73
住宅難　72
住宅問題　71, 72
収入　67, 82, 97, 102, 111, 298
収入労働　209
「就任の辞」　59
「周辺から飛び出して：経済理論のフェミニスト的視角」　204
ジュネーブ　37, 52, 55
「ジュネーブ湖畔より」　58
主婦　75, 80, 297
主婦論争　194
主流派経済学　204, 206, 226
春闘　191
「春闘と女の賃金」　189, 199, 237, 238
春闘婦人ブロック討論集会　238
「春闘方式」　189, 192, 237, 238
『小学家事経済訓蒙』　110
商学部　272
娼妓取締規則　25
昇給・昇進の男女差別　183
商業学　76
城西消費組合　11, 24, 28, 29
少子化　283
少年保護司　50
消費　62, 64, 67, 74, 76-80, 97, 101, 107, 113, 119, 298
消費組合　11, 105, 115
消費組合運動　108
消費経済　45, 66, 94, 97
消費経済学　45, 62, 74-79, 84, 85
消費経済観念　80
消費経済展覧会　80
『消費経済論』　86

消費経済論　81
消費研究　61-64, 68, 70, 82, 298
消費者　79, 80
消費者教育　78, 79, 84, 86
消費者行動の理論　109
消費者庁　86
消費生活　4, 64, 77
「消費生活に関するパネル調査」　288
消費の効率化　64
消費の進歩　101, 102, 113
消費の知識　80
消費の担い手　80, 297
商品経済社会　93
商品経済の「公正」の法則　181
昌平黌　24
剰余価値　181
上流階級　71
昭和時代　133
昭和女子大学　240, 288
昭和戦時期　93, 109, 110, 112
『初学家事経済書』　110
『女学雑誌』　9, 24, 26, 31, 56, 58
女学校　76
職業教育　35, 39, 40, 45
職業婦人　75, 77, 297
職業労働　113, 298
職業労働時間　101
職業労働の健全化　101
職種別・熟練度別賃率の確立　193
職務給　291
職務評価　228
職務評価技法の開発　292
女権主義　22, 28
女権論　16
『女工哀史』　185, 199
女子英学塾（現・津田塾大学）　12-14, 25, 32
女子学院（現・女子学院中学校・高等学校）　12, 25, 55
女子学生比率　6
『女子教育』　58, 111, 159, 169
女子教育　10, 14, 25, 26, 63, 69, 74-79, 81, 91, 115
女子教育研究会　58, 111, 169
女子教育の改革論議　15
女子経済（学）教育　3, 31, 45, 61, 63, 68, 75,

79, 167, 298
女子経済学部　75
女子経済専門学校(現・新渡戸文化短期大学)
　　45, 56, 63, 75, 77, 78, 80, 84, 111
女子高等教育　3, 11, 31-34, 36, 44, 45
女子高等師範学校(現・お茶の水女子大学)
　　10, 13, 298
女子師範学校　13, 91
女子商業学校(現・嘉悦大学)　32, 52
女子専門学校教育刷新要綱　41
女子対男子の問題　108
女子美術学校(現・女子美術大学)　13, 25
女子文化高等学院(のち女子経済専門学校)
　　75, 77, 111
女子保護規定　223
女子保護廃止　242
女子労働　268, 299
『女子労働論』　245
女子労働論　267, 268, 269, 272
「女子労働論の再構成——雇用における性別分業とその構造」　203, 231
女性・母・子どもの権利擁護　20
女性医師　9
女性運動　19, 20, 233, 254
女性運動家　27
女性解放　19
女性解放運動　11, 24
女性管理職比率　2
女性教育　9, 10
女性経済学者　18, 117, 298-300
女性研究者　278
女性差別　234
女性差別撤廃条約　209, 223, 228, 270, 283, 294
女性差別撤廃条約第4条　246
女性差別撤廃条約の早期批准を促進する大阪府民会議　235, 247
女性差別撤廃条約批准・均等法制定30年　256
女性参政権　176, 263
女性ジャーナリスト　6
女性と経済学　134
「女性と経済学——フェミニスト経済学のあゆみ」　230
女性と財産　131

「女性と財産の距離と家族共同性——妻と夫の財産をめぐる構造とジェンダー・バイアス」　130
『女性と社会主義(Die Frau und der Sozialismus)』　27
女性に対する官立の最高学府　13
女性に対する経済(学)教育　13, 17, 297
女性に対する高等教育　5, 14
女性に対する職業教育　15
女性による経済学の研究と教育　89, 298
女性の輝く社会の実現　1
女性のキャリア開拓　262
女性の経験の理論化　175, 178, 233
女性の経済的自立　49, 92, 111, 115
女性の経済力　77
女性の雇用労働力化　183, 220
女性の参政権獲得　201
女性の自由　99
女性の市民団体　20
女性の就職(職業労働)　98, 99
女性の職場への進出　299
女性の深夜業と時間外労働　223
女性の生活困難　23
女性の地位委員会　276
女性の低賃金　189, 190, 195, 208, 289
女性の低賃金の構造的分析　179
女性の独立と自由　12
女性の独立労働化　182
「女性の非賃金活動(unwaged work＝unpaid word)に関する報告」　212
「女性の観たる女の問題」　15, 16, 29
女性の要求　21-23
女性の理学士　26
女性の理学博士　26
女性初の記者　9
女性労働　265, 266, 290, 300
女性労働運動　4, 5, 175, 198, 233, 236, 241, 299, 300
女性労働研究　4, 175, 178-180, 182, 186, 197, 201, 202, 261, 299
女性労働市場　283
女性労働者の非組織性　181
女性労働の解放への道筋　290
女性労働のゲットー化論　289
「女性労働の今日的課題を考える——均等法施

行20年を顧みて」　227
女性労働の特殊理論　203, 289
女性労働の内職的労働化　183
女性労働の補助労働化　183
女性労働問題　100, 301
女性労働論　177, 262, 286, 290
所得　65, 71, 97-99, 101, 105, 298
所得(収入)の管理法　298
ジョンズ・ホプキンス大学大学院　62
自律的アイデンティティ　132
試論『現代生活学』　137
新栄女学校　55
人格　53
人格教育　34-37, 46
「人格の意義」　58
新・家庭経済学(New Home Economics)　226
人口学　126
人口統計　126
人口問題研究所　126
人口論　195, 268
震災　71, 73
「新時代の日本的経営——挑戦すべき方向とその具体策」(日経連)　219
新自由主義　256
新自由主義的規制緩和　219
『新女界』　59
「新女子大学の創立に当って」　44, 58
新制大学　13
「新設せられんとする東京女子大学」　59
人道主義　22, 28, 176, 195
新日本的経営　218
『新版家政学原論・家庭経営』　149, 171
新婦人協会　20, 27
「新婦人協会と赤瀾会」　20, 29
『新編家事経済学』　110
新歴史学派　94, 109
水曜会　18, 26
スウェーデン　207, 220
スカンジナビア諸国　216
生活改善　9, 11, 66-68, 77-80, 297
生活価値　117
生活協同　133
生活協同組合　11
「生活経営主体のエンパワーメント」　138

生活経済　119, 130, 132
生活経済学　115, 267, 301
「生活経済とジェンダー関係の変容」　136
生活経済と生活者の経済　132
生活研究　85
生活合理化　28, 80
生活時間調査　288
『生活時間と生活福祉』　288
生活者　117, 130, 132, 297, 298
生活者の学　134
『生活者の経済』　131, 138
生活者の経済　119
生活者の経済学　4, 117-119, 133, 298, 299
生活者の視点　137
生活水準　64, 74, 79
生活創造　133, 134
「生活創造のフロンティア」　138
生活即教育　10
生活調査　118
生活の経済的標準　70
生活の効率的標準　70
生活の質　79, 137
生活パラダイム　136
生活費　66, 67, 82
生活費研究　66
生活標準　62-64, 66, 68, 74, 78
生活文化の世代間伝承　137
「生活文化の世代間伝承による持続可能な消費」　134
生活保障　95
『生活問題——生活の経済的研究』　92
生活を自ら設計する主体　123
正規労働者　178
生計調査(1921年)　114
生計費問題　92
西郊共働社　11
性差別　22, 23
性差別賃金管理　212
生産　64, 67, 74, 76-78, 80, 119, 298
生産概念　129
生産効率　77
生産と社会的再生産(＝人間の再生産)　207, 226
生産と社会的再生産の経済学　28, 201, 233
生産と社会的再生産論　256

生産と消費との均衡　109
生産の経済学　233
政治経済学　64
政治研究会　20
政治研究会神戸支部　20, 21
「青少年学徒に賜りたる勅語」　148, 168
成人教育　55
生存　64, 66, 74
贅沢な階級　71, 74
『青踏』　12, 15, 19, 24
青踏社　24
性別職務分離　207, 222
性別分業社会　224
性別分業の核家族　214
性別役割分業　178, 208, 214, 224, 245, 256, 269, 281, 286, 289
生命(人間)の再生産　119, 129, 134, 289
生命系の経済　130
『生命系の経済学』　129
生命再生産の経済循環　130
性役割分業家族　219
生理休暇　242
世界経済フォーラム　6
世界女性会議　284
『世界男女格差報告書』　1, 6
『世界婦人』　19
世界婦人会議　230
赤瀾会　20
セクシュアルハラスメント　228
世帯　96
世帯経済(Household Economics)論　206
世帯単位　219
世代的再生産　290
絶対的生活標準　64
セツルメント活動　57
『ゼミナール　女の労働』　253, 259
「ゼミナール　共生・衡平・自律〜21世紀の女の労働と社会システム」　253
「ゼミナール　男女共生の社会保障ビジョン」　253
1970年代フェミニズム　202
1970年代マルクス主義フェミニズム　202
専業主婦　273
専業主婦モデル　300
全国学生自治会総連合会(全学連)　176, 263

全国全産業一律の最低賃金制の確立　190
全国友の会　24, 28
戦後の民主主義　186
潜在能力(capability)　210
『戦時家庭経済読本』　110
漸進主義的　56
漸進的社会改良　80
「ゼンテス，ミラー夫人の改良服」　58
全日制研究者　269
専門学校(旧制)　31, 77
専門学校令　14, 25, 32
相互扶助の精神　106
相対的生活標準　64
総評　241, 242, 257, 295
総評大阪地評婦人協　258
総評女性運動　234
総評の解散　250
総評婦人運動(部)　295
総評婦人対策委員会　239
総評婦人対策部　234, 238
『増補　現代労働市場の理論』　199
総務庁　287
『創立十五年回想録』(東京女子大学)　48, 56, 58
総理府統計局　126
組織化　118
ソーシャルアカウンティング・マトリックス　277

た　行

第一高等学校(現・東京大学)　46
第一次世界大戦　41
第1回メーデー　91
第一波フェミニズム　201
大学教育普及事業　68, 69
大学評論社　69
大学民主化　295
大学令　26
大企業　187, 191
第3号被保険者問題　219, 256, 290
第三次均等法改正　220
第三次男女共同参画基本計画　220, 275
第三次男女共同参画基本法　219
第三の道　223
大正時代　133

事項索引　323

大正デモクラシー　297
第二次世界大戦　121, 168
第二次男女共同参画基本計画　275
第二波フェミニズム　4, 201, 204, 225, 234, 299, 300
大日本労働総同盟友愛会　17, 26
『太陽』　20
第四次男女共同参画基本計画策定にあたっての考え方（素案）　220
第4回世界女性会議の行動綱領　270
対立をはらんだ協力　287
大量生産・大量消費　129
第6回社会政策学会　92
高い生活標準　66
託児所　113
『たけくらべ』　10
「竹中恵美子　略年譜」　195
『竹中恵美子が語る「労働とジェンダー」』　230, 254, 258
『竹中恵美子著作集Ⅰ　現代労働市場の理論』　199
『竹中恵美子著作集Ⅱ　戦後女子労働史論』　231
『竹中恵美子著作集Ⅳ　女性の賃金問題とジェンダー』　197, 231
『竹中恵美子著作集Ⅴ　社会政策とジェンダー』　231
『竹中恵美子著作集Ⅵ　家事労働（アンペイド・ワーク）論』　224, 231
『竹中恵美子著作集Ⅶ　現代フェミニズムと労働論』　28, 231
竹中恵美子著作集完成記念シンポジウム〜竹中理論の意義をつなぐ　195, 240, 255
『竹中恵美子著作集完成記念シンポジウム〜竹中理論の意義をつなぐ〜報告集』　199, 259
『竹中恵美子著作集』全7巻　175
『竹中恵美子著作集に寄せて』（竹中恵美子著作集Ⅱ別冊）　199
『竹中恵美子の女性労働研究50年——理論と運動の交流はどう紡がれたか』　199, 231, 255, 259, 269, 270, 281, 293, 295
竹中理論　233-235, 240, 255, 300, 301
多品種少量生産　219
玉川大学　167

短期雇用的性格　184
単式簿記　104
男子普通選挙　27
単種大量生産　219
単純労働職種　184
男女格差　180
男女格差指数　1
男女共学　11, 262
男女競合職種　184
男女共同参画局　276
男女均等待遇　243
男女雇用機会均等法　177, 219, 271, 294
男女雇用平等法制　222, 235
男女差別　180, 184, 188, 189, 278, 299
男女差別賃金率　182, 186
男女賃金格差　179, 180, 182, 183, 185, 220, 222, 266, 291, 299
「男女賃金格差と男女同一労働同一賃金原則についての一考察」　177, 179, 198, 237
「男女賃金格差をめぐって——労働市場研究からのアプローチ」　228
男女賃金差別　185, 195, 298, 299
男女賃金差別撤廃，同一労働同一賃金要求　193
男女同一価値労働同一賃金　228, 239, 253
男女同一価値労働同一報酬　180
男女同一労働同一賃金　180-182, 234
男女共に人間らしい労働と生活を　245
男女の機会均等　20
男女の相互協力　20
男女平等　69, 115, 299
男女平等法　220
男女平等問題専門家会議　245
男性稼ぎ手モデル　6, 219, 220, 282, 300
男性世帯主賃金　290
男性本位の経済学　178
治安維持法　176, 195, 198, 263
地域運動　246
地域的最低賃金決定　192
『地球環境政策——地球サミットから環境の21世紀へ』　231
知識階級　71, 74
『到知啓蒙』　164
中高年者生活総合調査　127
中高年齢者　184

中高年齢女性　187, 191
中国　153
中小・零細企業　184, 187
中等教育　71
中等教員無試験検定　40, 54
中流階級　70-72, 74, 85
聴講生規程　109
貯蓄　105, 107, 126
賃金　175, 299
賃金格差　181, 299
賃金規定　179
賃金差別　99, 100
賃金引上げ　189
賃金法則　196
賃金論の具体化　182
「賃金論論争──労働力の価値規定および労働力の価値から価格への転化論争をめぐって」　199
賃労働　23, 209
賃労働者世帯　92
賃労働の主婦化　208
賃労働の風化　208
通信教育　63, 68, 69, 80, 83
『通俗家事経済訓解』　110
「月島調査」　92
津田塾大学　25
『妻と夫の財産』　136, 137
帝国女子専門学校(現・相模女子大学)　144, 145
定時制研究者　269
ディーセント・ワーク(decent work)　101, 175, 212, 213, 225, 251, 252, 300
低賃金労働者　289
『テキストブック　家庭経済学』　125
『テキストブック　家庭経済学　第3版』　137
鉄道院　61
テネメント・ハウス　70, 71
デモクラシー運動　3, 90
電気通信大学　142, 167
伝統的家族モデル　217
デンマーク　186
ドイツ　49, 56, 208, 216, 224
「独逸国通信　家政学は一の学術なり」　58
ドイツ歴史学派　124

同一価値労働同一賃金(PE)原則　6, 100, 211, 220-222, 237, 241, 290, 291, 300
『同一価値労働同一賃金の実施システム──公平な賃金の実現に向けて』　221, 231
同一価値労働同一賃金を求める裁判闘争　295
同一労働同一賃金原則　22
道義的・倫理的　96
東京学芸大学　256, 267
東京家政学院(現・東京家政学院大学)　141, 144, 155, 158, 159, 161, 163, 167, 168
東京家政学院大学　90
東京家政学院短期大学　90, 169
東京教育大学　135
東京高等師範学校女子部(のち東京女子高等師範学校)　13
東京市社会局労働部　50
東京女医学校(現・東京女子医科大学)　13, 25, 32
東京商工会議所　242
東京商工会議所意見書　243
東京女子医科大学　25
東京女子高等師範学校(現・お茶の水女子大学)　13, 17, 18, 26, 27, 29, 32, 89, 91, 94, 100, 109, 117, 120, 121, 131, 134, 135, 139, 142, 143, 148, 150, 159, 160, 167, 168, 170, 171, 267
東京女子高等師範学校技芸科　91
東京女子高等師範学校研究科　89
東京女子高等師範学校家事科　122
東京女子高等師範学校附属高等女学校　142
東京女子高等師範学校附属幼稚園　122, 143
東京女子高等師範学校文科　13, 17, 91, 106, 109, 167
東京女子高等師範学校文科第二部(地歴科)　89, 143
東京女子高等師範学校理科　13, 91, 109, 150, 167
東京女子師範学校　10, 111
東京女子大学　14, 17, 18, 26, 27, 29, 31, 33-35, 38-42, 45-48, 51, 53-58, 111, 261, 266, 272, 273, 276
東京女子大学高等学部　43, 50, 55
『東京女子大学五十年史』　40, 41, 43-48, 50, 51, 54, 58
東京女子大学実務科　31, 50

事項索引　325

東京女子大学女性学研究所　29, 261
東京女子大学人文科　43, 110
東京女子大学東寮　48
東京女子大学寮監　55
東京大学　6
東京帝国大学(現・東京大学)　23, 46, 47, 56, 69, 92, 144-146, 151, 156, 157, 167
東京帝国大学経済学部　17, 18, 27, 89, 91, 109, 139, 267
東京帝国大学法科大学長　156, 169
東京帝国大学理学部　26
「東京ニ於ケル二十職工家計調査」　92, 112
『東京日日新聞』　18
東京美術学校(現・東京藝術大学)　25
東京府立第二高等女学校(現・都立竹早高等学校)　89, 115, 122, 135, 143
東京文化学園(現・新渡戸文化学園)　56
『東京文化学園五十年史』　58
統計　68, 72
統計学　61
統計データ　65
同志社大学　26
『同窓会誌』(東京女子大学)　49, 50, 57, 58
道徳的・倫理的　147
東北学院(現・東北学院大学)　62
東北大学　153, 167
東北帝国大学(現・東北大学)　29
東北帝国大学農科大学　62
東北帝国大学理科大学　14, 26, 167
東洋英和学校(現・麻布中学校・高等学校)　61
東洋大学　26
「読書案内」　230
読書と人生　56
独立自尊　102
独立と自由　16
ドメステック・イコノミー　111
共稼ぎ　100, 113
ドーンセンター(大阪府立男女共同参画・青少年センター)　200, 254, 261, 294

な　行

内閣府男女共同参画局　275
内閣府統計委員会　287
内務省　72

ナイロビ将来戦略　211
奈良女子高等師範学校(現・奈良女子大学)　13, 109
新潟師範学校(現・新潟大学)　42
『にごりえ』　10
『にごりえ・たけくらべ』　29
西ドイツ　186, 207
21世紀型福祉国家　202, 214, 215, 282
二重の抑圧　19
20世紀型福祉国家　202, 214, 282
日常生活　134
「日米最小生活費論」　85
日露戦争　62
日中戦争　168
『新渡戸博士追憶集』　56
日本共産党　27
日本基督教婦人矯風会　12, 25, 27, 49
日本経済学会　2, 6, 283
日本国憲法　195
日本再興戦略改訂2014　1
日本女子大学校家政学部　110
日本女子大学校(現・日本女子大学)　14, 32, 67
日本大学　26, 135
日本大学文学部二部社会学科　122
日本的経営　218
日本的経営の3特徴　219
日本的労使関係　269
「日本における女性と経済学——1920年代を中心にして」　166
『日本農村婦人問題——主婦・母性篇』　29
日本農民組合　21
『日本之下層社会』　24, 29
「日本の財政・社会保障とジェンダー」　279
「日本のジェンダー主流化への取り組みの現段階」　231
「日本の男女雇用政策のいま——男性稼ぎ手モデルは転換しうるか」　227
日本フェミニスト経済学会　226, 261
「日本婦人の社会事業について伊藤野枝氏に与う」　12, 29
「日本婦人の将来」　58
日本ペイ・エクイティ研究会報告書　240
日本労働総同盟　21, 26
『日本労働年鑑』　27

「2万人の婦人労働者の労働と生活実態」調査　244
人間開発　132, 133
人間的発達　93
人間の再生産　223
人間の欲望　64
年功制度　178, 269
年功賃金　178, 184, 219, 238
「年功賃金をめぐる言説と児童手当制度」　230
『年表　幼稚園百年史』(お茶の水女子大学)　168
農家世帯　127
農科大学　68
農業経済　61
農業経済学　61
『農業本論』　61
農史　61
農政　61
農民組合　11
能率　67, 70, 72, 80, 81, 83

は行

梅花女学校(現・梅花女子大学)　25
配偶者控除　219, 290
売春防止法　25
廃娼　22
廃娼運動　12, 25, 27
廃娼論　12
廃物利用　107, 113
ハウスホールドエコノミー　42
博士　14
『はたらく女たちの歩み・大阪39年──大阪総評婦人運動年表』　236
『働く女たちの記録　21世紀へ──次代を紡ぐ(公募編)』　236
「働く権利と母性保護, 労働基準法の改正をめぐって」　242
『はたらく女性と母性保護──合理化の波に抗して』　237
パートタイマー　192, 210
パートタイマーとフルタイマーとの同一賃率(＝賃金率)適用　191
パートタイム　215
パートタイム労働　208, 209

花園大学　268
パパ・クォータ制　224
原女学校　42, 55
万国キリスト教宣教大会　33, 52
反貧困運動　278
非営利的　96
東日本大震災　166
非貨幣　128
非貨幣経済　119, 121, 129
低い生活費　66
低い生活標準　66
微視的な経済研究　109
非正規雇用　195, 275
非正規労働者　178, 218, 222, 249, 256
非正規労働力　178
必然的欲望　64
一橋大学　118, 122, 126, 135
『一人の女』　52, 58
『百一新論』　164
ヒューマニズム　38, 43
標準生活費　127
標準労働者モデル(男性＝ブレッドウイナー・モデル)　210, 214
平等と効率の二つの目標　211
広島女子高等師範学校(現・広島大学)　13
広島女子高等師範学校体育科　13, 167
『貧乏物語』　175, 176, 178, 198, 262, 263
貧民階級　71, 74
ファイ・ベータ・カッパ(Phi Beta Kappa)　62
ファカルティ・ディベロップメント　284
ファミリー・ライフ　275
夫婦共稼ぎ　107, 181
フェミニスト経済学　110, 115, 204, 206, 207, 210, 225
『フェミニスト経済学(Feminist Economics)』　204
フェミニスト経済学国際学会(IAFFE)　202, 204, 226, 300
フェミニスト経済学者　293
フェミニスト経済学会　279
フェミニストの時間政治　223
フェミニズム　175
フェミニズム運動　202, 299
フォーマル労働　209

フォーラム　労働・社会政策・ジェンダー
　　　195, 197, 199, 240, 255, 257-259
福井県立大学　256
複雑性　121
複式簿記　94, 103, 104, 114
福祉国家　217, 223
『福祉国家という戦略——スウェーデン・モデ
　　　ルの政治経済学』　231
福祉国家の再私化　215
「福祉国家のジェンダー化——1980年代以降の
　　　研究動向(欧米を中心として)」　231
「福祉国家の変容と家族政策——公私二分法と
　　　ジェンダー平等」　231
福祉国家論　133
『福祉の経済学——財と潜在能力』　230
福祉の契約主義　223
副所得　100
『福田英子集』　29
父権　99
『武士道』　155
不自由な賃労働　208
不熟練女性労働力の下層への沈殿化傾向
　　　183
「婦人解放の今日的課題」　234, 259
『婦人画報』　31, 52
『婦人公論』　44
婦人参政権獲得運動　27
婦人参政権獲得期成同盟会　27
『婦人世界』　31, 52
『婦人と労働』　56
『婦人に勧めて』　52, 58
「婦人のしごとと賃金」　189, 199, 237
「婦人の賃金」　199
「婦人の低賃金と今日の課題——ウーマン・パ
　　　ワー政策および所得政策に関連して」
　　　189, 199, 237
「「婦人の特殊要求」について」　21, 24, 28, 29
『婦人之友』　9, 24, 28
『婦人の隷従』　56
「婦人部テーゼ」　24, 29
『婦人問題』　92, 115
「婦人問題の解決」　19
「婦人問題の解決」　27
『婦人労働』　266
「婦人労働者の労働と生活実態調査」　249

普通選挙権　21
不払労働　107, 114
『不平等の再検討——潜在能力と自由』　231
扶養控除　291
ブラックボックス　133, 287
フランス　56, 186, 207, 216
フルタイム　208
フルタイム労働　209
フレキシブル戦略　219
不労所得　71
フローチャート「日本的経営とジェンダーの関
　　　係性」　219
文化　70, 84
文化アパートメント　63, 70, 72-74, 76, 83
文化学院　11, 24, 69
『文化生活』　83
文化生活　63, 68-70, 73, 74, 79, 84, 85
文化生活研究　68, 69, 74, 83, 84
文化生活研究会　63, 68, 69, 74, 80, 82, 86, 111
「文化生活に就いて」　85
文化普及会　85
分子的原理　126
ペイ・エクイティ　291
ペイ・エクイティ・コンサルティング・オフィ
　　　ス　258
ペイ・エクイティ原則　241, 258, 291
『平成25年国民生活基礎調査』　2, 6
『平成25年度雇用均等基本調査』　6
ベヴァリッジ報告　214
北京行動綱領　211, 213, 220, 291
北京世界女性会議　213, 291
ベース・アップ　191-193, 238
『ベルギー労働者家族の生活費』　93
『変革期に生きる女たち——次世代に語り継ぎ
　　　たいこと』　199
保育所　283
法学部　271
俸給　112
法政大学　2, 6
紡績工場の徹夜業　113
報知社　9
『報知新聞』　9, 21
方法的個人主義　206
簿記　77
北鳴学校　61, 81

保険　　105-107
母権主義　　22, 28
保険の効用　　106
母権論　　16
保護と平等　　243
「保護と平等――労基法(母性保護)をめぐって」
　　242
母子家庭の生活困難　　195
ポスト産業社会　　215
母性保護　　16, 243
「母性保護と経済的独立――与謝野・平塚二氏
　　の論争」　　26, 29, 114, 116
母性保護要求　　243
母性保護論争　　91
北海道炭坑会社　　81
北海道帝国大学(現・北海道大学)　　29, 63,
　　69, 76
北海道帝国大学農学部　　92
北海道帝国大学農科大学　　14, 63, 111
ホーム・エコノミクス　　68, 79, 80, 81, 84,
　　153, 165, 169
「本邦家計調査」　　116

ま　行

松下電器産業(現・パナソニック)　　185
松下電器産業高槻工場　　197
『松平家政学原論』　　90, 115, 163, 166, 170
真似をする性質　　67
マルクス経済学　　265, 300
『マルクス主義』　　27
マルクス主義　　202
マルクス主義経済学　　195, 205
マルクス主義フェミニスト　　209, 226
マルクス主義フェミニズム　　203, 204, 225,
　　300
『マルクス主義フェミニズムの挑戦』　　229
満鉄調査部事件　　27
見えざる福祉国家(Invisible Welfare State)
　　219, 220, 282
見える化(可視化)　　119
「水の上につ記」　　10
身分的欲望　　64
宮城学院女子短期大学　　153, 169
『明星』　　24
民主主義　　194

民主主義社会　　185
民族　　23
民族差別　　22
民本政治　　108
無産者運動　　19
無産政党　　20, 26
無産政党運動　　13, 19, 21
無償(unpaid)　　98, 160, 161, 215, 216, 298
無償の再生産労働　　214
無償労働(UPW)　　28, 93, 97, 202-205,
　　209-212, 215-217, 220, 223, 238, 289
無償労働＝ケア　　300
無償労働の貨幣評価　　276
「無償労働の貨幣評価について」　　275
「無償労働の貨幣評価の調査研究」　　275
無償労働の社会・経済的評価　　210, 212
無償労働の測定・評価・政策化　　211
明治学院(現・明治学院大学)　　33
明治時代　　133
明治女学校　　9, 24, 26, 28
明治女子専門学校(のち明治大学短期大学)
　　266
明治大学　　265
明治大学短期大学　　266
「もうひとつの経済サミット」　　129
森戸事件　　56
文部省　　10, 11, 19, 62, 80, 162, 170, 195

や　行

家賃　　66
山脇高等女学校(のち山脇学園短期大学)
　　89, 145, 146, 167
友愛会　　19, 26
友愛会婦人部　　19
有償(paid)　　98, 160
有償労働(PW)　　28, 201, 202, 205, 207, 210,
　　212, 216-218, 223, 225, 275
UNDP(国連開発計画)　　276, 296
幼稚園　　150, 153-155
余暇　　300
欲望　　65
欲望充足　　95, 101
欲望満足　　95, 96
横浜国立大学　　149
「与謝野，平塚二氏の論争」　　15, 16, 24, 29

予算に定めた収支の実行　102, 103
予算の編成　102-104
欲求　65
ヨーロッパ　274, 275

ら 行

ラディカル・フェミニズム　202
リスク管理　298
理想的家庭　75
リビング・ウェイジ　222
リプロダクツヘルス・ライツ　126
リベラル・アーツ　3, 31, 34-36, 38-40, 43, 45, 51, 52, 54
龍谷大学　268
良妻賢母　28, 38, 39, 42, 75, 297
良妻賢母思想　26
両親／労働者モデル　216
両性稼ぎ手戦略　216
両性稼ぎ手モデル　217
量的フレキシビリティ　219
糧秣廠　150
理論・計量経済学会　2
理論と実証と実践　132
冷静な頭脳と温かい心情(Cool Head but Warm Heart)　176
レイバリズム　225, 252
レイバリズム(労働主義)の世紀　213
レッドパス講演協会　62
労基研報告　242, 245, 247
労働運動　175, 233, 254, 293
労働運動フェミニズム　4, 233, 234, 246, 248, 249, 255
「労働階級の姉妹へ」　29
労働基準法改悪　235, 237, 256
労働基準法改悪反対闘争委員会　241
「労働基準法改正意見書」　242
労働基準法研究会(労基研)　242
労働局　68
労働組合　11, 187, 193, 233, 238, 254, 269, 294, 295
労働組合運動　4, 176, 189, 195, 223, 235, 246, 295
労働組合運動史　295
労働経済学　4, 5, 175, 233, 268
労働経済論　264, 265, 268

労働契約　98
労働研究　299
労働時間短縮　246
労働時間の三分法　300
労働時間のフェミニスト改革　6, 222
労働時間のフェミニスト時間政治　282
労働市場　175, 179, 197, 269, 281, 299
労働市場構造　183
「労働市場と賃金決定」　178
「労働市場の構造とその運動」　182, 198
労働市場の単一化と分立化　182
労働市場への女性労働力の集積　183
労働市場論　4, 178, 182, 265, 268, 270, 295
労働市場論の反省　268
労働者家庭　105
労働者対資本家の問題　108
労働者派遣法　248, 256
労働者派遣法改悪　224
労働省婦人少年局　245
労働党政権　293
労働と生活の人間化　243
労働の規制緩和　227
労働のジェンダー平等　300
労働の社会的格付け　222
労働の障壁　252
「労働の定義を再検討する──ジェンダーと労働」　229
労働ビッグバン　218
労働フェミニズム　218
労働法制の全面的規制緩和　250
労働リザーブ　208, 209
労働力供給構造　183
労働力再生産の制度　214
労働力需要構造　183
労働力商品化体制　203, 204, 256
労働力商品の再生産費　221
労働力商品の特殊性　204
労働力の価値　187, 198, 290
労働力の価値規定　180, 181
労働力の価値の形態としての労賃　179
労働力の価値の性差　184
労働力の窮迫販売　184
労働力の再生産　180, 182, 183, 189, 194, 282, 299
労働力の再生産労働(家事労働)　203, 209

労働力の女性化　202, 207, 208, 224, 282
『労働力の女性化――21世紀へのパラダイム』　207, 230, 231
浪費　64
「老齢者世帯生活調査」　127
ローザ・ルクセンブルグの資本蓄積に関する研究　17
ロシア革命　26
ロッタ・フェミニスタ　226

わ　行

「わが国労働市場における婦人の地位と賃金構造」　178, 183, 199, 237, 259
若竹の園保育園　50
ワーク・ライフ・バランス　274, 275, 283, 300
「ワーク・ライフ・バランス」政策　217, 218
早稲田大学　26, 75, 271
『私どもの主張』　82, 85
「私どもの主張と立場」　28

アルファベット順

A Treaties on the Family　229
Bulletin of CSE　225
Capital and Class　225
"Care Work：Overcoming Insecurity and Neglect"　236
"Cooperation, Inequality and the Family"　226
Feminism, objectivity and economics　229
Feminization of the Labour Force：Paradoxes and Promises in Lone Mothers in European Welfare Regimes　229
Gender, Care and Economics　229
"Gender and Cooperative Conflicts"　230
Gender and Welfare State Regimes　230
Gender Equality and Welfare States　230
IFEL(The Institute For Educational Leadership)　162, 170
International Association for Feminist Economics, IAFFE　204
"Introduction" in Lone Mothers in European Welfare Regimes　229
"Introduction. Children and Family Policy：A Feminist Issue"　229
Journal of Home Economics　79
New Left Review　225
"Report of the Committee on Women's Rights on the Assessment of Women's Unwaged Work"　229
"Rethinking the Definition of Work：Gender and Work"　229
Review of Radical Political Economics　225
Socialist Review　225
The Cost of Living　79
The Standard of Living in Japan　62, 63, 66, 68, 78, 81
Unequal Work　229
"Women in the Labour Process and Class Structure"　229

人名索引

あ 行

青木輔清　110
青山なを　24, 28, 53, 54, 56, 57
赤松良子　266
浅倉むつ子　221, 231
足立眞理子　226, 230
姉崎正治　69
安部磯雄　9, 19
天野晴子　288
天野寛子　288
天野正子　133, 134, 136, 137
綾目広治　84, 85
有島生馬　69
有島武郎　18, 57, 62, 63, 69, 80, 82, 83, 86
安生鞠　49
安藤政吉　93
阿武喜美子　150, 168
飯島半十郎　110
飯塚重威　135
井口規　27, 29
生垣琴絵　61, 82, 84, 85, 167, 297
池本幸生　230
伊澤喜美子　142, 145, 146, 163
石川三四郎　19
石川寛子　85
石河康国　26, 28
石川米子　110
石田はる　168
石原圭子　111, 115
李秀眞　134
磯田進　197
磯村浩子　134, 136
伊田久美子　199, 258
伊田広行　278
板谷麗子　163, 170
市川房枝　20, 27
伊藤(山本)秋子　4, 91, 103, 106, 110, 114, 115, 117-119, 122-128, 133, 135-137, 143, 146, 156, 157, 167, 170, 298
伊藤セツ　2, 6, 90, 110, 115, 288
伊藤野枝　12, 20, 24, 25, 28
稲葉ナミ　163
井上秀子　69, 80
今井光映　84, 85
井村喜代子　265
イリー, R. T.　56
色川卓男　134
巌本善治　9, 24
ウィルソンクラフト, M.　47
ヴェイラー, L.　70
上野千鶴子　203, 225, 229, 230
上野道輔　109, 157
上野陽一　110
ヴェブレン, T. B.　82
上村協子　91, 109, 110, 115, 117, 134-137, 139, 141, 166, 170
植本眞砂子　258
ウェランド, F.　42, 43
ヴェールホーフ, C. v.　208, 226, 231
ヴォーリズ, W. M.　73
ウォーリング, M.　129
ウォルビー, S.　208
ウォルプ, A.　203, 225, 229
浮田和民　9
氏家寿子　110
氏原正治郎　197, 198, 268
臼井勝美　30
薄井寿々　168
内村鑑三　62
エキンズ, P.　129
江口栄一　93, 112, 115
エスピン＝アンデルセン, G.　223
江原絢子　166
江見康一　115, 125, 135-137
エルソン, D.　293

エンゲル, E.　93, 113
逢阪忍　50
大内兵衛　56
大江スミ　52, 149, 159, 168
大木基子　27, 28
大河内一男　93, 135, 197
大沢真理　138, 288, 289
大島金太郎　57
大橋隆憲　225, 229
大庭健　230
大濱徹也　42, 53, 55, 57
大原孫三郎　50
大森和子　147
大山斐瑳麿　110, 111
大脇雅子　251
小川陽二　225, 229
荻野吟子　9
奥平康弘　191, 194
奥むめお　11, 20, 27, 28
奥村則子　111, 115
小野塚喜平次　169
織戸登代子　17, 26, 55

か　行

貝原たい　17, 18, 23
嘉悦孝(孝子)　32, 52, 57
賀川豊彦　20, 69
蠟崎知次朗　57
籠山京　93
笠原一男　57
春日キスヨ　285
片野実之助　110
片山哲　20
勝目テル　11
ガーディナー, J.　203, 210, 225, 226, 229
加藤節子　27, 29
金井延　169
神近市子　11, 24
亀口まか　111, 115
亀高京子　4, 26, 109, 111, 115, 119, 137, 139, 140, 141, 143-148, 150, 153, 156-158, 160, 161, 163, 164, 166-170
河合栄治郎　46-48, 56-58
河上肇　111, 175, 176, 178, 195, 198, 262, 263
河田禎子　24, 28

河田嗣郎　92, 111, 115
河津暹　69, 109, 157
川本隆史　230
菅聡子　10, 24, 28
管野すが　19, 27
菅野允　167, 170
上林貞治郎　181, 196, 198
神戸正雄　69
岸田正　110
北明美　221, 228, 230, 256
木下みゆき　200
木村(田口)鐙子　9, 11, 23, 24
木村熊二　9, 24
木村涼子　258
日下部三之介　110
楠田貢典　231
クセノフォーン　165
九津見房子　20
久邇宮良子　111
久場嬉子　28, 110, 115, 208, 214, 215, 217, 226, 227, 230, 231, 256, 266, 267, 275, 276, 287, 288
クライバー教授の夫人　169
倉橋惣三　143, 148, 149, 151, 168
栗田啓子　1, 26, 27, 31, 139, 140, 167, 261, 295, 296
栗田隆子　227, 230
黒田チカ　26, 144, 150, 167, 168
クーン, A.　203, 225, 229
ケインズ, J.M.　214
孔子　155
幸田延子　9
幸徳秋水　27
伍賀偕子　4, 197, 198, 233, 258, 293-295
後閑菊野　91, 110, 111
小島健司　258
小関孝子　24, 28
小谷武治　56, 57
後藤新平　58
小檜山ルイ　53, 55, 57
小山静子　26, 28, 80, 85
権田保之助　92, 112, 116
近藤いね子　168

さ 行

酒井正三郎　135
堺利彦　20, 27
堺真柄　20
佐方鎮子　91
佐喜本愛　26, 28
桜井ちか　42
櫻井毅　6
佐々木啓子　52, 58
佐々木建　231
サッチャー, M.H.　215
佐藤(渡邊)静　50
佐藤一斎　24
佐藤功一　76
佐藤昌介　62, 76, 81
佐藤仁　230
佐野陽子　265
三東純子　163
ジェンソン, J.　207, 229
塩田庄兵衛　30
鹿内瑞子　151
志賀寛子　198
重川純子　134
シジウィック, H.　47
柴山恵美子　244
嶋津千利世　266
清水敦　6
下田歌子　91
シュモラー, G.　95
シュライナー, O.　56
ショウペンハウエル, A.　155
新庄(野田)よしこ　143
神野直彦　279, 280
末廣和子　149, 163
菅原教造　148, 149, 151
杉浦美枝子　197
杉田菜穂　85
杉原四郎　42, 44, 55, 58
杉山武彦　230
スコット, A.　205
鈴木文治　17, 26
鈴木裕子　24, 27-29, 116
鈴村興太郎　230
スタンディング, G.　213, 227, 230

スミス, A.　47, 95, 195
隅谷三喜男　268, 272
清野博子　258
セインズベリ, D.　216, 217, 227, 230
関谷(戸坂)嵐子　266
セン, A.　204, 206, 226, 230, 236, 287
千田拙　141
仙波千代　111, 115, 137, 171
ソクラテス　165
ソマビア, J.O.　251

た 行

高木八尺　56, 59
高島道枝　226, 229, 266
高野岩三郎　69, 92, 116, 157, 169
高橋誠一郎　46, 47
高畠音羽　50
高原二郎　69, 82, 85
高村直助　30
田口卯吉　24
竹内スミエ　197
武田京　168
竹中恵美子　2, 4, 5, 24, 28, 115, 175-199, 201,
　　　217, 225-228, 231, 233, 234, 236-240, 242,
　　　243, 245, 247, 248, 252, 253, 255, 257-259,
　　　261-263, 265-296, 299
武見李子　200
田尻稲次郎　56
多田吉三　112, 116
舘稔　126, 137
田辺照子　265, 266
谷脇由紀子　26, 29
玉井金五　85
中鉢正美　82, 84, 85, 93, 127
塚本はま子　91
月山みね子　195
津田梅子　9, 13, 14, 25, 32-34, 38, 39, 52, 54,
　　　58
恒藤恭　196
壺井栄　24
津村明子　244
土居光知　35, 54
土井たか子　242
ドゥーデン, B.　226, 231
トムソン, D.L.　6

な 行

永井潜　69
中川英子　134
中川清　137
永倉てる　17, 18, 23
中嶋純　56, 58
中条(宮本)百合子　24
長沼弘毅　93
永野順造　93
中原朝子　258
中山伊知郎　135
滑川佳数美　296
成田順　122, 135, 168
成瀬仁蔵　14, 25
名和統一　176, 178, 196, 264
南波シゲ　41, 47, 49, 55, 57, 58
西周　164
西川祐子　85
西口俊子　178, 185, 196-199, 236, 257, 259, 266
西野みよし　144, 145, 154, 168
西雅雄　18, 27
西村伊作　11
新渡戸稲造　3, 17, 26, 27, 31, 33-39, 41, 43-48, 51-59, 61, 81, 85, 111, 155, 157, 167, 169, 297
新渡戸メリー　57
ネルソン, J.　206, 226, 229
野上裕生　230
野上弥生子　24
野中時雄　57
野村つちの　17

は 行

パイダー, M. Z.　54
ハーゲン, E.　207, 229
橋浦はる子　20
橋浦泰雄　20, 24, 29
長谷部文雄　179
蜂谷紀代美　258
バッカー, I.　207
ハートマン, H.　203, 208, 225, 229
羽仁(松岡)もと子　6, 9-11
羽仁吉一　9
馬場紀子　91, 110, 115, 125, 136, 137
濱口静子　50
林要　18, 27, 29
林太郎　150, 168
林芙美子　24
原伸子　217, 223, 227, 231
原ひろ子　200
バンサイド, A.　195
半沢洵　56, 59, 69
樋口一葉　10-12, 23, 24, 29
土方成美　109, 157
土方歳三　157
ビーチ, V.　203, 205, 208, 209, 215, 225, 226, 229
ビーチャー, C. E.　111, 115
比智女(ビーチャー)　110
ヒックス, J. R.　135
ヒメルワイト, S.　217, 227, 229, 293
ビューヒャー, K.　95
平塚らいてう　16, 20, 24, 28, 91
平林たい子　24
広岡浅子　25, 57
広田寿子　266
広渡清吾　136
フォルブレ, N.　217, 227, 229
深澤和子　216, 227, 231
福井孝治　196
福田英子　19, 27, 29
藤井茂　81, 85
藤枝恵子　149
藤田健治　153, 154, 169
藤田久道　110
藤田文蔵　13, 25
藤本萬治　161, 170
藤原千賀　200
ブラウン, C.　208
プラトン　155, 159
プルタコス　155
フレイザー, N.　216
フレーベル, V.　215
ベッカー, G.　226, 229
ベーベル, A.　27
ベーム-バヴェルク, E. v.　95
ベンサム, J.　47

人名索引

ヘンダーソン, H. 129, 136
ベンフォルト=トムゼン, V. 208, 226, 229
ポーキングホーン, B. 6
細井専 157
細井和喜蔵 199
堀田剛吉 84, 85
ホブソン, B. 216, 229
堀基 81
本位田祥男 46, 47
本多淳亮 248
本間延 168

ま 行

舞出長五郎 109, 157
前田多聞 56, 59
マーシャル, A. 176
増山純一郎 61
松井慎一郎 56, 59
松隈俊子(大槻トシ) 48, 56, 59
松平定純 154, 155
松平定光 154
松平友子 4, 17, 18, 26, 89-91, 94, 95, 97-110, 112-120, 122-126, 128, 133-135, 137, 139-141, 143, 144, 146-149, 151-157, 159-170, 267, 298, 300
松平正寿 142, 167, 170
松平豊 142
松野尾裕 9, 28, 29, 89, 134, 139, 140, 166, 170, 175, 195, 199, 200, 261, 267, 284, 285, 295, 296
松村祥子 137
丸岡秀子 11, 19, 27-29
マルクス, K. H. 28, 179, 182, 195
マルサス, T. R. 95, 195
丸山真人 226, 231
ミース, M. 208, 230
水田珠枝 267
水野弥穂子 27, 29
水野谷武志 288
三谷民 53
箕輪明子 256
御船美智子 4, 117-119, 128-130, 132-134, 136, 137, 298
三宅文子 27, 29
宮崎陽子 166, 170

宮澤俊義 158
宮部金吾 56
宮本憲一 231
宮本太郎 227, 231
宮本みち子 135
ミル, J. S. 56
村田静子 27, 29
村田鈴子 52, 59
村松安子 5, 6, 196, 261-263, 265-273, 275-288, 290-296
メンガー, C. 94
茂木中男 75
本山幸彦 55, 59
籾井常喜 242
森岡清美 127
森荘三郎 75, 76
森戸辰男 46, 56, 93, 157
森ます美 221, 228, 231, 240
森本活造 61
森本厚吉 3, 57, 61-86, 92, 111, 167, 297, 298
森本静子 76
森屋裕子 258

や 行

屋嘉比ふみ子 239, 240, 258, 259
矢嶋楫子 12, 25, 27
保井コノ 26, 144, 167, 168
安井てつ(哲, 哲子) 10, 18, 27, 31, 33, 35-39, 44, 46, 51-57, 59, 111, 158, 169
安川悦子 226, 229, 267
矢内原忠雄 46, 51, 52, 57, 59
八幡(谷口)彩子 166, 171
山川(青山)菊栄 3, 9-18, 20-29, 91, 114-116
山川均 11, 18, 24, 27, 28
山口小静 17, 18, 23
山口秀輔 76
山崎覚次郎 109, 156, 169
山田和代 197, 200, 258
山野和子 247
山本(佐治)キヌ 143
山本順子 266
山本まき子 235, 293
山本美穂子 26, 29
山森亮 204, 225, 226, 231
山脇玄 110

湯浅年子　　168
湯浅誠　　278
由井テイ　　150-154, 159, 162, 165, 168, 169
由井正臣　　30
湯原元一　　15, 17, 91, 145, 146, 156
横井玉子　　13
横田京　　136, 137
横山源之助　　12, 24, 29
横山光子　　148, 149, 171
与謝野晶子　　11, 16, 24, 28, 69, 90
与謝野鉄幹　　11, 24
吉岡彌生　　13, 32
吉田武子　　168
吉田昇　　148
吉田睦美　　226, 229
吉野作造　　63, 69, 80, 82, 86
吉松藤子　　162, 163, 168, 170
吉村勵　　177, 265
善本裕子　　226, 229

ら 行

ライシャワー, A. K.　　34, 41
ラウントリー, B. S.　　93
リチャーズ, E.　　79
ルイス, J.　　216, 226, 227, 229
ルロワ＝ボーリュー, P.　　56
レイン, M.　　220
レディ, C.　　207, 229
ロッシャー, W. G. F.　　63, 81

わ 行

ワイツゼッカー, E. U. v.　　224, 228, 231
若松賤子　　9, 24
ワグナー, A.　　95
和田垣謙三　　110
渡邊善太　　46
和田芳恵　　10, 12, 24, 29, 30

アルファベット順

Koppelhoff-Wiechert, H.　　227, 229
Lewis, M.　　230
Peterson, J.　　225, 230
Schneider, M. A.　　82, 85
Veiller, L.　　85

執筆者紹介(50音順, ○は編者)

○生垣琴絵(いけがき ことえ)
　小樽商科大学教育開発センター学術研究員
　専門領域:経済思想史
　主な著作:「1920年代アメリカの消費論——女性経済学者ヘーゼル・カーク」『経済学研究』(北海道大学大学院経済学研究科)第60巻第3号所収, 2010年。「アメリカにおける消費経済学の形成」(博士学位論文:北海道大学)2012年。「森本厚吉の消費経済学」『経済社会学会年報』第35号所収, 2013年。ほか

上村協子(うえむら きょうこ)
　東京家政学院大学現代生活学部教授
　専門領域:生活経済学
　主な著作:『現代社会の生活経営』(共編著)光生館, 2001年。『相続にみる女性と財産』(科学研究費報告書)2003年。「生活創造時代の消費者教育——消費生活創造論　試論」『生活福祉研究』(明治安田生活福祉研究所)第85号所収, 2013年。ほか

亀髙京子(かめたか きょうこ)
　東京家政学院大学名誉教授
　専門領域:家政学原論
　主な著作:『家政学原論』(共著)光生館, 1981年。『新版家政学原論・家庭経営』(共著)朝倉書店, 1981年。ほか
　2015年逝去

○栗田啓子(くりた けいこ)
　東京女子大学現代教養学部教授
　専門領域:経済思想史
　主な著作:『エンジニア・エコノミスト——フランス公共経済学の成立』東京大学出版会, 1992年。『古典から読みとく経済思想史』(共著)ミネルヴァ書房, 2012年。「ジッド=リストの『経済学説史』——20世紀転換期フランスにおける経済学観の変容」『経済学史研究』(経済学史学会)第55巻第2号所収, 2014年。ほか

伍賀偕子(ごか ともこ)
　元大阪総評オルグ, 元関西女の労働問題研究会代表
　専門領域:女性労働・女性労働運動史
　主な著作:『大交五十年史』(共著/大阪交通労働組合編)1995年。『次代を拓く女たちの運動史』松香堂, 2002年。『敗戦直後を切り拓いた働く女性たち——「勤労婦人聯盟」と「きらく会」の絆』ドメス出版, 2014年。『大阪社会労働運動史』第5・7・8巻(共著/大阪社会運動協会編)1994・97・99年。ほか

竹中恵美子(たけなか えみこ)
大阪市立大学名誉教授
専門領域：労働経済学
主な著作：『戦後女子労働史論』有斐閣，1989年。『竹中恵美子の女性労働研究50年——理論と運動の交流はどう紡がれたか』(共著)ドメス出版，2009年。『竹中恵美子著作集』全7巻，明石書店，2011〜12年。ほか

〇松野尾 裕(まつのお ひろし)
愛媛大学教育学部教授
専門領域：日本経済思想史
主な著作：『田口卯吉と経済学協会——啓蒙時代の経済学』日本経済評論社，1996年。『日本の近代化と経済学——ボン大学講義』日本経済評論社，2002年。「丸岡秀子の生活・家計研究——その思索の根幹について」『経済学史研究』第57巻第2号所収，2016年。ほか

村松安子(むらまつ やすこ)
東京女子大学名誉教授
専門領域：開発経済学
主な著作：『「ジェンダーと開発」論の形成と展開——経済学のジェンダー化への試み』未来社，2005年。『壁を超える——政治と行政のジェンダー主流化　ジェンダー社会科学の可能性　第3巻』(共著)岩波書店，2011年。ほか
2013年逝去

日本における女性と経済学——1910年代の黎明期から現代へ
2016年3月31日　第1刷発行

　　編 著 者　　栗 田 啓 子
　　　　　　　　松 野 尾 　裕
　　　　　　　　生 垣 琴 絵
　　発 行 者　　櫻 井 義 秀

発 行 所　北海道大学出版会
札幌市北区北9条西8丁目　北海道大学構内（〒060-0809）
Tel. 011(747)2308・Fax. 011(736)8605・http://www.hup.gr.jp/

アイワード／石田製本　　Ⓒ 2016　栗田啓子・松野尾裕・生垣琴絵
ISBN978-4-8329-6819-6

イギリス歴史学派と経済学方法論争	佐々木憲介 著	A5・304頁 定価3200円
経済学方法論の形成 ―理論と現実との相剋 1776-1875―	佐々木憲介 著	A5・362頁 定価6200円
社会史と経済史 ―英国史の軌跡と新方位―	ディグビー ファインスティーン 著 松村高夫ほか 訳	四六・298頁 定価3000円
西欧近代と農村工業	メンデルス,ブラウン 外著 篠塚・石坂・安元 編訳	A5・426頁 定価7000円
地域工業化の比較史的研究	篠塚 信義 石坂 昭雄 編著 高橋 秀行	A5・434頁 定価7000円
フィリピン社会経済史 ―都市と農村の織り成す生活世界―	千葉 芳広 著	A5・322頁 定価5200円
繊維女性労働者の生活記録運動 ―1950年代サークル運動と若者たちの自己形成―	辻 智子 著	A5・508頁 定価9000円

〈価格は消費税を含まず〉

北海道大学出版会